Memória,
escrita da história
e cultura política
no mundo
luso-brasileiro

Memória, escrita da história e cultura política no mundo luso-brasileiro

JACQUELINE HERMANN
FRANCISCA L. NOGUEIRA DE AZEVEDO
FERNANDO CATROGA
Organizadores

Copyright © 2012 Jacqueline Hermann | Francisca L. Nogueira de Azevedo | Fernando Catroga

Direitos desta edição reservados à
EDITORA FGV
Rua Jornalista Orlando Dantas, 37
22231-010 | Rio de Janeiro, RJ | Brasil
Tels.: 0800-021-7777 | 21-3799-4427
Fax: 21-3799-4430
editora@fgv.br | pedidoseditora@fgv.br
www.fgv.br/editora

Impresso no Brasil | *Printed in Brazil*

Todos os direitos reservados. A reprodução não autorizada desta publicação, no todo ou em parte, constitui violação do copyright (Lei nº 9.610/98).

Os conceitos emitidos neste livro são de inteira responsabilidade dos autores.

1ª edição — 2012

PREPARAÇÃO DE ORIGINAIS | Sandra Frank
PROJETO GRÁFICO DE CAPA E MIOLO | Santa Fé ag.
REVISÃO | Sandro Gomes dos Santos

Ficha catalográfica elaborada pela
Biblioteca Mario Henrique Simonsen

Memória, escrita da história e cultura política no mundo luso-brasileiro / Organizadores Jacqueline Hermann, Francisca L. Nogueira de Azevedo, Fernando Catroga. – Rio de Janeiro: Editora FGV, 2012.
392 p.

Inclui bibliografia.
ISBN: 978-85-225-0947-8

1. Historiografia. 2. Historicismo. 3. Sociologia política. I. Hermann, Jacqueline, 1960- . II. Azevedo, Francisca L. Nogueira de. III. Catroga, Fernando. IV. Fundação Getulio Vargas.

CDD — 907.2

Para Manoel, in memoriam

Sumário

Apresentação   9
Jacqueline Hermann

PARTE I   Escrita da história

1. João Pedro Ribeiro e a erudição em Portugal   17
Manoel Luiz Salgado Guimarães

2. A *operação historiográfica* na Classe de Literatura Portuguesa   33
da Academia Real das Ciências de Lisboa (1779-1814)
Taíse Tatiana Quadros da Silva

3. As incertezas da escrita da história: ensaio sobre a subjetividade   57
na *Historia geral do Brazil*, de F. A. de Varnhagen (1854-1857)
Temístocles Cezar

4. Oliveira Martins e Sampaio Bruno: leituras do Brasil   73
pela intelectualidade portuguesa de fins do Oitocentos
Joel Carlos de Souza Andrade

5. Historiografia e estética política: desafios contemporâneos   99
Rui Cunha Martins

PARTE II   Culturas políticas

6. D. Sebastião, sebastianismo e "memória sebástica":
as invasões francesas e os impasses da história portuguesa   119
Jacqueline Hermann

7. Minha mãe e minha senhora: cartas de d. Pedro a Carlota Joaquina   169
Francisca L. Nogueira de Azevedo

8. Movimentos revolucionários de 1848: a memória da revolução   199
Maria Manuela Tavares Ribeiro

9. Discursos biopolíticos sobre a cidade:
a violência e a prostituição (Lisboa, 1912)   233
Maria Rita Lino Garnel

10. O moderno do antigo: a estesia cívica do jovem
Almeida Garrett nas revoluções liberais ibéricas   251
Joana Duarte Bernardes

11. Mitos de excepcionalidade: versões do Império português
e da nação miscigenada brasileira   285
Monica Grin

12. "Quimeras de um façanhoso Império":
o patriotismo constitucional e a independência do Brasil   327
Fernando Catroga

Sobre os autores   389

Apresentação

> *Quem busca encontrar o cotidiano do tempo histórico deve contemplar as rugas no rosto de um homem, ou então as cicatrizes nas quais se delineiam as marcas de um destino já vivido. Ou ainda, deve evocar na memória a presença, lado a lado, de prédios em ruínas e construções recentes, vislumbrando assim a notável transformação de estilo que empresta uma profunda dimensão temporal a uma simples fileira de casas... Por fim, contemple a sucessão de gerações dentro da própria família, assim como no mundo do trabalho, lugares nos quais se dá a justaposição de diferentes espaços de experiência e o entrelaçamento de distintas perspectivas de futuro, ao lado de conflitos ainda em germe. Esse olhar em volta já é suficiente para que se perceba a impossibilidade de traduzir, de forma imediata, a universalidade de um tempo mensurável e natural – mesmo que esse tempo tenha uma história própria – para um conceito de tempo histórico.*
>
> KOSELLECK (2006:13-14)

Experiência e expectativa formam o binômio da tese de Koselleck para discutir as múltiplas combinações entre passado e futuro na conformação de um certo tempo histórico. Estudioso da profunda crise de paradigmas que atravessou o século XVIII e buscou variadas formas de acomodação ao longo de todo o século XIX e XX, suas reflexões nos ajudam a pensar sobre os muitos desdobramentos dessa transição que inaugurou modalidades inéditas de relação com o presente, a projeção do futuro e a explicação do passado. Das subjetividades aos conceitos, dos comportamentos individuais aos sentimentos coletivos, das formas de ordenar e lembrar o passado à escrita da história como base de construção de identidades, por todos os veios essa crise se espraiou e cobrou inesperados, e por vezes indesejados, ajustes.

O livro que ora se publica, *Memória, escrita da história e cultura política no mundo luso-brasileiro*, aborda alguns aspectos dessa conturbada transição em Portugal e no Brasil desde o início do século XIX. O contexto das invasões napoleônicas e da vinda da família real portuguesa para o Brasil são o pano de fundo de um amplo leque de temas e tensões que atravessaram a Europa e a América desde fins do século XVIII. As discussões acerca da tradição e da revolução, os muitos impasses gerados pela repulsa ou combinação entre o antigo e o moderno, monarquia e liberalismo, escravidão, colonialismo e império colonial expressaram transformações que alcançaram das mais altas questões de Estado e da política às formas mais íntimas e subjetivas da relação familiar, de vivência do tempo e da própria noção de mudança na contemporaneidade.

Os textos reunidos neste livro resultaram de pesquisas realizadas no âmbito de um projeto desenvolvido pelo Programa de Pós-graduação em História Social da Universidade Federal do Rio de Janeiro (PPGHIS-UFRJ) em parceria com o Programa de Pós-graduação em História da Universidade Federal do Rio Grande do Sul (PPGH-UFRGS) e com o Instituto de História e Teoria das Ideias, da Faculdade de Letras da Universidade de Coimbra. Entre 2008 e 2010 nove professores e quatro doutorandos das três instituições realizaram pesquisas e atividades acadêmicas no Brasil e em Portugal, em convênio apoiado pela Capes e pela Fundação de Ciência e Tecnologia de Portugal, agências às quais agradecemos, confiantes no pleno cumprimento do trabalho proposto. Além do intercâmbio e da colaboração entre pesquisadores brasileiros e portugueses, o diálogo historiográfico então estimulado permitiu um raro exercício de balanço e análise crítica a partir do recorte temático do projeto, cujos resultados seguem impressos nos 12 textos que compõem esta coletânea. O projeto foi por mim coordenado no Brasil e, em Portugal, por Fernando Catroga.

O livro foi dividido em duas partes, "Escrita da história" e "Culturas políticas", temas gerais que nortearam as pesquisas desenvolvidas, parte delas concentrada no século XIX, outra voltada para os impasses em aberto desde então. A primeira parte é iniciada com um texto de Manoel Luiz Salgado Guimarães, um dos grandes responsáveis pela abertura e consolidação de um campo de estudos voltado para a escrita da história e da historiografia brasileiras. Com o texto "João Pedro Ribeiro e a erudição em Portugal", Manoel voltou-se para o final do século XVIII e início do XIX ao analisar a trajetória de um dos responsáveis pela valorização da pesquisa e dos acervos documentais para identificação e classificação dos arquivos portugueses. Esse processo acompanhou o surgimento de uma nova proposta de escrita da história, na qual a autoridade dos escritores antigos deixa de ser a base de legitimidade e autoridade para narrar o passado. Surge então uma história "nova", com exigências de objetividade e submetida às regras da *ciência*, cujo objetivo era estabelecer a verdade acerca da história de Portugal.

O segundo texto, "A *operação historiográfica* na Classe de Literatura Portuguesa da Academia Real das Ciências de Lisboa (1779-1814)", de Taíse Tatiana Quadros da Silva, reflete sobre as relações entre o Estado e parte da elite letrada portuguesa na conjuntura do Iluminismo. Ao analisar os temas e debates de intelectuais acerca da política e da vida social, a autora nos apresenta uma das muitas *traduções* da Ilustração em Portugal, através da análise de textos que, ao exaltarem o monarca, estimularam críticas que viriam a minar as concepções da sociedade aristocrática da época.

Temístocles Cezar, em "As incertezas da escrita da história: ensaio sobre a subjetividade na *Historia geral do Brazil*, de F. A. de Varnhagen (1854-1857)", discute as possíveis influências ou escolhas individuais presentes na narrativa histórica produzida pelo famoso historiador, em que pese a retórica nacionalista que marcou esta obra. O autor defende a ideia de que essas referências estão presentes na organização do texto e da narrativa de Varnhagen.

Em "Oliveira Martins e Sampaio Bruno: leituras do Brasil pela intelectualidade portuguesa de fins do Oitocentos", Joel Carlos de Souza Andrade analisa as imagens do Brasil na obra de dois importantes autores portugueses no final do século XIX. Para o autor, essas obras demonstram o quanto parte da intelectualidade acompanhava atentamente o que se passava no Brasil, em momento de grandes e estruturais transformações políticas e sociais – fim da escravidão, proclamação da república. Enquanto Portugal vivia mais uma grave crise política, as leituras sobre o Brasil moviam-se em duas direções: a tentativa de reinterpretar as relações com a antiga colônia e as novas perspectivas que se abriam para o futuro.

No último capítulo desta parte, "Historiografia e estética política: desafios contemporâneos", Rui Cunha Martins discute os desafios dos regimes de temporalidade da cultura contemporânea, a partir de duas questões: a complexidade assumida pelas novas modalidades de mudança e a reorganização das "geometrias identitárias". Dividido em duas partes, "Estética de mudanças" e "Estética de demarcações", o autor procura conjugar as novas formas de pensar os regimes de historicidade de hoje com as exigências do cenário político atual, perguntando-se como articular o novo, sempre em movimento, e o histórico. O autor defende a necessidade de novos conceitos para refletir sobre a complexidade da linguagem e analisa os desafios teórico-metodológicos para a construção de um texto histórico contemporâneo.

A segunda parte, "Culturas políticas", contempla algumas dimensões do cruzamento entre história política e história social da cultura, abordando desde caminhos de construção da memória histórica até a reelaboração de práticas e comportamentos sociais, conhecimentos e embates entre o antigo e o moderno, nas letras e na política do mundo luso-brasileiro. No primeiro texto, "D. Sebastião, sebastianismo e 'memória sebástica': as invasões francesas e os impasses da história portuguesa", analiso as fundas raízes do sebastianismo português a partir do ressurgimento do debate sobre a crença na volta de d. Sebastião no contexto das invasões napoleônicas. A produção e circulação de número expressivo de escritos sobre o tema, as formas como foram retomados marcos da história portuguesa e o amplo conhecimento de personagens e aspectos da peculiar crença messiânica surgida em fins do século XVI levaram-me a formular o que chamei de "memória sebástica". Ao invés de tomar o mito como espécie de patrimônio cristalizado e evocado em momento de anomia, defendo a ideia de que a história convocou o mito para rever o passado e pensar o futuro de Portugal.

No capítulo seguinte, "Minha mãe e minha senhora: cartas de d. Pedro a Carlota Joaquina", Francisca L. Nogueira de Azevedo analisa aspecto ainda pouco estudado na dinâmica das relações de membros da realeza: a afetividade. Observada através da correspondência privada entre filho e mãe, no caso sempre tomada como distante e pouco amistosa, revela não só a intimidade dos personagens, mas as formas de sociabilidade no mundo da Corte e outras facetas do príncipe d. Pedro, atento à saúde da mãe e das irmãs, cuidadoso com a chegada de d. Leopoldina, sua futura mulher, preocupado com as dificuldades enfrentadas pelo Brasil depois da volta da família para Portugal. Como a comunicação familiar se confundia com a gestão da política, do conhecimento da vida privada se tem acesso à vida pública de vultos da história brasileira, ainda hoje presos a estereótipos sobre os quais textos como o de Francisca nos ajudam a pensar.

O texto de Maria Manuela Tavares Ribeiro, "Movimentos revolucionários de 1848: a memória da revolução", estuda o impacto dos acontecimentos de 1848 na Europa e suas repercussões em Portugal e no Brasil. Herdeiros da revolução mitológica de 1789, os revolucionários dos anos seguintes agregaram romantismo aos arroubos democratizantes e republicanos, que em Portugal tiveram pouco eco popular. A autora analisa a linguagem política disseminada pela imprensa, o apelo da linguagem direta e as ideias do socialismo utópico, bem como os limites de Portugal para a adesão aos princípios revolucionários, modulados pela profunda raiz cristã do mundo ibérico. No Brasil a Revolução Praieira filtrou, a seu modo, os ecos tardios de 1789.

Em "Discursos biopolíticos sobre a cidade: a violência e a prostituição (Lisboa, 1912)", Maria Rita Lino Garnel estuda a relação entre ordem e marginalidade através dos exames de vítimas de crimes violentos na Lisboa do início do século XX. Através de expressivo levantamento documental – mais de 3 mil casos – a autora discute como se configurou, a partir do século XIX, a associação entre criminalidade e classes populares. Vistas como moralmente degeneradas, essas classes foram consideradas perigosas fontes de doenças físicas e sociais, o que justificou o emprego de violenta repressão e controle.

Joana Duarte Bernardes, em "O moderno do antigo: a estesia cívica do jovem Almeida Garrett nas revoluções liberais ibéricas", estuda a formação literária e política do poeta português, buscando as bases de sua expressão estética. Em que pese o contexto efervescente dos anos de 1820, a autora discute os limites da influência romântica no liberalismo português através da obra de Garret. Sua *poética da revolução patriótica* foi exemplo da combinação do antigo e do novo, apegado ao classicismo, de um lado; estimulado pela luta contra a tirania e pelos princípios da Revolução Vintista, de outro, e cuja influência política e estética ecoou também no Brasil.

No capítulo seguinte, "Mitos de excepcionalidade: versões do Império português e da nação miscigenada brasileira", Monica Grin analisa criticamente dois mitos da historiografia: a singularidade do Império português e a controvertida democracia racial brasileira. Para isso, a autora compara alguns exemplos de representações ambivalentes dos chamados "mitos de excepcionalidade" presentes em estudos sobre o império ultramarino português em dois momentos: entre o período que compreendeu a proclamação da república em Portugal (1910) e as guerras coloniais nos anos de 1960, e os estudos sobre miscigenação racial no Brasil, realizados ao longo do século XX. Para tanto, a autora explora os argumentos com os quais a crítica, tanto no passado como hoje, busca desmontar os "mitos de excepcionalidade" presentes tanto no imaginário nacional português, quanto no brasileiro – especialmente pelas histórias ambíguas e singulares de interseção de fronteiras entre "raças", etnias e agentes coloniais – em nome de narrativas de "normalização" sociológica.

O texto de Fernando Catroga, "'Quimeras de um façanhoso Império': o patriotismo constitucional e a independência do Brasil", fecha o livro com uma profunda reflexão sobre o embate histórico entre o conceito de Império e de Estado-nação na conjuntura do início do século XIX. Ao buscar na gramática imperial a raiz da nova formulação política que despontava na Europa, o autor se debruça sobre o caso português e na intrincada relação estabelecida entre metrópole e colônia depois da vinda da família real para o Brasil. Mais que resultado da oposição dicotômica entre absolutismo e liberalismo, a conformação do constitucionalismo português, expresso na Revolução de 1820, foi antes produto da orfandade de um reino sem rei e, segundo alguns, transformado em colônia do Reino Unido instalado no Brasil, do que insurgência contra a tradição ou a monarquia. Enquanto em Portugal o conceito de "patriotismo constitucional" decorreu de antigo sentimento de fidelidade ao monarca, a construção da ideia de nação no Brasil de 1822 prescindiu desse sentimento quando inaugurou novo momento de sua vida política.

Eis os temas e debates que este livro oferece ao leitor, na expectativa de abrir novos caminhos de reflexão e discussão.[1] Mas, em que pese o alcance de todos os objetivos, terminamos essa jornada mais pobres: perdemos, na caminhada, nosso querido Manoel. Um dos mentores do projeto e artífice desse encontro luso-brasileiro, deixou, além de imensas saudades, um vazio na área em que foi importante especialista e formador de quadros acadêmicos. A ele dedicamos este livro.

JACQUELINE HERMANN

---

[1] Mantiveram-se as citações diretas na forma como foram apresentadas pelos autores. (N.E.)

PARTE I

Escrita da história

1. João Pedro Ribeiro e a erudição em Portugal

*Manoel Luiz Salgado Guimarães**

O problema

Ao introduzir o debate em torno dos regimes de historicidade com sua obra publicada no ano de 2003, o historiador François Hartog indicava uma profunda alteração com relação à percepção do transcurso do tempo para as sociedades contemporâneas. Tais mutações deixam-se perceber não apenas por uma experiência acelerada do tempo, potencializada pela cultura eletrônica que invadiu nosso cotidiano, como também por uma ressignificação do passado através de uma pluralidade de formas narrativas demandadas socialmente: da política do patrimônio como parte integrante das agendas políticas contemporâneas ao interesse por parte da cultura midiática pelo passado, vivenciamos novas demandas e perguntas ao passado que têm ocupado parte da produção historiográfica recente. O passado tem sido interrogado também a partir das novas exigências decorrentes de profundas transformações sociais, como o fim de regimes ditatoriais e do *apartheid* da África do Sul, para só ficarmos com alguns desses exemplos. Essas novas exigências e demandas têm também estimulado uma importante reflexão acerca dos temas tradicionalmente caros à

---

* Este texto resultou da pesquisa desenvolvida pelo autor no projeto que originou este livro. Embora já deixe claros o tema e as questões estudadas, trata-se de texto inacabado. Optamos por publicá-lo na íntegra, tal como estava, pois, mesmo sem as notas, o leitor é capaz de identificar as fontes e a bibliografia de base.

pesquisa e investigação histórica: o problema da memória e dos usos políticos do passado tomou enorme força quando nos debruçamos sobre a produção historiográfica recente em língua francesa, alemã ou inglesa, para além do espaço que vem ganhando também entre nós.

Como afirma Beatriz Sarlo em recente estudo acerca da cultura da memória, o passado é, antes de tudo, uma captura do presente, do que uma torrente de lembranças que, oriundas de outro tempo, derramam-se sobre o presente das sociedades. Nesse movimento, a discussão em torno dos suportes da memória adquiriu igualmente enorme centralidade, alargando por essa via os horizontes da interrogação historiográfica. Quer pensemos na história oral, na importância dos estudos acerca da cultura visual e, *last but not least*, nos recentes estudos sobre o papel do arquivo na constituição de uma memória e suas consequências para o trabalho do historiador, constata-se uma importante e significativa mutação na abordagem destas questões. O arquivo, condição indispensável para o trabalho do historiador, veio a ser problematizado e pensado a partir de sua historicidade, reconhecendo-se seu lugar como artefato e construção histórica, cuja arqueologia é parte do entendimento dos processos que configuram formas e possibilidades de escrita da história. De suporte de uma verdade reificada ou prova inconteste de eventos do passado, os arquivos vieram a ser problematizados em sua historicidade e na sua forma de reunir e coletar indícios do passado. São inúmeros os trabalhos que, na esteira destas transformações, podem aqui ser indicados, começando pela reflexão proposta por Jacques Derrida em seu "Mal de arquivo", resultado de uma conferência proferida em colóquio internacional em Londres, em 1994, cujo título "Memória: a questão dos arquivos" sinaliza a atualidade da questão proposta, apontando para a marca distintiva de nosso tempo, *a impaciência absoluta de um desejo de memória*. Não cabe nos limites deste texto uma longa e pormenorizada discussão dessa bibliografia acerca do problema, limitando-nos a indicar um trabalho que, por sua amplitude, oferece um mapa destas questões em diferentes contextos culturais e sociais: o livro organizado por Antoinette Burton intitulado *Archives stories. Facts, fictions, and the writing of history* publicado em 2005 pela Duke University Press.[1]

---

[1] BURTON, Antoinette. *Archives stories: facts, fictions, and the writing of history.* Durham, NC: Duke University Press, 2005.

Mas a questão do arquivo e do documento não é especialmente nova para os historiadores de ofício. A afirmação da disciplina ao longo do século XIX fez do trabalho com as fontes a pedra angular na configuração da fisionomia própria do ofício de historiador. Somente a partir dele [do trabalho em arquivo] poder-se-ia invocar autoridade para uma ciência em vias de afirmação e disputando um campo de saber que fazia do passado objeto de especialistas adequadamente preparados e, por isso, dispondo sobre ele de um monopólio de fala.

Já se tornou consensual, entre os estudiosos da história da história, que o mesmo século XIX assistiu a novas e variadas formas de narrar o passado, sendo que o nascimento da ciência da história, com suas exigências de objetividade e de um conhecimento submetido às regras da ciência, acabou por tornar-se a forma hegemônica de produzir inteligibilidade acerca do passado. Isso, contudo, não eclipsou outras formas de produzir sentido através de diferenciadas formas narrativas, quer fossem realizadas pela via da escrita, como o romance histórico, quer o fossem pelas diversificadas formas visuais de representar o passado a que se assistia àquela altura, com a invenção dos museus de história nacional, com a preocupação relativa ao patrimônio histórico e a importância que adquire a pintura histórica, não apenas como forma de representação visual do passado, mas também como cânone artístico.

Neste sentido, falarmos em uma cultura histórica própria ao Oitocentos implica considerar estes diferentes aspectos que a representação do passado pôde assumir naquela conjuntura histórica, percebendo a interconexão entre essas diversas formas. Se no presente texto centramos nosso foco nas formas escritas dessas representações, não significa que a vejamos como desarticulada destas outras formas e, ao contrário, queremos assumir a profunda relação entre esses distintos modos de representação, ainda que reconhecendo a especificidade de cada um deles.

Interessa-nos, mais do que explorar as diferentes formas da representação escrita do passado brasileiro pela cultura histórica oitocentista, lançar algumas interrogações acerca da emergência do próprio conceito de história para os letrados brasileiros da primeira metade do século XIX, procurando ver as apropriações realizadas no sentido de constituir uma tradição capaz de fundamentar um projeto de escrita de uma história nacional. Tradição entendida não como herança passivamente recebida em decorrência de uma precedência temporal, mas como escolha, realizada num determinado presente, do que se pretende como tradição e igualmente como autoridade no passado. A pergunta a nos guiar visa compreender as relações estabelecidas com uma longa tradição na cultura ocidental relativa ao trabalho com os textos escritos. Os estudos de Anthony Grafton são, a esse respeito, uma referência incontornável. Se bem se alinham a uma história de especialistas para lidar com textos e documentos antigos, os letrados portugueses na virada do século XVIII para o século XIX e, posteriormente, os homens de letras no Brasil do século XIX, veem-se diante de novos desafios próprios de uma nova forma de conceber a escrita histórica. Essa genealogia, que estabelece filiações e heranças, é também parte da história que irão escrever tendo como protagonistas as respectivas nações.

Tradição e inovação na cultura histórica oitocentista em Portugal e no Brasil

que bem vezes me obrigao antes a deixar lacunas, ou notar a duvida com ponto de interrogação. Em datas não falo que por officio as acho erradas bestialmente. Os Indices que remeto sirvão de Certidão de que me não tenho dado á perguiça: as Copias só no Porto se podem acabar de tirar dos Borroens, e conferir, e por isso ainda não remeto. Não he pouco o que ainda existe, mas mayor tem sido a minha magoa de ver frustadas as Providencias da nossa ley para a conservação dos Cartorios pela falta de observancia, e em algumas partes conhecendo ter sido a falta de discrição das mesmas providencias da ley a cauza da ruina de muitos papeis que fexados largos annos a tres chaves so deixarão após de si a memoria de terem existido, ou comidos dos ratos, ou reduzidos a huma pasta informe e fetida. Em me recolhendo ao Porto farey hũa breve Memoria a este respeito para que a aprezente a quem pode, e deve dar remedio, ao menos para o futuro, a esta degradação de Monumentos, que nunca por face alguma se podem reputar indiferentes. Fico certo a dar-lhe gosto como de Vossa Senhoria Affectuozo e Venerador. — *João P. Ribeiro.* — Ponte de Lima 14 de Outubro de 1790.

3

A carta em questão é de autoria de João Pedro Ribeiro, letrado português com doutorado em cânones pela Universidade de Coimbra, sócio da Academia Real de Ciências de Lisboa, a serviço da qual efetuara viagens pelo interior do reino com vistas a fazer minucioso levantamento dos acervos documentais existentes em Portugal. Foi o ocupante da primeira cadeira de diplomática[2] em Portugal, criada no ano de 1796, inicialmente na Universidade de Coimbra e logo transferida para a Torre do Tombo, em Lisboa. Esta mudança era justificada pela necessidade da proximidade dos acervos documentais a partir dos quais a formação adequada em diplomática poderia ser realizada. A formalização desse conhecimento veio a se dar em Portugal somente um século depois de publicada a obra clássica a esse respeito de autoria de Mabillon, *De re diplomatica libri*, de 1681, que, aliás, integrava o acervo da biblioteca de João Pedro Ribeiro.

A consulta ao catálogo de sua biblioteca nos oferece um acervo característico de um letrado formado na tradição do antiquarianismo: parte significativa dos títulos é em língua latina e compreende uma quantidade expressiva de coleções de documentos antigos, tratados de diplomática e catálogos de coleções de antiguidades, assim como textos voltados para a crítica dos documentos contra as falsificações. Igualmente estão contemplados temas da história de Portugal, coleções das leis da monarquia e um grande número de obras relativas ao direito canônico e às chamadas "antiguidades" eclesiásticas. Completam sua coleção os dicionários de línguas orientais. No acervo há indícios de sua relação com letrados brasileiros, especialmente pela presença de trabalhos dos dois fundadores do IHGB, Januário da Cunha Barbosa e Raimundo da Cunha Matos. Uma primeira apreciação de sua biblioteca, portanto, não deixa dúvidas quanto à importância da tradição antiquária para o seu trabalho com os documentos. Ao lado de textos referenciais, os catálogos de objetos e coleções de antiguidades misturam-se, segundo uma ordem própria, àquela cultura dos eruditos humanistas. João Pedro Ribeiro parecia ainda encarnar "a *bella diplomatica*" (a guerra diplomática) nas palavras de Anthony Grafton em seu estudo acerca das *Origens trágicas da erudição*. Retoma, na verdade, a expressão de época, já usada por Blandine Barret-Kriegel em seu estudo acerca de

---

[2] Diplomática: "ciência que tem por objeto os diplomas, cartas e outros documentos oficiais, para determinar sua autenticidade, sua integridade e época ou data em que foram elaborados" (*Dicionário Houaiss*).

Mabillon. Tratava-se de um combate renhido levado a cabo por eruditos católicos no século XVII com vistas a estabelecer, de forma sistemática e metódica, quais documentos poderiam ser considerados genuínos e verdadeiros e quais instituições católicas possuiriam alicerces históricos. Guerra entre eruditos a serviço dos Estados em processo de afirmação na Europa, a disputa por documentos do passado era parte de um desenho político em elaboração e para o qual a justificativa para as pretensões políticas dos monarcas deveria assentar-se em documentação comprobatória. Para tanto a mobilização de um saber fundado nas premissas do antiquarianismo tornava-se fundamental, ainda que as submetessem agora a novas exigências e demandas de ordem política. Com esta finalidade, por exemplo, Mabillon realizara uma série de viagens por países europeus, num primeiro momento a serviço de sua ordem religiosa, ainda que com apoio expresso de Colbert e, em seguida, quando de sua viagem à Itália (entre 1685 e 1686), com a chancela oficial de Luis XIV para visitar as bibliotecas italianas procurando livros e documentos que pudessem integrar o acervo da Biblioteca Real do monarca francês. Deste modo, as práticas próprias aos procedimentos da erudição, corporificadas, entre outras, pelo saber da diplomática, pareciam operar a fusão entre o saber antiquário e o saber do historiador. Ambos sob o signo de novas realidades políticas em gestação. A escrita da história apontava na direção de um novo caminho em que a autoridade dos escritores antigos não era mais o fundamento a constituir legitimidade e autoridade para narrar o passado. Este, cada vez mais, deve ser abordado a partir dos documentos submetidos à crítica capaz de livrá-los da suspeição e da dúvida, e tornando possível inscrever definitivamente a história como disciplina do conhecimento e não apenas uma propedêutica para outros estudos.

Um olhar sobre a vasta correspondência de João Pedro Ribeiro com letrados portugueses confirma o lugar desta temática para as suas preocupações, uma vez que busca, de forma sistemática, fundamentos na documentação histórica para a afirmação de um direito da Igreja e, consequentemente, para produzir argumentos que sustentassem o seu poder institucional. O trabalho dos eruditos humanistas, referência para João Pedro Ribeiro em seu labor com os documentos dos cartórios portugueses, assegurou um lugar central para um conjunto de disciplinas, como a paleografia, por exemplo. Este estatuto, contudo, veio a ser questionado no século XVIII com a história filosófica e no século seguinte com a afirmação da história disciplinar e científica, que relegou estes procedimentos ao lugar de "ciências auxiliares da história", estabelecendo, desta forma, hierarquias muito claras, assim como negando a estes saberes sua autonomia própria e forma específica de tornar o passado objeto de um interesse peculiar.

A nomeação de João Pedro Ribeiro para ocupar a cadeira de diplomática coroava, na verdade, uma trajetória iniciada em 1784, quando fora designado para inventariar os títulos pertencentes ao patrimônio da Universidade de Coimbra, seguindo-se, em 1789, sua indicação para auxiliar o dr. João Antonio Salter de Mendonça no exame de alguns cartórios. Tornou-se referência para os assuntos ligados à documentação do Estado português o que lhe permitiu ser nomeado em 1807, com ordenado de 200$000 réis, cronista do Ultramar, e cinco anos antes, o responsável pela realização de inventário circunstanciado de todos os documentos do real Arquivo da Torre do Tombo, por nomeação do Visconde de Balsemão.

O texto da carta endereçada ao abade Correia da Serra com a qual iniciamos estas considerações descreve seu trabalho nos arquivos do reino, identificando a documentação existente e procedendo à sua cópia a cargo de copistas contratados, dos quais, aliás, reclama, uma vez que o trabalho feito o obriga a sucessivos cotejamentos com a documentação original em virtude da má qualidade do que havia sido realizado por estes profissionais sem a adequada qualificação, na avaliação de João Pedro Ribeiro. Este trabalho, que o obrigava a sucessivos deslocamentos pelas regiões de Portugal, resultava de um vasto e ambicioso projeto erudito posto em marcha pela Academia Real das Ciências de Lisboa com apoio expresso do estado monárquico. As linhas-mestras desse projeto podem ser acompanhadas na carta endereçada por Joaquim José Ferreira Gordo, igualmente membro da academia, ao abade Correia da Serra e datada de julho de 1789, mesmo ano em que havia sido escolhido seu sócio correspondente. Ali são apresentadas as sugestões que deveriam direcionar o trabalho dos homens de letras a serviço das demandas do Estado por um levantamento circunstanciado da documentação existente não apenas em Portugal, mas também nos territórios ultramarinos, que pudessem dar "alguma luz à História civil da Nação, assim antiga como moderna". Para tanto, Ferreira Gordo tem o cuidado de solicitar ao abade Correia da Serra que todo o material, assim como a correspondência produzida em virtude deste trabalho a ser realizado pelos indicados da academia, traga sempre a observação "Do Real Serviço", não deixando, portanto, dúvidas quanto à sua natureza. Pela descrição detalhada de Ferreira Gordo, toda e qualquer instituição – inclusive aquelas da Igreja católica, como os conventos – que guardasse um depósito de documentos deveria ser objeto de um inventário circunstanciado por parte dos responsáveis indicados pela Academia de Ciências de Lisboa. No entanto, o projeto em pauta não se limitava ao inventário e localização da documentação e sua cópia segundo os procedimentos corretos. Mais do que a organização de uma coleção, o que estava em questão era a organização de um catálogo circunstanciado, que permitiria não apenas a localização e identificação da documentação pelos três indicados para o trabalho, mas igualmente o cruzamento com o conjunto dos acervos assim visitados. Cada um dos responsáveis pelo levantamento e cópia da documentação faria um primeiro índice cronológico e, em seguida, reunidos, produziriam um índice cronológico geral de toda a documentação assim reunida e organizada, que, nas palavras de Ferreira Gordo, seria digna "de entrar na *Coleção das leis e memórias históricas*". A extensão do projeto almejada por Ferreira Gordo indica as novas necessidades de um Estado monárquico de controlar seus domínios através dos mecanismos da palavra. Um saber especializado tornava-se central para o controle político dos territórios da monarquia, redesenhando desta forma a equação saber/poder. A esta viagem pelos cartórios e depósitos de documentos dispersos pelo território com o objetivo de organizar o grande arquivo da monarquia somou-se outro projeto de viagens: as viagens filosóficas, com finalidade, contudo, diversa. Estas visavam submeter os territórios do reino a uma etnografia capaz de esquadrinhar o espaço geográfico e social segundo as novas demandas do poder real. Podemos supor que, embora com finalidades distintas, articulam-se às novas configurações do poder monárquico português. Realizado o levantamento e a organização da documentação, cópias seriam enviadas aos territórios portugueses da Ásia, África e América, para que, a partir das ordens emanadas da Secretaria de Estado, se procedesse a igual trabalho nesses territórios, para "se poder formar um justo conceito da maneira, porque os Senhores Reis deste reino estabeleceram aquelas ricas e vastas colônias, e se ajuntar uma boa coleção de memórias que possam servir a quem se achar com talento, para escrever a História da América portuguesa e reformar e adiantar a da Ásia e África". Da coleção ao catálogo, o que estava em marcha era um projeto erudito de submeter a documentação do reino português a um novo olhar, a uma nova economia do saber acerca do passado. Localizar, identificar, reunir e catalogar, mas igualmente deliberar acerca da "autenticidade dos exemplares achados" o que necessariamente implicava um saber especializado, uma perícia específica, própria da tradição erudita da diplomática. Reinvenção de uma tradição e formulação de novas autoridades para a escrita do passado estão em jogo na cultura das Luzes portuguesas sob os olhos atentos de uma monarquia que se quer ilustrada.

Voltemos à carta de João Pedro Ribeiro ao abade Correia da Serra, enviada da cidade de Ponte de Lima. O documento expressa de maneira clara a preocupação com uma das premissas que viria a se tornar condição para a escrita da história no século XIX: a existência de documentação indispensável para o labor historiográfico. Ao "eu vi", que fundamentara a escrita histórica nas suas formas clássicas, corresponde agora o "eu li", da consulta aos arquivos e acervos, que para isso deveriam estar disponíveis, mas, sobretudo, em condições de legibilidade. Expliquemos melhor seu significado: tratava-se de submeter a documentação escrita aos procedimentos da crítica erudita, visando estabelecer a autenticidade e fidedignidade dos documentos em questão. Somente quando vencida esta etapa poder-se-iam estabelecer os fatos do passado como verdadeiros e, por isso mesmo, base confiável para uma escrita da história. Herdeira da crítica filológica e impulsionada no cenário da cultura humanista pós-reforma, a crítica aos documentos estimulou outros procedimentos necessários à sua realização, como o estudo das línguas antigas e da paleografia, como mencionado. Somente após serem submetidos à crítica rigorosa, poderiam os documentos servir à finalidade de uma escrita da história, o que não esteve em momento algum nos planos de João Pedro Ribeiro. Segundo ele, uma verdadeira história de Portugal demandaria esse conjunto de conhecimentos iniciais e indispensáveis, que apenas começavam a tomar corpo nos meios letrados portugueses. Sua realização, contudo, pressupunha outros procedimentos. Nesse aspecto, João Pedro Ribeiro irá travar uma luta sistemática, conseguindo obter a obrigação da formação em diplomática e conhecimentos de paleografia para o trabalho na Torre do Tombo. Em representação ao príncipe regente datada de 20 de fevereiro de 1812, no entanto, adverte para o fato de que estariam sendo nomeados escriturários para o Real Arquivo da Torre do Tombo sem a frequência às aulas de diplomática, conforme estabelecido pelo Alvará Régio de 21 de fevereiro de 1801. Já em carta com data de 25 de agosto de 1790, advertia para os riscos de um desconhecimento da paleografia quando se tratava do trabalho com acervos documentais da Idade Média portuguesa. Em sua visita ao Mosteiro de Vairão deparou-se com um conjunto de pergaminhos classificados como "inúteis", o que o fez dedicar-se à identificação desse material datado dos séculos XI, XII e XIII. Sua avaliação é conclusiva: o desconhecimento das técnicas de leitura levara à desconsideração de documentação importante para o conhecimento daquele período do passado português e, com isso, à perda de fontes escritas essenciais para a escrita da "história civil portuguesa". Em carta seguinte ao abade Correia da Serra reitera a necessidade de amanuenses qualificados para o trabalho com os documentos e sugere que a Academia de Ciências de Lisboa estabeleça "uma ou mais escolas paleográficas" para a "propaganda e perícia das letras antigas".

Vemos assim que os protocolos de uma história erudita desenvolvidos na Europa dos séculos XVI e XVII adentram o cenário letrado português no ambiente da cultura das Luzes. Estranho paradoxo, contudo, posto que estes mesmos protocolos e procedimentos foram alvo de uma acirrada crítica dos filósofos iluministas ao que consideravam a falta de objetividade e finalidade da cultura antiquária para o conhecimento do passado, a mesma, aliás, que formalizara os procedimentos da erudição. Blandine Barret-Kriegel e Chantal Grell, em seus estudos acerca da erudição humanista, apresentam os argumentos que levaram a "uma derrota da erudição" em nome de uma filosofia da história própria da cultura das Luzes. Contudo, a inexistência dessa tradição em Portugal – o antiquarianismo –, de certa forma denunciada por João Pedro Ribeiro, impediria o verdadeiro conhecimento do passado, e a essa tarefa lançou-se de maneira decidida. Sua correspondência aos membros da Academia Real de Ciências de Lisboa, ao mesmo tempo que dava conta de suas viagens pelas províncias do reino a serviço da mesma academia, indicava os procedimentos que lhe pareciam adequados para sanar a ausência de uma tradição erudita relativa ao tratamento da documentação espalhada pelo território português. Sua vasta correspondência com o abade Correa da Serra, um dos fundadores, com o duque de Lafões, da Academia Real de Ciências de Lisboa, permite acompanhar as preocupações de alguém que reconhece a necessidade da escrita da história fundada em novos procedimentos, em grande medida herdados da tradição erudita, mas a serem empreendidos agora pela cultura letrada das Luzes portuguesas.

Importante, contudo, salientar, como já fizemos referência, que João Pedro Ribeiro não se considerava um historiador e tampouco teve a pretensão de nomear sua vasta produção escrita como uma obra de história. Antes prefere chamá-las, em alguns casos, de memórias, como é o caso das *Memórias autênticas para a história do Real Arquivo*, publicadas na Impressão Régia de Lisboa no ano de 1819, quando procura apresentar um catálogo circunstanciado da documentação existente naquela instituição relacionando-o à atuação de determinados reis. Por que, exatamente, não se trata de uma história a produção de João Pedro Ribeiro? Efetivamente, ao consultá-la não nos deparamos com nenhum relato histórico que busque apresentar os eventos passados a partir de uma narrativa coerente e organizada. Segundo Grafton, em seu estudo acerca da erudição e os protocolos que viriam a conformar uma escrita científica da história,

> quando escreveram [antiquários] sobre problemas históricos, na sua maioria, produziram não narrativas anotadas, mas argumentos não anotados, nos quais as fontes a serem discutidas e as teses alternativas a serem refutadas eram citadas e analisadas no próprio texto. E até mesmo a presença ocasional de notas de rodapé ou de comentários não derivou de uma separação clara entre texto e instrumental.

Portanto, João Pedro Ribeiro, ao produzir seus textos, não produzira aquilo que Michel de Certeau denominou de uma narrativa duplicada, própria dos historiadores de ofício obrigados a produzir um texto original a partir do recurso a outro conjunto de textos para os quais estavam reservadas as notas de pé de página.

Mas como trabalhava, produzindo seus textos, esse professor de Coimbra que pede sucessivas licenças da sua cátedra na faculdade de Cânones para se dedicar integralmente ao labor nos arquivos, atividade que o obriga a frequentes deslocamentos pelo território português? Em carta ao mesmo abade Correia da Serra lembrava que em fevereiro de 1792 esgotava-se sua licença de dois anos na Universidade de Coimbra e solicitava que este encaminhasse ao reitor da universidade novo pedido de licença para prosseguir no trabalho de visita aos arquivos. O texto que elabora como fundamento de sua prática como primeiro lente de diplomática, intitulado "Observações históricas e críticas para servirem de memórias ao sistema da diplomática portuguesa", é peça importante para a compreensão do seu entendimento acerca do trabalho com os documentos. Com a data de 1798 e chancela da Academia Real das Ciências de Lisboa estampando a licença real, as interconexões entre o mundo letrado e o mundo da política ficam patentes. O texto organiza-se a partir de duas grandes unidades: na primeira delas João Pedro Ribeiro apresenta um balanço da situação dos cartórios espalhados pelo reino, tendo em vista "a necessidade de acautelar pelos meios oportunos a sua total ruína", dividindo-os em cartórios das câmaras e cartórios dos mosteiros, preservando em certa medida a tradicional divisão entre história civil e eclesiástica. Na segunda unidade apresenta os meios necessários para a preservação da documentação, tendo em vista seus aspectos físicos e sua organização para a consulta. Neste sentido, João Pedro Ribeiro parte de uma curiosa distinção entre o que considera o interesse puramente literário pelos documentos guardados nos arquivos e o interesse da história – visivelmente mais importante para ele – pois, segundo ele, é "donde a História tem tirado a maior parte das suas luzes". Submetidos agora a uma exigência particular – a história com a finalidade de lançar as luzes sobre os tempos do presente – os documentos devem ser organizados segundo uma ordem que melhor atenda a esta demanda, e esta não seria, segundo seu juízo, uma ordenação puramente cronológica, mas deveria considerar os documentos antigos segundo sua natureza e a ordem geográfica. Portanto, para João Pedro Ribeiro não se tratava apenas de preservá-los do ponto de vista físico, mas também de observá-los a partir de um novo olhar, marcado por preocupações com o tempo e o espaço das Luzes.

Uma segunda ordem de questões preocupa João Pedro Ribeiro no texto em questão: a crítica capaz de assegurar a autenticidade dos documentos, livrando-os dos riscos sempre presentes da falsificação. Este procedimento apresentava-se como indispensável para o estabelecimento dos fatos, requisito necessário para a elaboração de uma narrativa histórica segundo os cânones modernos. O problema da falsificação longe estava de se constituir numa novidade para esses letrados iluministas formados a partir da tradição antiquária. Uma longa história de falsários e suas falsificações enchia as páginas da literatura erudita desde pelo menos os praticantes da *ars histórica* de fundo humanista. Lorenzo Valla e sua contundente crítica a respeito da "Doação de Constantino" é, a esse respeito, apenas o exemplo mais representativo e aquele que mais notoriedade ganhou. A novidade estava em que, para os eruditos católicos, como João Pedro Ribeiro, o documento falso não poderia assegurar a verdade de uma narrativa que se pretendesse crítica a respeito do passado. Nem tampouco poderia fundamentar, a partir de bases históricas seguras, as demandas do presente, sobretudo aquelas de um poder que busca novas formas para sua legitimação e afirmação num mundo marcado por profundas transformações.

Como parte ainda do trabalho necessário ao estabelecimento dos fatos em bases seguras, o tema da cronologia se torna especialmente importante para as pesquisas de João Pedro Ribeiro. Estabelecer a data certa dos eventos passados torna-se uma preocupação deste erudito que podemos acompanhar em parte da correspondência trocada com outro religioso, o beneditino Bento de Santa Gertrudes. Sinal da erudição antiquária, os dois religiosos investem muito tempo e conhecimento para dirimirem dúvidas, a partir de uma argumentação em que a retórica é parte importante, a respeito da datação de eventos passados, assim como das diferentes formas de datar os documentos próprias de outro tempo. Um saber específico é acionado como condição para o desvendamento destas datas, a cronologia, que deve considerar um profundo conhecimento não apenas das maneiras como os antigos marcavam, através de calendários próprios, o tempo, como também das formas particulares de grafar, através de uma escrita, estes sinais indicativos da passagem do tempo.

Mas como proceder nesse trabalho de erudito para assegurar não apenas a fidedignidade do documento, mas também sua correta datação? Em primeiro lugar João Pedro Ribeiro, assim como seus correspondentes, recorrem à autoridade no assunto, no caso os tratados de diplomática e, mais especificamente, o trabalho de Mabillon. Em segundo lugar, a visão dos arquivos visitados e o manuseio da documentação conferem aquilo que João Pedro Ribeiro chama de "tino diplomático". Em carta de Lisboa datada de 10 de janeiro de 1802 endereçada a Bento de Santa Gertrudes assim se expressava o primeiro lente de diplomática:

> Corra V. Revdmª como eu, além desse, 20 ou 30 cartórios, e quando ao primeiro aspecto lhe agradar este ou aquele documento, e entejar outro, examine este de espaço, e não lhe faltará porque lhe pegue; reconhecerá com Vanes que há tino diplomático que se não adquire lendo obras impressas, mas maneando centos e centos de documentos.

Ainda que preocupado com a verdade, que como afirma na mesma carta é seu ofício averiguá-la, parece haver espaço para uma experiência adquirida pela prática nos arquivos, uma sensibilidade que se desenvolve em contato direto com o manuseio dos documentos, recusando uma abordagem de natureza puramente filosófica mais ao sabor da cultura das Luzes.

Ao assumir um lugar institucional, o de primeiro lente de diplomática em Portugal, João Pedro Ribeiro definia um campo de atuação que o consagraria como especialista maior. Não era, sem dúvida, o primeiro a se dedicar a esta temática no ambiente letrado português. Poucos anos antes de publicar seu texto de orientação dos estudos de diplomática em Portugal, veio à luz a "Dissertação ou tratado sobre algumas regras mais necessárias da hermenêutica e da diplomática para o estudo da história eclesiástica", publicada na cidade do Porto e de autoria de frei José Pedro da Transfiguração (1792). O texto era de conhecimento de João Pedro Ribeiro, já que a seção de manuscritos da Biblioteca da Universidade de Coimbra guarda um exemplar que, pelas evidências, pertenceu ao primeiro lente de diplomática. No texto explicativo que oferece aos seus leitores, frei José Pedro esclarece que o motivo que o movera a escrever sobre o assunto eram as exigências "de sua profissão", já que considerava tanto a hermenêutica quanto a diplomática "dois indispensáveis olhos da História Eclesiástica". Seu tratado, na verdade, tem como foco central a apresentação de um conjunto de regras necessárias à autenticação e validação dos escritos religiosos. Diz ele: "Quando um Escritor diz que viu ou ouviu o fato, que nos conta, é necessário averiguar se ele tem bondade e justiça, que são os caracteres de um Escritor incapaz de enganar". Aqui o critério de credibilidade para um texto está no *ethos* de seu escritor, reafirmando o princípio da retórica aristotélica, segundo o qual a determinadas características daquele que formula um discurso deve, necessariamente, corresponder a forma deste discurso. Mais adiante continua o clérigo: "É digno de fé o Escritor a quem a Igreja dá autoridade; se esta lha derroga, não merece". Aqui a validação do texto deriva de uma autoridade que lhe é externa, numa direção flagrantemente oposta aos princípios da moderna diplomática, segundo os quais o exame dos próprios suportes do texto deviam também ser considerados para o trabalho de sua validade e, por conseguinte, para sua autoridade. Uma terceira possibilidade para a validação dos textos seria o que o autor denomina a "autoridade dos antigos". Segundo ele, os autores antigos como tem mais razão do que nós, para averiguar a verdade dos fatos que nos contam, porque mais vizinhos da sua origem, também tem mais razão para conhecer o caráter dos escritores, que os precederam, a fim de fazerem juízo sobre as suas obras: logo se as condenaram de espúrias, foi porque as acharam por algum lado indignas de se atribuir aos Autores, de quem se anunciam.

É clara ainda, para ele, a autoridade dos antigos sobre os modernos, numa clara inversão do que a própria obra de Mabillon já prenunciava, uma vez que submetiam à crítica dos modernos os vestígios textuais do passado. Assim, antigos e modernos estariam equiparados, uma vez que o procedimento da crítica é superior à afirmação de uma autoridade fundada apenas na antiguidade. O testemunho contemporâneo ao evento narrado, o relato fundado na observação de quem viu ou soube por quem o presenciara continuam a desempenhar papel importante no saber da diplomática formulado por Mabillon. Contudo, tornava-se igualmente importante o exame desse testemunho, de sua autoridade e seu valor público como condição de validação do documento produzido e da verdade dos fatos narrados. Só então poderia ser tomado como expressão da verdade narrada. Vê-se, portanto, que com este saber erudito estava em questão a produção moderna dos arquivos de fontes. Para João Pedro Ribeiro tratava-se de pensar os recursos dessa disciplina – a diplomática – para o conhecimento da história de Portugal, entendida como uma história civil. Alarga, portanto, em muito, os horizontes do uso da hermenêutica e da diplomática nos termos que o *Tratado* de frei José Pedro da Transfiguração propunha, além de solapar as bases que fundamentavam os seus procedimentos para o uso das regras da diplomática. Para João Pedro Ribeiro, a crítica do especialista deveria ter como foco os manuscritos depositados nos cartórios submetidos ao olhar formado a partir de regras claras e bem-definidas, indispensáveis ao estabelecimento da verdade dos fatos, base segura para uma narrativa acerca do passado.

Sua prática, assim como sua reflexão em torno do trabalho com documentos, viria a se tornar referência central para a geração dos primeiros denominados historiadores – portanto praticantes de um ofício específico, ainda que não necessariamente totalmente desvinculado do mundo das letras em sentido lato – de além e aquém-mar; tanto para Herculano em Portugal, que frequentara entre os anos de 1830 e 31 a aula de diplomática na Torre do Tombo, quanto para Varnhagen, que tivera sua formação intelectual nos meios letrados em Portugal.

2. A *operação historiográfica* na Classe de Literatura Portuguesa da Academia Real das Ciências de Lisboa (1779-1814)

Taíse Tatiana Quadros da Silva

Uma *operação historiográfica*

> *Da reunião dos documentos à redação do livro, a prática histórica é inteiramente relativa à estrutura da sociedade.*
>
> CERTEAU (2000:74)

A noção *operação historiográfica*, tal como caracterizada por Michel de Certeau no artigo de sua autoria intitulado "A escrita da história", expressa não apenas o conjunto de práticas que permitem a formulação do conhecimento histórico, mas também os aspectos que conferem à reflexão historiográfica sua parcialidade e seus limites epistemológicos. Diante da reflexão de Certeau, a profissionalização e o rigor metodológico empregado na leitura e na captação de documentos não conferem à escrita da história as condições necessárias para que a mesma seja elaborada como um saber livre das injunções presentes no lugar e no tempo de sua produção. Escrito em um momento em que, na historiografia francesa, o sucesso das pesquisas quantitativas conferia estatuto científico à investigação histórica, o texto de Certeau propunha um olhar alternativo, ao problematizar os contornos a que estava reduzida a narrativa historiográfica produzida no seio do campo disciplinar da história. Segundo Certeau, não se pode compreender a historiografia sem considerar três aspectos fundamentais: o lugar social de sua produção, as práticas manipuladas para sua confecção e a composição da narrativa. O lugar social, escreveu Certeau, conforma o não dito na produção do conhecimento histórico. Ele expressa o meio como grupos e instituições criam as condições para que um trabalho seja analisado, criticado e até mesmo recusado.[1] Estes mesmos grupos e instituições são responsáveis por formar critérios que determinam suas práticas. A prática, como assinalada por Certeau, caracteriza-se por promover a transformação do natural em cultura ao produzir significados com o emprego de fontes. No mesmo sentido, a prática caracteriza-se pela escolha e distribuição das fontes conhecidas. A produção dos documentos é, assim, outra etapa da operação historiográfica. A separação de fontes, afirma o autor, originada com a manipulação documental primeiramente executada pelos jurisconsultos e enriquecida pela disseminação da imprensa e das coleções, passaria a compor, desde o final do século XVI, a "invenção metódica de novos sistemas de signos, graças a procedimentos analíticos (decomposição, recomposição)" (Certeau, 2000:82). O autor, ao apresentar as regras que de modo geral caracterizavam a história como disciplina, explicitava não apenas os seus aspectos positivos, mas também os elementos negativos daquele processo que, ao conceber versões, leituras e abordagens, também exclui perspectivas plausíveis (Certeau, 2000). A representação moderna do texto historiográfico, conformada pelo uso de notas, de bibliografia, de fontes primárias e de autoria, não significava a construção de um conhecimento isento, imparcial, mas sim parte da história das práticas de escrita e de seus usos na sociedade.

No mesmo sentido, a reflexão de Certeau oferecia destaque à articulação entre o campo historiográfico e a produção do conhecimento histórico. O *métier*, ou seja, o meio profissional a partir do qual o historiador construía a sua reflexão adquiriu maior visibilidade, tornando-se um elemento-chave na compreensão do discurso historiográfico. Do ponto de vista teórico e metodológico isso representou uma importante modificação na maneira de se estudar a historiografia. Rompia-se com a leitura idealista dos textos da história, que os interpretava como resultado de escolas de pensamento, para investigar-se o meio

---

[1] "Antes de saber o que a história diz de uma sociedade, é necessário saber como funciona. Esta instituição se inscreve num complexo que lhe permite apenas um tipo de produção e lhe proíbe outros. Tal é a dupla função do lugar. Ela torna possíveis certas pesquisas em função de conjunturas e problemáticas comuns. Mas torna outras impossíveis; exclui do discurso aquilo que é sua condição num momento dado; representa o papel de uma censura com relação aos postulados presentes (sociais, econômicos, políticos) na análise" (Certeau, 2000:76-77).

social em que os mesmos eram formulados, as transformações nos discursos e nas práticas, a articulação dos especialistas envolvidos em sua elaboração com os projetos políticos em disputa. Os estudos historiográficos deixavam de parecer com uma vertente empobrecida da história das ideias, para conquistar um novo espaço próximo das investigações em história cultural e em história política. A *operação historiográfica*, como definida por Certeau, passava, assim, a identificar a interdependência entre as práticas e o lugar, entre os discursos produzidos e as suas relações com outros discursos.

Todavia, ainda que em sua análise Certeau tenha deixado bastante clara a relação entre a construção do conhecimento histórico e o seu lugar de produção, para o autor interessava destacar as regularidades presentes na escrita da história. A sua abordagem pretendia apresentar elementos presentes tanto entre as práticas eruditas do século XVIII quanto entre os institutos científicos atuantes no século XX. Mais recentemente, o filósofo francês Paul Ricoeur em sua obra *A memória, a história, o esquecimento* voltou à noção de operação historiográfica de Michel de Certeau, conferindo à mesma um tratamento minucioso e enriquecedor.[2] De maneira similar, Ricoeur procurou estabelecer uma reflexão sobre os aspectos elementares que caracterizam a produção e a escrita do texto historiográfico, analisando-o em três etapas que, conforme Ricoeur, não devem ser compreendidas como fases consecutivas, mas como partes de um mesmo processo.

De acordo com Ricoeur, essas podem ser destacadas como fase documental, fase da explicação/compreensão e fase da representação historiadora (Ricoeur,

---

[2] "Adotei a expressão operação histórica, ou melhor, historiográfica, para definir o campo percorrido pela análise epistemológica que se segue. Eu a devo a Michel de Certeau, em sua contribuição ao grande projeto de Pierre Nora e Jacques Le Goff colocado sob o título pragmático: "Fazer história". Além disso, adoto, em suas linhas gerais, a estrutura triádica do ensaio de Michel de Certeau, ainda que lhe atribua conteúdos diferentes em pontos importantes. Eu havia testado essa tripartição, ao mesmo tempo clara e rica em resultados, em um trabalho de etapa encomendado pelo Instituto Internacional de Filosofia. Tendo em mente essa dupla patronagem, denomino fase documental aquela que vai da declaração das testemunhas oculares à constituição dos arquivos e que escolhe como seu programa epistemológico o estabelecimento da prova documental (capítulo 1). Em seguida, chamo de fase explicativa/compreensiva aquela concernente aos múltiplos usos do conector "porque" em resposta à pergunta "por que?": por que as coisas se passaram assim e não de outra maneira? O título duplo explicação/compreensão, exprime suficientemente a recusa da oposição entre explicação e compreensão que, com demasiada frequência, me tem impedido que se apreenda toda a sua amplitude e complexidade o tratamento do "porquê" histórico (capítulo 2). Denomino, enfim, fase representativa a colocação em forma literária ou escrita do discurso levado ao conhecimento dos leitores de história" (Ricoeur, 2007:146-147).

2007). Nosso objetivo, no presente capítulo, é o de apresentar uma breve exposição sobre a *operação historiográfica* formulada entre as práticas e os discursos dos sócios da Classe de Literatura Portuguesa da Academia Real das Ciências de Lisboa entre 1779 e 1814. À luz da reflexão de Certeau, pretendemos destacar as relações entre o lugar, as práticas e a escrita, considerando, como Ricoeur, a investigação e seleção de materiais também como escrita, pois os documentos carregam também "signos de literariedade", embora subsistam de forma a compor os critérios de cientificidade da representação historiadora (Ricoeur, 2007).

O plano epistemológico do *projetismo*

A escrita da história foi marcada por importantes tensões no final do século XVIII português. Até o século XVIII, escrever a história implicava não romper com o equilíbrio entre a produção da narrativa verossímil e o elogio ao monarca. A mudança na educação régia, a partir da primeira metade daquele século, tornou o reconhecimento das ciências e a aliança com filósofos em traço relevante para a estima e fama de um determinado monarca (Badinter, 2009). A modificação das qualidades do soberano resultou, igualmente, na transformação da sociedade de corte e, sobretudo, na das formas discretas da eloquência (Fumaroli, 1994). Com o movimento das Luzes, a valorização da ciência condicionou as letras a novos temas e a novas abordagens. A história, enquanto literatura produzida pela Corte e com o fito de exaltar o monarca, tornara-se obsoleta em seu modo de persuadir seus leitores, sendo alvo de censuras dentro da própria Corte.

Na Academia Real das Ciências de Lisboa o objetivo de promover a revitalização das práticas letradas coube aos sócios da Classe de Literatura Portuguesa. No campo das letras, o fim do reinado de d. José I e a elevação ao trono de d. Maria I não desestimulou o movimento ilustrado português, que esperava equacionar a produção historiográfica com as expectativas coetâneas em relação à produção do conhecimento científico. A valorização das ciências e das letras conjugou-se com a política de inclusão da nobreza, que adquiriu um inédito espaço de atuação dentro da organização do Estado. A fundação da Academia Real das Ciências de Lisboa reuniria uma elite sequiosa de participação junto à Corte, depois dos anos de terror e ostracismo decorrentes da política pombalina. No entanto, a sua participação colaborou de forma decisiva para que a escrita da história, a partir da chamada *viradeira*, não sofresse um retrocesso em relação às diretrizes epistemológicas fomentadas pelas reformas pedagógicas pombalinas.

A disposição política da elite coadunou-se com a *liberalidade* de d. Maria I. Como patrona da academia, d. Maria I permitiu aos acadêmicos exercerem uma sociabilidade científica e literária livre do controle cultural que restringira a elite reformista pombalina. Essa nova situação foi importante para que o movimento ilustrado, deflagrado pelas reformas pombalinas, assumisse um novo formato. A elite, livre do "terror" pombalino, tomou para si a tarefa de melhorar o Estado pela indústria e pelas letras, modificando as práticas de escrita e inovando o panorama literário da Corte. Seu protagonismo foi consequência da política de d. Maria I que, ao refazer seu pacto com a nobreza, propiciou a disseminação do discurso cientificista das Luzes num quadro social formado por agentes de diversos segmentos sociais. Assim, embora no período pós-Pombal uma elite farta da política severa do marquês voltasse a gozar de posição na corte, nobres e letrados não se opuseram aos valores ilustrados que modificavam o *ethos* aristocrático a partir de Pombal, incorporando-os em suas práticas junto à Coroa.

A assimilação dos valores que, como o mérito, passaram a tornar apto um determinado súdito na execução de um serviço específico, bem como a concepção de que a razão, em sua universalidade, representava a vontade sensata do monarca, colaboraram para que a faculdade da razão representasse o bom juízo ou a prudência. Sucessivamente isso permitiu, nos moldes já analisados por Reinhart Koselleck na obra *Crítica e crise*, que a faculdade da razão passasse, pouco a pouco, a expressar a universalidade da soberania, pois a razão prudente constituía um atributo ao alcance da elite ilustrada.[3] Em Portugal, a

---

[3] A questão sobre a qual nos voltamos aqui diz respeito à relação entre a autonomia do corpo administrativo no período das Luzes e o desenvolvimento de uma reflexão sobre a autonomia da razão como faculdade universal, como Paul Hazard especifica: "Se, no entanto, o indivíduo tem ainda a necessidade de obter uma confirmação sobre o valor das suas operações intelectuais, para tal existe um indício seguro: o caráter universal da razão. Com efeito, esta é idêntica em todos os homens. [...] A sua benéfica virtude é o fato que vem, por último, confirmar a sua excelência" (Hazard, 1989:38-39). Em *Crítica e crise*, Reinhart Koselleck destaca importantes elementos que, antes da Revolução Francesa, teriam conduzido à transformação da sociedade monárquica, com conceitos próprios que correspondiam ao seu funcionamento. Conforme o autor demonstra a partir de diversos exemplos,

autonomia da faculdade da razão, pela qual se pode definir a crise mental do final do século das Luzes, possuiu uma dinâmica específica, desde a reação da elite, quando da queda de Pombal, até a perda da convicção sobre o *télos* político do reino. Entre a consciência da autonomia da reflexão e a reflexão sobre a reforma política do Estado, tornou-se possível a projeção de futuros alternativos, de Estados diversos e de organizações políticas inéditas.

A associação dos valores predominantes na elite cortesã com os princípios autonomistas da *Aufklärung* formou, entre a elite letrada do Portugal setecentista, uma reflexão paradoxal que exigiu o permanente ajuste dos limites entre o pensamento ilustrado e a crítica indecorosa. Embora a elite que compunha o estamento burocrático fosse formada por clérigos e militares advindos dos estratos médios e por membros da nobreza de sangue, essa diversidade não ocasionaria, como ressaltou Koselleck para o caso francês, a sobreposição da moral burguesa sobre os valores tradicionais, que marcam a produção da crítica na literatura francesa antes da Revolução de 1789.[4] A separação entre interior e exterior, entre moral e política, que prevaleceu no caso francês, em Portugal passaria por um caminho distinto, em que a oposição à França teria colaborado para a definição política da elite ilustrada do último quartel do século XVIII até a primeira metade do século XIX.[5] Para os letrados da Academia Real das

---

as transformações que marcam a passagem do regime monárquico para o de contestação de seus fundamentos foi formada pela cultura filosófica presente, inclusive, entre a Corte. A Ilustração foi, conforme o autor, um elemento fundamental da Revolução de 1789 (Koselleck, 1999). Em Portugal, o dilema central do final do século XVIII também pode ser definido como envolvendo uma tensão sobre os limites da faculdade da razão. As políticas discrepantes e posições desencontradas sobre o quão necessário era tornar a faculdade do juízo um elemento fundamental dentro do respeito ao Estado monárquico absoluto apontam para esse dilema.

[4] Koselleck oferece uma genealogia da política a partir do estudo dos efeitos da crítica para França e Inglaterra, o que nos permite efetuar uma comparação entre a evolução daquela nesses países e em Portugal: "Na França e Inglaterra, o grupo de palavras que se associa ao conceito de crítica foi incorporado do latim às línguas nacionais por volta do 600. As expressões 'critique' e 'criticism' (ou ainda 'critiks') estabeleceram-se no decorrer do século XVII. Por crítica entendia-se a arte de avaliar de forma adequada a matéria em questão, em particular textos antigos, mas também obras literárias e artísticas, assim como povos e homens. A palavra foi usada inicialmente pelos humanistas; ligava-se à capacidade de julgar e à formação erudita. Quando o método filológico se ampliou às Escrituras Sagradas, este procedimento também foi chamado de 'crítica'. Críticos e cristãos ao mesmo tempo, distinguiam-se dos *critici* incrédulos, conferindo-lhes a designação de 'criticaster'" (KosellecK, 1999:93-94). A questão, em atinência à literatura crítica elaborada pela Academia Real das Ciências de Lisboa, deve, assim, ter em conta em que medida seu uso deixou de ser um instrumento exclusivo dos partidos religiosos para se tornar em um artifício racional de contestação do Estado. Em certa medida, essa seria, igualmente, uma das consequências do movimento contraditório encabeçado pelo reformismo ilustrado.

[5] A contraposição portuguesa à França e seus valores ganharia maior força com as invasões francesas em Portugal. O tema foi explorado em Neves (2008).

Ciências de Lisboa, a escrita verossímil da história ilustrada deveria ser compatível com a exaltação da liberalidade do Estado, por eles celebrada, e com o esclarecimento do monarca, que fomentava as letras pátrias. Assim, se houve uma "crítica" literária, jurídica e historiográfica no século XVIII, professada entre a elite da Academia Real das Ciências de Lisboa, essa permaneceu fundamentada na aliança entre política e moral que caracterizou o gênero crítico ou arte de julgar desde o século XVII.

Para corresponder a essa expectativa ganhou destaque, entre os ilustrados, o esforço em se produzir um "corpo de história completo". Desde suas primeiras atas de sessões, a academia apresentou o objetivo de produzir uma história de Portugal que fosse redigida por meio da coleção de documentos autênticos. Essa história geral, a ser escrita, deveria se tornar num "monumento das letras pátrias", devido ao emprego de "monumentos da história literária" (textos escritos por autores portugueses e em língua portuguesa). A exaltação da nacionalidade, definida no elogio e promoção da língua portuguesa, compunha o projeto epistemológico da instituição, que se combinava e adequava às estratégias de legitimação e glorificação do Estado monárquico português.

Concebidas no contexto desse novo cenário político, as práticas que envolveram a escrita e a hermenêutica históricas, empregadas pela academia, produziram uma abordagem metódica de tratamento dos documentos-monumentos que expressaria as transformações na experiência do tempo, entre a ascensão de d. Maria I e a Revolução do Porto, em 1820. Em meio às turbulências políticas correntes naquele período, coube à academia manipular e controlar o horizonte de expectativas para, igualmente, conter a irrupção de experiências políticas alternativas ao regime (Koselleck, 2006). Contudo, a manipulação erudita, empregada pelo reformismo, transformaria a relação com a tradição jurídico-política do reino, fomentando perspectivas inéditas sobre o Estado português e sobre a sua natureza.

Ao longo daquele período, a manipulação científico-literária, por parte do movimento ilustrado português do final do século XVIII, defrontou-se com o desafio intelectual de promover respostas eficientes diante das contestações políticas, culturais e simbólicas da legitimidade da monarquia portuguesa. Se, do lado das ciências ditas exatas, coube à academia formular instrumentos objetivos para sair da crise econômica, competiu, por sua vez, à Classe de Literatura Portuguesa conceber o horizonte de expectativas que deveria ser veiculado a serviço da monarquia. Tal objetivo, entretanto, deveria obedecer a um conjunto de princípios formulado desde o final do século XVII e tornado imprescindível à escrita da história.

Em Portugal, o uso das práticas de escrita na legitimação do Estado, entre as quais estão inclusas as técnicas de certificação da autenticidade documental, acompanhou o desenvolvimento do corpo burocrático que o cercava, sendo este formado por juristas, generalizadamente (Hespanha, s.d.; Homem, 2003). A ascensão dos juristas na determinação do sentido legal do Estado, que em Portugal atingiu o seu ápice com as reformas pedagógicas de Pombal, definiu as operações que seriam empregadas na confecção do horizonte de expectativa forjado em benefício da monarquia. Essas operações adquiriram, no Portugal do século XVIII, uma importância cada vez maior, até se tornarem um instrumento político do círculo liberal.[6]

Todavia, se entre os letrados que formavam o estamento burocrático era possível controlar as representações simbólicas importantes para a manutenção de um horizonte de expectativas favorável ao regime, os desafios apresentados pelo espaço de experiência não foram suscetíveis de antecipação e controle. A aceleração dos acontecimentos no continente europeu e na América, a constante crise econômica portuguesa, que alternava momentos mais e menos dramáticos, enfim, todo um cenário instável do qual emergiam ideias e autores com pensamentos e soluções diversificados, ofereceram à elite letrada portuguesa, congregada na Academia Real das Ciências de Lisboa, um desafio sem precedentes.

No entanto, mesmo se considerarmos apenas as duas primeiras décadas que sucederam sua fundação, é difícil antever, na academia, um projeto de intervenção política unificado.[7] A atuação da associação no campo das letras pro-

---

[6] Ainda que o contato com outras constituições liberais da Europa tenha sido decisivo para a consolidação dos ideais constitucionais que predominaram em 1820, perspectivas e abordagens antes presentes no reformismo seriam retomadas pelo grupo. Essa "proximidade", como já vimos, encontra-se na forma como o grupo vintista expressou o anseio por superar a crise, conforme destacam Isabel Nobre Vargues e Maria Manuela Tavares Ribeiro: "'Regeneração' opõe-se a 'decadência', a 'crise', e implica por isso o desenvolvimento de uma atitude reformista, a qual foi empreendida pelo movimento liberal. É certo que se procedêssemos a uma arqueologia do termo facilmente veríamos que ele não é um exclusivo do liberalismo vintista, mas o que já então surpreende e é altamente significativo é a referência insistente a ele feita nesse tempo" (Vargues e Ribeiro, 1998:188-189).

[7] Na parca bibliografia sobre a Classe de Literatura Portuguesa e sua historiografia, a aproximação entre as *Memórias de Literatura Portuguesa* e o movimento liberal português é estabelecida pelos historiadores Torgal, Mendes e Catroga (1996).

vocou deslocamentos importantes em relação às perspectivas historiográfica e historiológica presentes em Portugal desde o início do século XVIII.

Crítica, crise e a escrita memorialística

A escrita *memorialística*, que marcou as *Coleções* da associação, não pode ser compreendida sem que se considere como, na antecâmara da esfera pública, em sessões privadas, os sócios definiam quais trabalhos seriam solicitados à elite letrada portuguesa. Assim, as *Memórias* publicadas nas diversas *Coleções* da academia, foram preliminarmente definidas por programas acadêmicos propostos pelos núcleos de sócios que formavam as classes científicas da agremiação. Tais *programas acadêmicos*, em conjunto com os *pareceres* apresentados pelas comissões de sócios, conformaram as práticas da produção memorialística, consolidando os princípios epistemológicos que vigorariam na instituição ao definirem o repertório de problemas científicos a serem investigados. Dessa forma foi possível, analisando a série de programas anuais publicados pela academia, averiguar qual grupo de temas preocupou os ilustrados portugueses na Classe de Literatura Portuguesa. Trata-se, assim, de um conjunto de programas publicados desde os primeiros anos da academia, que abrangem, inclusive, as primeiras três décadas do século XIX.[8] A partir dos mesmos, foram identificados três eixos temáticos recorrentes: (i) o da conformidade entre a história de Portugal com o desenvolvimento econômico, (ii) o da história jurídica e de seu impacto na vida econômica do reino e (iii) o da sistematização gramatical da língua portuguesa.[9]

Esses três eixos temáticos, geralmente presentes nos programas de literatura da academia, permitem conhecer o sentido da investigação científica dos ilustrados, o modo como procuraram conhecer os problemas do reino, além

---

[8] Na atual biblioteca da Academia das Ciências, em Lisboa, há uma compilação de programas em que estão compreendidos os propostos entre 1781 e 1857. Contudo, essa coleção não é completa, faltando, inclusive, a década 1832-1842. Não obstante, foi possível levantar um total de 41 programas acadêmicos, coleção a partir da qual verificamos os objetivos pretendidos pela academia na Classe de Literatura Portuguesa (Biblioteca da Academia de Ciências de Lisboa, 12.88.7).

[9] Além de buscar o estabelecimento de uma gramática da língua portuguesa, a academia pretendeu organizar um dicionário da língua portuguesa. O projeto, aparentemente, soçobrou no primeiro número, apesar dos esforços movidos para a publicação do seu primeiro tomo, em 1793 (Diccionário da Língoa Portugueza, 1793).

de indicarem que relações os ilustrados anteviam entre as diversas instâncias de investigação e aqueles mesmos problemas. A partir disso, foi possível identificar como a interface entre a questão do desenvolvimento econômico e a reforma jurídica do reino foi decisiva para a consolidação da consciência de *crise* e para a politização das reflexões acadêmicas, ainda que a associação buscasse somente impulsionar reformas, e não o questionamento da justificação jurídico-política do Estado.

"Até a crítica voltar-se contra a própria razão, ela emitia sem parar novas notas promissórias contra o futuro" (Koselleck, 1999:96). Essa assertiva de Koselleck, em sua análise da irrupção do político às vésperas do processo revolucionário, retoma a ambiguidade do uso da razão na defesa do Estado. Do mesmo modo que para os autores Simon e Bayle, analisados por Koselleck, a crítica, entre os consócios da Classe de Literatura Portuguesa da academia, não era concebida de modo a ser favorável a um "partido", "o reino da crítica", afirma o autor, "só se evidencia por cima dos partidos" (Koselleck, 1999:97). Entretanto, a proeza crítica de desvelamento da verdade tornara-se um mecanismo sem fim, em que a crítica do passado levaria, pouco a pouco, à crítica do presente. Ao operar de forma análoga, a escrita memorialística, no reformismo português, veiculou uma crítica econômica em que os limites do Estado seriam evidenciados, configurando um momento pré-crítico, que seria incrementado pela literatura histórico-jurisdicional concebida pela Academia Real das Ciências de Lisboa. Essa escrita, forjada a partir das diretrizes da Ilustração, ao mesmo tempo que pretendia garantir a permanência do Estado, produziria a consciência sobre os limites do regime e o agravamento da crise por propiciar a consciência sobre a mesma.

A historiadora Miriam Halperim Pereira abordou, em trabalho no qual discute a crise do regime monárquico português, uma diferença fundamental entre a crise, propriamente dita, e "a consciência da crise" (Pereira, 1983:3-14). Para a autora, tanto os elementos de ruptura que caracterizam o liberalismo quanto os de continuidade entre o momento liberal e o absolutista podem ser melhor identificados se o chamado Antigo Regime for considerado em suas transformações. Pereira considera as mudanças no absolutismo, a partir de Pombal, como decisivas para pensar-se a irrupção do movimento liberal português. Segundo Halpern Pereira, a continuidade do reformismo pedagógico no plano econômico, com d. Maria I e d. João VI, e a manutenção de um liberalismo econômico por ambos os monarcas precederam o liberalismo político em Portugal (Pereira, 1983:5).

De maneira semelhante, Luís Espinha da Silveira, ao analisar as finanças portuguesas entre os últimos anos do século XVIII e as primeiras décadas do século XIX, contesta a interpretação liberal sobre a administração das contas públicas executada no período da monarquia absolutista (Silveira, 1987:505-529). Ao analisar o controle das despesas públicas no período assinalado, o autor destaca a parcialidade da crítica liberal sobre a administração do erário durante as monarquias absoluta e constitucional. Para o autor, a crítica sobre o erário, feita pelos liberais, que, como Mouzinho da Silveira (1780-1849), definiram-no "velho e monstruoso", foi marcada, acima de qualquer razão, pelas diferenças políticas. Para Espinha da Silveira, a análise da crise, no seu sentido econômico e político, não pode prescindir da observação sobre a construção discursiva da mesma, consolidada no debate travado tanto pelo olhar moderado dos reformistas quanto pelo viés radical, caracterizado por aqueles que formularam a "crítica" ao regime.

Entre a "crise" e a "crítica", contudo, o projeto reformista das finanças, articulado por d. Rodrigo de Sousa Coutinho (1745-1812), colocou em prática medidas econômicas severas que aceleraram o debate sobre as instituições do regime entre os letrados da Universidade de Coimbra e os consócios da academia. Nesse sentido, as reformas econômicas empregadas pelos ilustrados de Queluz no final do século XVIII acirraram a crise de legitimidade do Estado ao sustentarem o debate sobre o sistema tributário do reino em uma época de contestação da viabilidade do regime.

Conforme Espinha da Silveira, a agudização da "crise" econômica deflagrada pelo crescimento do Estado na época moderna relacionou-se, na última década do século XVIII, com o envolvimento de Portugal nas chamadas "lutas europeias", a partir de 1793. Essa atmosfera, agravada pelo mau estado de saúde de d. Maria I, levou o Estado "à adoção de medidas contraditórias com a sociedade do Antigo Regime" e, igualmente, "ao descrédito do Estado e à revolução" (Silveira, 1987:512, 525-526). A aplicação das medidas contraditórias, afirma Silveira, demonstram "como a pressão da crise financeira, aliada, em certos casos, as novas ideias", pôs em xeque "o funcionamento da sociedade do Antigo Regime" (Silveira, 1987:525-526).

Se, na prática, as medidas adotadas pela elite eram nocivas ao regime político, no plano discursivo a reflexão memorialística também não deteria o clima de contestação. As considerações históricas sobre a origem dos *foros* e a validade dos direitos senhoriais, efetuada pela Classe de Literatura Portuguesa, conduziam a uma reflexão geral sobre o Estado e suas instituições que não minimizava o impacto da conjuntura de crise, explicitada no projeto de saneamento fiscal implementado por Coutinho. Assim, a academia, com a investigação da origem de valores políticos e sociais, formados ao longo da história portuguesa, articulou uma reflexão sobre as instituições, reflexão esta que, embora devesse dirimir o clima de contestação do regime e propiciar a viabilidade de seu futuro, não assegurou a produção de um horizonte de expectativas adequado à sua manutenção.

A experiência ilustrada, no final do século XVIII, ao manipular os elementos-chave que formavam a representação do Estado, levou parte da elite portuguesa a constituir uma consciência inédita sobre os fundamentos da experiência social. A determinação dessa consciência partiu do empenho daquela elite em superar o atraso do reino pela ruptura com o padrão cultural que havia caracterizado a monarquia e sua representação até o reinado de d. João V. Empenhados em romper com uma tradição que, conforme se acreditava, adulterava o gênio português, levaram a cabo uma reflexão reformista que, com a irrupção dos fatos políticos da primeira metade do século XVIII, passou a ser manipulada a serviço da crítica ao regime.

Entre os elementos centrais manipulados pelos críticos do regime esteve a reflexão sobre o Código Civil. Embora a academia não pretendesse levantar questionamentos sobre o regime, o uso, no debate acadêmico, do aparato conceitual jusracionalista para a certificação das leis que seriam condizentes com a natureza do Estado impulsionou, sobre as leis fundamentais do reino, um debate que se estenderia até a Constituição de 1822.

Contudo, uma década antes da Revolução Francesa não existia, entre os acadêmicos que trabalharam pelas reformas legislativas do Código Civil, empenhados na construção de uma legislação ilustrada, a percepção de que seus trabalhos propiciariam o agravamento da consciência da crise. De modo geral, para a elite ilustrada da academia, o inimigo primeiro da monarquia portuguesa era a ignorância da história, a falta de ciência e, com ambas, o patriotismo exíguo. A elite que formava o estamento burocrático se sentia encarregada de promover o patriotismo e julgava que o reformismo levaria, tão somente, à exaltação das letras nacionais e à criação de condições para a melhoria do erário régio. O seu combate, assim, deu-se, primeiramente, contra a literatura e a ciência fomentadas pela formação jesuítica que, segundo estimavam, teria levado Portugal à decadência. Ao seguirem a reforma pedagógica e os valores professados no meio do ensino jurídico anteviam, na investigação total do território e da temporalidade caros à pátria, uma solução para o momento de estagnação. Para promover o progresso da nação, o projeto ilustrado identificou dois objetivos centrais: o de descobrir o gênio português e o de salvaguardá-lo. Para isso, esboçaram, no plano das letras, duas linhas de investigação principais: uma sobre a natureza das leis e dos costumes de Portugal e outra sobre o modo genuinamente português de pensar, visando, esta última, à construção de uma gramática filosófica da língua portuguesa.

Em consequência daqueles mesmos dispositivos de reflexão, os letrados setecentistas, ao obedecerem a novos pressupostos do pensamento jurídico, passaram a formular, sobre a história, discursos que mantinham um equilíbrio precário entre a defesa do regime e a reorganização crítica de suas bases jurídico-políticas. No entanto, não havia a intenção, entre os ilustrados, de combater o regime. De forma geral, a Academia Real das Ciências de Lisboa, como associação patrocinada pela monarquia e representante da elite metropolitana, buscou ser identificada como uma agremiação fiel à vontade real, sendo isso, conforme assinalado nos textos acadêmicos apresentados na coleção *História e memórias da Academia das Ciências de Lisboa*, motivo de orgulho, lealdade e gratidão por seus sócios.[10]

Todavia, mesmo que a fidelidade dos associados ao regime ainda seja um episódio pouco esclarecido,[11] a *operação historiográfica*, fomentada pelos membros da Classe de Literatura Portuguesa, não visou a outro fim que não o de zelar pela memória da monarquia e de reiterar sua legitimidade.[12] O uso da razão e da crítica, entre os reformistas, ainda que viesse a participar do processo

---

[10] Ver *História e memórias da Academia Real das Ciências de Lisboa (1797-1839)*. A coleção completa (12 volumes) se encontra na íntegra e pode ser consultada e baixada a partir da procura no site Internet Archive, mais precisamente no link <www.archive.org/details/memoriasdaacademO1lisb>. Acesso em: jul. 2011.

[11] Mormente pela evidenciação de posturas políticas simpáticas aos movimentos liberais europeus e americanos por parte de alguns de seus sócios.

[12] Por outro lado, não se pode esquecer que a produção de um *horizonte de expectativas* que garantisse a manutenção da monarquia possuía, dentro da associação, motivações bastante objetivas. A interpretação da história, realizada na academia, configurou-se, com o acirramento das divergências políticas em Portugal, como instrumento contrarrevolucionário, ao garantir os privilégios sociais da elite, que buscou dirigir as reformas a fim de defender interesses de *corpus*.

que levaria à censura do poder absoluto e à formação de valores liberais, expressava a concepção aristocrática a respeito da reflexão na sociedade de corte.

Da mesma maneira, a escrita da história pátria e sua investigação não visaram à promoção da crítica como um elemento de oposição à autoridade, mas sim como um meio de respeito à mesma. A necessidade de circunscrever os discursos a uma razão que não se opusesse à lógica da vida na Corte era imperativa entre os acadêmicos. Nesse sentido, os associados compreendiam que a virtude da reflexão acadêmica consistia em produzir, pelos mecanismos institucionais, científicos e eruditos, o controle sobre a *opinião*. Na academia, isso lhes convinha na medida em que circunscrevia a um grupo limitado a possibilidade de manipular com práticas discursivas que lidassem com elementos constituintes da identidade social portuguesa, restringindo-os ao conjunto de mecanismos autorizados pelas comissões de pareceristas, designadas pelo presidente da classe científica em questão. Destarte, se com Pombal o movimento academicista não pôde atuar como um instrumento de controle cultural, com o reinado de d. Maria I e a continuação do reformismo pela Academia Real das Ciências de Lisboa, o exercício do controle, presente na lógica hierárquica e aristocrática que conformava o regime monárquico, passou mais largamente ao estamento burocrático. Este, além de servir ao Estado administrativamente, passou, também, a formular as propostas científicas à administração econômica, política e cultural.

A alternativa discreta da Ilustração representou o viés intermediário entre o absolutismo e o liberalismo ao configurar, de maneira geral, uma estratégia de comunicação dos pontos de vista particulares sem que fossem agredidas as noções hierárquicas mediante as quais o espaço de convivência se constituía. A órbita formada pela academia e pelo aparato do discurso filosófico da Ilustração permitiu ao nobre ou letrado enobrecido formular publicamente uma apreciação sobre o Estado, sem ferir a distância hierárquica entre ele e o monarca. A adesão ao projeto ilustrado entre a elite letrada portuguesa foi marcada pela compreensão fundamental de que, a partir da ciência, eram mantidas as fronteiras entre o serviço real e a opinião do vulgo. Pelo intermédio da razão, a elite letrada portuguesa consolidou um meio de intervenção social que associava o incremento científico, também chamado de industrial, à concepção aristocrática relativa à exposição das ideias.

De igual forma, ainda que com a filosofia da Ilustração a investigação da história tenha sofrido uma importante mudança, a consulta das provas não adquiriu autonomia em relação à razão de Estado. Segundo a compreensão formada dentro do regime, a verdade, trazida pelos fatos conferidos à luz das evidências, não formaria um ponto de vista singular, mas revelaria o sentido universal e único dos fatos averiguados. Esse sentido universal se coadunava à lógica hierárquica que formava o Estado. Ao seguir isso, a *crítica* permaneceu identificada, no Setecentos português, com o *topos* da prudência, ou seja, como um instrumento da capacidade de discernir que convinha ao comportamento virtuoso. O emprego da erudição serviu para impor condições de leitura e restringir a grupos autorizados a intervenção sobre documentos antigos. De outro lado, os seus efeitos contraditórios não foram, conforme afirmou Koselleck, mensurados pelos seus principais difusores. Ao "crítico", segundo o autor, "preso às suas posições dualistas, escapa o significado histórico do processo que desencadeou" (Koselleck, 1999:105).[13] Dessa mesma maneira, na Academia Real das Ciências de Lisboa, a crítica e seus instrumentos foram concebidos a fim de manter o equilíbrio entre a autoridade do soberano e a razão do súdito. Num certo momento, entretanto, a erudição ilustrada perdeu a prerrogativa de controlar a crítica.

A erudição, arma principal na subtração dos discursos, teve abalada a sua credibilidade nas primeiras décadas do século XIX, na mesma medida em que, com o agravamento do descrédito sobre o regime, era colocada em questão a validade da lógica hierárquica que o conformava. A desconfiança sobre a universalidade da erudição e a falência da arte de discernir ocorreram, juntamente com a emancipação dos indivíduos, frente à razão de Estado. Essa transformação, por sua vez, ocorreu em meio à vitória do programa epistemológico ilustrado, que defendia tanto a publicidade das ideias quanto a honradez do súdito afeito à indústria e promotor da melhoria da nação.[14]

A defesa da divulgação dos conhecimentos, presente no ideário reformista, favoreceu a paulatina perda do sentido hierárquico prezado na produção do conhecimento na Academia Real das Ciências. Entre a divulgação do saber e a disseminação da chamada *opinião*, a defesa da publicidade irrestrita de debates

---

[13] "O crítico, diz a *Enciclopédie*, é um guia que sabe distinguir a verdade e a opinião, o direito e a autoridade, o dever e o interesse, a virtude e a fama. Em sua formulação dualista, todos estes conceitos deixam de lado a problemática política que lhes é inerente. A verdade, o dever, a virtude e o direito situam-se, de antemão, de um único lado" (Koselleck, 1999:105).

[14] Sobre a academia e sua tipografia, consultar: *Breve notícia da Tipografia da Academia Real das Ciências de Lisboa* (1885).

sobre a natureza jurídica e civil da nação, veiculada pela elite letrada da academia, fortalecendo ainda que indiretamente a perspectiva de que a participação honraria o súdito. No mesmo sentido, embora a associação não estivesse munida da intenção de aguçar a insatisfação, ao promover em seus *programas* e *memórias* temas polêmicos que preocupavam a elite, colaborou para a visualização das contradições do regime e atuou para a ampliação da consciência da crise. O "turbilhão da esfera pública", para o qual tudo foi arrastado, afirma Koselleck, continha uma dialética interessante: "à medida que tudo se torna público, tudo se distancia ideologicamente" (Koselleck, 1999:103). A emancipação da reflexão crítica daria um grande passo no caminho até "a morte do rei". Nada disso foi, no entanto, imaginado por aqueles que a empregaram como uma solução para a crise.

O servilismo da crítica na arte de discernir adquiriu, com o incremento da erudição pelas Luzes, uma fórmula específica no uso dos documentos antigos. Na Academia Real das Ciências de Lisboa, a *mnemotécnica ilustrada*, ao desenvolver a paleografia e a ciência dos diplomas, foi produtora de uma historiografia fragmentada em que os temas ganhavam tratamento indireto, figurando uma relação com o passado em que o sujeito produtor daquele saber deveria estar ausente dos enunciados proferidos. A erudição discreta pretendia produzir o desaparecimento do sujeito que, então, apenas enunciava fatos revelados pela perícia técnica. Assim, a autoridade não advinha da pessoa que o executava. A autoridade do erudito, na academia, era uma autoridade consignada, assim como a própria academia usufruía do privilégio de expressão consignado pelo monarca. O letrado, servil na prática das letras, produzia um serviço totalmente tutelado e, ao mesmo tempo, isento da vontade individual e carregado do empenho em realizar a vontade do monarca. Era por representar a autoridade deste que o letrado podia gozar de autoridade ao formular a verdade. Nesse mesmo sentido, a razão discreta endossava a produção do controle. A erudição, no último quartel do Setecentos, circunscrevia a reflexão histórica ao grupo que dominava aquelas mnemotécnicas e que estivesse autorizado dentro de um espaço também outorgado pelo soberano. Essas prerrogativas fundavam, do mesmo modo, o critério para a marginalização de interpretações que não obedecessem a esse conjunto de aspectos, sendo estas consideradas vulgares.

Desse modo, antes de formar um espaço promotor da autonomia intelectual, o incremento da erudição, decorrente da produção literária dos ilustrados da academia, buscava restringir aos membros da elite o papel de lidar com as operações que serviam à confecção das razões que o legitimavam. A erudição, fomentada no final do século XVIII português, além de ser voltada apenas para a salvaguarda do Estado, sendo, por isso, um dos mecanismos de controle da produção da imagem do mesmo frente aos seus súditos, não antevia, entre seus objetivos, a autonomização da reflexão histórica e, sequer, a profissionalização da função de historiador. A burocracia especializada e erudita produzia seus trabalhos considerando um único leitor: o próprio monarca.[15]

Por fim, tendo em vista o estatuto social do letrado e investigador da história portuguesa na Academia Real das Ciências de Lisboa, é importante destacar que a forma pela qual seus sócios puderam gozar de remunerações pelos serviços literários enquadrou-se entre as formas correntes de acúmulo de prebendas, comuns entre os nobres e clérigos que formavam o estamento burocrático do Estado.[16]

A irrupção do futuro e o memorialismo

As reflexões veiculadas pelas *memórias*, mesmo que tratassem de temas polêmicos, fizeram-no a partir do sistema oblíquo da erudição. A erudição, conforme a perspectiva vigente entre os ilustrados, fomentaria a objetividade e a exatidão nos estudos literários, condição *sine qua non* do conhecimento produzido pela academia. Por sua vez, a consolidação do sistema de intervenção erudita, mesmo que condicionada pela *episteme* da Ilustração, não poderia desrespeitar, através da série de *operações* manipuladas, o desígnio de congregar a objetividade dos resultados obtidos na pesquisa com a defesa da razão de Estado. Essa diretiva conformava as normas às quais a investigação historiográfica e suas operações deviam se manter subordinadas.

Além dessa diretiva, a *operação historiográfica* foi igualmente subordinada às diretrizes presentes nos projetos científicos das classes de Ciências Naturais

---

[15] Esses aspectos devem ser considerados, mesmo mediante o conhecimento de que, naquela altura, formava-se um público leitor mais vasto e plural, o que ocasionaria, em grande parte, a transformação da consciência sobre a possibilidade de se formular pontos de vista individuais, ainda que esses não viessem a se tornar públicos (Koselleck, 1999, 2006).

[16] Embora as reformas pombalinas tenham visado a uma mudança em relação a esse aspecto, ao percorrermos a descrição biográfica dos consócios que formavam a Classe de Literatura Portuguesa na Academia Real das Ciências de Lisboa, percebemos que a maior parte deles acumulava inúmeras funções, recebendo, igualmente, soma referente a cada uma de suas funções.

e Exatas. O pragmatismo e a empiria adquiriram, nos estudos literários, um sentido heurístico central. A apropriação de ambos, na conformação do gênero historiográfico ilustrado, extrapolava, no entanto, a tarefa cognoscitiva das demais áreas, pois deveria produzir um discurso que servisse à manutenção identitária do reino. A proteção da lógica e da simbologia do Estado monárquico português contou, na Academia Real das Ciências de Lisboa, mormente, com as *Memórias de literatura portuguesa*, e com as *Memórias econômicas da Academia Real das Ciências de Lisboa para o adiantamento da agricultura das artes e da indústria em Portugal e suas conquistas* (Cardoso, 1990). Ambas as coleções articularam uma imagem do reino que conjugava, com a leitura do passado, um plano de futuro para a monarquia portuguesa. Com esse fito o projeto literário, formulado pelos sócios da Classe de Literatura, tornou-se um significativo instrumental no diagnóstico dos problemas que deviam ser solucionados no reino. Assim, embora a Classe de Literatura Portuguesa produzisse estratégias de intervenção social menos evidentes do que aquelas formuladas entre os sócios atuantes nas demais classes, competia aos membros da Classe de Belas Letras o papel de artífices simbólicos do Estado. A construção do gênero historiográfico pela elite ilustrada devia repercutir positivamente entre a sociedade, colmatando possíveis insatisfações e corrigindo distorções e desvios em relação à lógica prezada na justificação simbólica do Estado.

Entre os acadêmicos, a imposição da cronologia secular na literatura historiográfica representou um importante desafio, já iniciado pela Academia Real da História Portuguesa. A narrativa histórica da monarquia portuguesa procurou substituir, pela averiguação documental, os relatos míticos e imprecisos que povoavam as concepções populares sobre a história e seus fatos. Desse modo, a produção memorialística da Classe de Literatura Portuguesa radicalizou a ruptura com a temporalidade sagrada, restringindo os temas da historiografia apenas àqueles que possuíssem documentos sujeitos à datação.

No entanto, conforme se alterava a sensibilidade do corpo acadêmico no tocante às demandas do presente, as regras e os limites da razão, no campo das letras, também eram revistos. Nesse sentido, as problemáticas evidenciadas nos programas para concessão de prêmio, lançados pela academia, trazem à tona a sensibilidade política da elite reformista, a qual delegava à história o primeiro passo para a resolução dos problemas políticos e econômicos. Essa sensibilidade da elite diante do que identificavam como fatores de crise da monarquia conformou o projeto ilustrado de maneira a consolidá-lo, apenas, "pelo" e "no" desenrolar daquele momento histórico. Assim, foi em decorrência dos fatos que marcaram a sociedade portuguesa e a academia entre as últimas décadas do século XVIII e as primeiras do XIX que se tornariam igualmente importantes a investigação do passado e o conceito de história. Na conferência de 2 de outubro de 1780, seu secretário, visconde de Barbacena, anunciou, concomitantemente a outros objetivos, que fosse escrita

> a História das artes, manufaturas e da Indústria de Portugal desde a fundação da Monarquia até ao presente, com a individuação possível *do aumento ou* decadência que tiveram diferentes tempos, *pelas revoluções da Nação* ou pelo gênio e política dos Príncipes que a regeram, *das Leis e Privilégios que as animaram ou deprimiram* e das Épocas dos descobrimentos nacionais e da introdução dos estrangeiros [...].[17]

O programa acima, assim como outros formulados a partir da década 1780, utiliza a história da ciência e a história natural na consolidação de um olhar *prospectivo* sobre o reino. Na reflexão acadêmica, o conhecimento histórico dos desenvolvimentos técnico-científicos configurou um meio de análise das condições e dos desafios a serem vencidos a fim de se controlar o futuro. Tratou-se de um projeto epistemológico que buscou produzir trabalhos que, a par da(s) história(s), trouxessem soluções que conduzissem às melhorias necessárias para a ordenação da *história* do reino. A articulação pragmática entre passado e futuro, que caracterizava os estudos científicos da associação, conformou, desse modo, o *projetismo*. No mesmo sentido, a indiferenciação entre o universo da história e o da ciência, ambos estudados à luz do *pragmatismo*, operava com um conceito de *história* transcendente às especificidades dos variados campos de estudo.

No ano seguinte ao do programa mencionado, a academia reiterou o sistema de investigação dos problemas da economia pela reflexão histórica ao propor "*a história* do nosso *comércio de exportação* desde o princípio da monarquia até ao presente, com a exposição das causas que em diversos tempos concorreram já para o seu *aumento*, já para a sua *declinação*.[18]

---

[17] Programa a prêmios da Academia Real de Ciências de Lisboa, 1780 (grifos nossos).
[18] Secretaria da Academia Real das Ciências, 22 jan. 1801 (grifos nossos).

No mesmo programa era solicitada uma memória sobre "a natureza, qualidades e efeitos políticos da jurisprudência dos antigos forais".[19] Essa primazia do passado, na definição dos assuntos problematizados, operou de forma decisiva para que a acepção ilustrada do conceito de história se consolidasse e fosse disseminada entre a elite letrada portuguesa.[20] Igualmente, por meio dos programas, apesar da sistematização que a história adquiriu entre os textos memorialísticos, a reflexão historiográfica manteve-se ligada às demais áreas do saber na confecção do futuro a planejar. Embora a academia defendesse um plano historiográfico específico, o discurso historiográfico não se autonomizou de maneira a compor um *campo* de conhecimento determinado (Mota, 2003). A reflexão *prospectiva*, somada à concepção de história, não foi idealizada apenas na Classe de Literatura Portuguesa, ou pelos sócios que se ocuparam da história do reino, mas abrangeu a totalidade da reflexão científica dos acadêmicos que pensavam tanto a evolução da matemática quanto a da indústria e da agricultura como aspectos correlacionados de um mesmo e único processo: o da história de Portugal. No ideário dos ilustrados reformistas, o futuro a planejar somente seria conhecido se a história de Portugal estivesse amplamente rastreada em todos os campos fundamentais para o desenvolvimento do reino. Assim, ainda que a historiografia tenha sido um problema particularmente tratado pela Classe de Literatura Portuguesa, o memorialismo caracterizou-se, generalizadamente, por considerar a ciência um episódio da história, jamais as emancipando do sentido *prospectivo* de que eram portadoras. Essa relação foi formulada, primeiramente, nos *programas* acadêmicos em que aparecem equacionados projeto de futuro e reflexão historicizante da experiência.

No entanto, a escrita memorialística que caracterizou a razão discreta na academia e suas operações, ao manipular passado, presente e futuro não constituía uma forma inédita. Mesmo o uso das histórias, que na escrita memorialística ganhou uma reflexão inusitada ao contemporizar com o pragmatismo das *memórias*, articulava elementos já presentes na cultura política portuguesa.

Se os programas levavam à elite os problemas que deveriam ser respondidos pela mesma, as *memórias* escritas serviam, por sua vez, como conselhos políticos que poderiam ou não ser consultados pelo soberano e por seus funcionários. Esse sentido político da produção acadêmica reformulava uma tra-

---

[19] Secretaria da Academia Real das Ciências, 22 jan. 1801 (grifos nossos).
[20] Sobre o conceito moderno de história, ver Koselleck (2006).

dição comum ao Estado português, adequando-a às práticas administrativas fomentadas pelo Estado ilustrado.

No memorialismo reformista a reflexão sobre o Estado se manteve fiel à tradição política portuguesa antimaquiaveliana, conformada mediante a interlocução com a Espanha e a Itália, na qual a moral católica participava do conceito de razão de Estado (Homem, 2003:50-51). No século XVIII português, a supremacia da moral sobre os meios e os fins também persistira, apesar da adesão ao jusracionalismo de Hugo Grócio e Samuel Pufendorf, a partir da qual a investigação sobre a razão de Estado seria significativamente alterada. O jusracionalismo, como afirma Barbas Homem, "afasta-se metodologicamente das soluções da razão de Estado pela sua valorização da verdade como finalidade da comunicação e pela condenação da mentira" (Homem, 2003:55). A leitura portuguesa da obra dos jusracionalistas alinhou os teóricos da chamada escola alemã à reprovação tanto da dissimulação quanto da mentira, já presente na reflexão antimaquiaveliana portuguesa, conciliando-os, assim, à tradição teológica peninsular de respeito à palavra dada. Essas matrizes filosóficas modernas, conforme Barbas Homem, foram utilizadas no debate sobre as causas do poderio e da decadência dos Estados, presente "nos tratadistas dos assuntos políticos, na literatura alvitrística e na literatura do direito das gentes", participando ativamente na construção do "arquétipo político da literatura da fisiocracia e do mercantilismo" (Homem, 2003:60).[21]

Do mesmo modo, a teoria política do absolutismo e a conformação do seu poderio em *Estado de polícia* figuram entre os elementos fundamentais da gestação do racionalismo memorialístico do século XVIII (Dias, 1982:45-70). O chamado *Estado de polícia*, que aliou as concepções de *Estado-providência* à de *Estado administrativo centralizado*, com o marquês de Pombal, efetuou, em simultâneo, o controle jurídico sobre a orientação da economia com a racio-

---

[21] Sobre o mesmo tema, Manuel Hespanha: "Assim, os cem anos de crise financeira que decorrem no último quartel do séc. XVII são uma época de intensa reflexão sobre o modelo administrativo – reflexão corporizada na literatura 'alvitrista' – embora nem sempre levada à prática, e sempre arrancando da necessidade de aliviar os apertos do tesouro; passado o período que decorre acerca de 175, marcado pelo desafogo originado pelo achamento de novas fontes de receita (nomeadamente, o ouro brasileiro), nova época de aperto, coincidindo com o outro ciclo de dinamismo inovador e regulamentador que se estende pelos reinados de d. José e de d. Maria. Seja qual for o rigor das aproximações que acabam de ser feitas – que só poderá ser averiguado por estudos monográficos sobre a situação financeira, sobre a literatura alvitrista e 'cameralista' e sobre as reformas efetivas –, o que é certo é que a maior parte destas reformas se fazia à custa do poder dos corpos periféricos, aos quais eram retiradas competências e rendas" (Hespanha, 1984:54-56).

nalização da função governativa, então redefinida em termos de "qualificação técnica".[22] Esses elementos permaneceram na concepção administrativa até o final do Setecentos, agindo como fatores importantes da transformação do serviço régio e de formação do *ethos* do homem letrado português no último quartel do século XVIII.[23]

Ao equacionar inúmeros elementos da cultura política moderna em Portugal, o *memorialismo* apresentou, no seu plano literário, tanto aspectos da literatura alvitrista seiscentista quanto uma metodologia de mapeamento das origens das instituições, prefigurada no jusracionalismo.[24] Esses pressupostos, advindos da cultura ilustrada pombalina, permitiram que "razão" e "controle" fossem termos diretamente relacionados na reflexão ilustrada da academia, exercida, então, com rigoroso respeito às regras da cortesania, reformuladas depois do ministério pombalino.

Todos esses elementos preexistentes atuaram na gestação do projeto acadêmico de uma escrita memorialística. A tópica da decadência econômica do reino, já corrente na literatura alvitrística, manteve a sua utilidade para a associação patrocinada por d. Maria I, embora passasse a ser relacionada com a organização jurídico-administrativa pátria. Essa organização, por sua vez, conforme idealizam os ilustrados da academia (respaldados pela concepção do poder definida por Montesquieu), deveria proporcionar a felicidade pública pelo desenvolvimento econômico do reino, advindo das leis emanadas do poder soberano.

---

[22] "Este Estado de polícia, também chamado 'Estado iluminista', 'Estado de absolutismo iluminista', 'Estado de despotismo esclarecido' (século XVIII), cujo paradigma em Portugal terá sido o 'Estado do Marquês de Pombal', apresentava como características fundamentais as seguintes: (1) afirmação da ideia de soberania concentrada no monarca, com o consequente predomínio do soberano sobre os restantes estamentos; (2) extensão do poder soberano ao âmbito religioso, reconhecendo-se ao soberano o direito de 'decidir' sobre a religião dos súditos e de exercer a autoridade eclesiástica (*cuius regio eius religio, Dux cliviae est papa in territoriis suius*); (3) dirigismo econômico através da adoção de uma política econômica mercantilista; (4) assunção, no plano teórico dos fins do Estado, da promoção da '*salus publica*' ('bem-estar', 'felicidade dos súditos') como uma das missões fundamentais do soberano que assim desloca para um lugar menos relevante a célebre 'razão de Estado' (*raison d'État*), apontada como a dimensão teleológica básica do chamado 'absolutismo empírico' ('momento absolutista' anterior ao 'absolutismo iluminado')" (Canotilho, 2000:91).

[23] Sobre a formação do *ethos* do homem letrado português no último quartel do século XVIII, ver Silva (2006).

[24] Segundo Barbas Homem, em relação ao proposto pelo conselheiro de Frederico II, barão de Bielfeld (citado por sua obra de erudição, conforme Anastácio de Sá, em sua *Arte diplomática*), a exposição das formas de governo "resulta, não de imperativos abstratos ou decorrentes da natureza das coisas, mas da observação empírica concreta dos países europeus, por exemplo, quanto a Portugal, denunciando a dependência perante a Inglaterra" (Homem, 2003:64).

Fontes

CARDOSO, José Luis (Dir.). *Memórias econômicas da Academia Real das Ciências de Lisboa para o adiantamento da agricultura das artes e da indústria em Portugal e suas conquistas* (1789-1815). Lisboa: Banco de Portugal, 1990. 5v.

BREVE NOTÍCIA da Tipografia da Academia Real das Ciências de Lisboa. Lisboa: Academia Real das Ciências, 1885. (Biblioteca Nacional de Lisboa S. C. 11858 V.)

DICCIONÁRIO da Língoa Portugueza. Lisboa: Officina Academia Real das Sciencias de Lisboa, 1793. (Goer-ab, 170. Biblioteca da Universidade Católica João Paulo II.)

HISTÓRIA e memórias da Academia Real das Ciências de Lisboa (1797-1839). 12 v. Disponível em: <www.archive.org/details/memoriasdaacadem01lisb>. Acesso em: 15 jun. 2008.

PROGRAMAS a prêmios da Academia Real das Ciências de Lisboa (1781-1857). Biblioteca da Academia das Ciências de Lisboa, 12.88.7.

PROGRAMA de 1780. Biblioteca da Universidade Católica João Paulo II (Proposto na conferência de 2 de outubro de 1780).

SECRETARIA da Academia Real das Ciências aos 22 de janeiro de 1801. Francisco de Borja Garção Stokler. Lisboa: Tipografia da mesma Academia, 1801 (Biblioteca da Universidade Católica João Paulo II).

Bibliografia

BADINTER, Elisabeth. *O infante de Parma*: a educação de um príncipe iluminista. Rio de Janeiro: Zahar, 2009.

CANOTILHO, J. J. Gomes. *Direito constitucional e teoria da constituição*. 4. ed. Coimbra: Almedina, 2000.

CERTEAU, Michel. *A escrita da história*. 2. ed. Rio de Janeiro: Forense Universitária, 2000.

DIAS, J. S. da Silva. Pombalismo e teoria política. *Cultura: História e Filosofia*, Lisboa, v. 1, p. 45-70, 1982.

FUMAROLI, Marc. *L'Âge de l'éloquence*: rhétorique et "res literaria" de la Renaissance au seuil de l'époque classique. Paris: Albin Michel, 1994.

HAZARD, Paul. *O pensamento europeu no século XVIII*. 3. ed. Lisboa: Presença, 1989.

HESPANHA, António Manuel. *Poder e instituições na Europa do Antigo Regime*. Lisboa: Fundação Calouste Gulbenkian, 1984.

_____. *A história do direito na história social*. Lisboa: Livros Horizonte, [s.d.].

HOMEM, António Pedro Barbas. *Judex perfectus*: função jurisdicional e estatuto judicial em Portugal (1640-1820). Coimbra: Almedina, 2003.

KOSELLECK, Reinhart. *Crítica e crise*: uma contribuição à patogênese do mundo burguês. Rio de Janeiro: Uerj/Contraponto, 1999.

_____. *Futuro passado*: contribuição à semântica dos tempos modernos. Rio de Janeiro: Contraponto/PUC-Rio, 2006.

MATTOSO, José. *História de Portugal*. Lisboa: Estampa, 1998. v. 5.

MOTA, Isabel Ferreira da. *A Academia Real da História*: os intelectuais, o poder cultural e o poder monárquico no século XVIII. Coimbra: Minerva Coimbra, 2003.

NEVES, Lúcia Maria Bastos Pereira das. *Napoleão Bonaparte*: imaginário e política em Portugal (1808-1810). São Paulo: Alameda, 2008.

PEREIRA, Miriam Halpern. A crise do Antigo Regime: alguns problemas conceptuais e de cronologia. *Ler História*, n. 2, p. 3-14, 1983.

RICOUER, Paul. *A memória, a história, o esquecimento*. Campinas, SP: Unicamp, 2007.

SILVA, Ana Rosa Cloclet da. *Inventando a nação*: intelectuais ilustrados e estadistas luso-brasileiros na crise do Antigo Regime português (1750-1822). São Paulo: Hucitec/Fapesp, 2006.

SILVEIRA, Luís Espinha da. Aspectos da evolução das finanças públicas portuguesas nas primeiras décadas do século XIX (1800-27). *Análise Social*, v. XXIII, n. 97, p. 505-529, 1987.

TORGAL, Luís Reis; MENDES, José M. Amado; CATROGA, Fernando. *História da história em Portugal*: século XIX. Lisboa: Círculo de Leitores, 1996.

VARGUES, Isabel Nobre; RIBEIRO, Maria Manuela Tavares. Ideologias e práticas políticas. In: MATTOSO, José. *História de Portugal*. Lisboa: Estampa, 1998. v. 5.

3. As incertezas da escrita da história: ensaio sobre a subjetividade na *Historia geral do Brazil*, de F. A. de Varnhagen (1854-1857)

Temístocles Cezar

> *Não poderia aqui explicar uma a uma*
> *todas as razões que tive para dar certos toques,*
> *para empregar tais ou tais frases na História Geral.*
>
> VARNHAGEN (1961:246-247)

Nota introdutória[*]

A *Historia geral do Brazil* (HGB) é, indiscutivelmente, o trabalho mais conhecido e discutido de Francisco Adolfo de Varnhagen (1816-1878). A obra concentra e resume todos os elementos de uma retórica da nacionalidade, esforço intelectual que caracteriza o conjunto de seus trabalhos, e, de certo modo, de sua própria vida.[1] A primeira edição da *HGB* foi publicada em dois volumes, em Madri, sendo o primeiro em 1854 e o segundo em 1857 (Varnhagen, 1854-1857). A segunda edição, corrigida e aumentada, também em dois volumes, foi publicada em Viena, em 1877, um ano antes da morte do historiador (Varnhagen, 1877). Capistrano de Abreu, em 1906, começou a publicação de uma terceira tiragem da obra, corrigida e anotada por ele mesmo, interrompida por causa de um incêndio na editora.[2] Rodolfo Garcia retoma o projeto e, em

---

[*] Este trabalho, em uma primeira versão, foi discutido na missão de pesquisa financiada pelo convênio Capes-Grices, junto à Universidade de Coimbra, em novembro de 2008, no âmbito do Seminário de Teoria da História, ministrado pelo professor Fernando Catroga, a quem agradeço pela calorosa recepção, críticas e sugestões a meu trabalho. Agradeço, ainda, à professora Jacqueline Hermann pelo convite para integrar, como membro de universidade associada, este projeto; a Taíse Quadros, pela gentil acolhida em Lisboa; a Sérgio Matos, da Universidade de Lisboa, pelo agradável convívio acadêmico; e a Manoel Salgado Guimarães *in memoriam*, com quem convivi nesta missão e em muitas outras. Por fim, um agradecimento ao professor Evandro Santos pela colaboração na revisão final do texto.

[1] A respeito do que entendo por uma retórica da nacionalidade, ver Cezar (2007:159-207, 2008:43-65).

[2] Ver Oliveira (2006).

1928, publica, em cinco tomos, a terceira/quarta edição integral, incorporando aos seus próprios comentários o trabalho de Capistrano de Abreu.[3] As edições seguintes reproduzem esta última.[4] Optei, neste ensaio, em estudar a primeira edição, por ser a mais lida ao longo do século XIX e ter sido fonte estruturante da historiografia subsequente.[5]

De maneira geral, as análises da *HGB*, sobretudo as mais recentes, a dividem em temas mais específicos, como a questão das origens da nação brasileira (a "descoberta", os índios etc.), as guerras coloniais (contra os franceses e os holandeses), o papel dos escravos, dos jesuítas, a chegada da família real ao Brasil e o processo de independência.[6] Proponho outra via, um exercício hermenêutico, partindo do próprio texto e de alguns dos seus modos de subjetivação. Nesse sentido, procuro analisar, ainda que introdutoriamente, as marcas de incerteza e a caracterização dos personagens na escrita da *HGB*.

As marcas de incerteza

As marcas de subjetividade não são, no relato de Varnhagen, expressões que lhe escapam de maneira despercebida ou inconsciente. Não, tais marcas fazem parte da organização do próprio texto com uma função análoga àquela dos adjetivos: conferir inteligibilidade à narrativa.

Estas marcas estão disseminadas em todo o texto, mas, sobretudo, no primeiro volume e no início do segundo. Assim, à medida que a narração avança em direção ao Oitocentos, o autor parece economizar as expressões produtoras de subjetividade, em proveito de uma escrita mais direta, afirmativa e asséptica, exceto, e não se trata de um pequeno detalhe, quando, no tomo II, dedica um

---

[3] Varnhagen (1877). Para uma análise do trabalho de anotação, ver Batalhone Junior (2011).

[4] Varnhagen (1981). Sobre o tema ver o trabalho de Batalhone Junior (2011).

[5] Por exemplo, o manual de Joaquim Manoel de Macedo. Ver Mattos (2000).

[6] A lista de comentadores da *Historia geral do Brazil* é significativa. Menciono apenas alguns: Abreu (1927-1928a:502-508, 1927-1928b:435-444); Ambrosio (1999:1253-1254); Bellido (1916); Broca (1979:192-193); Canabrava (1971:417-424, 1980:215-235); Coornaert (1936:44-60), sobretudo p. 53-54; Garcia (1927-1928:436-452); Guimarães (2001:77-96); Hauser (1937:85-98), sobretudo p. 87-89; Martinière (1991:117-146), sobretudo p. 128-129; Odália (1979:7-31, 1997:31-113); Reis (1997:106-131, 1999:23-50); Rodrigues (1967:170-196, 1969:47-49, 1988:13-27); Schwartz (1967:185-202), sobretudo p. 193-198; Veríssimo (s.d.:190-194); Wehling (1999); Enders (2004); Silva (2006), Mollo (2007:99-118); Santos (2009). É necessário ressaltar que os trabalhos de Evandro Santos e Vitor Batalhone, mecionados acima, propõem outra perspectiva de análise.

capítulo à atuação de seu pai na história brasileira nas primeiras décadas do século XIX.[7] Essas marcas, que se superpõem e se cruzam ao longo do relato, são múltiplas: verbos indicando incertezas, como *crer*, *imaginar* e *parecer*, verbos no condicional; e expressões que denotam sentimentos.

O historiador acredita

Varnhagen acredita. Este tipo de argumentação é uma das formas mais eficazes e astuciosas para reforçar a persuasão narrativa, e, em consequência, a retórica da nacionalidade. Por exemplo, escreve o historiador: "cremos que não andam errados os que, como nós, ajuízem que toda a extensão do Brasil está hoje seis ou oito tantos mais povoada do que no tempo em que se começou a colonização" (Varnhagen, 1854:97).[8] Como os estudos estatísticos sobre o período colonial eram inexistentes, Varnhagen e os outros fazem estimativas a partir dos relatos dos primeiros viajantes.

O historiador acredita também em rumores. É o caso do destino dos membros da expedição organizada no século XVI, por três donatários, com vistas à ocupação de seus respectivos territórios no Brasil. A comitiva seria tão potente que o embaixador espanhol temia que eles tivessem a intenção de chegar até o rio da Prata, propriedade do rei de Espanha. Em uma carta à Corte espanhola, o embaixador explica as razões de suas apreensões: "além disso participava como se dizia que os desta expedição; ao desembarcarem, se embreariam pela terra dentro até dar com o Peru". Segundo Varnhagen,

> este último boato devia, cremos nós, ter todo fundamento. Já era sabido que as costas da América do Sul contorneavam um grande continente. [...]. Para nós é sobretudo grande argumento para crer no boato o terem levado cavalaria, arma esta que valeu mais a Pizarro para vencer que toda a sua audácia, como já em outros tempos tinha valido aos árabes para o êxito feliz das suas conquistas [Varnhagen, 1854:159].

---

[7] Procurei analisar a relação de Varnhagen, seu pai e José Bonifácio em Cezar (2005:207-240).
[8] Na segunda edição, as cifras passam de 6 a 8 para 8 a 10.

A crença em um rumor não é simplesmente um gesto de fé, mas o efeito de um cálculo racional cujo fundamento é a comparação histórica.

A crença pode ainda ser concebida como a manifestação de uma reflexão antifatalista. Varnhagen não acredita que os eventos históricos sejam predeterminados. O conflito com os holandeses no século XVII tem, para ele, uma justificação desse gênero. Nada obrigava ou predestinava o Brasil a ser invadido pelos holandeses. Contudo, escreve o historiador:

> cremos sim, que uma guerra de tempos a tempos pode erguer um país do seu torpor; cremos que quando a costa brasílica acabava de ser ocupada na totalidade com [as] cidades de S. Luiz e de Belém, no Maranhão e no Pará, poderia estabelecer, como estabeleceu, mais união e fraternidade, em toda a família já brasileira; cremos que se estreitam muito nas mesmas fileiras os laços de que resultam das glórias comuns, e que não há vínculos mais firmes que os sancionados pelos sofrimentos [Varnhagen, 1854:337-338].

Em suma, ao mesmo tempo que os brasileiros lutam contra os holandeses constituem-se como nação. Varnhagen acredita, portanto, na indeterminação dos acontecimentos, se bem que creia, por outro lado, que a guerra, aqui uma categoria *ahistórica*, seja um fator de unificação e de construção identitária.

Imaginar, parecer

Varnhagen *imagina* que a família do colono João Ramalho, que vivera durante o século XVI, era numerosa;[9] *imagina*, ao descrever a vida dos primeiros europeus com os índios, o julgamento pouco favorável que esses faziam de seus inimigos.[10] A imaginação também permite ao autor declarar sua eventual incapacidade descritiva. Assim, como se pode descrever a região onde foi fundada a cidade do Rio de Janeiro? É difícil. Porém, quando "o teatro de nossas emoções se transfere a esta paragem, convém que o leitor a tenha presente, para o que

---

[9] "Era a aldeia em que principalmente vivera João Ramalho com a sua família, já numerosa, como se pode imaginar sabendo que vinte anos passara livremente entre aquela gente, à lei da natureza" (1854:55).

[10] "Podemos pois imaginar que pouco favorável juízo faziam dos cristãos seus inimigos" (1854:176).

nos esforçaremos por lhe transmitir uma leve ideia das cenas em cuja descrição quase imaginamos que todas as palavras se nos desbotam". As palavras são insuficientes à representação da imagem. Aqui o ato de imaginar não está a serviço da arte de pintar a cor local, mas da consciência das limitações do historiador (Varnhagen, 1854:247-248).

Por outro lado, a faculdade da imaginação constitui-se também em uma forma de nos diferenciar dos "selvagens". Por conseguinte, podemos *imaginar* que alguns indivíduos nos representam e, com efeito, reconhecer suas "ações ilustres", reconhecimento que "não pode ser apreciado senão pelos povos que já chegaram a certo grau de civilização".[11] A representação política e social passa uma ligação que é preciso ser aprendida, ou seja, é necessário aprender a imaginá-la.

O historiador, portanto, acredita e imagina as palavras e as coisas. Eventualmente, as aparências lhe causam a impressão que, lhe *parecem* que... Assim, *parece* que os castelhanos atribuíram o nome de Marañon ao rio Amazonas (Varnhagen, 1854:26); *parece* que Pero Lopes de Sousa voltou a Lisboa em 20 de janeiro de 1533 (Varnhagen, 1854:59); *parece* que tupinambá era o nome do ramo primitivo dos índios do Brasil (Varnhagen, 1854:99-100); *parece* que certo ataque fora premeditado pelos "selvagens" (Varnhagen, 1854:222); *parece* que um certo d. Pedro da Cunha era favorável à ocupação do Brasil, a fim de evitar a dominação de Filipe II (Varnhagen, 1854:280-281); *parece* que os perigos por que passaram as capitanias nasceram para uni-las (Varnhagen, 1857:96); o nome dos índios orizes *parece* ser uma degeneração dos puris (Varnhagen, 1857:123); *parece* que em 1723 Miguel Sutil, nascido em Sorocaba, encontrou ouro em abundância (1857:167). A impressão que passa o uso reiterado deste verbo impessoal não é tão somente de uma suposta aparência explicativa, uma astúcia retórica. Na maior parte das vezes, *parece que*, com toda sua carga de dúvida, participa, paradoxalmente, de uma cadeia narrativa lógica, cuja função é de assegurar a imparcialidade do historiador. Quando não há certeza, mas ele também não quer omitir a informação, serve-se do *parece que*. A subjetividade joga, nesse caso, a favor da objetividade narrativa.

---

[11] "A satisfação de contarmos maior número de indivíduos por compatriotas, de pertencermos a uma família mais crescida, e de gloriarmo-nos com as ações ilustres de maior número de indivíduos por quem nos imaginamos representados, não pode ser apreciada senão pelos povos que já chegaram a certo grau de civilização" (1854:103).

O horror e a dor

Nem sempre é fácil narrar a história. Em muitas situações ela provoca o horror, tanto para quem a escreve quanto para aquele que a lê. O ritual antropofágico dos índios é um exemplo. Varnhagen explica que o "espírito de vingança levado ao excesso era a sua verdadeira fé. Ao ver um tal extremo de degradação do homem em sua religião (a custo empregamos este nome para tais horrores)".[12] Ele descreve as etapas do ritual antropofágico, inclusive o cotidiano da vítima: "até lhe davam por concubina a moça que ele acertava de escolher, a qual, quando morria a vítima, tinha que derramar por cerimonia algumas lágrimas; mas por honra devia logo depois tragar dele – horror! – o primeiro bocado".[13] É excessivo. O historiador não pode mais. Ele então para: "não diremos os mais horrores que praticavam, que não nos propomos a arrepiar as carnes dos leitores, como os Bárbaros praticavam com as de suas vítimas" (1854:126). O que limita a narração, nesse tema específico, não é ausência de fontes, mas o sentimento negativo que elas produzem sobre o narrador e, supostamente, ao leitor.[14]

A história, além de eventualmente provocar o horror, pode também ser dolorosa. "Pouparemos ao leitor a dor que lhe causaria a relação e pintura, aliás inútil, deste naufrágio ou naufrágios em que perdeu a vida, entre outros, o donatário chefe da expedição, Ayres da Cunha", no século XVI (1854:160). A morte de outro donatário, Francisco Pereira Coutinho, perturba o próprio narrador: "a pena com que escrevemos resiste a tratar do donatário da Bahia, naturalmente comovida pela dor que nos punge o coração, ao considerar seu triste fim". Varnhagen ocupa-se do tema por se tratar de uma "obrigação" imposta aos "historiadores da pátria" (1854:165). A responsabilidade do historiador não interdita apenas o sofrimento de uma escrita que conta a desventura de alguém que não mereceria tal destino, mas ela impede seu silêncio mesmo quando se faz necessário escrever *contra nossos ancestrais*. É o caso do relato da capitulação da armada luso-brasileira na ilha de Santa Catarina perante as forças espanholas comandadas pelo general d. Pedro Cevallos: "o que fizeram

---

[12] Varnhagen (1854:121). Trecho cortado na segunda edição.
[13] Varnhagen (1854:125). A palavra "horror" foi cortada na segunda edição.
[14] O historiador lembra também os "horrores" perpetrados pelo Tribunal da Inquisição. Ver Varnhagen (1857:182).

foi, pouco depois, capitularem na terra firme; nem que aí pudessem obter melhores condições. Doe-nos ter que narrar estas verdades, a quase nos vexamos tanto de tais misérias como se elas respeitassem a nossos próprios parentes" (1857:228). No entanto, apesar de tudo, ele narra, escreve.

Enfim, Varnhagen abusa também de expressões como *talvez, é possível, é provável*, entre outras. É importante observar que muitas dessas expressões que marcam a subjetividade e/ou a incerteza narrativa, sobretudo aquelas que denotam os sentimentos do autor, são suprimidas ou substituídas por outras menos dramáticas e mais neutras ou objetivas na segunda edição, de 1877.

A caracterização dos personagens

Os personagens de Varnhagen são quase sempre adjetivados, seja de uma maneira positiva, seja negativa. Os adjetivos, ao modificarem um substantivo acrescentando-lhe uma qualidade, uma extensão ou uma quantidade àquilo que eles nomeiam, funcionam como instrumentos que auxiliam o historiador a estabelecer um grau de inteligibilidade no texto. Em nenhum momento Varnhagen se coloca a questão de saber se o ato de adjetivar alguém ou uma situação qualquer relaciona-se ao domínio da subjetividade. O procedimento de adjetivação parece emanar da ordem do julgamento histórico, logo, de um pressuposto legítimo do ofício do historiador oitocentista. Eis alguns exemplos.

Entre os personagens ilustres (alguns que foram biografados pelo historiador ou serão objeto de futuros trabalhos), Américo Vespúcio aparece como alguém muito "hábil" e, segundo seu amigo, o "corajoso" Cristovam Colombo, é também um "homem honrado".[15] Martim Afonso de Sousa, apesar de sua idade, "contava apenas 30 anos", era conhecido por "seu bom juízo", característica que o ajudaria a começar a "colonização" do Brasil (1854:44-45). Seu irmão, Pero Lopes de Sousa, autor do relato da viagem desta expedição, não era menos capaz: "moço honrado e de grandes brios e valor",[16] cuja morte

---

[15] Varnhagen (1854:4, 27). Após a primeira edição da *HGB*, Varnhagen dedica alguns estudos a Américo Vespúcio, o que contribui para o enriquecimento do tema na segunda edição da obra. Ver Varnhagen (1865, 1869a, 1869b, 1874).

[16] Varnhagen (1854:45). O relato de Pero Lopes de Sousa foi publicado pelo próprio Varnhagen em 1839. Ver Sousa (1839). Ver, também, Varnhagen (1861).

precoce transformou sua esposa em uma "desventurada viúva, [...] que ainda o chorava vinte e tantos anos depois, e quase não podia acreditar que seu marido se houvesse deste mundo ido de todo, sem lhe haver dito o último adeus" (1854:143). Não pensemos, contudo, que Varnhagen cedeu a alguma variante romântica, pois pouco antes explicara ao leitor que a esposa de Pero Lopes de Sousa havia sucumbido a seu "carinho" e posto nele, "e só nele, toda a esperança de gozosa felicidade", mas também "de um belo renome para seus filhos"! (1854:143). Em seu relato, Pero Lopes de Sousa descreve os índios com "admiração", o que não merece de Varnhagen nenhum reparo crítico: "na baía a alvura da gente, a boa disposição dos homens, e a formosura das mulheres, que não achou inferiores às mais belas de Lisboa" (1854:48). O primeiro governador geral do Brasil, Tomé de Sousa, nomeado em 1549, "filho natural duma das primeiras casas do Reino" é "distinto por seus grandes dotes governativos, e pelo valor e prudência" (1854:193). Entretanto, o ouvidor-geral designado para acompanhá-lo, o desembargador Pero Borges, embora reputado como "homem justo" em Portugal, no Brasil adquiriu a fama de "severo e pouco caridoso" (1854:193).

Ainda no século XVI encontra-se Nicolas Durand Villegaignon, o chefe da controversa experiência da França Antártica (1555-1560) no Rio de Janeiro. Tratava-se, sem dúvida, de um homem de "mérito", todavia "a hipocrisia e as miras ambiciosas se apresentam ao historiador imparcial em muitos dos seus atos e frases" (1854:229).[17] Para Varnhagen os adjetivos no processo de escrita da história não marcam, necessariamente, uma tomada de partido, nem uma postura subjetiva; ao contrário, constituem-se em uma etapa da argumentação histórica que se origina, como todas as outras, das fontes. Não obstante, ocasionalmente as fontes estão contaminadas por uma característica pessoal do seu autor. É caso, notadamente, do relato de viagem de Diego Garcia, de 1516, ao rio da Prata, que, de acordo com Varnhagen, deve ser lido com "precaução", uma vez que fora redigido por um homem que "não se recomenda como verdadeiro, nem polido, nem superior à mesquinha inveja" (1854:38).

O uso abundante de adjetivos na obra varnhageniana também é um indicador das ambiguidades do historiador diante da atuação de certos personagens. Assim, o padre Antônio Vieira, cujo estilo de escrita fora objeto de

---

[17] "Foi aí que primeiro desembarcou o ambicioso e hipócrita aventureiro [Villegagnon]" (1854:463, nota 74).

elogios[18] por parte de Varnhagen, é alguém de "gênio" (1854:320) e de "talento" (1854:396-397). Contudo, Vieira é um jesuíta, ordem à qual o historiador não consegue dissimular a aversão que sente. Logo, apesar de suas indiscutíveis qualidades, era "ambicioso" e "vingativo", como teria demonstrado, segundo Varnhagen, durante os episódios que culminaram na decisão de colocar os índios sob o controle dos jesuítas (1857:63-64). Além disso, faltava a Vieira missionário "mais piedade e caridade": o padre "era duro de coração". Já como diplomata, carece de "mais discrição e mais modéstia e um espírito menos visionário". Contudo, "para a política tinha grande propensão, e quase diremos que vocação decidida", porém, não necessariamente para atuar em seu presente, mas, "em nossos dias", teria "sido um exímio deputado; e a tenacidade em suas opiniões e sua firmeza de caráter o recomendariam também para ministro da coroa". O deslocamento no tempo não é uma estratégia discursiva incomum na obra de Varnhagen, como veremos a seguir. O procedimento visa, por um lado, reconhecer propriedades, positivas ou negativas, de pessoas ou situações, e por outro, anacronizá-las. Em relação a Vieira, o movimento do século XVII para 200 anos avante valoriza qualidades oratórias que poderiam ser apreciadas fora do seu tempo e, subliminarmente, desarticula características pela quais o jesuíta era igualmente reconhecido: a própria condição de homem e pensador religioso. Assim, "neste século [XIX] a sua ambição não se houvera manifestado com adulações à corte, nem aos grandes; mas talvez sim com ataques a todos. Nota-se que os sermões que mais reputação lhe adquiriram foram justamente aqueles em que ele se ocupava antes das coisas mundanas e assuntos do governo que das espirituais e divinas". Por exemplo, prossegue Varnhagen, "na apóstrofe a Deus do sermão contra as armas holandesas pregado em 1640, que tanta nomeada lhe granjeou, é sublime, mas não andou muito longe da heresia, a qual depois atingiu, quando a inquisição o perseguiu por se meter a profeta" (1857:51). No futuro, no século XIX, o profeta seria apenas um homem político, possivelmente, influente. Entretanto, não se trata de uma possibilidade histórica verificável.

Os adjetivos utilizados por Varnhagen para caracterizar personagens individuais raramente são de ordem física. A descrição de d. João VI é uma exceção:

---

[18] "O seu estilo sempre corrente e vivo é às vezes magestoso; pois inspirações lhe acodiam sublimes. Sua linguagem é sempre correta, agradável e pura" (1857:50).

era corpulento, gordo e membrudo; carão grande, rosto trigueiro, bem espadu-ado, braços compridos e mãos grandes. Os lábios tinha-os grossos e o inferior de ordinário um tanto caído. Era bastante reservado, e segundo alguns até ti-morato. Falava pouco, bem que nunca se cansava de ouvir. Foi perfeito modelo de um soberano amante do povo [Varnhagen, 1857:315].

Essa caracterização física de d. João VI foi devidamente suprimida na se-gunda edição da *HGB*, pois o texto poderia ser considerado como desfavorável ao rei (Rodrigues, 1967:180).

Varnhagen adjetiva também personagens coletivos. Assim, após ter perdi-do a ilusão romântica em relação aos índios,[19] o historiador declara que o ho-mem tupi era "egoísta" (1854:119); o "bárbaro" é "orgulhoso e independente", assim como é ardiloso, dissimulado e desleal (1854:175-176). A Companhia de Jesus também é definida como um personagem coletivo: "respeitável por tantos títulos, que deu ao mundo tantos talentos insignes e à igreja vários san-tos, instituição que, longe de ter infância, começou logo varonilmente, justo é confessar que prestou ao Brasil grandes serviços", se bem que, por outro lado, seria "parcialismo ou demência" negar, "quando os fatos o evidenciam, que, às vezes pela ambição e orgulho dos seus membros, provocou no país não poucos distúrbios". Igualmente, "na conversão dos índios prestaram um grande serviço na infância da colonização, animando os governadores a prosseguir sem escrú-pulos o sistema de os obrigar à força, em toda a parte reconhecido como o mais profícuo para sujeitar o homem que desconhece o temor de Deus e a sujeição de si mesmo pela lei". Entretanto, "é lamentável que justamente se apresentassem a sustentar o sistema contrário, quando tiveram fazendas que granjear com o suor dos índios, ao passo que os moradores da terra, comprando os escravos da África e arruinando-se com isso, não poderiam competir com eles na cultura do açúcar". Por outro lado, "na educação da mocidade também prestaram im-portantes serviços, embora sejam acusados de influir demasiado em seus alunos

---

[19] "As ilusões com que havia embalado o espírito no seio das grandes cidades se dissiparam num só dia; à maneira do que se passou com alguns políticos franceses ultra-filantrópicos por teoria, durante toda a sua vida, e que tiveram que converter-se a idéias mais positivas e reais, em presença dos horrores de Robespierre e de Marat, e em nossos dias das próprias cenas de 1848" (Varnhagen, 1867:36-38). A crítica de J. F. Lisboa encontra-se em Lisboa (1865:468-515). Para dados sobre a polêmica, ver Magalhães (1928:92-136), sobretudo p. 123-129. Ver, também, a apreciação de Schwartz (1967:198-199) e, ainda, Wehling (1999:164-165).

o amor à Companhia, a ponto de tratar sempre de reduzir, para entrarem nela, os mais talentosos". Mesmo na arquitetura, se é verdade que a construção de "alguns edifícios públicos, foi pela maior parte obra dos braços dos índios, monopolizados pelos discípulos de Santo Ignácio", é preciso reparar que embora sejam "construções sólidas, de muita cantaria", são de "ordinário pesadas" e com "falta de gosto, como ainda hoje se vê na catedral da Bahia, igreja de Peruíbe e outras". O que falta a essas construções, para Varnhagen: "o sublime que oferece a continuidade das grandes linhas: horizontal no gênero clássico; vertical no pontiagudo". Logo, ao bem, suposto ou não, da obra jesuítica corresponde, sempre, uma carga de negatividade. Com efeito, não surpreende que o historiador conclua que "a abolição da Companhia foi favorável aos povos" (1857:302-303).

Ainda no contexto religioso, é interessante notar como Varnhagen adjetiva o Tribunal da Inquisição: "triste recurso".[20] No entanto, os personagens coletivos nem sempre são negativos. Os "heróicos feitos dos paulistas" no episódio de Palmares demonstrariam o contrário (1857:98). Assim, os personagens coletivos contribuem para a construção da generalização e da síntese da narrativa de Varnhagen.

De outro modo, os adjetivos auxiliam o historiador na arte de descrever a natureza. Por conseguinte, os brasileiros viviam sob um céu de "esplendorosa magnificência" (1854:92); em portos "encantadores" como o de São Vicente (1854:53), nas "magníficas terras de Angra dos Reis, as da soberba baía de Janeiro e do Cabo Frio" (1854:64); as aves são tão belas quanto aquelas da África ou da Ásia (1854:95-96); às vezes, contudo, a paisagem tem um "aspecto melancólico" como em Vitória (1854:151-152). Finalmente, este estado selvagem do Brasil estaria condenado a ser dominado, uma vez que "tudo doma a

---

[20] Varnhagen (1854:88). Ou, ainda, sobre a Inquisição: "tal era a linguagem obscura e cavilosa com que este tribunal fazia tremer indivíduos, que viviam a milhares de léguas! Os processos da justiça eram no estilo das sentenças; tudo mistério: chamava-se o réu, e em vez de se lhe revelarem as culpas de que era acusado, intimava-se-lhe que se confessasse, que expusesse tudo quanto em desabono da religião tinha dito, ou ouvido. [...] À primeira resistência seguiam-se as algemas apertadas ao torniquete, depois os tratos de polé, de água fervente, etc. Por fim, o infeliz começava a delatar. Tudo quanto revelava era logo escrito; todos os cúmplices de que fazia menção eram imediatamente mandados buscar, e recolher aos cárceres. Mas o acusado, tendo comprometido já muita gente, ainda não havia acertado com a falta por que fora preso. Voltava pois a ser perguntado: sua memória não o ajudava ou sua língua titubeava, receosa de comprometer mais amigos... Era outra vez posto a tratos:... Declarava que tinha novas revelações a fazer... Novos desenganos!... e novos comprometidos!... Assim, às vezes, de uma povoação mais de metade tinha de ser ao menos chamada a delatar. E ai do que entrava por aquelas horrendas portas! Todos daí em diante o evitavam, temerosos de adquirir nome suspeitoso!" (1857:182).

indústria humana! Cumpre à civilização aproveitar e ainda aperfeiçoar o bom e prevenir ou destruir o mau" (1854:96).

Esta forma descritiva ocupa, principalmente, os primeiros capítulos da obra. À medida que a narração progride, o historiador serve-se mais dos personagens individuais e/ou coletivos. Entretanto, Varnhagen reforça a imagem edênica, antes vislumbrada nos relatos dos viajantes e na poesia romântica, e tão cara à primeira geração do Instituto Histórico e Geográfico Brasileiro (IHGB).

Nota conclusiva

Capistrano de Abreu dizia que ler a *HGB* somente uma vez seria a mesma coisa que não tê-la lido. Referindo-se a Varnhagen, afirmava que somente através de uma leitura repetida seria possível "descobrir suas qualidades por baixo dos seus defeitos, familiarizar-se com as suas idéias, para compreender-lhes o alcance, [...] para tê-lo na devida consideração, [e] não chocar-se com seus modos rudes e afogar os desgostos passageiros numa admiração calma, franca e de raízes bem profundas" (Abreu, 1928b:443).

Quando procuramos analisar temáticas específicas da obra de Varnhagen, principalmente aquelas de ordem teórica ou historiográfica, apercebemo-nos rapidamente da justeza da observação de Capistrano de Abreu. A *HGB* não pode ser caracterizada como um trabalho rico em reflexões teóricas. A ausência de teorização, contudo, não era um problema para a historiografia brasileira do século XIX, e Varnhagen não foi criticado, durante sua vida, sob este ponto de vista.[21]

Todavia, é sempre possível, como tenho procurado mostrar em meus trabalhos sobre o historiador, encontrarmos referências nesse sentido. As incertezas da escrita varnhageniana, por exemplo, revelam um conjunto de disposições intelectuais que, se não condizem com princípios gerais de uma escola histórica ou de uma determinada filosofia da história, ao menos, nos limites do texto, indicam a presença do autor, com toda a carga de subjetividade que lhe é inerente, retirando do suposto sentido literal da ciência oitocentista a primazia de suas

---

[21] A primeira crítica nesse sentido que encontrei, até agora, foi no necrológio publicado por Joaquim Manoel de Macedo na *Revista do IHGB*, 1878, p. 471-506.

formas de transmissão.[22] Essa contradição permanente entre o que o historiador pensa em fazer e aquilo que sua narrativa demonstra é um dos paradoxos da escrita da história que não se limita, exclusivamente, ao século XIX.[23]

Bibliografia

ABREU, J. Capistrano de. Necrológio de Francisco Adolpho de Varnhagen, Visconde de Porto Seguro. In: VARNHAGEN, Francisco Adolfo de. *História geral do Brasil*, 3/4. ed. Anotada por J. Capistrano de Abreu e Rodolpho Garcia. São Paulo: Companhia Editora Melhoramentos, 1927-1928a. 5 t.

_____. Sobre o Visconde de Porto Seguro (1882). In: VARNHAGEN, Francisco Adolfo de. *História geral do Brasil*, 3/4. ed. Anotada por J. Capistrano de Abreu e Rodolpho Garcia. São Paulo: Melhoramentos, 1927-1928b. 5 t.

AMBROSIO, Ubiratan d'. Varnhagen, Francisco Adolfo de – 1816-1878: Brazilian historian. In: BOYD, Kelly (Ed.). *Encyclopedia of historians and historical writing*. London: Fitzroy Dearborn, 1999. v. 2.

BATALHONE JUNIOR, Vitor. *Uma história das notas de rodapés*: o processo de anotação da História geral do Brasil de Francisco Adolfo de Varnhagen (1854-1953). Dissertação (Mestrado) – Programa de Pós-Graduação em História, Universidade Federal do Rio Grande do Sul, Porto Alegre, 2011.

BELLIDO, Remíjio de. *Varnhagen e a sua obra*: commemoração do centenário; com um estudo prefácio de António de Oliveira. São Paulo: Rothschild, 1916.

BROCA, Brito. *Românticos, pré-românticos, ultrarromânticos*: vida literária e romantismo brasileiro. São Paulo: Polis, 1979.

CANABRAVA, Alice. Apontamentos sobre Varnhagen e Capistrano de Abreu. *Revista de História*, São Paulo, ano XXII, v. XLIII, n. 88, p. 417-424, out./dez. 1971.

_____. Varnhagen, Martius e Capistrano de Abreu. In: COLÓQUIO DE ESTUDOS TEUTO-BRASILEIROS, III. *Anais...* Porto Alegre: URGS, 1980.

CEZAR, Temístocles. Em nome do pai, mas não do patriarca: ensaio sobre os limites da imparcialidade na obra de Varnhagen. *História* (Unesp), São Paulo, v. 24, n. 2, p. 207-240, 2005.

---

[22] A base deste último argumento encontra-se, de certa forma, em: Foucault (2001:817-849) e Gumbrecht (2010).
[23] Para uma reflexão apurada e pertinente sobre o que pensam os historiadores ou sobre o pensamento histórico, ver Koposov (2009:17-48).

_____. Varnhagen em movimento: breve antologia de uma existência. *Topoi*, v. 8, n. 15, p. 159-207, jul./dez. 2007.

_____. Anciens, modernes et sauvages, et l'écriture de l'histoire au Brésil au XIXe siècle. Le cas de l'origine des Tupis. *Anabases. Traditions et Réceptions de l'Antiquité*, Toulouse, n. 8, p. 43-65, 2008.

COORNAERT, Émile. Aperçu de la production historique récent au Brésil. *Revue d'histoire moderne*, t. XI, p. 53-54, 1936.

ENDERS, Armelle. *Les Visages de la nation*: histoire, héros nationaux et imaginaire politique au Brésil (1822-1922). Paris: Université de Paris I, Panthéon, Sorbonne, 2004.

FOUCAULT, Michel. Qu'est-ce qu'un auteur?. In: _____. *Dits et écrits*. Paris: Gallimard, 2001. v. I.

GARCIA, Rodolpho. Ensaio bio-biographico sobre Francisco Adolpho de Varnhagen, visconde de Porto Seguro. In: VARNHAGEN, Francisco Adolfo de. *História geral do Brasil*, 3/4. ed. Anotada por J. Capistrano de Abreu e Rodolpho Garcia. São Paulo: Melhoramentos, 1927-1928. 5 t.

GUIMARÃES, Lúcia M. Paschoal. Francisco Adolfo de Varnhagen. História geral do Brasil. In: MOTA, Lourenço Dantas (Org.). *Introdução ao Brasil*: um banquete no trópico. São Paulo: Senac, 2001. v. 2.

GUMBRECHT, Hans U. *Produção de presença, ou o que o sentido não consegue transmitir*. Rio de Janeiro: Contraponto/PUC-Rio, 2010.

HAUSER, Henri. Notes et réflexions sur le travail historique au Brésil. *Revue Historique, Bulletins critiques*, v. 181, n. 1, p. 87-89, jan./mars, 1937.

KOPOSOV, Nicolay. *De l'imagination historique*. Paris: Éditions de l'Ehess, 2009.

LISBOA, João Francisco. Sobre a escravidão e a Historia geral do Brazil. In: LEAL, Antonio Henriques (Ed.). *Obras de João Francisco Lisboa, natural do Maranhão*. São Luiz, MA: Typ. de B. de Mattos, 1865. v. 3, p. 468-515.

MAGALHÃES, Basílio. Varnhagen. *Revista da Academia Brasileira de Letras*, ano XIX, v. XXVIII, n. 81, p. 92-136, set. 1928.

MARROU, Henri-Irénée. *De la connaissance historique*. Paris: Seuil, 1954.

MARTINIÈRE, Guy. Problèmes du développement de l'historiographie brésilienne. *Storia della storiografia*, Milano, n. 19, p. 117-146, 1991.

MATTOS, Selma R. de. *O Brasil em lições*: a história como disciplina escolar em Joaquim Manoel de Macedo. Rio de Janeiro: Access, 2000.

MOLLO, Helena M. História geral do Brasil: entre o espaço e o tempo. In: COSTA, Wilma Peres; OLIVEIRA, Cecília H. de Salles (Orgs.). *De um império a outro*: formação do Brasil, séculos XVIII e XIX. São Paulo: Hucitec/Fapesp, 2007.

ODÁLIA, Nilo. Introdução. In: _____. *Varnhagen*. São Paulo: Ática, 1979.

_____. *As formas do mesmo*: ensaios sobre o pensamento historiográfico de Varnhagen e Oliveira Vianna. São Paulo: Unesp, 1997.

OLIVEIRA, Maria da Glória de. *Crítica, método e escrita da história em João Capistrano de Abreu (1853-1927)*. Dissertação (Mestrado) – Programa de Pós-Graduação em História, Universidade Federal do Rio Grande do Sul, Porto Alegre, 2006.

REIS, José Carlos. Varnhagen (1853-7): o elogio da colonização portuguesa. *Varia história*, Belo Horizonte, n. 17, p. 106-131, mar. 1997.

_____. Ano 1850: Varnhagen. O elogio da colonização portuguesa. In: _____. *As identidades do Brasil*: de Varnhagen a FHC. Rio de Janeiro: FGV, 1999.

RODRIGUES, José Honório. Varnhagen, mestre da história geral do Brasil. *Revista do IHGB*, v. 275, p. 170-196, abr./jun. 1967.

_____. *A pesquisa histórica no Brasil*. São Paulo: Companhia Editora Nacional, 1969.

_____. *História da história do Brasil*. São Paulo: Companhia Editora Nacional, 1988. t. 1, v. 1.

SANTOS, Evandro. *Tempos da pesquisa, tempos da escrita*: a biografia em Francisco Adolfo de Varnhagen (1840-1873). Dissertação (Mestrado) – Programa de Pós-Graduação em História, Universidade Federal do Rio Grande do Sul, Porto Alegre, 2009.

SCHWARTZ, Stuart B. Francisco Adolfo de Varnhagen: diplomat, patriot, historian. *The Hispanic American Historical Review*, v. XLVII, n. 2, p. 185-202, may 1967.

SILVA, Taíse T. Quadros da. *A reescritura da tradição*: a invenção historiográfica do documento na História geral do Brasil de Francisco Adolfo de Varnhagen (1854-1857). Dissertação (Mestrado) – Programa de Pós-Graduação em História, Universidade Federal do Rio de Janeiro, Rio de Janeiro, 2006.

SOUSA, Pero Lopes de. *Diário da navegação da armada que foi à terra do Brasil – em 1530*. Lisboa: Sociedade Propagadora dos Conhecimentos Úteis, 1839.

VARNHAGEN, Francisco Adolfo de. *História geral do Brazil*. Isto é do descobrimento, colonização, legislação e desenvolvimento deste Estado, hoje imperio independente, escripta em presença de muitos documentos autenticos recolhidos nos archivos do Brazil, de Portugal, da Espanha e da Holanda, por um socio do Instituto Historico do Brazil. Natural de Sorocaba. 1. ed. Madrid: Imprensa da V. de Dominguez, 1854. t. I.

_____. *História geral do Brazil*. Isto é do descobrimento, colonização, legislação e desenvolvimento deste Estado, hoje imperio independente, escripta em presença de muitos documentos autenticos recolhidos nos archivos do Brazil, de Portugal, da Espanha e da Holanda, por um socio do Instituto Historico do Brazil. Natural de Sorocaba. 1. ed. Madrid: Imprensa da V. de Dominguez, 1857. t. II.

_____. Carta do Sr. Francisco Adolfo de Varnhagen à redacção, acerca da reimpressão do Diario de Pero Lopes, e que lhe servirá de prologo. *Revista do IHGB*, v. XXIV, p. 3-8, 1861.

_____. *Amerigo Vespucci*: son caractère, ses écrits (même les moins authentiques), sa vie et ses navigations, avec une carte indiquant les routes. Lima: Imprimerie du Mercurio, 1865.

_____. *Os índios bravos e o sr. Lisboa, Timon 3*: pelo autor da "Historia geral do Brazil". Apostila e nota G aos números 11 e 12 do "Jornal de Timon"; contendo 26 cartas ineditas do jornalista, e um extrato do folheto "Diatribe contra a Timonice" etc. Lima: Imprensa Liberal, 1867.

_____. *Le Premier voyage de Amerigo Vespucci définitivement expliqué dans ses détails.* Vienne: Chez les Fils de Carl Gerold, 1869a.

_____. *Nouvelles recherches sur les derniers voyages du navigateur florentin et le reste des documents et éclaircissements sur lui.* Vienne: Chez les fils de Carl Gerold, 1869b.

_____. *Ainda Amerigo Vespucci*: novos estudos e achegas, especialmente em favor da interpretação dada a sua primeira viagem em 1497-98, as costas do Yucatan e Golfo Mexicano. Vienne: Chez les fils de Carl Gerold, 1874. (Edição por conta do autor.)

_____. *Historia geral do Brazil, antes de sua separação de Portugal.* 2. ed. 2. Viena: E. & H. Laemmert, 1877. 1260 p., 2 v., 14 fls. gravs.

_____. *Correspondência ativa.* Rio de Janeiro: Instituto Nacional do Livro/Ministério da Educação e Cultura, 1961.

_____. *História geral do Brasil*: antes da sua separação e independência de Portugal. 10. ed. Revisão e notas: J. Capistrano de Abreu e Rodolpho Garcia. Belo Horizonte: Itatiaia; São Paulo: Edusp, 1981. 5 t.

VERÍSSIMO, José. *História da literatura brasileira.* Rio de Janeiro: José Olympio, [s.d.] [1915].

WEHLING, Arno. *Estado, história e memória*: Varnhagen e a construção da identidade nacional. Rio de Janeiro: Nova Fronteira, 1999.

4. Oliveira Martins e Sampaio Bruno: leituras do Brasil pela intelectualidade portuguesa de fins do Oitocentos

Joel Carlos de Souza Andrade

Introdução

Este ensaio busca, à luz de algumas leituras, perscrutar os olhares lançados por dois pensadores portugueses sobre o Brasil, através de um exercício que pretende desanuviar aquilo que poderíamos interpretar como uma falta de interação entre os intelectuais portugueses e brasileiros em fins do século XIX. Se Pedro Joaquim de Oliveira Martins é bastante conhecido e explorado pela intelectualidade brasileira, o mesmo não se pode afirmar de José Pereira de Sampaio Bruno, principalmente pela historiografia brasileira. Portanto, é intenção deste texto explorar um campo das relações luso-brasileiras diferente do já exacerbado debate literário de fins do século XIX cujas imagens e perfis do Brasil e do "brasileiro" foram traçados por escritores como Camilo Castelo Branco, Eça de Queirós e Ramalho Ortigão e pelo artista Raphael Bordalo Pinheiro.

O período a que ora se atêm as nossas reflexões constitui um momento bastante emblemático para as relações luso-brasileiras, por vários motivos: instauração da república no Brasil (1889) e seus respectivos desdobramentos ou ressonâncias em Portugal; a política de imigração, com a intensa migração europeia, sobretudo portuguesa, para o Brasil; e o ultimato inglês (1890), que acentuara a crise política portuguesa e dera margem para os republicanos ampliarem as acusações contra a fragilidade da monarquia lusitana. Enfim, um momento histórico nomeado pela historiografia portuguesa como a fase da "decadência" e, por que não afirmar, para alguns, de reativação das "esperanças" (Calafate, 2006), de construção de novas utopias.

Neste sentido, ter como ponto de observação as reflexões de Oliveira Martins e de Sampaio Bruno em suas respectivas visões do Brasil, em suas sensibilidades lançadas para o outro lado do Atlântico, é acompanhar também as continuidades e descontinuidades do "mundo que o português criou" (Freyre, 1940), para nos remeter ao título de uma obra do sociólogo brasileiro Gilberto Freyre. Entre a publicação do texto de Martins e o de Bruno há uma diferença de poucos anos, tempo suficiente para dois distintos momentos da história brasileira. Isto não quer dizer, contudo, que o pensamento de ambos seja sempre antagônico; ao contrário, por vezes se aproximam. O Brasil Império, abordado inicialmente por Martins, havia se tornado uma república; rompia-se o Brasil histórico português e projetava-se o Brasil dos novos tempos, que à luz de alguns pensadores portugueses, sobretudo os republicanos, tornava-se um enigma. Não seria mais o Brasil histórico, do passado colonial, da não ruptura. Seria agora o Brasil do futuro?

Oliveira Martins: o Brasil como uma "nação neoportuguesa"?

Pedro Calafate, numa breve alusão a sua biografia, afirma: "Joaquim Pedro de Oliveira Martins nasceu em Lisboa, em 1845. Filho de um funcionário público, logo aos doze anos ficou órfão de pai, razão por que interrompeu os estudos para sustentar a família, empregando-se numa casa comercial, onde trabalhou durante dez anos" (Calafate, 2006:141). Diferentemente da maioria da chamada "geração de 1870", que tivera a formação coimbrã, Oliveira Martins teria sido um autodidata e tido também participação intensa junto à intelectualidade de sua época. Morreu em 24 de agosto de 1894 (Catroga, 1999).

Pedro Joaquim de Oliveira Martins, mais conhecido por Oliveira Martins, notabilizou-se como uma autoridade no campo da produção do conhecimento histórico provavelmente pelos trabalhos de "síntese", embora seja-nos bastante difícil apresentar uma visão geral do autor, em virtude de seu vasto campo de interesses e de produção escrita. Talvez esteja entre os historiadores portugueses mais referenciados nos trabalhos de escritores brasileiros que se voltaram para o estudo da cultura portuguesa em sua direta relação com o Brasil, podendo-se destacar Euclides da Cunha, em *Os sertões*, sobretudo quando remete aquele historiador à nova roupagem do conceito de sebastianismo (Cunha, 2002:91), e Gilberto Freyre, em seu clássico livro *Casa-grande & senzala*" e em *Aventura e rotina* (Freyre, 1980).[1] Portanto, fala-se de Martins no Brasil. Mas o que fala Martins do Brasil? É possível mapear três momentos de produção escrita em que Oliveira Martins tece suas considerações sobre o Brasil: as crônicas publicadas em 1875 na *Revista Ocidental*,[2] a obra *O Brasil e as colónias portuguesas* – que receberá especial atenção neste trabalho em virtude da elaboração de uma história do Brasil apresentada ao público português – e alguns textos selecionados, prefaciados e anotados por António Sérgio e Faria de Vasconcelos, em dois tomos, publicados sob o título *Dispersos* (Martins, 1924).

Partindo de seu lugar de intelectual português de fins do século XIX, período em que se verifica um grande interesse sobre os principais pensadores europeus de sua época,[3] em sua preocupação interpretativa sobre Portugal Oliveira Martins traça também um perfil do Brasil. Para se entender este perfil, melhor dizendo, este esboço histórico do Brasil, que pode, num primeiro momento, se assemelhar às interpretações históricas ligadas aos tradicionais institutos históricos,[4] é importante notar a concepção de história em Martins, cujas ideias se mantêm ao longo de seu percurso de historiador.[5]

De acordo com Fernando Catroga, para se entender as particularidades do pensamento de Oliveira Martins é preciso vê-lo à luz de um olhar crítico sobre

---

[1] Para Freyre (1980:187), Oliveira Martins foi o primeiro a libertar-se do exagero de "ufanismo" português em relação a um passado nem sempre cor-de-rosa.

[2] Convém destacar a documentação publicada recentemente e intitulada *Portugal e Brasil (1875): crónicas esquecidas de Oliveira Martins*, que consiste em textos publicados na *Revista Ocidental* no decurso do ano de 1875, o que já demonstra o interesse do autor pela temática do Brasil.

[3] Além do espólio de Oliveira Martins existente na Biblioteca Nacional, há também o catálogo de sua biblioteca, recém-publicado e organizado pela Biblioteca Geral da Universidade de Coimbra, computando cerca de 1.600 itens. Embora não sendo ampla, tal biblioteca compõe-se de temas os mais variados: pré-história, filosofia e teoria da história (Voltaire, Jules Michelet, Ranke, P-J. Proudhon, Hegel, Émile Littré, Karl Marx, Ernest Renan, Arthur Schopenhauer, Hippolyte Taine, Jacob Burckhardt etc.), história de Roma, história de Portugal, história do Brasil, estatística, finanças etc. (Biblioteca Geral da Universidade de Coimbra, 2009).

[4] Ver, por exemplo, a obra *História geral do Brazil*, de Francisco Adolpho de Varnhagen, publicada entre 1854 e 1857.

[5] "[...] a recusa do transcendismo, e a centração imanentista da explicação do mundo e da vida; o entendimento do devir como um drama que, no espaço e no tempo, actualiza um princípio metafísico que tende para sua plena realização e se objectiva, evolutiva e organicamente, em sociedades concretas; a impossibilidade das ciências, incluindo as recém-formadas ciências sociais, poderem construir uma explicação radical e total do universo, demonstrar o sentido do devir humano" (Catroga, 1999:398).

o positivismo, sobre a ciência, e compreender que a história, em sua concepção, pode ser vista como uma arte, como imaginação; a história era um saber poético, embora com limites, pautados pela verossimilhança. O historiador não era um romancista, mas um artista dos tempos passados; devia ser também um erudito, um pensador, um crítico, um psicólogo, enfim, exigia-se dele um olhar interdisciplinar para dar conta dos dramas dos povos e dos homens. Por isso, pode-se afirmar que Martins oscila, ou melhor, equaciona um uso adequado, embora crítico, das artes e das ciências no âmbito das abordagens históricas. Não uma mera criação, mas uma concepção que, exercitada, permita acompanhar a evolução do homem. Por isso, diferente das técnicas, "a história aspirava a reconstituir a evolução do homem para além dos limites dos conhecimentos empíricos, eruditos, científicos e técnicos" (Catroga, 1999:405).

Mas na atmosfera de seu tempo, o que seria novo e o que seria velho? O que seria continuidade e descontinuidade? A história seria exemplar? Qual o lugar de Portugal na balança das nações? Para Martins, de acordo com Saraiva, em consonância com o que foi dito anteriormente, "a História é uma série de actos de vontade, irredutível a leis e a um cálculo científico e portanto a uma previsão" (Saraiva, 1996:90). Além de discordar de uma possível relação entre a história e a ciência, Martins defendia a tese de que "a história era uma sucessão de vontades favorecidas ou contrariadas por acasos" (Saraiva, 1996:91).

Seria o Brasil uma obra do "acaso" para Oliveira Martins? Mesmo não sendo o objeto privilegiado de suas reflexões, o Brasil não deixou de ser abordado entusiasticamente por aquele historiador à luz das concepções acima indicadas. Como homem público, seu conhecimento sobre o Brasil mostrava-se imperativo, em virtude da demanda cada vez maior do fluxo financeiro, migratório e cultural entre Portugal e Brasil. Historicamente também demonstrou ser um inquieto, um curioso das coisas do além-mar e, sobre o Brasil, partindo do material de que dispunha, aliado a uma capacidade criativa, compôs o que poderia ser nomeada com uma síntese da história do Brasil, conjugada a uma preocupação com os destinos daquela jovem nação.

Obviamente, Martins parte da problemática de seu tempo, do seu momento histórico para, em seguida, fazer uma avaliação das "aventuras" e "empresas" portuguesas no mundo. Apresentado em 1879, o brilhante programa da Biblioteca das Ciências Sociais, que, propondo uma dimensão pedagógica e enciclopédica, encontra-se dividido em três partes, na primeira das quais estão as obras marcantes das discussões históricas de Oliveira Martins e seus estudos sobre a "civilização peninsular": *História da civilização ibérica* (1879), *História de Portugal* (1880), *O Brasil e as colônias portuguesas* (1880) e *Portugal contemporâneo* (1881) (Saraiva, 1996:86).

O Brasil e as colónias portuguesas,[6] título da obra publicada por Oliveira Martins[7] em 1880, constitui o nosso objeto especial de análise neste texto.[8] A obra encontra-se dividida em cinco partes, ou "livros", intituladas: "Formação das colónias na África e América"; "Negros, açúcar e ouro"; "O Império do Brasil"; "A África portuguesa" e o último, "A exploração do continente africano", sendo os três primeiros centrados numa abordagem histórica sobre o Brasil. Na verdade, o olhar lançado para o Brasil e para as colônias portuguesas na África constitui-se num importante exercício didático para se conhecer um outro Portugal.

Logo na "Advertência" à obra, Martins chama a atenção do leitor para o deslocamento que fez: "Não encontrará o leitor, nesta obra, a história do nosso domínio no Oriente. Tratemos agora de colónias, e não de conquistas, especiais, a nosso ver, inteiramente diversas" (Martins, 1978:9). Estaria o autor se deslocando daquilo que impulsionou muitos escritores, e até mesmo poetas, como Camões, em seu fascínio pelo Oriente. África e Brasil, nesse contexto, seriam inseparáveis, seriam próximos, sendo a primeira base inicial para as experiências do segundo. Assim, nesta linha de raciocínio, afirma Martins que, destes mundos entrelaçados, eis que temos

> uma nação formada, livre e forte, na América, e quase metade da metade austral da África a colonizar ou a explorar: eis aí o que foi e o que é a obra dos Portugueses. A sua história não ficaria completa, se se lhe não juntasse a das suas colónias – até porque elas serão para o futuro o melhor testemunho, acaso

---

[6] Utilizaremos, neste texto, a sétima edição aumentada, de 1978.

[7] De acordo com a bibliografia catalogada na biblioteca de Oliveira Martins, é provável que a grande parte da pesquisa tenha sido realizada em outros acervos, tendo em vista que sobre o Brasil não se encontra a bibliografia utilizada para a produção de *O Brasil e as colónias portuguesas*. Destacam-se, contudo, uma coleção da *Revista Contemporânea de Portugal e Brazil* (1859-1865) e duas obras de Sílvio Romero oferecidas a Oliveira Martins: *Doutrina contra doutrina: o evolucionismo e o positivismo na República do Brasil* (Romero, 1894) e *Uma esperteza: os contos e cantos populares do Brazil e o Sr. Teophilo Braga: protesto* (Romero, 1887).

[8] É possível, embora não tenhamos certeza, que o título desta obra tenha sido inspirado no trabalho de José da Cunha de Azeredo Coutinho, *Ensaio econômico de Portugal e suas colónias* (Coutinho, 1794).

o único vivo testemunho, da sua existência no mundo, da sua intervenção activa na civilização europeia [Martins, 1978:11].

Na verdade, o que Oliveira Martins propõe é "um estudo de embriologia social", munindo-se de teorias evolucionistas e naturalistas, inclusive, por vezes, do conceito de leis, embora com ressalvas e escapando aos dogmatismos: "cada um desses factos acorda no espírito do observador o conjunto de condições e de leis a que obedecem ao nascer e o crescer das sociedades" (Martins, 1978:11). Neste sentido, teoricamente o autor enquadra os fatos resultantes da gestação das novas sociedades a partir do trabalho de Portugal em outros mundos. Se ao final da "Advertência" faz um paralelo com Roma, é sinal de que acredita num futuro esplendoroso e universalizante para estas novas civilizações.

Na história do Brasil esboçada por Oliveira Martins ganha destaque a figura de d. João III, pois com aquele monarca o Brasil passou a receber atenção especial de Portugal, que no governo de d. Manoel estava voltada para a Índia. Neste sentido, o Brasil "deve o princípio da sua existência ao governo de d. João III, o rei colonizador" (Martins, 1978:19). Ao desconstruir a imagem unilateral daquele monarca como um perseguidor de judeus, Martins busca reelaborar a biografia daquele personagem, afirmando que a nação portuguesa, e por extensão o próprio Brasil, teria para com ele uma grande dívida, já que foi o "primeiro governo que abriu as portas da América". A partir daquele ato inaugural surgiria "um novo Portugal – nossa honra histórica, e por muito tempo o amparo da nossa existência européia" (Martins, 1978:20).

Este "novo Portugal" teve como primeiro núcleo populacional as figuras indesejáveis do reino que, pela necessidade do Estado, eram enviadas para a colônia: "os judeus", "os degradados", "mulheres mais ou menos perdidas". Mais que isso, o Brasil tornava-se um refúgio garantido a todos os indivíduos considerados "criminosos", pelos padrões sociais e jurídicos da época, que quisessem começar uma nova vida, "com a excepção única dos réus de heresia, traição, sodomia e moeda falsa" (Martins, 1978:20).

No âmbito político, a estrutura administrativa da vasta colônia do Brasil seguia a mesma lógica feudal europeia. Portanto, por defender a tese de que na América reproduziu-se num primeiro momento o modelo da história europeia, Martins distingue-se daqueles que fazem uma leitura de que o Brasil já fora gestado no universo capitalista:[9] "A Coroa tem a suserania; mas o rei, suserano, é também vassalo, como donatário [...] e, por outro lado, dá-se o concurso da forma feudal e da forma monárquica do governo, até que por fim a primeira cede inteiramente o lugar à segunda" (Martins, 1978:22).

Se num primeiro momento a lógica de administração e ocupação deu-se pela lógica feudal, a vastidão do território e a necessidade de articulação de defesas perante as ameaças de outros Estados europeus levaram a colônia a passar por um paulatino processo de centralização política sob a égide do poder "absoluto" da monarquia. Sobre esta questão, afirma Martins:

> A tentativa de organização feudal e federativa recebeu com isto o primeiro golpe, e foi gradualmente cedendo o passo a diversa política administrativa. O imperialismo, que vingava na mãe-pátria, transplantou-se para a colónia; e depois, as crises provenientes dos ataques marítimos de franceses e holandeses, principalmente, deram a vitória decisiva a uma administração centralizadora, monopolizadora, protectora, *absolutista*, conforme as ideias também ao tempo vigentes na Europa [Martins, 1978:24, grifo do autor].

Um "novo Portugal" é o que a colônia portuguesa na América vai-se tornando. Cada etapa, cada reconfiguração política, social e econômica o ia compondo, ou melhor, "esboçavam-se já os lineamentos da futura nação" através dos focos de ocupação do litoral, do esboço, mesmo que rudimentar, de algumas cidades que, ao longo da costa, de Pernambuco à capitania de São Vicente, seriam os primeiros passos para um "progresso futuro", sobretudo porque esses rudimentos de cidades "apresentavam a fisionomia europeia" (Martins, 1978:25).

Em outra passagem importante da obra, trata da singularidade da escravidão moderna e, sobretudo, das condições nas quais, para Portugal e suas colônias, aquela instituição foi utilizada. A escravidão não era uma prática nova, pois já era conhecida desde as sociedades mais antigas, contudo "a exportação e o comércio do negro, como máquina de trabalho, eis aí o que é peculiar nos

---

[9] Este debate sobre se o Brasil já seria capitalista desde o início da colonização ou ainda fazia parte de um cenário feudal gerou grande controvérsia nas discussões difundidas por pensadores marxistas brasileiros durante a década de 1960. Destacaríamos Caio Prado Júnior, defensor da primeira tese, e Nelson Werneck Sodré, defensor da segunda.

tempos modernos, e não o facto da existência de classes na condição de escravos dentro de uma sociedade" (Martins, 1978:25). De acordo com o discurso de Martins, seria justo julgar os portugueses por tal empresa? E os romanos, já não o haviam feito na península, graças ao que foi possível a Portugal entrar no eixo da civilização latina? Da mesma forma, reforça Martins, sem a escravidão o Brasil não teria sido possível, ou melhor, viável, e por mais que se critique e abomine tal empresa, o regime escravocrata dos ingleses teria sido muito pior. Martins chega a ironizar a postura inglesa quanto à política liberal que pressionava a abolição da escravatura no Brasil na primeira metade do século XIX (Martins, 1978:59).[10]

O Brasil que se apresenta em fins do século XIX, com uma diversidade clara entre o Norte e o Sul, já se encontrava configurado nos primeiros séculos da colonização. Na verdade, seriam dois brasis, as duas metades de outrora. A Bahia e Pernambuco de um lado, Rio de Janeiro e São Paulo do outro. O Rio Grande e o Maranhão constituíam as fronteiras. "Entretanto, é fora de dúvida que o dualismo existe ainda no período a que agora nos referimos. A nação brasileira desenvolve-se colonialmente ao norte, organica e espontaneamente ao sul" (Martins, 1978:75).[11] Neste sentido, para Martins, o "Brasil real" surge a partir de São Paulo; é de lá que se criam as condições para se gestar uma nação própria nos trópicos, enquanto o Norte continuava a ser o Brasil oficial, uma extensão da metrópole pelas relações e estruturas. Portanto, há uma perspectiva da não homogeneidade do Brasil, causando-lhe admiração o espírito paulista: "O espírito aventureiro dos paulistas foi a primeira alma da nação brasileira; e S. Paulo, esse foco de lendas e tradições maravilhosas, o coração do país" (Martins, 1978:81).

Desde o século XVIII o Brasil já apresentava os elementos constitutivos de uma futura nação. E "as ideias de autonomia e liberdade começavam a amadurecer como frutos naturais de uma arvore chegada ao período de fecundidade" (Martins, 1978:89). Portanto, seria um equívoco afirmar que a independência

---

[10] Esta tese foi compartilhada por Gilberto Freyre na distinção que fez da escravidão no Brasil e a escravidão nos Estados Unidos da América na obra *Casa-grande & senzala*.

[11] Esta visão de Martins sobre os dois brasis, sobretudo a associação de um Brasil do Norte, mais próximo aos parâmetros coloniais, com os elementos portugueses parece estar em consonância com o debate em torno da reconfiguração da geopolítica brasileira de fins do século XIX e inícios do século XX, quando são criadas as atuais cinco regiões do Estado brasileiro. Ver Albuquerque Jr. (1998).

brasileira foi "culpa" de d. João VI, pois já havia alguns expoentes e experiências de luta política que permitiam, em curto ou longo prazo, vislumbrar tal desfecho. Mas a independência, a ruptura política, não tiraria o brilho do gênio audaz e investigador dos portugueses que ensinaram a Europa a navegar e a colonizar. Neste sentido, "o Brasil foi um fruto genial".

Nas observações que lança sobre a independência, o discurso de Martins realça, para os portugueses, uma necessidade de se reavaliar algumas ideias cristalizadas pelo pensamento português e brasileiro acerca do papel de d. Pedro I. Para Martins, mais que aquele importante personagem, é salutar levar em consideração os avanços, sobretudo políticos, pelos quais havia passado a antiga colônia entre fins do século XVIII e inícios do século XIX (Martins, 1978:102). Portanto, d. Pedro I, do Brasil, funcionou como o instrumento mais adequado ao momento.

Estavam lançadas as bases para o "futuro império"; a partir da independência o Brasil passava a construir a sua própria história, que dava agora, segundo Martins, como finda "a criação política do estado neoportuguês da América". Contudo, reforça Martins, a independência política do Brasil não representou, necessariamente, uma independência econômica de Portugal em relação ao Brasil, sobretudo no decurso do século XIX. Por isso, a obra em questão apresenta como de grande interesse para o público português um estudo sobre a economia contemporânea do Brasil, em vista não apenas do universo da economia, mas também pelos "laços de intimidade" que vinculam as duas nações, inclusive no tocante à formação étnica da população brasileira (Martins, 1978:106).

Diferentemente de uma abordagem que buscasse explorar o estranhamento pelo contato inicial entre os portugueses e indígenas no Novo Mundo, Martins enfocou o fato de que tanto a exuberância da natureza quanto os perfis indígenas já não eram tão estranhos ao universo cultural português, em virtude dos contatos com outros povos na África e principalmente no Oriente.

> Tais eram os homens com quem Cabral se achou na terra do Brasil. Nada, porém, enchia já de espanto os audazes descobridores do Mundo: nem o singular dos habitantes, nem a fereza dos brutos, nem a novidade das paisagens. O Brasil assemelhava-se-lhes à Ásia, e os traços comuns da fisionomia dos seus indígenas, dos representantes da sua fauna, têm sido observados e reconhecidos pelos sábios de hoje [Martins, 1978:124].

Contudo, isto não quer dizer que, à luz de suas concepções sobre povos e raças, deva prevalecer o elemento indígena ou mesmo negro na formação da população brasileira. Quando se fala no movimento migratório para o Brasil, que vai desde a migração forçada africana, à europeia e à possibilidade da asiática, Martins se posiciona contrário e temeroso, principalmente em relação ao impulso da colonização chinesa no Brasil, que, à época, era uma possibilidade. Demonstrando certa "repugnância", afirma:

> Um Brasil europeu e não asiático, uma nação e não uma colónia, eis aí o seguro porvir da antiga América portuguesa. Seguro, mas lento: assim se constroem as obras duradouras. De que vale, para que serve, a cega precipitação, a mais cega pressa de devorar toda a riqueza do mundo? Exploramos uma concessão vitalícia, ou somos apenas, nós homens de hoje, um momento e um aspecto da indefinida sucessão das gerações? Solidários com os antepassados e os vindouros, acesos no respeito da humanidade eterna e ideal, é que os homens fundam nações. O seco utilitarismo, o egoísmo individual, o materialismo prático, são armas úteis – mas só para obras inferiores. Jamais com elas se criaram Romas! [Martins, 1978:138].

Sobre a imigração europeia, o autor acentua as dificuldades de adaptação dos alemães, grupo que recebeu atenção privilegiada no Brasil, sobretudo porque havia defensores do projeto de "embranquecimento" da população brasileira com o reforço da migração germânica. Havia diferenças gritantes em termos de clima, de religião, de cultura em comparação com a latina, advinda com as migrações italiana e espanhola. O autor também expõe suas ideias sobre a resistência de alguns ao incentivo do governo à política de migração. Dizem "o Brasil para os brasileiros". Sobre isto Martins lança um questionamento – não fica claro se parafraseando outro autor –: "Ao cabo de alguns anos, que será deste nosso Brasil latino, católico, na presença desse outro Brasil germânico, protestante, em hábitos, em índole, em tudo completamente repulsivo, antagónico ao Brasil a que pertencemos?" (Martins, 1978:146). Em síntese, a imigração era importante, mas era preciso que fosse bem-dosada para não comprometer "o futuro certo, seguro, consistente e verdadeiramente grande do império [que] está no desenvolvimento homogéneo da sua população". Enfim, Martins vislumbra o "futuro do Brasil" como uma nação europeia e não mestiça [...]. Uma nação europeia e uma nação neo-latina, neo-ibérica, neoportuguesa – para acentuar bem, no futuro, a existência deste povo de melhor sorte; para testemunhar as diferenças que o carácter ingénito e a história deram às duas nações da Península [Martins, 1978:159].[12]

Dessa forma, já com Martins o Brasil era visto como o grande orgulho de Portugal, uma "nação neoportuguesa" nos trópicos, modelo que será retomado durante todo o século XX, principalmente durante o governo autoritário de António de Oliveira Salazar, como visto na Exposição do Mundo Português, de 1940. O Brasil constituía uma peça-chave no tabuleiro político e histórico.

Por fim, a crise em Portugal teria acentuado a migração para o Brasil, ainda carente de mão de obra, o que levou Martins a demonstrar uma preocupação com a desaceleração demográfica portuguesa. O Brasil continuava a ser o principal destino para o imigrante português, pois, embora politicamente independente, não renegava sua filiação e língua, constituindo, em tese, "um mesmo povo" com Portugal (Martins, 1924:259).

Portugal, à semelhança de outros países da Europa em fins do século XIX, é um corpo combalido. Em Portugal faltam "energia" e "vitalidade" suficientes para criar os remédios para os males que ali afligem. Já nos anos posteriores à publicação de *O Brasil e as colônias portuguesas*, depois da abolição da escravatura no Brasil (1888), Oliveira Martins defende que esta deveria ter-se acabado progressivamente; quanto à república, Martins acreditava ser uma "incomparável tolice que o Brasil fez..." (Martins, 1924:284). O autor evidencia a importância do império para consolidação da nação, "manutenção da paz interna inalterada" e vê a república instalada pelos generais com ceticismo e despótica. Teria sido um erro "funesto", uma "loucura", que teria como futuro a "desmembração" e o ato seria uma "ingratidão" para com d. Pedro II. O lamento transformou-se em temor: "[...] lamentamos o passo errado que deu o Brasil, e a enormidade dos perigos em que se lançou a si – e também a nós!" (Martins, 1924:290).

---

[12] As instabilidades da república, conforme quiseram demonstrar alguns monarquistas, como o brasileiro Eduardo Prado, parecem ter convencido Martins a demonstrar seu temor quanto aos rumos da nação, que, até então, ele enxergava com distintivos olhos em relação às demais nações latino-americanas.

Sampaio Bruno: o Brasil como um país novo?

Um desses perigos seria enfrentado com entusiasmo pelo seu conterrâneo José Pereira de Sampaio (Bruno), cuja obra foi assim divulgada:

> Publicações – o maior interesse litterario – O BRAZIL MENTAL (esboço critico por José Sampaio (Bruno)) – Conteúdo: – Interpretação economica portugueza – Portugal e Brazil – Relações sociaes e litterarias – Alexandre Herculano e a critica fluminense – O dialecto brazileiro – O positivismo de Augusto Comte; o remodelamento sociocratico – Tobias Barreto – Sylvio Romero [...].
> 1 vol. de 500 paginas, broch, 300 reis; cartonado, 900 reis.
> Livraria Chardron de Lello & Irmão (Editores), Clerigos, 93.[13]

A obra *O Brazil mental*, que viria a ser publicada em 1898 por Sampaio Bruno (pseudônimo de José Pereira de Sampaio) apresenta-se como uma importante referência à luz do pensamento português de fins do século XIX acerca do Brasil e de suas novas atmosferas políticas. Acompanhando o raciocínio de outros republicanos, como José Carrilho Videira e José Soares da Cunha da Costa,[14] Sampaio Bruno demonstra um particular interesse pelo Brasil, sobretudo pela experiência republicana e respectiva incorporação do ideário positivista. Seu desafio nesta obra é justamente fazer uma avaliação sobre os condicionamentos positivos e negativos da experiência brasileira.

As palavras de Pedro Calafate resumem bem o perfil de Sampaio Bruno (1857-1915): "foi um pensador profundo e, ao mesmo tempo, um publicista, empenhado desde o início na luta pela proclamação da república e no combate pela redenção de Portugal, no quadro de um sistema filosófico" bastante próprio (Calafate, 2006:393). Contudo, nossa abordagem, perante aquilo que propomos, não irá fundo em suas reflexões filosóficas e pedagógicas, algo que foge aos limites deste trabalho e que poderia ser feito, sobretudo, a partir de

---

[13] Cartaz publicado em *A Voz Pública*, Porto, p. 2, 10 out. 1897.

[14] José Carrilho Videira (1845-1905) foi um escritor, editor e político ligado ao movimento republicano português. Viveu alguns anos no Brasil onde contribuiu como correspondente de *A Voz Pública*, através da coluna "Cartas do Brazil". Já José Soares da Cunha e Costa (1867-1928) era advogado, também um republicano e publicista que colaborou com *A Voz Pública* e publicou *A lucta civil brazileira e o sebastianismo portuguez*, em 1894, uma coletânea de seus textos publicados naquele periódico.

obras como *A ideia de Deus* (1893) e *O encoberto* (1904). Para se perceber a problemática das relações culturais e históricas luso-brasileiras, faz-se imprescindível uma reflexão sobre alguns pontos da obra *O Brasil mental* (1898), cuja importância histórica demonstra-se bastante relevante e, talvez, rompa com um olhar ainda tão fechado sobre o universo do outro nas duas bandas do Atlântico.[15]

Para se iniciar um estudo sobre Sampaio Bruno convém delimitar bem aquilo que se buscará explorar no pensamento daquele autor à luz da obra *O Brazil mental* – não apenas esta obra, mas um pensamento tido por complexo, que em Portugal tem sido analisado pela perspectiva filosófica e quase sempre perde o Brasil propriamente de vista, mesmo sendo este o foco principal de seu trabalho. No caso brasileiro, segundo texto recente de Carlos Guilherme Mota, *O Brazil mental* "é praticamente desconhecido de nossa historiografia" (Mota, 2010:59-82). E há praticamente uma ausência de análises em torno do mesmo, com raríssimas exceções, a exemplo de Euclides da Cunha, que compôs uma resenha crítica logo após a sua publicação (Reale, 1995:119-126).

Como afirma Mota, apropriando-se de Fernando Catroga, Bruno "seria um observador muito atento de seu tempo". E por isso, a nosso ver, os escritos desse autor constituem um importante eco a ressoar do tempo histórico. Longe de ser única, sua leitura permite-nos perceber os fios de uma sensibilidade aguçada nos meandros das ideias que movimentaram uma geração, impulsionaram sonhos, desbravaram horizontes, teceram novas crenças.

Assim, o republicano Sampaio Bruno, cuja biografia é bastante instigante, demonstra ter sido uma figura muito inteligente e atuante, conforme se vê em sua participação na malograda tentativa de derrubada da monarquia no movimento republicano de 31 de janeiro de 1891, na cidade do Porto. À primeira vista, pode parecer bastante seduzido pelos acontecimentos da antiga colônia,

---

[15] Sobre Sampaio Bruno há muitos trabalhos publicados em Portugal, dos quais destacaríamos dois, por sua abrangência: Serrão (1986) e Pereira (2007). Contudo, em ambas a obra *O Brazil mental* parece não ganhar muito destaque. Ainda sobre esta questão convém destacar a resenha escrita por Euclides da Cunha dedicada ao livro de Bruno, ainda em 1898, onde considera Sampaio Bruno "uma exceção entre os escritores portugueses que se ocupam de nossa terra" (Reale, 1994). Além desse texto, há outro, mas já de Sampaio Bruno, que consiste num prefácio à obra *Contrastes e confrontos*, de Euclides da Cunha. Também compartilha dessa ideia o escritor António Quadros, para quem a obra *Brazil mental*, de Sampaio Bruno, é considerada a melhor obra portuguesa sobre a "cultura brasileira". Articulado ao projeto republicano português, Bruno busca na experiência brasileira uma referência para as potencialidades de eclosão do projeto republicano português. Ver Cunha (1941).

em 1889, quando decorrera a proclamação da Republica brasileira, episódio que foi acompanhado de perto pelos republicanos portugueses, entre os quais o periódico *A Voz Pública*, do Porto, de cujo editorial Sampaio Bruno, quando retorna do exílio, passa a fazer parte, escrevendo alguns artigos profundamente elaborados.

Acreditamos que seu conhecimento do Brasil, em virtude da frágil cultura de difusão do pensamento nos dois países, não era o mais profundo. O Brasil aparecia, de alguma forma, como um corpo estranho. Uma coisa era uma terra atrair imigrantes, pois havia um mundo a ser ainda desbravado; outra era aquela terra tão distante ter levado tão ao pé da letra o ideário positivista.

Conforme as pesquisas demonstraram, Bruno tinha informações do Brasil assim como tivera Oliveira Martins, por meio de jornais que alguns amigos lhe enviavam e textos de alguns autores brasileiros, como Tobias Barreto (1839-1889) e Sílvio Romero (1851-1914). Contudo, munindo-se desse material aliado a uma reflexão brilhante, embora a sua narrativa não seja das mais instigantes, com passagens demasiado longas, ele compõe uma obra que acaba por ter uma dimensão poética ou metafórica. De alguma forma, ele está também, assim como estivera Oliveira Martins, buscando entender Portugal à luz do Brasil. Este é o grande desafio dos que se aventuram pelas suas longas digressões.

As relações culturais e intelectuais luso-brasileiras se intensificaram no último quartel do século XIX. Munidos de uma carga teórica razoavelmente apregoada aos ditames das diferentes teorias europeias em curso, a saber, o evolucionismo, o positivismo e o materialismo, este momento se configurou com uma fase do enfrentamento pelo campo das ideias no universo luso-brasileiro.[16] Em questão, destaca-se, sobretudo, a problemática do projeto republicano de cá e de lá.

Nos últimos anos de sua existência, a monarquia brasileira já dava ares de fragilidade. Contudo, a extinção da escravidão em território brasileiro vem servir de estopim para esquentar os ânimos.

Incomoda Bruno a falta de conhecimento que se tinha do Brasil em Portugal e, sobretudo, o pedantismo e arrogância da camada letrada que sempre observava o "brasileiro", fosse o nativo, fosse o português que do Brasil regressava,

---

[16] No campo da filosofia luso-brasileira tem havido, nos últimos anos, interessantes reflexões levadas a cabo por pensadores brasileiros, a exemplo de Miguel Reale, e portugueses, como António Quadros, António Teixeira Braz, com apoio da Fundação Lusíada. Ver Varela (2002).

referindo-se a ele como "o rústico", "o fazendeiro". Seu intuito, portanto, em *O Brazil mental* não é apenas expor elementos de uma dada *inteligência* brasileira, mas também desafiá-la, confrontá-la, debatê-la.

Partimos, então, para algumas considerações acerca do conceito de Brasil na leitura de Sampaio Bruno em *O Brazil mental*. Para isso não começaremos pela "Advertência", mas pela "Conclusão".

A respeito dos conceitos de história e das relações luso-brasileiras, a perspectiva de Bruno é de que Brasil e Portugal seriam reciprocamente inseparáveis, pois qualquer estudo sobre um levará necessariamente ao outro.

> Seu critério geral há-de um dia também adaptar-se à crítica da história do Brasil, tornando-a conexa com a de Portugal. Sem o concurso recíproco, separatistamente elas são ininteligíveis, uma e outra. E nenhum exemplo da necessidade indispensável da interpretação económica da história tão cabal e completo como o da história de Portugal, com o seu apêndice colonial do Brasil, ou como o da história do Brasil com a indestacável dependência chamada Portugal, politicamente, na aparência, autónomo.
>
> O período transcorrido da vida nacional já permite aos brasileiros os prolíficos resumos de conjunto; quanto mais a nós, velhos e caducos [Bruno, 1997:279].

Bruno percebe que no âmbito das filosofias da história há momentos que são únicos; seriam momentos de se pensar os destinos da nação. Neste sentido, faz referência ao Brasil do dia 15 de novembro de 1889. Assim, a política não seria mais ação de alguns privilegiados, mas algo que entranhou no povo: "Reduziu-se; mas, reduzindo-se, penetrou-nos a todos, a todos nos envenenou; nada lhe foge ao influxo, humanizou-se, volveu-se na carne da nossa carne e no sangue do nosso sangue" (Bruno, 1997:280).

Sobre o deslocamento do olhar de Portugal, da Índia para o Brasil, afirma, guardando certa proximidade com o pensamento de Oliveira Martins: "Deixamos de viver da Índia; passamos a viver do Brasil; mas não aprendêramos a viver de Portugal, ainda" (Bruno, 1997:283). O diagnóstico histórico que lança Sampaio Bruno sobre a situação econômica de Portugal, pela sua lógica administrativa ultrapassada, responsável pela situação em que o povo vivia, encontra-se em consonância discursiva com os textos José da Cunha e Costa e demais colaboradores da *A Voz Pública*, do Porto.

Para Sampaio Bruno, a migração surge como uma solução para os problemas locais, a população não fora habituada a enfrentar os seus males, que, na concepção daquele publicista,[17] passava por enfrentar o poder estabelecido, a monarquia. Por isso, "ou doidamente para a África, ou ajuizadamente para o Brasil, o certo é que a debandada prosseguia" (Bruno, 1997:287).

Mas como seriam os portugueses recebidos no Brasil? Este é um questionamento salutar, na medida em que o autor aborda a complexidade de tal temática:

> Havendo o advento da república dado a prevalência ao elemento nativista, as colónias europeias ressentiram-se de sua diminuição política. É assim que se explicam as simpatias da população francesa do Rio de Janeiro pelo movimento monarquista de Custódio de Melo. Mais se entendem as cumplicidades portuguesas nas tentativas de restauracionismo.
>
> Isto reacendeu as cóleras. Criou-se um partido antiportuguês, que teve órgão especial na imprensa e possui representante idóneo. Ele chama-se Diocleciano Mártir, e o grupo que capitaneia intitula-se *jacobino*.
>
> Mas o jacobinismo brasileiro coisa é diferente do jacobinismo português.
>
> Com efeito, usa-se agora em Portugal na imprensa oficiosa e, mesmo, na da oposição, ainda quando da chamada liberal, em vaia difamatória, como se labéu fora, o epíteto de *jacobinismo*, aplicado às afirmações democráticas recentemente desenvolvidas na propaganda do credo republicano, que, no Brasil, mais feliz do que nós, é já uma realidade.
>
> Mas a acusatória vem de longe [Bruno, 1997:290].

Nas críticas feitas ao conceito de partido e de república faz referências a Tobias Barreto, monista, e a Eduardo Prado, monarquista convicto. Quer fazer uma defesa dos republicanos, cuja nomeação de negação, de desmerecimento, é acompanhada pela alcunha de "jacobinos". Incomoda em demasiado a douta ignorância daqueles que se utilizam destes clichês históricos.

Depois de tergiversar sobre o jacobinismo português, cuja leitura feita pelos realistas ganha um componente de total anacronismo, sobretudo pelo temor de

---

[17] Ver Bruno (1987).

que os eventos franceses se repitam em Portugal, Bruno discutirá a diferença entre o jacobinismo português e o brasileiro, que "é a reflexão e a expressão do ódio ao português" (Bruno, 1997:296). Não apenas isso, mas também o envolvimento na tentativa de assassinato do presidente Prudente de Morais, em 5 de novembro de 1897, tendo como um dos envolvidos no complô o redator e diretor do jornal *O Jacobino* (1894-1897), Deocleciano Martyr. Sobressai, no Partido Jacobino, o ódio ao português e, por extensão, à ideia de ser o único que traz para si a prerrogativa do caráter nacional. Além disso, tendo como lema "O Brasil para os brasileiros", inspirado na doutrina Monroe ("A América para os americanos"), defronta-se com um claro conflito entre o americanismo e o europeísmo, conforme chama-nos a atenção Sampaio Bruno.[18]

Assim, partindo das conclusões a que chegou Bruno, seria precipitado não levarmos em consideração a motivação que o levara a escrever semelhante obra. Isto fica exposto, logo nas primeiras páginas de sua "Advertência expositiva":

> Conhecer as condições específicas e próprias da sociedade política e económica brasileira: não é para o público culto português um escusado diletantismo de ociosidade literária; antes, importa interesse decisivo, desde que esteja demonstrado que Portugal não possa, na fase histórica não só ainda não conclusa mas apenas esboçada, prescindir da tradicional correlacionação com o Brasil [Bruno, 1997:19].

Esta preocupação ou mesmo ironia de Bruno talvez esteja direcionada aos debates literários, que, embora importantes, não trazem algo de sólido para as mudanças, para a "ação", pois, para o autor, que já introduz uma discussão sobre o marxismo nesse livro, o conhecimento acaba por ter uma dimensão pedagógica para a "ação".

Munindo-se de um quadro estatístico, à semelhança de Oliveira Martins, Sampaio Bruno mostra a importância do Brasil para a economia portuguesa da época e, portanto, a necessidade de compreender melhor o que se passava no

---

[18] Nas considerações, ou melhor, denúncias, que aponta sobre os métodos da política dos Estados Unidos da América para Cuba, Sampaio Bruno se aproxima das reflexões que o monarquista Eduardo Prado teceu em sua obra *A ilusão americana* (1893). Contudo, há uma particular preocupação da parte de Bruno em situar o momento em que a "doutrina Monroe" é anunciada e reforçada, ou seja, pelos idos de 1823, 1826, 1857, quando havia a ameaça do "despotismo" da Santa Aliança ainda em relação ao Novo Mundo.

outro lado do Atlântico. Se havia publicações de ambos os lados, permeadas de rancores e desditos recíprocos, sobretudo na segunda metade do século XIX, é importante realçar ainda que, "se o Brasil mal aprecia Portugal, Portugal, em certa maneira, completamente ignora o Brasil" (Bruno, 1997:20).

Com a perspectiva de romper com este paradigma, Bruno foi inovador ao fazer uma análise diferente, por exemplo, da que fizera Oliveira Martins. As informações, mesmo em excesso, não seriam suficientes para explicar o Brasil, à luz de suas reflexões. Para chegar do "Brasil mental" ao "Brasil social" é preciso caminhar na direção das "correntes críticas", ou seja, é do mundo das ideias, do pensamento, que se entende uma sociedade. Enfim, a sua abordagem passa necessariamente pelo campo da teoria. Inegavelmente, os olhos de Sampaio Bruno estavam voltados para a corrente de pensamento, o positivismo francês, que no Brasil havia saído do campo mental e se concretizado em "instituições políticas", embora não fosse a única, pois no Brasil também fluíam o monismo alemão e o evolucionismo britânico. É nesta experiência que o publicista vai buscar ensinamentos para compreender o Brasil, mas, principalmente, para concebê-lo à luz do Portugal contemporâneo.[19]

Ao tecer um longo comentário sobre a carência de leituras e de disponibilidades de obras sobre a Espanha e a Inglaterra, o autor demonstra que tem sido a preferência pelos franceses a escolha de Portugal. Afinal, qual é o Brasil que se busca nesta obra? Bastante elucidativa é a justificativa do autor: "[...] o facto é que a nossa ignorância a respeito dele corre parelhas, se não mede meças com a de que sofremos acerca das duas nações por cuja lição encetamos as tiras brancas que se amontoam diante de nós" (Bruno, 1997:38-39). Enfim, para Bruno, do Brasil nada se discutia pela intelectualidade portuguesa contemporânea ao autor: que havia vencido Solano López na Guerra do Paraguai, que era um grande exportador de café e que fornecia boa parte dos recursos financeiros de Portugal através da migração; também algo sobre a literatura de José de Alencar, sobre a música de Carlos Gomes. Contudo, à parte as polêmicas, o Brasil (principalmente o mental) continuava desconhecido. Por isso, afirma:

> Confessemos, francamente, no lance, que, até 1889, isto é até à data da proclamação da república no Rio de Janeiro, de banda da gente portuguesa não

---

[19] Nesta fase da obra, convém destacar uma larga digressão do autor acerca dos trabalhos publicados em Portugal sobre economia, que, com raríssima exceção, não passavam de pobres monografias.

despontara o maior interesse por inquirir do desenvolvimento mental brasileiro. O motivo residia em que – para a inteligência o Brasil não contava. Não se supunha que brasileiros fossem capazes de mais do que de vigiar pelos engenhos do açucar. Recentemente, já frisámos este ignaro desdém ao discorrermos a propósito de Carlos Gomes [Bruno, 1997:43-44].

O desconhecimento era tal que, quando tomou-se conhecimento, em Portugal, da publicação da obra *Filosofia no Brasil*, de Sílvio Romero, o fato foi motivo de chacotas nos cafés, pois, como afirma Bruno, "o brasileiro tornara-se para o português o tipo de um grotesco infinito. De longe se lhe atribuíam todos os vícios, todos os dislates, toda a sordidez possível e impossível, de alma e corpo. Dava-se esta coisa insensata: Portugal não tomava a sério o Brasil" (Bruno, 1997:44).[20]

E, neste sentido, a primeira visita de d. Pedro II a Portugal, em 1872, só veio a reforçar as imagens que tinham do *brasileiro*. Contudo, embora tenha havido, por parte de alguns escritores, tentativas de reabilitar o brasileiro, é notório que lhe faltava algo que é extremamente relevante, o espírito, e não uma pura versão idealizada e abstrata, que não consegue convencer. Por isso Sampaio vai de encontro ao "nosso brasileiro", sim, ao estereótipo criado pelos literatos, a exemplo das *Farpas* de Eça de Queirós e Ramalho Ortigão. E também "nosso" por ser o português imigrante, repatriado. E sobre ele, lançou-se toda uma carga de preconceitos. Assim, argumenta Bruno, nós não conhecemos "o verdadeiro" brasileiro, o nato. Desmontando este argumento, o "brasileiro" que retornava era o trabalhador, que não ia escrever as suas memórias, ao passo que os intelectuais não voltavam.[21]

O que deveria incomodar os brasileiros-portugueses acabou por incomodar os nativos. O brasileiro faz parte de um "povo novo; com toda a frescura primaveril (o ímpeto, a confiança, o orgulho) o brasileiro não suporta ironia".

---

[20] Sobre a visão que a sociedade portuguesa, sobretudo a elite intelectual, tinha do Brasil há um vasto material documental: revistas literárias (*As Farpas*), obras literárias (Camilo Castelo Branco, Eça de Queirós), periódicos (*A Voz Pública*), caricaturas (Bordalo Pinheiro) etc. Também neste sentido há uma razoável produção historiográfica recente, tanto no Brasil quanto em Portugal. Ver: Matos (2001); Gonçalves (1995).

[21] Aqui o republicano tece críticas ao modelo do "brasileiro" dos escritores Almeida Garret e Eça de Queirós (Bruno, 1997:49). Ao tratamento do brasileiro como objeto do "riso" em Portugal e restante da Europa, por Eça, Bruno afirma: "O pior é que tudo isso é falso. O Sr. Eça de Queirós confunde o brasileiro, de interesse restrito, com o americano, que é uma curiosidade universal" (Bruno, 1997:51).

Bruno faz um elogio a este "brio", parece querer acompanhar este povo, querer se inspirar nele, querer aprender com ele, querer decifrar o enigma, pois o saber entender o outro pode ser o caminho para entender a si, a Portugal.

Essas diferenças foram cultivadas e chegaram ao extremo em fins do século XIX: havia má vontade recíproca. Tobias Barreto, por exemplo, não nega ter "tédio pela cultura portuguesa" e, assim como Sílvio Romero, relativiza a importância da obra *História de Portugal*, de Alexandre Herculano. A partir daí há uma digressão acerca dos textos críticos da *Revista Brasileira*. Demonstrando estar em consonância com os conceitos rácicos de sua época – raças inferiores, raças selvagens –, Bruno afirma, baseado em Oliveira Lima, que "no Brasil fala-se um 'português açucarado'".

Foi na França, na escola positivista, que os intelectuais brasileiros foram buscar referenciais para construção de uma nova perspectiva de mundo, culminando na concretização do Estado republicano e na consecução do ideário positivista nas instituições brasileiras. Sobre o positivismo, afirma logo no primeiro parágrafo do capitulo II "O positivismo": "A acção do positivismo sobre a mentalidade brasileira foi, na verdade, extraordinária" (Bruno, 1997:97). Mais que isso, o que o surpreende é a forma como houve uma adaptação pelos brasileiros: nada de rigores, contentou-se com as sínteses, com as noções básicas do sistema.[22]

Em Portugal, as discussões acerca das teorias do *pontífice da humanidade*, Augusto Comte, tiveram início com os artigos de José Joaquim Lopes Praça, de rara publicação periódica portuense. Contudo, este seria início de processo mais aprofundado de produção textual e de envolvimento teórico por um grupo bem maior através da revista *O Positivismo*:

> Foi, mesmo, por esse veículo que se começou a conhecer e a considerar o Brasil mental. Como quer que coincidissem, entrecruzando-se, as correntes críticas da juventude dos dois países, a identidade dos pensamentos despertou as curiosidades, e promoveu simpatias.
>
> Fundara no Porto a revista intitulada O Positivismo a inteligência, aristocraticamente límpida e fina, do médico Júlio de Matos. Ele abriu suas portas à colaboração dos seus correligionários do Brasil. Assim se deu conta dos talentos

---

[22] Sobre as ideias oriundas da Europa e sua incorporação pelos escritores brasileiros há um interessante e polêmico texto (Schwarz, 1977).

incipientes de além-Atlântico; assim fé se comunicou das novas e quentes aspirações [Bruno, 1997:98].[23]

Contudo, enquanto em Portugal o positivismo foi um tanto acanhoado, segundo Bruno, até o escrito de Teófilo Braga (*Sistema sociologia*), no Brasil "engoliu-se tudo", liturgia, fórmulas, inclusive oficiando "de pontificial Teixeira Mendes e Miguel de Lemos". Conquanto em Portugal "isso parecesse impossível", ficou-se resumido aos ensinamentos, ao curso de Émile Littré.[24]

Enfim, depois de fazer uma digressão sobre as diferentes nuances do positivismo e a lei dos três estados, Bruno parece querer debater com alguém, ou mesmo parece querer ser pedagógico e chega à seguinte conclusão: "a lei de Comte não é ainda a de que precisamos" (Bruno, 1997:118). O Brasil parece ser o lugar propício, ou mais flexível, a determinados rituais e práticas, determinados experimentos. Bruno dialoga com Sílvio Romero, Teixeira Mendes, Tobias Barreto, Assis Brasil. Embora o positivismo, passados alguns anos da República, já estivesse em queda pela incorporação de novas teorias ao pensamento brasileiro, algo é inegável e, talvez, feito único no mundo: um sistema filosófico se constituir um partido político. Além disso, o positivismo no Brasil esteve presente na reforma do ensino durante o governo provisório.

Considerações finais

À luz das reflexões acima expostas, questionamo-nos até onde vai a compreensão dos autores, o Brasil que foi, a sua história, e o Brasil que será, numa visão, um palimpsesto que reflete bem o pensamento que se construiu sobre o Brasil nação e que se prolonga até os nossos dias. Constitui tentativas de compreensão.

---

[23] A revista *O Positivismo – Revista de Philosophia* foi criada em 1879, dirigida por Theophilo Braga e Julio de Mattos, no Porto. Esta revista se propunha a discutir e publicar questões relacionadas, sobretudo, ao campo das ideias, tendo o positivismo um espaço privilegiadíssimo. Contudo, havia espaços também para outras questões além da filosofia, ciências e política, como a literatura. Outra variante interessante da revista relaciona-se aos contatos estabelecidos com alguns brasileiros, inclusive com apreciação crítica de suas publicações. Entre os artigos sobre o Brasil, destaca-se: "Tradições das raças selvagens do Brasil", de autoria de Theophilo Braga, publicado em 1880.
[24] Sobre as críticas ao positivismo no Brasil, há a referência ao trabalho de Sílvio Romero, *Doutrina contra doutrina*, obra presente na biblioteca de Oliveira Martins.

O olhar lançado por Oliveira Martins sobre o Brasil constitui inegavelmente um rico testemunho das impressões de um historiador e de sua época, com uma sensibilidade arguta para perceber, não apenas pela história, pelo passado contíguo ao seu universo, mas também por desdobrar considerações em torno do futuro da nova nação. Portanto, sua história se pauta pela exemplaridade, pelo modelo a ser aprendido com o passado. Por isso Martins demonstra, também, ter uma postura conservadora em relação às mudanças bruscas. Parece que tudo no Brasil lhe é novo, rápido, dinâmico. Isto o incomoda, pois não lhe permite uma análise mais segura, mesmo não deixando de ter fé num futuro promissor para antiga colônia.

Contudo, a proclamação da República e seus desdobramentos posteriores fazem aquele autor reavaliar suas convicções. O futuro promissor do Brasil já não era tão certo, pois teme a ruptura – até então harmônica e em consonância com o modelo histórico de colonização portuguesa que se perpetuara e estava em avançado desenvolvimento –, podendo o país cair no "erro" fatal das repúblicas, ex-colônias espanholas.

Já Sampaio Bruno constrói outro olhar, embora partilhe de algumas ideias de Oliveira Martins. Ao tratar da questão da mestiçagem, Sampaio Bruno encontra-se, à semelhança de outros pensadores de sua época, carregado de preconceitos. Com a abolição da escravatura, via a possibilidade de maior proximidade entre o Brasil e Portugal. Em suas palavras:

> Assim, não duram híbridos humanos; assim, se não constituem civilizações mestiças. A convergência é, sempre, para a raça pura mãe e, de escolha, para a superior. A identidade da linguagem dará a prevalência, dentre os brancos, ao português. E a unidade, sincrética, enfim, sintética, para que se marcha, vencerá atritos que lhe oponha o estúpido orgulho antagónico dos portugueses contra os brasileiros e dos brasileiros contra os portugueses. É a mulher brasileira quem vai decidir a contenda [Bruno, 1997:314].

Portanto, a mulher brasileira seria o elo reunificador dos dois povos e da mesma raça, uma visão que ainda mantinha um ranço colonizador. Dessa forma, saindo um pouco da análise seca da temática, Bruno insere um componente sedutor à mulher brasileira. E, talvez nisso, tivesse o ódio do tão propalado antilusitanismo de alguns, revela com certo sarcasmo. Contudo, há outros referenciais de inspiração da nova Lusitânia que têm influído, ou melhor, repercutido, na velha.

E dessarte se enxertou Portugal no Brasil. Dessarte encetou o Brasil sobre Portugal seu psíquico influxo. Hoje, este já se resolveu, até, em factos concretos. Já determinou sucessos. Já inspirou cometimentos.

A influência da Nova Lusitânia nos destinos da velha transcendeu, na verdade, da simples região económica; ela se acentuou nos domínios da aspiração social e da prática política.

O êxito magnificente da mutação, como de cenário de mágica, do 15 de Novembro de 1889, despertou o prurido das imitações. Pensou-se possível a substituição institucional por meio da revolução sem sangue. Assim se produziu o 31 de Janeiro de 1891 [Bruno, 1997:315].

Tendo um desfecho, não foi este promissor. Contudo, há ao menos uma nova ritualização de celebração dos "mortos" e dos "vivos", numa prática, segundo Ramalho Ortigão, importada da França. Em sua dimensão poética, afirma:

> Pelos mortos, badalam, então, longo, moroso, cavado, fundo, os sinos, chamando-os por um instante à vida, fremente nas doloridas almas que os amaram.
> Pelos vivos, também os campanários retumbaram, naquela fatal madrugada, chamando-os de vez à morte, gloriosa nos anais das cívicas dedicações [Bruno, 1997:315].[25]

Isto porque a república deve ser a aspiração final. É o governo dos novos tempos. É preciso romper com o absolutismo e com a inoperância, com os privilégios de alguns e governar para todos. Em tom de clamor pela ação, de indignação com a situação do país, Sampaio projeta, sobretudo nos fundamentos da República, a saída.

Nessa projeção, em que um crítico brasileiro chamaria a república portuguesa de um novo messianismo, de um novo sebastianismo, em resposta Bruno não mede as palavras: todos os povos tiveram o seu sebastianismo, inclusive o

---

[25] O autor chega a clamar o processo de ritualização das comemorações como um caminho para tornar os velhos acontecimentos um modelo de inspiração para sociedade civil. Por isso, os mártires, os combates, as ideias, as esperanças precisam ser reativados sempre.

Brasil há pouco quando instaurda a República. Reforça: "Assim, não julguem que a República em Portugal seja um artifício místico de cérebros ardidos, sem raízes naturais e espontâneas. Não. Ao contrário" (Bruno, 1997:323).

Sampaio Bruno conclui a obra com uma afirmação, não da "esperança", mas de convicção e fé no combate para romper com as estruturas longamente estabelecidas. O Brasil é um espelho cujos reflexos se desdobram em múltiplas imagens. É o Brasil que se foi, é o Brasil que, sendo, será um exemplo para Portugal!

Bibliografia

ALBUQUERQUE JR., Durval Muniz de. *A invenção do nordeste e outras artes*. São Paulo: Cortez; Recife: Massangana, 1998.

BIBLIOTECA GERAL DA UNIVERSIDADE DE COIMBRA. *A biblioteca de Oliveira Martins*. Introdução de Martins de Albuquerque. Organização de Paula Fernandes Martins. Lisboa: Guimarães Editores, 2009.

BRUNO, José Pereira Sampaio. *Os modernos publicistas portugueses*. Porto: Lello & Irmão, 1987.

_____. *O Brazil mental*. 2. ed. Porto: Lello: 1997. [1898].

CALAFATE, Pedro (Org.). *Portugal como problema*: século XIX – A decadência. Lisboa: Público/ Fundação Luso-Americana, 2006. v. III.

CATROGA, Fernando. A historiografia de Oliveira Martins (entre a arte e as ciências sociais). Coimbra: Separata da *Revista da Universidade de Coimbra*, v. 38, 1999.

COUTINHO, José da Cunha de Azeredo. *Ensaio econômico de Portugal e suas colônias*. Lisboa: Academia Real das Sciencias, 1794. Disponível no catálogo da biblioteca de Oliveira Martins sob número 29, p. 34.

CUNHA, Euclides da. *Contraste e confrontos*. 8. ed. Prefácio de José Sampaio (Bruno), estudo crítico do dr. Araripe Júnior e uma notícia biográfica de João Luso. Porto: Lello & Irmão, 1941.

_____. *Os sertões*. São Paulo: Cultural, 2002.

FREYRE, Gilberto. *O mundo que o português criou*: aspectos das relações sociais e de cultura do Brasil com Portugal e as colônias portuguesas. Rio de Janeiro: José Olympio, 1940.

_____. *Aventura e rotina*. 2. ed. rev. Rio de Janeiro: José Olympio, 1980.

_____ *Casa-grande & senzala*. Rio de Janeiro: José Olympio, 1987. [1933].

GONÇALVES, Eduardo Cândido Cordeiro. *Ressonâncias em Portugal da implantação da república no Brasil (1889-1895)*. Porto: Reitoria da Universidade do Porto, 1995.

MARTINS, Pedro Joaquim de Oliveira. *Dispersos.* Prefaciado e anotado por Antônio Sérgio. Lisboa: Oficinas Gráficas da Biblioteca Nacional, 1924. t. II.

_____. *O Brasil e as colônias portuguesas.* 7. ed. Guimarães: Guimarães & Cia., 1978. [1880].

_____. *Portugal e Brasil (1875).* Introdução e notas de Sérgio Campos Matos e fixação do texto de Bruno Eiras e Sérgio Campos Matos. Lisboa: Centro de História/Universidade de Lisboa, 2005.

MATOS, A. Campos. *Polêmica*: Eça de Queirós-Pinheiro Chagas – Brasil e Portugal: Lisboa: Parceria Antonio Maria Pereira, 2001.

MOTA, Carlos Guilherme. *História e contra-história*: perfis e contrapontos. São Paulo: Globo, 2010.

PEREIRA, Sara Marques. *O pensamento pedagógico de Sampaio Bruno*: a ideia de educação para a república. Lisboa: Imprensa Nacional/Casa da Moeda, 2007.

REALE, Miguel. Sampaio Bruno visto por Euclides da Cunha. In: _____. *Estudos de filosofia brasileira*. Lisboa: Instituto de Filosofia Luso-Brasileira, 1994.

_____. Sampaio Bruno visto por Euclides da Cunha. In: BARRETO, Luiz Antônio. Colóquio Antero de Quental dedicado a Sampaio Bruno. Aracaju: Secretaria de Estado da Cultura de Sergipe, 1995.

ROMERO, Sílvio. *Uma esperteza*: os contos e cantos populares do Brazil e o Sr. Teophilo Braga. Rio de Janeiro: Typ. da Escola de Serafim José Alves, 1887. 166 p.

_____. *Doutrina contra doutrina*: o evolucionismo e o positivismo na República do Brasil. Rio de Janeiro: J. B. Nunes, 1894. 339 p.

SARAIVA, António José. *A tertúlia ocidental*: estudos sobre Antero de Quental, Oliveira Martins, Eça de Queirós e outros. 2. ed. rev. Lisboa: Gradiva, 1996.

SCHWARZ, Roberto. As ideias fora do lugar. In: _____. *Ao vencedor as batatas*: forma literária e processo social nos inícios do romance brasileiro. São Paulo: Duas Cidades, 1977.

SERRÃO, Joel. *Sampaio Bruno*: o homem e o pensamento. Lisboa: Livros Horizonte, 1986.

VARELA, Maria Helena. *Conjunções filosóficas luso-brasileiras.* Lisboa: Fundação Lusíada, 2002.

VARNHAGEN, Francisco Adolfo de. *História geral do Brazil.* 1. ed. Madrid: Imprensa da V. de Dominguez, 1854-1857. 2 t.

5. Historiografia e estética política: desafios contemporâneos

Rui Cunha Martins

Tem sido dito que o campo historiográfico vem sendo desafiado por uma série de mutações paradigmáticas suscetíveis de lhe deslocar o sentido, a função e, sobretudo, o respectivo lugar, no que constituiria um exemplo a mais do deslocamento para que tenderiam, hoje, os tradicionais eixos de referencialidade política e cultural. Nada a opor. O que poderá mesmo questionar-se é se poderia ser de outra forma. Afinal, o que poderá haver de assinalável na verificação de que a historiografia está, em cada época, disponível, isto é, permeável aos deslocamentos estéticos e políticos de cada conjuntura histórica? Se, como penso, essa condição de permeabilidade se apresenta como regra e não como desvio, parecem-me justificar-se duas ilações. A primeira é a de que as leituras dessa disponibilidade historiográfica como patologia, por norma sustentadas, aliás, numa visão de "campo" disciplinar fortemente ancorada numa demarcação rígida entre um interior feito sede de coerência e um exterior tido como fonte de contaminação, transportam um ideal conservador da função historiográfica, não raro autojustificado com uma necessidade de resistência face a uns quantos fantasmas cômoda e rotineiramente agregados sob a inexpressiva designação de pós-modernidade, mas consumado, em fim de contas, numa postura criptoessencialista de resistência à incorporação dos principais desafios da atualidade. Quer dizer, uma postura que, em bom rigor técnico, se deverá apelidar de *a-contemporânea*. A segunda ilação é a de que, assim sendo, o verdadeiro ponto de mira de uma historiografia que aceita pensar-

-se, quer enquanto referência quer enquanto função, radica, precisamente, na identificação dos principais desafios emergentes na contemporaneidade, sejam estes o resultado de movimentações mais distantes das suas tradicionais áreas disciplinares de intervenção, sejam o produto direto de mutações ao nível do histórico propriamente dito, mas, em qualquer dos casos, entendidos como desafios sempre coproduzidos pelas diversas áreas de conhecimento e em relação aos quais, por conseguinte, a operação historiográfica se posiciona muito mais como coprodutora e, por consequência, como parte integrante desses mesmos reptos, do que como terreno incólume subitamente ameaçado por eles.

É de todo imprecisa, pois, a imagem de um campo historiográfico tendencial, mas passivamente desarrumado pela arena política. É que, precisamente, o historiográfico está na arena, move-se com ela e participa das modulações estéticas contemporaneamente ali forjadas, do mesmo modo que constitui – mais para determinados efeitos do que para outros, decerto que sim – um dos níveis de resposta àquelas mesmas modulações. Eis por que se torna prioritário que ele comece por reconhecê-las, única forma de prover à respectiva retenção crítica, já para não dizer à consequente atenção aos respectivos contornos analíticos. Ora, no cenário político atual, quais poderiam ser, em concreto, essas modulações? Que tipo de desafios interpelam hoje, com particular acuidade, o lugar do histórico?

Elejo dois. O primeiro: a complexificação das modalidades de mudança. Por quê? Pela sua manifesta interferência na dinâmica dos regimes de historicidade. O segundo: a reorganização das geometrias identitárias. Por quê? Pela sua óbvia ligação às lógicas demarcatórias subjacentes à operação historiográfica. Naquele joga-se um problema de simultaneidade; neste joga-se um problema de escala. Num, a questão da experiência e da singularidade do acontecimento; no outro, a questão do limite e da pertença. Em ambos, o assunto é a diferença, ou melhor: o diferimento. Está em causa o modo como é possível estabelecer as sedes de referencialidade pertinentes. Bem se vê, por conseguinte, que, enquanto operação vocacionada para a expressão de determinada diferença e enquanto oportunidade de forjar determinados diferimentos, a operação historiográfica está por força implicada nestes reptos. É por isso que sobre estes incidem as duas partes em que se divide este texto.

Estéticas da mudança

Como muda, hoje, aquilo que muda? Vai nesta pergunta todo um programa de inquérito à contemporaneidade. Com efeito, os profundos deslocamentos de sentido nos mais variados quadrantes do contemporâneo estão a ser processados por alterações substanciais situadas, em primeira instância, ao nível do próprio *modo da mudança*. O que muda, muda de maneira diferente. Consequência: num cenário como o da atualidade, que apresenta como imagem de marca a *articulação* constante de elementos contraditórios, e no qual os elementos da permanência surgem, por via da sua necessária reconversão e adaptabilidade, como produtores fortes da mudança, resultam inoperantes as tentativas de pensar a *mudança* unicamente enquanto *superação*, isto é, verticalmente, como um processo em que o *novo* corresponde apenas à substituição do que existe. A necessidade de considerar também – saliento o também – um pensamento do novo enquanto *lateralidade*, expresso em situações de concomitância e relacionamento horizontal, parece indispensável.

Nas últimas décadas, a leitura da realidade em termos paradigmáticos assentou, *grosso modo*, na seguinte grelha: um paradigma "cessante", mais ou menos coincidente com a modernidade; um paradigma "emergente", definido ora por oposição ao anterior, ora a partir da previsível consumação de algumas tendências entretanto palpáveis; e um período "transicional" entre ambos, onde conviveriam elementos de um e de outro. É indiscutível que esta leitura apresenta, nas suas formulações originais, uma complexidade bem maior do que o pode sugerir esta esquematização, mas não é menos verdade que esta versão condensada corresponderá ao uso rotineiro que depois dela se fez e a popularizou, muitas vezes ao arrepio do espírito inicial. Interessa-me aqui retê-la nesta condição de rotina explicativa, independentemente do intuito seminal.

Subscrevo sem dificuldade algumas das caracterizações feitas do paradigma cessante, sobretudo aquelas que souberam compreender as "múltiplas modernidades" existentes no âmbito referencial do moderno. Tenho, em contrapartida, muito mais dificuldade em aderir às versões do que poderia ser o paradigma emergente. E nem é sequer por uma questão de discordância em relação à substância aventada para esse horizonte paradigmático. É, desde logo, em razão dessa mesma dimensão de horizonte que ele comporta e que, do meu ponto de vista, briga com o que me parece ser, hoje, uma impossibilidade: um paradigma recortado nos moldes tradicionais de uma estabilização referenciada a um comum horizonte de coerência. Essa ideia de "edifício", que, em maior ou menor dose, subjaz às construções do paradigma que há de vir, parece-me desconectada do panorama compreensivo atual. Para além disso, há a questão da "passagem" entre paradigmas. A modalidade temporal subjacente à noção de "substituição paradigmática" parece-me escassa para dar conta de um panorama mais complexo.

Com efeito, as décadas que já medeiam entre, por um lado, o momento em que se tornou irrecusável o reconhecimento de brechas abertas no paradigma moderno, com os consequentes desenhos antecipatórios de novos perfis de referenciação teórica a que ele daria lugar, e, por outro, o presente tempo, marcado pela sobreposição desenfreada de indicadores de vária natureza e de múltiplo sentido, até contrastantes entre si, onde se acotovelam elementos modernos com outros que o não são, tornam problemática uma leitura da atualidade como momento de afirmação de um paradigma emergente, se por tal se entender um horizonte de referenciação instalado nos moldes paradigmáticos mais clássicos. Pode-se sempre argumentar que essas décadas correspondem ao previsto "período de transição" entre paradigmas, argumento com que se empurra para o futuro o momento da consumação daquilo que é suposto chegar. Mas, dado que estaremos, nesse caso, face a uma transição que, de tanto inchada, mais parece devir permanência, aquilo que poderá então dizer-se, e isso sim me parece mais aceitável; é que essa *condição transicional* – isto é, de acoplamento tendencial entre fenômenos e inspirações compreensivas de raiz e direção diversa – é ela mesma o que de verdadeiramente novo se nos apresenta hoje em sede de reconfiguração paradigmática. *A transição é o novo.*

Essa coexistência de fenômenos de variadas matrizes, que a rotina explicativa tem avaliado como expressão de um tempo transicional destinado a atingir uma clarificação que viria romper a transitoriedade e a instabilidade inerente, deve afinal ser avaliada já, ela própria, a justo título e independentemente do seu posterior desenlace, como o indicador mais visível de uma reconfiguração. A radicalidade que o habilita enquanto expressão de um novo estará, não na sua capacidade para se instituir enquanto ícone de algo de substancialmente superador em relação ao que o antecede, mas na sua capacidade para se instituir enquanto polo agregador de elementos dispersos, ora compaginháveis, ora irredutíveis, mas cuja forçosa convivência se apresenta como modo de referenciação dotado de suficiente sentido. Desenvolver-se-á ele no sentido de algo mais concreto, definível em termos não transicionais? No momento atual, isso é impossível de dizer. Mas, para já, afigura-se aceitável dizer que a *condição transicional* não é algo que esteja "entre" paradigmas; ela é a projeção da inter-paradigmaticidade possível num mundo que refaz a própria mudança. Se há algo que justifique dizer-se paradigmático da nossa presente situação, não é o paradigma *x* ou *y*; é tão só a *simultaneidade* de paradigmas.

Os encaixes conceituais a que isto obriga são de várias ordens. Desde logo, quanto ao tipo de "novo" implicado neste processo. A chegada do "novo" não se dá apenas em termos de sucessividade; dá-se também em termos de conco-mitâncias, deslocamentos e vizinhanças inesperadas. O novo da sucessividade, este trabalha com o conceito de *superação*. Segundo essa perspectiva, o que chega "supera" o antigo e, a partir de então, uma vez estabelecida a sua locali-zação num determinado ponto do tempo histórico, tudo decorre entre a fase do seu gradual arrastamento enquanto novo que, porém, por definição, cada vez menos ele é, e a fase da sua exaustão, altura em que ele se prestará a ser, por seu turno, superado por qualquer outro novo. Já o novo da concomitância trabalha com o conceito de *contiguidade*. Deste ponto de vista, ele permite a novidade pela viabilização de cruzamentos não antevistos entre elementos de várias ordens ou a partir da coexistência de tempos diversos e matricialmente dissonantes num mesmo momento, ou, para o dizer de um modo abrangente, pela vigência contígua de realidades ora copertencentes ora independentes, seja em rota de tangência, seja de sobreposição. Trata-se, tudo somado, de uma modalidade de "novo" e, por arrasto, de "mudança", situada sob o signo da *simultaneidade*. O enfoque não é aqui posto no processo de substituição, mas antes na situação de coexistência. Não é aqui apenas questão do "mais", é questão do "e". A palavra-chave é *também*. Não se trata tanto de acumular, trata-se de ligar. É, aliás, esta nuclearidade do gesto de conexão que permite falar da atualidade enquanto *complexidade*.

Não dispenso, neste estágio do raciocínio, um ponto de ordem. De acordo com a minha ótica, a referida noção de simultaneidade aplicada à questão da estética da mudança não quer dizer, não pode mesmo querer dizer, que deter-minada modalidade (no caso, a da superação) é substituída por outra modali-dade (que seria a da contiguidade). De modo nenhum. Isso seria insistir numa explicação da mudança com base exclusiva na própria lógica da superação.

Onde estaria, aí, a simultaneidade? Donde, aquilo que pode dizer-se e que deve mesmo dizer-se a este respeito é o seguinte: que, na situação atual, marcada, com frequência, pela coincidência dos opostos e não pela sua ultrapassagem, o modo da mudança ancorado em lógicas de sucessividade (vigente, de resto, em múltiplos níveis da realidade) existe hoje a par do modo da mudança ancorado em lógicas de contiguidade (ele também vigente em distintos níveis da contemporaneidade). Perceba-se bem o raciocínio subjacente. Se tendemos, hoje, a caracterizar o mundo em termos de complexidade, não é porque o "complexo" veio substituir-se ao "linear" – é porque o linear persiste, e, ao fazê-lo, coexiste com o complexo. Isto, e só isto, pode verdadeiramente ser dito complexidade. É a simultaneidade deles que é complexa. O que haveria de complexo na mera substituição de uma coisa por outra?

Por outro lado, se é comum associar-se a complexidade à noção de "multiplicidade", interessa perceber em todo o seu alcance esta questão do múltiplo. O múltiplo, propriamente, não é só o *plural* – é a *coabitação do diverso*. A diferença é de tomo, não se trata apenas de um registro de "mais do mesmo", inscrito na mesma linha de significado, mas da possibilidade de que esse "mais" sujeite o já existente a vizinhanças inesperadas ou mesmo indesejadas. Atente-se no debate sobre os *valores*, hoje, a vários títulos, um debate malcolocado. Quando se diz – como no discurso conservador – que a atualidade e, genericamente, as diversas linhas de atuação e de comportamento vigentes na contemporaneidade omitem os valores, está-se perante uma falácia intelectual que é também uma contradição nos próprios termos. Porque a verdade é que esses comportamentos supostamente despidos de valores são, eles próprios, valores, ou transportam determinados valores. Não forçosamente, claro, os valores tradicionalmente inscritos nas "tábuas dos valores" consagradas ao nível das várias áreas doutrinário-ideológicas ou das várias rotinas canonizadas como normas, porque, justamente, é essa mesma ideia de "tábua" que não procede; e, nesse sentido, aqueles não são, de fato não são, *os* valores. Mas tampouco se justifica dizer, à partida, que estes estão a ser eliminados pelo que quer que seja, pois não é disso que se trata. O que está a ser posto em causa é a sua exclusividade, a sua capacidade para se instituírem enquanto referenciais de autoridade, por via de um descentramento que, sem os eliminar, força-os a uma convivência – e é aqui que tudo se passa e que o modo da mudança se processa e é influente – com os outros valores, também os de sinal oposto ou não conversável mas, doravante, todos eles estruturalmente cúmplices na sua comum condição de "valores". Ausência de valores? – onde, pois, descortiná-la? O que há é profusão de valores. Uma profusão talvez sem precedente (não se esqueça de que também estas questões têm historicidade) no quadro da qual mesmo os valores mais canônicos vão reconfigurando os seus tradicionais conteúdos referenciais ao sabor dos desafios colocados por novas contiguidades.

Gosto de dar como exemplo o valor "família". Por mais que o pensamento conservador insista na versão dos ataques a que ela estaria sendo hoje sujeita, o que se passa é bem mais a sua requisição por parte de modalidades onde tradicionalmente ela não acudia, fazendo com que, no decurso dessa requisição, ela agregue novas funcionalidades: desde que as "uniões de fato" e as "famílias monoparentais" desafiaram o modelo da "família nuclear" – ele mesmo o resultado de uma contração histórica da antiga "família extensa" – o valor "família" não cessou de ser alargado. Escolhesse eu o exemplo do valor "identidade" e chegaria a percepção idêntica. O fascínio de algum pensamento alternativo dos primeiros tempos da recente globalização por uma resposta baseada na crispação em torno das coerências identitárias, supostamente em acelerado desaparecimento, relevam, de um infantil apego, de resto conservador, a modos de produção de sentido exclusivamente centrados na ideia de unidade, e relevam, bem assim, a dificuldade em perceber a constituição de modos de identificação desenhados em novos moldes num mundo de geometrias identitárias em recomposição. O seu proverbial apego histórico e discursivo ao polo da coerência em detrimento do polo da contradição perdeu, também ele, a sua batalha de autoridade, porque os critérios identitários, ao pluralizarem-se, admitem a simultaneidade e a contradição entre si. Mas, também aqui, não será por isso que as identidades soçobram nas águas do múltiplo. Na realidade, todas estas leituras escatológicas expedidas pelos chamados "discursos da crise" (no caso a "crise" de valores e a das identidades, mas será igual para a da segurança, ou, genericamente, para a maior parte das presentes mobilizações da ideia de crise) são tentativas de corrigir o múltiplo e o simultâneo, mas são, enquanto tal, problemas malcolocados. Correspondem, sobretudo, a *nostalgias da ordem*. Saberão elas que essa ordem a que se reportam nem sequer está verdadeiramente desaparecida?

Tenha-se em conta que a caracterização da atualidade em termos de simultaneidade implica, não há como negá-lo, a pressuposição de certa *impossibilidade de fim*. Pressupõe-na, ao menos, em potência. Na medida em que dada forma ou dada realidade em aparente esgotamento operativo não é liminarmente substituída, ou, sendo-o eventualmente, não é, todavia, eliminada; ela fica condenada ao jogo da convivialidade interfenomênica. Compreende-se: se os objetos, conceitos, mecanismos e significantes não tendem a ser superados, mas a relacionar-se com o que chega num quadro de simultaneidade, isso remete para a possibilidade de que o seu período de vigência se prolongue para lá do tempo da sua requisição por parte de determinada conjuntura histórica específica. Mais do que de imposição, é de *aposição* que aqui se trata. Claro que a concretização dessa *persistência* pode revestir várias modalidades: ou a persistência pura e simples da forma em causa, sem alterações, permanecendo autorreferenciada enquanto o "mesmo" embora, agora, em ambiente diferente do que historicamente fora o seu; ou a sua reinvenção de acordo com novos contornos funcionais, por exemplo mediante a requisição de um tipo de desempenho diferente por parte da nova ambiência; ou o seu deslocamento para local diferente do tradicional. É a propósito de situações deste teor que se pode falar de uma *reciclagem permanente*, a qual, em função do que se pode observar, corresponde a uma das manifestações mais elementares dos sistemas sociais e políticos contemporâneos.

São, naturalmente, imensos os problemas levantados por uma estética deste tipo. A possibilidade de permanência de um dado quadro histórico para lá do que se tem convencionado como seu período histórico de referência significa, por exemplo, que a instalação de um regime político democrático não corresponde necessariamente a um movimento de substituição/superação/eliminação dos elementos do anterior regime. E, de acordo com o raciocínio atrás explanado, as modalidades pelas quais o antigo (seja a ditadura) pode assegurar a "passagem" – fá-lo, desde logo, como "permanência" – são diversas. Mais diversas, por certo, do que gostariam muitos de nós, mas tantas quantas as permitidas por uma lógica de simultaneidade paradigmática e pelo respectivo modo de mudança.

Estéticas da demarcação

Uma particular decorrência desta generalização das lógicas da simultaneidade é a de uma perda de nitidez na definição dos contornos entre os putativos significantes de sinal contrário. Até certo ponto, a ideia com que se fica é a de que os contornos demarcatórios foram aplainados. A distinção entre os objetos torna-se mais árdua, preço a pagar, sem dúvida, pela sobreposição desenfreada das formas e dos conceitos no âmbito funcional deste tipo de lógica. Com o modo da mudança, mudou também, de alguma maneira, o modo do limite. Exige-se, nessa medida, a introdução de alguma sutileza no tocante ao regime dos opostos. É que os marcadores de oposição derivam em linha direta dos conceitos de mudança. Compreende-se, assim, que, enquanto as noções de "revolução", "reforma", "crise", "inversão", "ruptura" convêm sobretudo a uma estética da sucessividade e da passagem linear, já se demonstram menos operativas para dar conta de ambientes de mudança acentuadamente laterais, onde o simultâneo requer preferencialmente formas de "articulação", "sobreposição", "subsidiariedade" ou "complementaridade". Como descortinar qual o modelo de oposição pertinente em cada momento? E como descartar a hipótese de que ambas as modalidades possam ser requeridas em simultâneo?

Neste ponto importa não descurar a feição eminentemente problemática do limite e, em específico, de qualquer ato demarcatório. Quer dizer: se é bem verdade que a ausência de limites, não por acaso, se faz associar ao populismo e que, ao invés, a noção de delimitação comporta, por definição, uma dimensão de caráter necessário que lhe seria consubstancial, deverá contudo reconhecer-se que esse caráter necessário não pode ser equivalente a um cheque em branco e que a toda e qualquer atividade delimitadora é, por definição, assunto político. Acresce a este aspecto que o limite tem uma historicidade que o sujeita à aventura do acontecimento e aos humores da conjuntura, isto é, que o impede de se apresentar como *posto* de uma vez por todas (o que o conduziria a uma administração da passagem guiada por mero critério de autoridade). É este o motivo pelo qual se me levantam as maiores suspeitas perante os limites roubados à discussão da sua própria legitimidade e dos seus contornos.

Dir-me-ão que, ao assim colocar o problema, arrisco-me a diminuir o potencial de referencialidade contido no conceito de limite e o potencial de solidez estrutural dos invólucros doutrinários por ele delimitados. Não estou absolutamente nada preocupado com isso. A sacralidade tomada por determinados sistemas − políticos, ideológicos ou normativos, ou todos à uma − e pelas respectivas fronteiras identitárias surge-me precisamente como aquilo que importa ser estudado. De resto, não está aqui em causa, bem pelo contrário, a importância das demarcações nítidas e eficazes (defendo mesmo a necessidade imperiosa de *traçar*, tanto quanto possível, o limite). O que quero frisar é que, seja em que circunstância for, o gesto de traçar a linha não pode furtar-se, pelo menos no âmbito do que, à falta de melhor, designarei por "sociedades do contraditório", ao único critério demarcatório aceitável em ambiência democrática, o critério da *pertinência*. Uma fronteira, qualquer uma, sejam as da identidade, as da juridicidade ou, com mais importância direta para nós, as da historicidade, é sempre um produto de uma decisão tomada. Que ela pretenda escamotear essa dimensão "construída" e lhe prefira a versão essencialista é próprio da sua permanente necessidade de legitimação. Mas, insisto, toda a fronteira *tem autor*. Como subtrair, então, uma qualquer dimensão autoral à possibilidade do juízo?

Quanto mais reflito neste assunto e, de forma genérica, na problemática do *limite*, mais estou convencido de que ela só tem a ganhar em ser colocada em termos de operatividade. O *limite* funciona. É isto que ele faz. Ele é um *operador* e, como tal, é mobilizado para assegurar determinado desempenho. Um desempenho que se coadune com as funções e *mecanismos* constantes do *dispositivo* que ele é. Ora, nesta perspectiva – uma vez tido em conta um quadro de valências onde constam as propriedades da "ilimitação", da "ostensão", da "demarcação", da "transgressão", da "alucinação" ou da "sobreposição", todas elas residentes no conceito de limite e suscetíveis de serem requisitadas por cada conjuntura histórica –, minha convicção, de acordo, aliás, com o que tenho explanado em outros trabalhos sobre esta temática, é a de que, hoje, é por certo a *demarcação* que se impõe como a propriedade do limite mais capacitada, ou, dir-se-ia, mais operativa, para enfrentar os reptos colocados por uma contemporaneidade propensamente relapsa na hora de sinalizar e de produzir os limites pertinentes. Num mundo que se apresenta como tendencialmente irrestrito, a demarcação surge como desafio indeclinável e, com muita probabilidade, como uma das operações de resistência ao totalitarismo das sociedades tornadas incapazes de gerir a produção de limites. Mas atenção: de acordo com essa providência cautelar da democracia segundo a qual devemos poder defender-nos daquilo que nos defende, o sentido de um ato demarcatório, não sendo nunca inocente (e disso ele retira a sua condição de *ato político*), é, basicamente, imprevisível, merecendo por isso a exigência da sua justificação e a sua subtração ao essencialismo. Toda a problemática do *contexto* arranca daqui. A demarcação é uma necessidade? É seguro que sim. Mas é bom não abdicar de tomá-la, de igual modo, como problema. Vejamos mais de perto este assunto.

Recuperemos, para tanto, matéria fulcral. Do quadro de valências de qualquer dispositivo cultural, político ou jurídico faz parte a hipótese da *fulguração*. Ela lhes é, de resto, consubstancial. Correspondendo a uma disponibilidade para interagir com o "jogo do mundo", representa a possibilidade sempre em aberto de o próprio sistema repensar esse outro elemento que de igual modo lhe é inerente e em torno do qual ele se estrutura, o polo da *coerência*. Nem por isso esta convivência é pacífica. Desde sempre, diversas modalidades de estabilização social têm procurado domesticar a dinâmica imparável do jogo e reduzir a presença, nele, do imprevisto da fulguração, para melhor o afeiçoarem a determinada província de significado. A mediação, o contexto ou a própria cultura, entendida como modo de sediar uma dada atribuição de sentido, são exemplos dessas modalidades, aspirando a constituir-se em zonas de filtragem sobre a instabilidade do jogo. Uma tradução esquemática desta ideia pode ser a de que a *fulguração* tende, historicamente, a ser aprisionada pelo *contexto*.

Ensaiemos uma leitura menos crua: a cultura e, sobremaneira, o respectivo desdobramento em "culturas", cada uma delas afeiçoada a determinada competência zonal e a determinado banco de dados dotado de coerência, apresenta-se, justamente, como hipótese de *mediação* entre esse jogo "local" cujo sentido ela referencia e cujas "regras" ela conhece e institui, e esse outro sentido, que lhe é exterior, produzido pelo "jogo do mundo", e que releva de uma lógica de fulguração. Pode, por isso, o campo cultural definir-se como o palco de uma *tensão entre contexto e fulguração*. Uma tensão que pode tomar-se por estruturante, quando não mesmo a pedra de toque da dimensão cultural.

Tanto assim é que a resolução precipitada daquela tensão a favor do polo da coerência (aspiração inconfessada de toda a escala cultural) desemboca, por norma, em fenômenos de enquistamento cultural tendencialmente autocelebratórios e, não raro, de propensão ditatorial. Uma vertigem que tem no essencialismo a sua caricatura.

De acordo com a lição de Konrad Lorenz, *as estruturas pagam tributo à cristalização*. E é por ser assim que, do seu ponto de vista, os sistemas culturais, porque sistemas vivos, não podem prescindir de uma permanente busca de compensação, mediante a qual os fatores de conservação, próprios do apego do sistema à respectiva *estrutura*, devem forçosamente abrir-se à energia e aos saltos inesperados produzidos na esfera da fulguração. Uma abertura que pressupõe, naturalmente, uma complexificação do regime de alteridade vigente no dispositivo cultural, acrescentando à clássica estética de oposição entre os contrários uma estética de complementaridade capaz de administrar o potencial de articulação. Só assim o sistema cultural poderá canalizar positivamente o potencial traumático que ele carrega e que lhe advém do caráter paradoxal da sua própria estrutura de referencialidade: esta, ao mesmo tempo que, pela sua fixidez, possibilita a realização da liberdade, tem como contrapartida a produção ininterrupta de limites que podem equivaler a uma redução drástica da liberdade. É que a própria adaptação, ao consumar-se no âmbito cultural, consuma-se enquanto estrutura, o que pode fazer da recepção do novo um círculo vicioso que mata a energia da fulguração no momento da sua chegada.

Que consequências podem retirar-se do que vem de ser dito, e em particular desta limitação, para os dispositivos culturais? Se é verdade que, conforme assinala Miguel Baptista Pereira, diferir é tão real como unir e, por isso, as unificações sistemáticas, que se convertem em totalizações definitivas, olvidam e reprimem a dimensão capital da diferença, o que pode querer isso dizer no relativo ao processo de mediação entre contexto e fulguração?

A resposta a esta questão dependerá do entendimento funcional que é feito da dimensão cultural. A esse respeito, a minha pré-compreensão é a seguinte: o entendimento das culturas como *reportórios culturais* e o seu reconhecimento simultâneo como *dispositivos*.

A consideração da cultura como *reportório* implica, de alguma maneira, que a ideia de essência não vai sem a de agregação. Uma agregação sempre possível, mas sempre irregular, de valências, expressões, propriedades e experiências históricas, a qual desenha painéis de atributos e valores em que a matéria original e a matéria incorporada sabem que são parte de um sistema que comporta ainda e sempre a matéria a incorporar. O dado mais significativo será, porém, o que decorre da dinâmica do reportório assim constituído. Ele é jogo, e, assim, configura um verdadeiro *dispositivo*, maneira de dizer que se refletem nele as categorias da activação, da selecção, da sobreposição, do deslocamento e, inevitavelmente, da fulguração – precisamente a que pode surgir por ocasião dos encontros inesperados entre os componentes do reportório, do deslocamento dos materiais para fora dos seus locais naturais, do consequente surgimento de vizinhanças inesperadas, do tipo de combinatória produzida por cada conjuntura histórica concreta, ou da complexidade decorrente da recepção de matéria "contaminada", quer dizer, proveniente de outros reportórios. E, porque de agregação se trata, a *contingência* não anula a *referência*; soma-se a ela, do mesmo modo que a manifesta disponibilidade do dispositivo não exige a omissão da sua matéria fundante; apõe-se-lhe. Com consequências, claro. A mais relevante será a de que, a esta luz, a *referência-fundamento* não coincide com um lugar incólume; sê-lo ou não é assunto em aberto porque, nesta perspectiva, ela está obrigada a explicar o processo pelo qual, em dado momento, escamoteou o seu processo histórico de construção e passou de *fundação* a *fundamento*. E com que legitimidade o fez, e que outras legitimidades calou, e assim por diante.

O grau de exaustão deste tipo de inquirição e o grau de vontade de cavar mais fundo dependerão, naturalmente, do modo como cada sistema cultural se relaciona com o sistema político. Dependerá, portanto, conforme acima dito, do entendimento funcional que é feito, em cada caso, da dimensão cultural. Para sociedades que se habituaram a fazer do *contraditório* fonte de legitimação, não vejo que aquela discussão em torno do núcleo duro dos dispositivos culturais possa estar fechada, o que, a verificar-se, equivaleria a fazer da cultura uma zona em estado de exceção permanente. Admito, entretanto, que a possibilidade de universalizar esta visão é nula. Basta uma pré-compreensão diferente daquela que acima comecei por assumir, para emprestar a esta questão uma leitura substancialmente diferente. Sem remissão. O "lugar da cultura" é justamente o de uma posição de indeclinável especificidade, motivo pelo qual a questão do "lugar" é *já* a questão da funcionalidade. Mas isso não me inibe de sugerir que, pelo menos no âmbito das "sociedades políticas do contraditório", se a expressão me é permitida, alguma resistência a esta condição sistêmica ou configuracional da operação cultural e à disponibilidade por ela engendrada para com a hipótese da fulguração pode filiar-se em indicadores de algum cansaço para com o múltiplo e a complexidade, visíveis nas mais diversas áreas da contemporaneidade. Tenho chamado a este fenômeno a *nostalgia do pensamento único*.

Os seus indícios são de várias ordens. Já atrás lhes fiz referência. Em termos genéricos, pode-se afirmar que o seu pano de fundo é uma incompreensão basilar para com as presentes modulações sutis dos regimes de temporalidade. Diria que a grande perplexidade subentendida nesta incompreensão resulta de uma situação paradoxal da cultura contemporânea, a saber: a consciência de alterações marcantes e de mutações profundas não é acompanhada da possibilidade de delimitar com exatidão o momento da superação. Ora, o que sucede é que esse ponto inexiste, desde logo porque, tal como no ponto anterior se sustentou, a própria superação não esgota, também ela, os formulários da mutabilidade. Trata-se, nas culturas atuais, de uma chegada do novo que não tem a ver com eliminação do antigo, mas que se conjuga com ele, impondo processos de contaminação mútua e de reciclagens permanentes ali onde antes era suposto proceder-se a substituições, ultrapassagens, oposições, evoluções mais ou menos lineares etc. Em rigor, nenhuma destas modalidades de mudança desaparece, mas elas são agora possíveis modalidades, entre outras, de organizar o que atrás designamos por *modo da mudança*.

É, aliás, dentro desta linha analítica que se percebe a inadequação das vulgatas dos "fins", de que o "fim da história" é expressão cimeira, ignorantes de que mesmo a ausência de determinada funcionalidade do seu prototípico local de referenciação pode corresponder a um fenômeno de deslocamento ou de reconfiguração funcional, suscitando muito mais a questão "para onde foi?" do que um toque de finados que dê por adquirido aquilo que prossegue enquanto pergunta e, portanto, enquanto problema a resolver. A paródia do "mundo sem fronteiras" aplicada a um tempo que é, talvez como nenhum outro o foi, um incorrigível produtor de fronteiras, ou o nada inocente "fim do Estado", preconizado ao arrepio das mutações operadas ao nível das categorias funcionais congêneres do dispositivo estatal, ou ainda, por todos, a repetida "morte do sujeito" com que se pretende rematar aquilo que é, afinal, uma "desfocagem" resultante da sua manifesta pluralidade e desmultiplicação, são bom exemplo desse logro, responsável por uma verdadeira procissão de cadáveres adiados. Em todos esses casos, a resistência ao reconhecimento da pluralidade constitutiva dessas "realidades em fuga" parece ditar o respectivo veredito à luz de critérios de diferença, oposição e mudança alheios a uma dinâmica complexa.

É, contudo, provável que a expressão maior desta toada de nostalgia de um pensamento único seja a produção de fantasmas. O da insegurança, que justifica, ato contínuo, os discursos de lei e ordem, tem-se revelado dos mais operativos. Mas a eleição do *relativismo* à categoria de fantasma da cultura contemporânea é espantosa (suspeito que ecoe nesta fantasmagoria o receio ameaçador de uma fulguração não devidamente domesticada e insuscetível de canalização positiva), e o é mais ainda se pensarmos na menor caracterização fantasmagórica que, por comparação, é dirigida ao *fundamentalismo*. Porque o certo é que, se o relativismo, entendido como algo a que estamos condenados (é impossível produzir escolhas no mesmo ritmo que a torneira do múltiplo vai derramando opções), está, enquanto tal, sensivelmente onde sempre esteve, ainda que "engordado", pela negativa, pelos vazios de distintos "amanhãs que cantam", o fundamentalismo é uma patologia da vontade de aderir, sendo nessa exata condição que, nas últimas décadas, "saiu dos seus gonzos". O pior do relativismo é mesmo a sua propensão para o fundamentalismo, o que sucede sempre que, ao ambicionar fundar doutrina e dignificar a turbulência, ele faz bandeira do múltiplo enquanto missão, com o que anula cedo demais todo o potencial que só pode residir num múltiplo deixado em aberto. Em aberto – isto é, como um problema a suscitar resolução. Tal é a condição para que possa ocorrer o ato do perguntar, única forma de prover ao desdobramento da crise nessa sua dimensão gêmea, que é a de *crítica*. A pergunta, ao libertar-se, aniquila o relativismo que a propicia, mas não há fundamentalismo que possa recebê-la.

E pelo que pergunta essa pergunta? Pelos *limites*. É por eles que ela pergunta.

O que se compreende. Para um tempo cultural rasgado pelas questões da sobreposição, da simultaneidade e da interação, a necessidade de demarcar preenche o horizonte de expectativas na medida exata em que se difunde a consciência de uma carência delimitadora. Mas a solicitação para que sejam ativados determinados mecanismos de redução da complexidade e de estabilização das expectativas – a demarcação é um deles – ocorre em paralelo com a produção incontinente do múltiplo e com um alargamento do quadro dos possíveis, assegurado por uma maquinaria processual de expectativas trabalhada pelo desejo e movida por uma vontade forte de preenchimento. Descortinar onde começam uma e outra destas duas tendências não é fácil. Reencontramos aqui, de alguma forma, o problema da tensão entre fulguração e contexto, que atrás dissemos ser a pedra de toque da dimensão cultural. Aparentemente, tudo aconselha a fazer da inevitável operação de mediação entre eles, tanto quanto possível, uma *operação de demarcação*. Mas o que implica *demarcar?* Onde, como e com que critérios estabelecer o limite?

A pergunta faz todo o sentido. Porque, repare-se: sendo o *contexto*, ele mesmo, o resultado de uma demarcação, pois ele é a atribuição de coerência a elementos dispersos vigentes dentro de determinados limites, não estará ele vocacionado para fazer dessa operação de demarcação uma operação de compactação e de uniformização (em virtude, precisamente, da particular devoção do contexto ao polo da coerência, mais do que ao polo da contradição)? Mas, nesse caso, a ser assim, não se justificará uma abertura da dimensão cultural ao *polo da fulguração* que ela constitutivamente visa constranger? Poderá o polo da fulguração, entretanto deixado em suspenso, constituir-se em válvula de escape perante a excessiva propensão quietista do contexto?

Em relação ao *contexto*, prescindirei do óbvio: que ele comporta um tremendo potencial de correção e de estabilização perante a instabilidade global das geometrias identitárias (é certo que sim), ou que, em sentido inverso, o contexto cultural – local, regional, ou nacional – tem um historial pouco recomendável de redução do múltiplo ao uniforme (é inegável que assim é) etc. O ponto onde o contexto se afigura hoje interessante e onde de fato desafia a presente reflexão é na respectiva consideração enquanto *escala* e na suposta operatividade "todo-o-terreno" que, enquanto tal, o caracterizaria. E isto porque essa pressuposição me fornece o pretexto para colocar a questão que tenho por fulcral: será que há uma escala privilegiada para efeitos de intermediação cultural? (ou de operação historiográfica?).

Proponho uma resposta negativa. E sugiro, em termos autocríticos, que a pergunta está malcolocada. O problema não é a escala em si, o problema é, apenas, o da possibilidade de definir, em cada momento, a escala *pertinente* – conveniente, justa, estimulante, mais ou menos híbrida, mais ou menos coesa –, mas apenas libertadora na medida em que se apresentar como resultado de uma escolha ou de uma negociação. Porque o fato é que, em potência, cada escala, toda a escala, se constitui em prisão para o capital de inesperado supostamente à espera de cada indivíduo (não raro, o indivíduo é promovido/reduzido a emblema da cultura englobante, operação política localmente produzida e que carece, por vezes, de ser desmontada pelos investigadores que aceitam, sem mais, essa escala como operativa). O caráter construído das escalas e dos respectivos limites é o não dito quer dos processos de demarcação cultural, quer, fatalmente, dos projetos de diálogo intercultural, sempre que estes se apressam em abrir o diálogo sem questionar a efetiva representatividade das escalas em presença e os níveis de silenciamento interno das diferenças subjacentes a cada uma delas. Toda a entidade cultural é, por definição, impositiva, em maior ou menor grau, de um limite, de uma ordem, de preferências de todo gênero que, forçosamente, excluem outras. Assim, só a possibilidade de olhar criticamente a escala, qualquer que ela seja, abrindo-a *ao jogo do limite* e permitir que ela fique disponível, é razoavelmente libertadora. O contexto, se despido da necessidade de justificar a demarcação e os fundamentos que o suportam, é sempre totalitário. E ilegítimo.

Em síntese, não há bondade intrínseca em qualquer escala; o que há é a correta percepção da coexistência e sobreposição de escalas. Donde, o que há, inevitavelmente, é a mobilização forçosa do critério da pertinência, ou seja, a possibilidade de escolher, em cada momento, qual a escala pertinente e qual o contexto em causa. Quer dizer: é a pertinência, entendida como *jogo do limite* e como possibilidade de demarcação conjuntural e contextualmente situada, que permite escapar à vertigem conformadora e envolvente das escalas dadas por antecipação e dos contextos culturais publicitados como essências. Todo *limite* que se quer compaginável com dignidade é, em primeira instância, questão de pertinência. E o é, pelo menos, o limite em ação nas "sociedades políticas do contraditório". E é na condição de um tal entendimento, e só nela, que se pode dizer não haver liberdade, nem cultura, fora do limite. De fora ficam as sociedades aplainadas e vazias, carentes de limites, onde medra o populismo; e fica toda a tradição autoritária que insiste em afeiçoar a morada do homem ao limite que lhe está previamente destinado.

Bibliografia

AGAMBEN, Giorgio. *Che cos'è il contemporaneo?* Milano: Nottetempo, 2008.

BHABHA, Homi K. *The location of culture.* New York: Routledge, 2004.

CATROGA, Fernando. *Caminhos do fim da história.* Coimbra: Quarteto, 2003.

DELEUZE, Gilles; GUATTARI, Félix. *O anti-Édipo*: capitalismo e esquizofrenia. Lisboa: Assírio e Alvim, 2004.

GADAMER, Hans-Georg. *Verdad y método.* Salamanca: Sígueme, 1977.

GUMBRICHT, Hans Ulrich. *Production of presence*: what meaning cannot convey. Stanford: Stanford University Press, 2004.

INNERARITY, Daniel. *La sociedad invisible.* Madrid: Espasa Calpe, 2004.

LORENZ, Konrad. *Behind the mirror*: a search for a natural history of human knowledge. London: Mariner Books, 1978.

MARTINS, Rui Cunha. *O método da fronteira*: radiografia histórica de um dispositivo contemporâneo (matrizes ibéricas e americanas). Coimbra: Almedina, 2008.

PEREIRA, Miguel Baptista. *Modernidade e tempo*: para uma leitura do discurso moderno. Coimbra: Minerva, 1990.

SUNSTEIN, Cass. *Why societies need dissent?* Cambridge, MA: Harvard University Press, 2003.

PARTE II

Culturas políticas

6. D. Sebastião, sebastianismo e "memória sebástica": as invasões francesas e os impasses da história portuguesa

Jacqueline Hermann

> *Todos os homens de siso se agastam e enjoam até de ouvir falar em Sebastianistas, e tem razão. Na História universal da demência humana, ainda não apareceu, nem aparecerá um delito semelhante. Custa a compreender como se haja podido arraigar e dilatar esta pueril credulidade [...] julguei conveniente desabusar esta Seita de crédulos, que na verdade são prejudiciais à pública segurança e defesa do reino [...].*
> *Já não vemos Franceses, mas ainda vemos, suportamos e aturamos sebastianistas, atroz flagelo, causa contínua da nossa infâmia...*
>
> JOSÉ AGOSTINHO DE MACEDO (1810A)[1]

> *[...] quando uma classe numerosa de cidadãos se vê injustamente atacada, no que todo homem preza mais que a própria vida – a sua Religião –, e a sua fidelidade ao seu Príncipe, e à sua Pátria, eu farei por desempenhar as benéficas intenções de V. Excelência, refutando cada uma das proposições do Folheto, e suas principais razões, mostrando evidentemente que nada provam, ou provam a favor dos Sebastianistas, e que o espírito que os anima está longe de opor-se ao da verdadeira Religião, e verdadeiro amor da Pátria; que é senão um excesso destas virtudes.*
>
> MANOEL JOAQUIM PEREIRA DE FIGUEIREDO (1810)[2]

"Agradeço-lhe, amigo, o mimo que me fez dos Folhetos pró e contra os Sebastianistas: esta nova guerra de pena pode chamar-se Guerra Sebástica; e oxalá fora a única que tivéssemos a temer".[3] Assim o autor anônimo da carta enviada a um amigo de Lisboa referiu-se ao embate apresentado na epígrafe

---

[1] Esta pesquisa contou com o apoio do CNPq e da Capes. José Agostinho de Macedo. *Os sebastianistas: reflexões críticas sobre esta ridícula seita* (prefação e p. 6). A ortografia foi atualizada em todas as citações.
[2] Manoel Joaquim Pereira de Figueiredo. *Cartas sobre o verdadeiro espírito do sebastianismo escrita a hum fidalgo desta corte* (1810:4).
[3] Carta de um provinciano a um amigo seu sobre a Guerra Sebástica (1810:3).

deste texto. Curiosa forma de mencionar um movimento até então pacífico de espera por mudança política que caracterizou o sebastianismo até aquele momento, quando corria o ano de 1810. Para o missivista, esta guerra era imprópria e condenável em momento tão grave, sobretudo por ocupar homens respeitáveis "por suas luzes e talentos" em ninharias, quando deveriam "aplicar o tempo que consomem pueril e ridiculamente, ou em esclarecer seus concidadãos, ou em ridicularizar o Gran-Bígamo, *Cidevant* Napoleão".[4]

Sua preocupação maior, presente em vários outros textos da peleja sebastianista, era com a imagem dos portugueses no exterior ao levar a sério o que deveria apenas fazer rir, e sobretudo quando era corrente a pergunta "que se pode esperar de uma nação, onde metade de seus indivíduos espera pela vinda do Messias, e a outra pela d'El Rei D. Sebastião?". Frase atribuída por muitos ao filósofo francês D'Alambert, o escárnio atingia em cheio o orgulho já ferido dos portugueses, e terminou por exigir, mesmo dos mais céticos, um posicionamento sobre a matéria. No caso desta carta, o argumento foi a ignorância da "massa dos povos de todas as Nações", estando a diferença na natureza deles, para o que "influi muito o clima, a Religião e espécie de governo". As nações de clima frio "dizem que as nações do Meio-dia são supersticiosas", mas esquecem que há impostores e falsos milagres em outras grandes cidades – Paris, Londres, Viena. Portanto, D'Alambert, que ria dos sebastianistas "e de todas as profecias feitas para anunciar a vinda d'El Rei D. Sebastião", não deveria esquecer do "seu Nostradamus", que de médico se fez profeta e integrou a Corte de reis como Carlos IX. Não havia por que temer a zombaria dos estrangeiros, pois "embora nos chamem *Sebastianistas*, Israelitas, tudo quanto quiserem, porque nem nos poderão chamar *Napoleanistas*, nem obscurecer a glória que temos coberto nosso nome". E concluiu:

> que deixemos em paz os Sebastianistas [...]; digam, vaticinem, prognostiquem, profetizem, adivinhem quanto bem lhes parecer, contanto que não sejam *Bonapartistas* [...] Mas não tenhamos receio algum, os nossos Generais, e Oficiais não são Sebastianistas, não o é quem nos governa; a nossa magnânima aliada é Joanista: não são, em uma palavra, Sebastianistas senão os que pouco ou nada podem influir na defensa da nossa Independência [...].[5]

---

[4] Carta de um provinciano a um amigo seu sobre a Guerra Sebástica (1810:3).
[5] Ibid. (1810:7-8).

Estes opúsculos, e muitos outros que discutiram, em pleno século XIX, a possibilidade da volta do rei português desaparecido no Norte da África em 1578, foram publicados em 1810, o "ano sebástico" por excelência, período de maior edição de escritos contra ou a favor dos sebastianistas. Nesse conjunto, o texto do controverso padre José Agostinho de Macedo, *Os sebastianistas: reflexões críticas sobre esta ridícula seita*, foi peça decisiva para o acirramento da *batalha* que tornou ainda mais tenso o já dramático cenário político português. A ira destilada contra os que debatiam e defendiam a volta de d. Sebastião não foi capaz, no entanto, de encerrar discussão tão estapafúrdia, como seu autor pretendia. Ao contrário, deu ensejo a outros tantos papéis, ora sérios, ora jocosos, a demonstrar o vigor que o tema ainda despertava entre os portugueses. E no caso portugueses letrados, que, como veremos, convocaram sábios, historiadores e cânones bíblicos para aceitar ou refutar a espera de um rei Encoberto para salvar/resgatar Portugal dos franceses.

O contexto político decorrente das invasões francesas ao reino, o deslocamento da família real para o Brasil, a destituição da dinastia de Bragança e a retomada do poder pelos ingleses, eventos gravíssimos ocorridos entre 1807 e 1810, estimularam a tão conhecida e antiga nostalgia do passado glorioso de Portugal, fazendo reaparecer o sentimento de abandono e orfandade associado à espera do desejado d. Sebastião. Mas, como em muitos outros momentos, a forma, os projetos e as expectativas para a chegada do Encoberto inaugurar um novo tempo de prosperidade e paz haviam mudado bastante. A batalha impressa que a nova onda sebástica conheceu no início do século XIX, a maneira como combinou a mística volta de um rei encantado às novas correntes do pensamento iluminista e produziu um prolixo sebastianismo letrado, ao mesmo tempo racional e religioso, deram ao fenômeno uma feição nova e inusitada. Os mais de 30 escritos diretamente relacionados ao tema – considerando apenas os que expressamente citam personagens e aspectos do sebastianismo – dão uma ideia do quanto era ainda vivo o fenômeno como traço importante da cultura e da história portuguesas.

Este capítulo, mais que identificar a sobrevivência do sebastianismo, suas readaptações ao tempo e às diferentes conjunturas,[6] pretende discutir não a história do fenômeno ou do movimento sebástico – que para homens como Macedo poderia ainda ter força política – mas a forma como se alimentou da história e se tornou

---

[6] Estes aspectos mais gerais foram discutidos em outros trabalhos: Hermann (2002, 2011).

"memória". Veremos que todos os textos produzidos nesse cenário convocaram e reatualizaram a história do passado e do presente de Portugal, combinando profecias, profetas, santos, reis, milagres, embustes, superstições e razão para narrar o passado, entender o presente e projetar o futuro. Vivo ou morto, d. Sebastião e o sebastianismo legaram aos portugueses uma *memória* sobre o que foram ou acreditavam ter sido, uma história encoberta, capaz de estremecer os inimigos e intrusos, como foram os espanhóis e agora eram os franceses. Se a rainha e o regente estavam longe, e o reino era mais uma vez governado por estrangeiros, talvez fosse chagada a hora de d. Sebastião voltar para enfrentar as tropas de Napoleão.

Do surgimento do sebastianismo às invasões francesas

O sebastianismo brotou e se disseminou nos mais variados cantos do reino e entre os mais diversos grupos sociais a partir de um cenário muito específico da história portuguesa que uniu o mito do Encoberto, de longuíssima duração, ao dramático momento político vivido pelo reino no final do século XVI. Para tentar compreender sua força e longevidade é preciso recuar no tempo e reencontrar as raízes de uma crença que se estruturou a partir da dor pelo desaparecimento do rei e de muitos portugueses na trágica batalha de Alcácer Quibir, em 4 de agosto de 1578.

Nascido em janeiro de 1554, dias depois da morte precoce do pai, último filho vivo de d. João III, d. Sebastião foi ansiado, festejado e recebeu de seus futuros súditos o codinome de Desejado. Alevantado rei de Portugal com apenas três anos de idade, cresceu em meio a disputas palacianas que dividiram a Corte entre dois grupos: o liderado pela avó e tutora, d. Catarina de Habsburgo, regente entre 1557 e 1562, e o do cardeal d. Henrique, tio-avô do futuro soberano, que governou entre 1562 e 1568, ano de assunção do trono por d. Sebastião. Depois de 11 anos de regência e de recuo na política expansionista iniciada no século XV, a nobreza estava dividida entre os que apoiavam o abandono gradativo das praças do Norte da África e o maior investimento no Oriente, e aqueles que estimulavam a retomada do antigo e ousado sonho de fundação de um império português no coração da Berberia.[7]

---

[7] Sobre a regência no reinado de d. Sebastião ver Cruz (1992). D. João III, avô de d. Sebastião, reinou entre 1521 e 1557. Casado com d. Catarina de Habsburgo, irmã do imperador Carlos V, teve nove

A realização dessa *cruzada africana*, tardia e anacrônica, daria continuidade à histórica importância do reino no seio da cristandade, marcada por vitoriosas batalhas. A primeira delas em Ourique, símbolo da fundação do reino, vencida pelos portugueses depois da suposta aparição de Cristo a Afonso Henriques, em 1139. O caráter extraordinário da derrota dos mouros transformou o combate em milagre de Ourique, e o evento tornou-se marco fundador do destino glorioso e sagrado de Portugal.[8] Depois de Ourique, a batalha de Aljubarrota confirmou a vocação independente do reino e a força diante dos inimigos. Com a vitória de d. João, mestre de Avis sobre d. João de Castela, em 1385, a dinastia de Avis assumiu a Coroa portuguesa, da qual d. Sebastião parecia ser dos últimos herdeiros.

A forma como se enredou nas disputas sucessórias no Marrocos e decidiu comandar pessoalmente uma batalha malpreparada e apressada resultou na derrota dos portugueses e no desaparecimento do rei e de parte de seu Exército nas areias do deserto magrebino. Sem ajuda dos céus, Portugal via-se reeditando o passado, agora de forma trágica, diante de um contingente desproporcional de muçulmanos.[9]

O desaparecimento de d. Sebastião, celibatário e sem filhos, levou o velho cardeal d. Henrique, último infante vivo dos Avis, a assumir a direção do reino. Com sua morte em 1580, e depois de uma disputa sucessória acirrada entre diversos pretendentes,[10] Felipe II entrou em Lisboa e nas cortes de Tomar de 1581 jurou respeitar a autonomia do reino português, que passava a estar "unido" à Coroa de Espanha. A espera pela volta do rei e dos parentes que participaram da batalha ajudaram a alimentar a crença difusa na volta de

---

filhos, e só o pai de d. Sebastião, o príncipe d. João, deixou descendente. O nascimento de d. Sebastião evitou a possível sucessão de Portugal pelos descendentes castelhanos, o que veio a se consumar com o desaparecimento do Desejado em Alcácer Quibir.

[8] Para uma análise da construção da narrativa mítica em torno do milagre de Ourique, ver Buescu (1991:49-69).

[9] Para uma análise do reinado de d. Sebastião e da batalha, ver: Velloso (1945); Hermann (2006); Valensi (1994).

[10] Apresentaram credenciais para a sucessão: Felipe II, neto de d. Manuel I por parte da mãe e filho da imperatriz e rainha de Espanha d. Isabel de Portugal (1503-1539); a duquesa de Bragança, d. Catarina, também neta do Venturoso por via paterna, pois filha de d. Duarte (1515-1540); d. Antônio, neto de d. Manuel e filho natural de d. Luís (1506-1555); o duque de Saboia, Manuel Felisberto, filho da infanta d. Beatriz (1504-1538) e do duque de Saboia, Carlos III; Rainúncio Farnese, este bisneto de d. Manuel, filho do príncipe de Parma, Alexandre Farnese e da infanta portuguesa d. Maria (1538-1577). Além destes, Catarina de Médicis chegou a reivindicar seus direitos, com base em remota ligação com o rei d. Afonso III, morto em 1279.

um rei salvador que resgatasse Portugal dos usurpadores castelhanos. Alcácer Quibir representava uma dupla e terrível derrota para os portugueses: depois de debelados pelos mouros, viram-se submetidos aos espanhóis, exatamente os dois inimigos frente aos quais haviam estruturado a independência do reino.

O período da União Ibérica (1580-1640) foi o tempo do surgimento da crença sebástica, para a qual contribuiu o antigo enraizamento da cultura judaica na península Ibérica, proibida em fins do século XV. O mito do salvador Desejado e Encoberto estruturou-se a partir da espera da vinda do Messias davídico, aguardado para inaugurar um novo tempo de paz e harmonia. Não faltaram ao sebastianismo nem um *profeta* nem incontáveis cálculos sobre a hora da vinda do Encoberto, divulgados em diferentes ocasiões desde fins do século XVI.[11]

O maior *profeta* do sebastianismo foi Gonçalo Annes Bandarra, humilde sapateiro da vila de Trancoso, preso e condenado pela Inquisição portuguesa em 1541. Acusado de fazer livre interpretação da Sagrada Escritura em trovas que circulavam manuscritas, nelas previu a volta de um rei Encoberto que unificaria o mundo sob uma única religião. Bandarra viveu em meio a uma comunidade de judeus recém-convertidos ao cristianismo, e era tido por alguns como verdadeiro rabi, leitor do Talmud e da Bíblia, sobretudo do Antigo Testamento. Depois de Alcácer Quibir, os sebastianistas entenderam ser d. Sebastião o Encoberto anunciado nas trovas transformadas em *profecias* do sebastianismo, embora nos versos não ficasse claro o nome do Encoberto profetizado.

Apesar de proibidos, os versos atribuídos ao sapateiro de Trancoso resistiram ao tempo e estimularam continuadas interpretações ao longo dos séculos, alimentando incontáveis reinterpretações sobre a identidade e a chegada do Encoberto. Como veremos, novas edições também surgiram no início do XIX, acrescidas de outras estrofes "recuperadas" ao longo dos séculos. A primeira edição parcial das trovas foi publicada em 1603, em Paris, pelo fidalgo d. João de Castro, emigrado que fugira do reino com a chegada dos espanhóis.[12]

---

[11] Para uma análise do momento constitutivo do sebastianismo português, ver Hermann (1998).

[12] D. João de Castro apoiou d. Antônio, primo bastardo de d. Sebastião, na disputa sucessória travada com Felipe II. Desiludido com o prior do Crato, apegou-se às trovas do sapateiro Gonçalo Annes Bandarra e passou a defender a ideia de que d. Sebastião era o Encoberto das *profecias* de Bandarra e voltaria para restaurar o tempo de glória de Portugal. A publicação da primeira parte das trovas de Bandarra recebeu o nome de *Paráfrase e concordância de algumas profecias de Bandarra, sapateiro*

Depois da Restauração, em 1644, um versão considerada completa dos escritos de Bandarra foi publicada em Nantes por d.Vasco Luís da Gama, quinto conde de Vidigueira e então embaixador de Portugal em Paris. Descendente do grande navegador português Vasco da Gama, o conde dedicou a d. João IV a edição, vendo no novo rei da dinastia bragantina o Encoberto das trovas do sapateiro. Feito primeiro marquês de Nisa em outubro de 1646, d. Vasco foi o maior correspondente de Antônio Vieira desde o início das missões diplomáticas do jesuíta em Paris e Haia. Veremos, mais adiante, como Vieira aparece sempre identificado aos sebastianistas nos escritos do século XIX, embora jamais tenha entendido ser d. Sebastião o Encoberto anunciado por Bandarra. Como o marquês de Nisa e outros antes dele, a exemplo do astrônomo e matemático Manoel Bocarro Francês, o século XVII acompanhou a primeira grande transfiguração do Encoberto, de d. Sebastião, da Casa de Avis, para a Casa de Bragança, primeiro com d. Teodósio, depois com d. João IV, rei da Restauração e primeiro da nova dinastia.[13] Depois da edição de 1644, matriz "original" do texto de Bandarra, só no século XIX, e exatamente no contexto das invasões napoleônicas, novas edições acrescidas de outros versos até então também *encobertos* surgiram em Barcelona (1809) e em Londres (1810 e 1815), onde muitos portugueses se refugiaram do ataque francês.[14]

A espera sebastianista, o misterioso Encoberto nelas profetizado e as previsões de um futuro glorioso indicado pelo milagre de Ourique teceram as muitas narrativas da história sebástica e portuguesa, transformando o sebastianismo em espécie de símbolo da resistência da autonomia e da soberania lusitana. Profundamente marcado pela nostalgia da perda da grandeza do reino, o fenômeno foi retomado sempre que Portugal viveu crises políticas graves, como a que se repetia com a ocupação francesa. Se no século XVI o desaparecimento do rei foi o estopim, no XIX a partida da família real para a América realimentou o sentimento de orfandade dos súditos deixados no reino e, ainda, obrigados a receber os invasores com cordialidade.

---

de Trancoso. A edição de 1644, "oferecida aos verdadeiros Portugueses, devotos do Encoberto", foi publicada em Nantes.

[13] Sobre a relação de Vieira com o sebastianismo, ver Hermann (1999).

[14] As edições de 1809, 1810 e 1815 foram publicadas em conjunto com as edições anteriores – 1603, 1644 e a versão conforme o padre Antônio Vieira, de 1659 – e aquelas saídas em 1823, 1852, 1866, 1911 e 1942, pela Edições Ecopy, do Porto, em 2009/10. Agradeço aos editores o envio desta compilação.

Mas se os pontos de contato eram muitos, as diferenças entre este dois momentos também devem ser destacadas. A chegada dos Habsburgo ao trono português em 1580 foi produto de um antigo projeto tecido através de continuados casamentos entre as duas casas monárquicas. Além de pautada em procedimento usual em casos semelhantes, não afetou o regime de governo, e estudos voltados para o funcionamento da sociedade de corte da época enfatizam o caráter mais negociado que imposto da união entre os dois reinos, embora não tenha faltado resistência à solução Habsburgo, de que o sebastianismo foi dos exemplos mais eloquentes.[15]

O início do século XIX tinha cenário bastante distinto e, sob vários aspectos, bem mais grave. Desde o início de 1805 circulavam em Portugal os rumores de uma possível invasão das tropas napoleônicas, enquanto cresciam as pressões dos emissários de Napoleão para que d. João, príncipe regente desde 1799, rompesse relações diplomáticas com os ingleses. O reino via-se obrigado a abandonar a postura de neutralidade na política internacional praticada desde fins do século XVIII.[16] A guerra entre a França e Inglaterra e as características da expansão napoleônica obrigavam a uma tomada de posição no conflito que atingia toda a Europa.

Na Espanha, a aliança com os franceses levou à guerra contra a Inglaterra em dezembro de 1804, depois da captura de fragatas hispânicas vindas da América. Em Portugal, a nobreza se dividiu entre o que ficou conhecido como "partido inglês" e "partido francês". No primeiro grupo incluíram-se os que, mesmo adeptos de ideias liberais, tinham horror à revolução e à ofensiva antimonárquica que os franceses lideravam. D. Rodrigo de Souza Coutinho, secretário de Estado da Marinha e do Ultramar entre 1796 e 1801, estava em Turim, como embaixador português, quando a revolução eclodiu na França. Embora leitor de Adam Smith, preocupava-se fundamentalmente com a manutenção da integridade do império ultramarino e da monarquia portuguesa, para o que entendia ser a aliança com a Inglaterra o melhor caminho. D. Rodrigo foi um dos maiores expoentes do "partido inglês" e antigo defensor da transferência da família real portuguesa para a América. Desde 1803 ele defendia a mudança da sede da monarquia e a criação de um poderoso Império no Brasil, "donde

---

[15] Sobre o caráter negociado da incorporação de Portugal à monarquia espanhola, ver Alvarez (2000).
[16] Ver Novais (1981:17-56). Sobre os impasses diplomáticos de Portugal neste contexto ver, entre outros, Viana (1907) e Brazão (1932).

se volte a reconquistar o que se possa ter perdido na Europa".[17] A tese de d. Rodrigo sobre a mudança da família real para o Brasil seria acatada poucos anos depois com o auxílio da poderosa armada britânica em momento ainda mais grave e urgente.

No *partido francês* destacava-se a liderança de Antônio de Araújo de Azevedo, que, mesmo avesso às ideias jacobinas, acreditava na aproximação com a França para neutralizar a já desmedida presença inglesa nos assuntos do reino. Desde 1797 Araújo de Azevedo, de Paris, tentava acordar, sem sucesso, um tratado econômico e militar entre Portugal e França. Mas neste momento era forte a influência de d. Rodrigo de Souza Coutinho junto a d. João.

A pressão dos dois *partidos* tornou ainda mais difícil a já ingrata missão do príncipe d. João. Quando, em 1792, este assumiu os negócios do reino, Portugal passava por graves problemas políticos internos e externos. Internamente, o afastamento da rainha d. Maria I, motivado por problemas mentais, fez do príncipe um regente tíbio, que só em 1799 assumiu efetiva e juridicamente o governo e o título. Nesse período de sete anos as pressões externas decorrentes da Revolução Francesa e as incertezas frente ao novo cenário político – alterado desde a independência das colônias americanas – só aumentaram, favorecendo a divisão da nobreza entre os dois *partidos*. O verdadeiro jogo de xadrez em que se transformou a política internacional na passagem do século XVIII para o XIX fez dos países ibéricos presas quase indefesas do embate continental, travado, principalmente, entre França e Inglaterra.

O clima era de instabilidade diante do futuro imediato. Os acordos firmados entre os países podiam se alterar com os resultados de batalhas ou de novos ajustes diplomáticos. Assim, se não tiveram sucesso as pressões de Napoleão e, sobretudo de Junot, embaixador francês em Lisboa, para que Portugal rompesse com a Inglaterra em 1805, tampouco o reino assumiu oposição aberta à França, do que deu exemplo a acolhida da esquadra francesa aportada na Bahia em 1807, e na qual estava Jerônimo Bonaparte, irmão do imperador (Neves, 2002:51).

No jogo de forças com que tentava enredar Portugal, em 1806 foi enviada ao reino, pelos ingleses, a "missão Rosslyn". O objetivo era restabelecer as bases da ajuda britânica e *proteger* Portugal de um ataque francês. Caso não

---

[17] Neves (2002:55). Este trabalho foi publicado pela Editora Alameda, em 2008, por ocasião dos 200 anos da chegada da família real ao Brasil, com o título *Napoleão Bonaparte: imaginário e política em Portugal c. 1808-1810*. As citações usadas neste capítulo basearam-se na tese, não no livro.

fosse possível assegurar a defesa do reino, era chegada a hora de realizar o projeto de d. Rodrigo de Souza Coutinho: transferir a Corte para a América. O bloqueio continental estabelecido por Napoleão neste mesmo ano e a consolidação da aliança portuguesa com os ingleses tornou o cenário ainda mais dramático: quando, em novembro de 1807, a família real portuguesa partiu para a América, o risco de ataque francês aos navios portugueses escoltados pela esquadra inglesa era incontornável.[18]

Do outro lado, o aceno francês para um acordo respeitoso com Portugal foi inviabilizado pelo secreto Tratado de Fontainebleau, firmado em outubro de 1807 entre França e Espanha. Nele se previa a divisão de Portugal em três partes: a Lusitânia, ao norte, formada pelas províncias de Entre Douro e Minho, incluindo o Porto, seria destinada à regente da Etrúria; o reino de Algarves, ao sul, constituído pelos territórios do Alentejo e do Algarve, seria oferecido a Manuel Godoy, ministro de Carlos IV, rei de Espanha; e finalmente Trás-os-Montes, Beira e Estremadura ficariam sob ocupação francesa, e sua devolução seria objeto de negociação com os Bragança em troca de colônias espanholas sob domínio inglês. As colônias portuguesas seriam divididas entre França e Espanha, e o rei de Espanha seria o imperador das duas Américas.[19]

Mesmo jamais publicado, esse tratado explicitava o custo da resistência portuguesa aos franceses, ao mesmo tempo que revolvia a ferida de uma nova submissão de Portugal à Espanha. Não há dúvida de que os cenários eram agora absolutamente distintos, pois, se em 1580 Felipe II comandava o maior império europeu, no início do XIX a Espanha era um país aliado e subordinado às tropas de Napoleão. Mas a presença, novamente, de uma futura rainha espanhola em Portugal aguçava ainda mais os ânimos de parte da nobreza, e não sem razão. Em 1805, Carlota Joaquina, princesa castelhana casada com o Príncipe d. João desde 1785, urdira um conluio palaciano visando ocupar o lugar do marido na regência, mas o plano acabou desbaratado e custou o desterro temporário da infanta espanhola.[20]

Com as notícias do iminente ataque francês, a saída foi literalmente o porto. Através de uma negociação secreta com a Inglaterra, em 26 de novembro

---

[18] Para os impasses vividos em Portugal nesse momento ver, entre outros: Neves (2002) e Araújo (1993, 1985). Agradeço à autora o acesso a este último texto.

[19] Sobre o Tratado de Fontainebleau ver Alexandre (1993:163) e Lima (1996:37).

[20] Para uma nova avaliação da ação política de Carlota Joaquina no contexto ibérico da época, ver Azevedo (2003).

de 1807 foi decidida a transferência da família real portuguesa para o Brasil. O governo do reino passou a ser dirigido por um Conselho de Regência que, entre outras atribuições, determinava que estariam assegurados todos os privilégios dos portugueses: comprometia-se a conservar a paz do reino e a assistir o imperador dos franceses, dando-lhe "tudo que lhes for preciso, enquanto se detiverem neste Reino, evitando qualquer insulto que se possa perpetrar, castingando-o rigorosamente quando aconteça".[21] Em 30 de novembro entraram em Lisboa as tropas de Junot, com o objetivo de "proteger" os portugueses da nefasta influência inglesa, dando início a uma fase amistosa entre parte da nobreza que ficara no reino e o enviado de Napoleão.

Os poucos dias decorridos entre a viagem da família real e chegada das tropas francesas causou alvoroço e revolta em muitos portugueses. A situação só piorou quando, em dezembro de 1807, a bandeira francesa foi hasteada no Castelo de São Jorge, levando o povo a reagir contra a evidente ocupação aos gritos de "Viva Portugal, vivam as cinco chagas e morra a França". A referência às chagas trazia de volta a memória da gloriosa batalha de Ourique, símbolo primeiro da força sagrada que marcara o destino soberano de Portugal. A história reativava a lenda da origem, agora não contra infiéis muçulmanos, mas contra incrédulos antimonárquicos e inimigos da religião. A extinção do Conselho de Regência e a destituição da dinastia de Bragança, em 1º de fevereiro de 1808, foram completadas com Junot chefiando o novo Conselho de Governo, composto por três franceses residentes em Portugal e por conselheiros portugueses.

Era dramática a fratura da nobreza: os *afrancesados* aceitaram a destituição da dinastia de Bragança por um imperador, ou seu valido, cuja *nobreza* não se concebera pelo nascimento, mas pela força no manejo das armas, dos acordos secretos, pela capacidade de fustigar e vencer os inimigos. Portugal tinha um regente no Brasil e outro no reino, e os Bragança tinham desafetos em Portugal, avessos a qualquer mudança e críticos severos da partida da família real.[22]

---

[21] Ver José Acursio das Neves (2008:220). Contemporâneo aos acontecimentos, o autor publicou sua famosa obra em Lisboa, pela oficina de Simão Tadeu Ferreira, entre 1810 e 1811, em cinco volumes, concentrando-se nos primeiros anos da guerra (1807-1808). Em 2008 esta obra foi reeditada por Edições Afrontamento, Biblioteca de Ciências Sociais, em um volume condensado.

[22] Lúcia Bastos Pereira das Neves chama a atenção para essa parte da nobreza, que se ressentia com a perda de espaço político junto à regência e via nesse novo momento a oportunidade de recuperar "o seu antigo papel de conselheira nata do monarca" (Neves, 2002:141). É possível, também, conjeturar sobre a tentativa de "revanche" de parte da nobreza que havia sido perseguida desde os tempos de Pombal e que vira o

A resistência aos franceses começou em junho de 1808, no Porto, chegando ao seu auge no dia de *Corpus Christi*, dia 16, quando também em Lisboa a reação ganhou as ruas. A procissão saiu sem o santo padroeiro, São Jorge, e o povo, inconformado, agitou-se ainda mais quando foi anunciada a chegada de uma esquadra inglesa no Tejo. O movimento restaurador evoluiu da periferia para o centro, começando pelas zonas mais desguarnecidas e próximas da fronteira espanhola e seguindo para os locais onde a presença francesa era mais sentida. Mas, apesar da expectativa popular, só em agosto os ingleses se envolveram diretamente no combate aos franceses, e sem consulta prévia aos portugueses.[23] As forças inglesas foram decisivas para o recuo das tropas de Junot, que se renderam depois da derrota em Vimeiro, a 21 de agosto. A Convenção de Sintra, que selou a rendição em 30 de agosto de 1808, contou apenas com a presença de representantes dos dois países: do lado francês o general Kellerman; do lado inglês o tenente-general Georges Murray. A convenção determinou, entre outras cláusulas, que todas as praças, fortes e fortalezas ocupadas pelos franceses passavam ao domínio inglês; que os ingleses forneceriam todos os meios de transporte para a retirada francesa; que não haveria qualquer limitação ao envio de bens para a França e que nenhum português seria penalizado por sua conduta política durante a ocupação, passando todos à proteção dos comandantes britânicos. Ficavam, assim, anistiados todos os *afrancesados*. Em março de 1809, os franceses voltaram a entrar em Portugal, sendo expulsos em maio pelas forças de Beresford. Em agosto de 1810, uma nova invasão chegou a dominar Coimbra, mas em setembro as forças, mais uma vez lideradas por Junot, foram vencidas. Estava encerrada e derrotada a expansão napoleônica em Portugal.[24]

---

regente e a rainha abandonarem o reino em momento tão difícil. O paradoxo dos *afrancesados* foi querer uma "revolução" para restaurar antigos privilégios, esperando contar, para isso, com o apoio dos franceses.

[23] Ver Araújo (1993:33-34, 37).

[24] O tempo das guerras peninsulares em suas várias dimensões analíticas foi objeto de renovado interesse historiográfico nos últimos anos em Portugal, a exemplo de Ventura (2006) e Valente (2007). Documentos importantes da época foram publicados, como *Cartas do Rio de Janeiro. 1811-1821. Luís Joaquim dos Santos Marrocos*, trabalho coordenado por Elisabeth Carceller Guillamet e publicado pela Biblioteca Nacional de Portugal em 2008. Ainda nesse ano dois grandes eventos internacionais debateram a presença das tropas francesas na península Ibérica: em março, a Faculdade de História e Geografia da Universidade Complutense de Madrid realizou o Seminário Internacional Vivir en Tiempos de Guerra. Gobierno, Sociedad y Cultura en la Peninsula Ibérica (1808-1814); em dezembro, o Instituto de Ciências Sociais da Universidade Nova de Lisboa organizou o Colóquio Internacional Portugal, Brasil e a Europa Napoleónica, cujo livro saiu em 2011. Também no Brasil muitos foram os eventos comemorativos dos 200 anos da chegada da família real à então colônia portuguesa, e muitas foram as

O sentimento de orfandade que atingira todo o reino foi parcialmente aplacado com a Restauração comandada pelos ingleses. Estranha Restauração essa que não trazia de volta o príncipe nem fora comandada por forças portuguesas. Mas, apesar de ressabiado, o povo comemorou nas ruas a expulsão dos franceses em fins de setembro de 1808. Os generais Wellesley e Beresford foram considerados libertadores de Portugal, mas o reino continuava acéfalo. A referência a Ourique, a falta de um rei, a ausência do regente e da família real despertaram sentimentos de tristeza e nostalgia, já bastante conhecidos entre os portugueses. Nesse contexto, os debates acerca do sebastianismo ecoaram mais uma vez.

A Guerra Sebástica oitocentista

Como já se disse, não é fácil precisar o momento inicial do *renascimento* do sebastianismo tardio, que tanto irritou homens como o padre Macedo. Se não há dúvida de que 1810 foi o ano de maior circulação de escritos voltados para o tema, pelo menos desde 1808 encontramos, direta e indiretamente, textos discutindo desde a história sagrada do reino até a possibilidade da volta de d. Sebastião. Em evidente protesto contra a destituição da dinastia bragantina surgiu, em 1808, o texto "Victoriosas promessas de Christo a Portugal na gloriosa apparição ao venerável D. Affonso Henriques em Campo de Ourique".[25] O texto era uma reedição de um auto de juramento encontrado no cartório de Alcobaça em 1596, quando ainda vigia a União Ibérica. A relação entre os dois momentos fica evidente, bem como o retorno ao que seria o momento original de fundação do reino. No mesmo ano foi impressa a "Carta em resposta de certo amigo da cidade de Lisboa a outro da Villa de Santarem",[26] talvez um dos

---

publicações, com destaque para o *Dicionário do Brasil Joanino – 1808-1821*, organizado por Ronaldo Vainfas e Lúcia Bastos Pereira das Neves. Em 2007, integrando as comemorações, foram publicadas fontes importantes, como *A vinda da família real portuguesa para o Brasil*, de Thomas O'Neil e *Carlota Joaquina: cartas inéditas*, estudo e organização de Francisca L. Nogueira de Azevedo.

[25] Victoriosas promessas de Christo a Portugal, na gloriosa apparição ao venrável D.Affonso Henriques em Campo de Ourique, manifestada no Auto de Juramento do mesmo rei, descuberto no cartorio de Alcobaça, no anno de 1596. Explicadas na lingua portugueza e corroboradas pelos acontecimentos nelle preditos e depois verificados. Em louvor de Sua Alteza Real o príncipe regente, Lisboa, 1808.

[26] Carta em resposta de certo amigo da cidade de Lisboa a outro da Villa de Santarem, em que se lançam os fundamentos sobre a verdade ou incerteza da morte D'El Rei D. Sebastião XVI Rei de Portugal, na Batalha de Alcacerquibir em Africa. Segundo Innocencio Francisco da Silva, o autor desta carta é Pedro José de Figueiredo. Ver Silva (1862:321).

primeiros a mencionar explicitamente o nome de d. Sebastião. Mais que isso: este texto, se não iniciou, estimulou o longo debate acerca da batalha, da morte do rei e da história do reino, valendo-se, para isso, dos mais variados textos e de renomados cronistas e historiadores portugueses. Embora não assinado, o texto foi atribuído ao eclesiástico e professor de filosofia no seminário de Santarém, Pedro José de Figueiredo, também membro da Academia Real de Ciências, autoria que não tivemos como comprovar.[27]

Em forma de carta, datada de 28 de maio de 1808, o opúsculo de 83 páginas responde à consulta de um amigo, a quem devolve a pergunta: "Quem disse a V.M., que eu era capaz de responder a uma questão tão intricada, e tão debatida, principalmente no tempo d'agora, como a que V.M. me propõe sobre a verdade, ou incerteza da morte d'El Rei D. Sebastião na batalha de Alcacerquibir?". O autor não só nos informa que estava diante de tema atual, como se dirige, direta ou fantasiosamente, a um letrado e grande conhecedor da "História, e especialmente à de Portugal". Entende que buscar o parecer de outros é conveniente "quando não convém dizer os próprios, e cobrir-se com a opinião alheia para não arriscar a sua". Preocupado com o risco, perguntou:

> Se dou El Rei D. Sebastião por morto, tentarão levar-me à forca com baraço, e cutelo, como réu de lesa Magestade, por tirar a vida a um Príncipe, que muitos crêem com privilégio de imortal; se voltando-me ao outro cabo digo que não morreu, como me será possível, sem expor-me às vaias das Regateiras, e às seixadas da Rapaziada, afirmar que vive ainda um homem com duzentos e cincoenta e quatro anos?[28]

Apesar de acusar a dificuldade da proposta, o missivista se compromete, pela amizade ao amigo, a tentar "cumprir a sua vontade, e minha obrigação", para o que começa a desfiar a história de Portugal desde Alcácer Quibir. Como tantos outros fizeram depois, com mais ou menos detalhes, o autor reconta a

---

[27] Ver Araújo (1985:27). A autora baseia-se em informação de Aranha (1909:262). Encontrei um Pedro José de Figueiredo (1762-1826) na Academia de Ciências de Lisboa, ingresso apenas em 1811, portanto depois da publicação da carta aqui citada. Teria sido um lexicógrafo importante da geração de frei Manoel do Cenáculo, autor de uma *Arte da gramática portuguesa* (publicada em 1799) e colaborador importante da terceira edição do *Dicionário da língua portuguesa* de Antônio de Morais Silva, publicado em 1823. Em nenhuma das referências é citado como religioso. Ver: Verdelho (2003); Gonçalves (2008).

[28] Carta em resposta de certo amigo da cidade de Lisboa a outro da Villa de Santarem (1808:4-5).

história da batalha, poupando sempre o rei – "mui esforçado e invencível (?) D. Sebastião, de saudosa memória [...] animoso e desprezador de perigos"–, mas enfatizando a falta de ordem do Exército e os erros táticos da "infelicíssima batalha [...] no dia 4 de agosto de 1578; e acabou neste dia a antiga glória do nome ilustre Português". Tamanha calamidade – "o fatal destroço de um Exército Cristão às mãos de bárbaros Africanos rebeldes, e infiéis" – aconteceu pelos "ocultos juízos" de Deus, "que ao homem não é lícito especular". Até aqui, diz o autor, a sumária história da "infausta jornada de África, em que convém uniformemente, e sem discrepância todos nossos Escritores", mas, e aí começam os problemas, que fim teve El Rei? "Alguns com gravíssimo escrúpulo param, deixando igualmente duvidosa a posteridade tanto da sua vida com da sua morte, dando assim lugar à renhida questão, que até hoje dura".[29] E para embasar o que disse, recorre a nomes respeitáveis, como Raphael Bluteau, Diogo Barbosa Machado e ao padre José Pereira Baião, todos inconclusivos sobre a morte do Desejado.

Bluteau "não quis encarregar sua consciência como bom Religioso" no texto "Proza restutoria" e deixou sem resposta a questão, embora no seu *Vocabulário portuguez e latino* tenha dito que o rei perdera a vida "segundo a mais sã opinião".[30] O mesmo "e por semelhante motivo fez o Abade Diogo Barbosa Machado nas *Memórias históricas* [...] deixando-a na mesma ambiguidade, afetando temer os Sebastianistas daquele tempo (se ele não era um deles)". De igual modo procedeu o padre Baião no seu *Portugal cuidadoso e lastimado*, que "sendo quem mais extensamente tratou este ponto, e parecendo seguiria melhor rumo pelos fundamentos, que soube procurar" – revelações, prodígios, vaticínios e visões – não saiu do "labirinto de dúvidas, e perplexidade [...] afirmando umas vezes que morrera, outras que estava vivo".[31]

Depois de tantas dúvidas, e já em pleno século XIX, o missivista se pronuncia:

> Ouso eu, unicamente por servir a V.M., desatar este nó Gordiano, e dar minha sentença sem temer ninguém; pois chamarei em meu abono animosos Atlantes [...] e confiado em tãos bons padrinhos digo a V.M., com licença dos

---

[29] Carta em resposta de certo amigo da cidade de Lisboa a outro da Villa de Santarem (1808:6).
[30] Ver Bluteau (1712-1728:214), verbete Alcaçar, ou Alcacer Quivir.
[31] As obras citadas pelo missivista são, respectivamente: Machado (1736); Baião (1738).

Sebastianistas, ou sem licença sua, que El Rei D. Sebastião morreu na África; e que a opinião contrária é destituída de fundamento; e principalmente a que ainda hoje o dá vivo é absurda, ridícula. E merecedora somente do desprezo.[32]

A partir desse ponto a carta começa uma verdadeira jornada pela história portuguesa – "porquanto o principal fundamento da verdade nas cousas concernentes à História, e Tradição é a autoridade dos antigos, cujos testemunhos não é lícito desmentir" – a começar pelos depoimentos dos cativos na batalha, com destaque para Miguel Leitão de Andrade e sua *Miscellanea*,[33] passando por crônicas clássicas sobre a batalha, como a de Jerônimo de Franchi Connestaggio ("Dell'unione del regno di Portogallo alla corona di Castiglia", 1585), a de Jerônimo de Mendonça ("Jornada de África", 1607), o "Elogio dos reis de Portugal", de frei Bernardo de Brito (1603),[34] para chegar à *História sebástica*, de frei Manoel dos Santos, esta publicada em 1735.

É absolutamente impossível mencionar todos os autores "atlantes" convocados pelo missivista para confirmar sua tese sobre a morte de d. Sebastião. As muitas citações concentram-se exatamente nos relatos sobre o corpo ferido entregue aos portugueses, as cerimônias fúnebres, não importando o quão distantes no tempo e no espaço são as narrativas selecionadas. Ao contrário, o autor concentra os incontáveis textos que conseguiu reunir – demonstrando conhecer bem as obras citadas, impressas e manuscritas – sem preocupação com a origem ou intenção dos autores, ombreando, por exemplo, Antônio Caetano de Sousa, e sua *História genealógica da Casa Real Portuguesa*, a espanhóis como Juan de Mariana e Luis Cabreira de Cordoba, autores de fins do século XVI e início do XVII, respectivamente, contemporâneos dos acontecimentos e interessados na defesa da herança castelhana, quando ainda, de fato, d. Sebastião podia estar vivo.[35]

"Entre estes modernos, que acabo de enumerar [referindo-se aos autores setecentistas, como Antônio Caetano de Sousa e frei Manoel dos Santos], V.M.

---

[32] Carta em resposta de certo amigo da cidade de Lisboa a outro da Villa de Santarem (1808:8).

[33] Miguel Leitão de Andrade (1553-1630) fez parte do Exército de d. Sebastião, foi cativo e depois resgatado. Sua obra *Miscellanea* foi publicada em Lisboa, no ano de 1629.

[34] Frei Bernardo de Brito (1569-1617), monge da Ordem de Cister, teve seu *Elogios dos reis de Portugal* publicado em Lisboa, em 1603.

[35] As obras a que o autor da carta se refere são de Antonio Caetano de Sousa, *História genealógica da Casa Real Portuguesa*, em 14 volumes (1735-1749); de Juan de Mariana, *Historia general de España* (1592) e de Luis Cabrera de Córdoba, *Historia de Don Filippe Segundo Rey de España* (1619).

notará que falta o grande Orador Antônio Vieira, de quem como tal V.M. é com razão apaixonado." A justificativa de o jesuíta vir já na parte final do texto, embora considerado por muito outros, como veremos, um sebastianista, é afirmar exatamente o contrário: "guardei para este lugar a sua autoridade, a fim de desmentir os que afirmam, como muitas vezes terá ouvido, que fora Sebastianista, e ainda apontado como mui principal entre eles; o que é falsíssimo". O missivista passa, então, a citar as principais obras de Vieira associadas ao sebastianismo – sobretudo *Esperanças de Portugal, quinto império do mundo* – para enfatizar que nenhum de seus textos trata de d. Sebastião, "nem pretende coisa alguma, como dizem, a respeito dele, somente quer sustentar pelas inculcadas Profecias do célebre Gonsaleannes Bandarra a primeira, e segunda Vida d'El Rei D. João IV".[36]

A partir daí o texto passa a discutir o processo de transfiguração do Encoberto acima mencionado, citando Manoel Bocarro e o marquês de Nisa, entre outros, para demonstrar como a tese de Vieira sobre o Restaurador afirmou sempre a morte de d. Sebastião. E chega à página 64 perguntando: "Ora eis aqui, meu bom amigo, as firmíssimas bases, em que estabeleço a minha opinião. Não pretendo convencer os outros, mas haverá ainda quem se atreva contra tantos abonadores desta verdade, todos varões conspícuos, todos de grande respeito?". A carta passa, então, dos autores à história propriamente, voltando ao momento da chegada da notícia do desastre ao reino, 14 de agosto, e ao relato do governo do cardeal d. Henrique, quando a questão sucessória se impôs com o fim iminente da dinastia de Avis. E se pergunta como

> em meio a tantas dúvidas, não apareceu quem lembrasse que era vivo ElRei D. Sebastião, e podia vir? [...] Se El Rei D. Sebastião fora vivo, perderia esta ocasião de acudir a seu Reino, tão dividido e dilacerado por partidos? Não teve quem o acompanhasse entre tantos, que acabavam de pelejar intrepidamente em defesa de sua pessoa, ou todos se puderam inteiramente esconder, que deles não se soube mais?[37]

E aqui surge a tese que viria a aparecer em vários outros textos antissebásticos do século XIX:

---

[36] Carta em resposta de certo amigo da cidade de Lisboa a outro da Villa de Santarem (1808:60-61).
[37] Ibid. (1808:66).

Os que levaram o Rei foram os que mais escaparam com vida; e vendo que o Povo os queria apedrejar por serem causa da sua desgraça, levantaram a fábula e novela de sua vinda, dizendo ao Povo que o cadáver, que vinha na Armada, não era do Rei, porque ele ficava vivo, e fora a Reinos estranhos buscar socorros, para se vingar dos bárbaros, e que cedo havia aparecer em Portugal vivo com muitos mil Soldados.[38]

Foram, portanto, os que não socorreram adequadamente o rei os inventores de sua vinda iminente, faltando explicar por que a longa ausência foi incapaz de impedir a contínua e reiterada espera, reeditada com força nos anos seguintes à saída apressada da família real para a América. O autor termina confiante de ter "bastantemente" provado que d. Sebastião morrerau a 4 de agosto de 1578 na batalha de Alcácer Quibir, sendo "as importunas contestações dos Sebastianistas" enganos que precisam ser destruídos, embora, desanimado e se dizendo velho, acreditasse que "Carta de boa nota, e Carta de má nota todas no correio se dão pelo mesmo preço".[39]

Este documento sobre o qual me demorei mais do que será possível nos demais, reúne, com erudição insuperável, a base dos argumentos da maioria dos textos antissebastianistas produzidos neste contexto. A questão central – a certeza ou não da morte de d. Sebastião – balizou os debates que se seguiram até o escrito raivoso do padre Macedo, quando os ataques aos sebastianistas passaram do campo dos insultos e da ridicularização ao da acusação de crimes contra a religião e a Casa de Bragança. Esta carta anônima informa, ainda, sobre uma estrutura de argumentação dos letrados da época, na qual a história, o testemunho e a narrativa sobre o passado são convocados para comprovação da verdade da morte do rei na batalha marroquina. O conflito entre tradição e razão aparece mesmo em textos como o deste erudito missivista, que, embora procure se manter no terreno estrito do argumento racional, surpreende ao não comentar a tese de Vieira sobre a ressurreição de d. João IV. Se era im-

---

[38] Carta em resposta de certo amigo da cidade de Lisboa a outro da Villa de Santarem (1808:69-70). O autor se vale aqui da *Conferência 47, de Fr. Joaquim de Santa Rita (pseud. D. F. J. C. D. S. R. B. H.), Academia dos humildes, e ignorantes: dialogo entre hum theologo, hum philosopho, um ermitão, e hum soldado, no sitio de Nossa Senhora da Consolação: obra utilíssima para todas as pessoas ecclesiasticas e seculares que não tem livrarias suas, nem tempo para se aproveitar das públicas...*, impressa por Ignacio Nogueira Xisto, Lisboa, 1762. Sobre o assunto, ver Luís (2009).

[39] Carta em resposta de certo amigo da cidade de Lisboa a outro da Villa de Santarem (1808:83).

possível d. Sebastião estar vivo, a volta do mundo dos mortos do Restaurador parece algo plausível, na medida em que o fundamental era demonstrar que Vieira jamais fora sebastianista. Aqui o erudito autor acerta ao desvincular o jesuíta daqueles que esperavam a volta do Desejado – que de fato Vieira nunca aceitou –, mas simplifica sua compreensão acerca do fenômeno messiânico do Encoberto, estruturalmente intacto com a substituição de d. Sebastião por d. João IV, desde o século XVII. A diferença essencial é a morte, ausente no primeiro caso, indiscutível no segundo. Os dois casos, no entanto, tiveram nas profecias, canônicas ou não, a base explicativa para a projeção do futuro, sendo Bandarra o elo direto entre as duas correntes.

A resenha histórica a que o autor se dedica é notável e demonstra controle realmente impressionante de textos produzidos não só no reino, mas em toda a Europa sobre a batalha e as muitas interpretações que ela recebeu, confirmando o interesse e o profundo conhecimento do tema sebástico. Impossível imaginar que a erudição demonstrada tenha sido adquirida no calor dos acontecimentos. A vastidão de autores, obras e manuscritos citados indicam familiaridade com um assunto tão combatido, deixando-nos sem resposta sobre as motivações do autor para tamanho investimento intelectual em tema considerado superado.

Em 19 de setembro de 1808 "um amigo" de Coimbra responde a carta de outro, recebida de Lisboa, com a mesma data da que acabamos de analisar, 26 de maio. Impossível saber se foi pura coincidência ou se as datas tinham por fim confundir os leitores, pois esta de setembro acusa o missivista de se querer passar por novo profeta:

> Eu é que verdadeiramente me rio não com os sonhos dos Sebastianistas, que a ti te dão tanto no goto, nem com as Profecias, e Oráculos em que eles crêem, mas com as tuas Profecias, que ainda são mais extravagantes. Nunca cuidei que te meterias a Profeta, mas já vejo que queres que te julguem outro novo Bandarra.[40]

Ao contrário do que pode parecer, o autor desta carta não se refere a projeções extraordinárias feitas pelo "amigo" lisboeta, mas às previsões políticas

---

[40] Carta da provincia escrita a hum amigo de Lisboa, em que lhe manda noticias da corte (1808:4). Cair no goto significa cair no gosto, no agrado de alguém.

de que um novo soberano chegaria a Portugal vindo de Espanha e ligado ao "sistema federativo da França". E pergunta, indignado:

> Quem te fez crer tamanhas loucuras? Um bando de ladrões sem Religião, sem Moral, sem costumes, que são o flagelo da humanidade podem formar sistema que os Monarcas de Nações civilizadas aprovem e queiram adotar? Amigo, outro ofício; isto é tão disparatado, como chamares perdidas as Américas, e dizeres que ainda hão de ser nossas. Quando é que se perderam? Ou quem te encaixou isso nos miolos?

Mais uma vez a história é chamada para embasar as "visões" do futuro imediato português: "Alegas com a nossa História; ou tu a não leste, ou é outra a História de que tu falas, a que chamas nossa". Diretamente influenciado pelas questões do momento − a invasão francesa e prisão da família real espanhola, o bloqueio continental ("se os bloqueios das Esquadras Inglesas hão de, ou não existir, o tempo o mostrará") e os processos de independência na América −, o autor toma claro partido dos ingleses ("Hás de ver [...] as grandes Esquadras da potentíssima Inglaterra por todos os mares fazendo face ao Mundo inteiro...) e reprova o prognóstico político do "amigo", tão equivocado com o de Bandarra.

De 1809 localizei dois outros escritos, um impresso e alentado, e outro breve, publicado na *Gazeta de Lisboa* de 28 de setembro. Como o texto do periódico faz alusão direta ao primeiro, inferimos que pretendeu responder aos ataques de mais um escrito anônimo, intitulado "Anti-sebastianismo ou antídoto contra vários abusos". Em nota ao "Amigo Leitor", o antídoto pretende entreter e sugerir "reflexões úteis sobre várias chamadas Profecias, que notoriamente atraíram a atenção do público em tempos tão calamitosos". Por saber da circulação delas "quase em todas as casas", achou por bem "darmo-las agora impressas: porquanto ao menos este meio se evitarão erros talvez mais favoráveis a maiores superstições".[41]

Este opúsculo de 38 páginas é dos mais curiosos e contraditórios: ao mesmo tempo que critica a circulação abusiva das "chamadas Profecias", alertando para o quanto podem ter sido "desfiguradas e mutiladas à vista das que foram

---

[41] Anti-sebastianismo ou antídoto contra vários abusos (1809:3).

produzidas por seus inventores", copiadas até por "crianças e criadas", reproduz os textos que considera abusados e equívocos, "para perpétuo desabuso de ânimos fracos, e crédulos [...] e para mais não grassar semelhante despropósito entre uma Nação tão sábia e ilustrada"!

A narrativa que antecede a reprodução dos textos "errados" é a de um viajante que sai de sua aldeia, onde as crendices e superstições eram comuns. Lembra-se de casos curiosos, como quando disse a um amigo sobre o prazer de tocar os sinos de noite e foi aconselhado "que abandonasse semelhante divertimento, porque sem dúvida não sabia o incômodo que causava aos defuntos... tocando os sinos de noite imediatamente se juntam as almas aos corpos dos defuntos que ali jazem, e ouvem a Missa todos juntos, a qual lhe diz um Cura defunto daquele mesmo Povo... sempre de joelhos, no que padecem mais do que todo o tempo que penam no Purgatório". Impressionado, pergunta-se se serão mesmo cristãos ou se seguem "um pouco de cada coisa, e crêem em Deus e nos Agouros, que os antigos Gregos e outros muito piores que estes cismáticos nos deixaram".[42] E assim vai de aldeia a aldeia, comprovando a presença de crendices em todas elas, inclusive no caminho para Madri, onde encontrou pessoas melancólicas com o anúncio do fim iminente do mundo, revelação feita por uma mulher de nome Clara, "a qual tinha opinião de Santa, e era visitada e estimada como tal pelas pessoas Ilustres de Madri". Lastima-se nosso autor de não ter encontrado a suposta Santa nos oito dias em que por lá esteve, últimos dos tempos conforme a previsão, pois só a viu na prisão, impedida finalmente de desenganar o povo. Mas também na cidade encontrou semelhantes disparates. Em Lisboa, "vi no Cais do Sodré rodeado por um rancho de homens asseadíssimos, ricos, e até estudiosos, disputarem que todos os acontecimentos de agora são presságios da vinda de El Rei D. Sebastião, cuja época está chegada, segundo as Profecias, das quais por eles citadas porei algumas no fim deste Papel". Um deles, bastante instruído na matéria, disse com maior segurança: "Napoleão acabou, e para que de todo finalize, não precisamos criar Exércitos, porque ele tem de vir a Portugal comandar as suas tropas; e então sairá dentre dois montes um homem de avultada estatura, e sem que nenhum dos seus lhe possa valer, o há de matar; e seus Exércitos, vendo que é morto Bonaparte, se hão de entregar prisioneiros".[43]

---

[42] Anti-sebastianismo ou antídoto contra vários abusos (1809:6).

[43] Ibid. (1809:12).

Atônito, o autor perguntou a quem se haveriam de entregar na falta de exércitos, ao que outro respondeu: "Senhor, Bonaparte para Setembro cumpre quarenta anos; e assim que os completar morre, e ElRei D. Sebastião é quem o há de matar". Insatisfeito, replicou: "Senhor meu, v.m. não sabe que ElRei D. Sebastião morreu em África no ano de 1578, de vinte e quatro anos, na batalha que deu Muley Maluco, Rei de Marrocos: que depois o trouxeram a Portugal e o sepultaram em Portugal no Real Mosteiro de Religiosos S. Jerônimo [...]". Para apoiá-lo, mais história: cita a *História geral de Espanha*, do padre Juan de Mariana e *Epitome da história de Portugal*, de Manoel de Faria e Sousa, ambos já mencionados no escrito antes analisado.

Sempre em diálogo com crentes a quem termina por convencer com a verdade da história, conclama-os a olharem para o presente, pois enquanto comemoram as desgraças como indício da volta de um rei Encoberto – "a notícia de ter sido queimada uma Povoação, mortos os seus moradores, e violadas suas donzelas [...] celebravam estes acontecimentos com grandes banquetes, e amiudados brindes, acreditando que tudo isto, segundo as suas Profecias, era o mais legítimo sintoma da proximidade da vinda de El Rei D. Sebastião" –, deixam de tributar obediência e respeito a uma rainha "que verdadeiramente se podia denominar Mestra e exemplo". Também esquecem do príncipe regente, "que só por não ver derramar o sangue de seus amabilíssimos vassalos, com os olhos arrasados em lágrimas, e rebentando-lhe o coração de dor, partiu a sulcar os mares, querendo antes ser neles submergido, do que ver morrer por seu respeito o menor dos seus Vassalos, transferindo o seu corpo para o Brasil, e deixando o seu piedoso coração no meio dos seus Povos".[44]

Depois de comparar a situação de Portugal com a de Espanha – enquanto aquele tem duas colunas preciosas, Maria I e João VI (!), "que valem mais que todas as Índias, todo o Potosi", a outra tem duas colunas frouxas, referindo-se não só à antiga riqueza, mas à prisão do rei espanhol em 1807 – vê com desgosto "uns homens preocupados, esperando por um Rei que faleceu a 231 anos; que por muito bom que fosse, não poderia melhorar de sorte aos presentes, e mais nas atuais circunstâncias, em que a maior parte do mundo está em guerra". O autor recua então ao contexto que antecedeu a batalha e refaz o percurso da decisão do rei ir à África até chegar a Alcácer Quibir: um pequeno

---

[44] Anti-sebastianismo ou antídoto contra vários abusos (1809:13-14).

Exército de 18 mil homens contra 150 mil mouros, que se defendeu com tanto valor "que por duas vezes se apregoou a vitória pelos portugueses, e há não ser um renegado, que ocultou a morte do Maluco, metido em sua Liteira, e dando ordens fingidas, não há dúvida de que vitória era certa (!)". Sobre o rei, diz que "quis agregar a si mais ocupações das com que podia, deixando por faltarem as suas ordens em tempo oportuno", acusando seus servidores próximos "alguns validos seus, que foram os que mais concorreram para sua ruína", temerosos de castigos, "procuram ocultar sua morte com a vã esperança de que havia de tornar".[45] E conclui:

> Eis aqui fiel, e verdadeiramente o trágico e lastimoso fim de um Rei, sem dúvida digno de melhor ventura: veja-se agora sobre quantas quimeras estão fundadas as extravagantes esperanças da sua vinda a Portugal, exitadas em um sem número de despropósitos a que o vulgo ignorante dá o nome de Profecias; o que tem sido a causa de muitas mortes e inquietações [...].
>
> Para perpétuo desabuso de ânimos fracos, e crédulos, [...] escrevo o presente Opúsculo, e para mais não grassar semelhante despropósito de uma Nação, tão sábia e ilustrada, copiarei aqui os testemunhos que alegam alguns fátuos, aos quais indevidamente dão o nome de Profecias, sem se lembrarem de que em todas elas falta para serem tais o que ensina a Santa Madre Igreja nossa Mãe".[46]

Pouco mais da metade do texto é de reprodução dos escritos enganosos e reprovados pelo autor. Além de não indicar os critérios de seleção – seja dos escritos, seja das versões, pois já alertara para a imensa variedade delas –, não é fácil entender que se tenha dado ao trabalho de alimentar a circulação de *Profecias attribuidas a varios sujeitos de Virtudes e Santidade com que se pretende provar a vinda de El Rei D. Sebastião a Portugal*. O antídoto distribui o próprio veneno, esperando talvez um resultado que nem a ciência ainda havia alcançado. As *profecias* ou visões publicadas são muito citadas em vários outros textos, e esta é a questão que mais interessa aqui salientar: o conhecimento e a sobrevivência de previsões, personagens e histórias relacionadas a d. Sebastião e ao sebastianismo mais de dois séculos depois da batalha e da morte do rei. As

---

[45] Anti-sebastianismo ou antídoto contra vários abusos (1809:16-17).
[46] Ibid. (1809:19).

memórias produzidas sobre o reinado, a decisão e os preparativos da batalha, as muitas versões sobre o confronto entre cristãos e mouros em Alcácer Quibir, as conjecturas sobre o destino do rei e o fenômeno messiânico e providencialista que caracterizou o sebastianismo sobreviveram e alimentaram a história sebástica, mesmo entre os que a condenavam publicamente.

O *antídoto* reproduz as "Trovas e Disparates do Preto do Japam, escravo do capitão Balthazar Godinho de Sousa, feitas em 1433..."; a "Attestação de huns Religiosos de Santo Antonio dos Capuchos sobre a Ilha que virão no dia 20 do mez de julho de 1638..."; as "Profecias de hum Lavrador do Algarve, Bartholomeu Vaz Pinto, homem de bom nome Rustico, por não saber ler, nem escrever, e foi prezo, e disse que sentia no seu coração [...]. Hade vir hum Rei, que reinou em Portugal há hoje nesta era (10 anos)", e as "Profecias que hum Mouro de Granada deo a hum rapaz Christão, que se achava captivo no anno de 1510, vertidas do Arabigo em Portuguez".[47] O autor não cita o Bandarra e seleciona previsões supostamente anteriores às do sapateiro, embora os textos misturem tempos e temas sem maior cuidado, mesclando a estrutura da antiga previsão aos assuntos do momento. Para um exemplo, nas profecias do Mouro de Granada, de 1510, são mencionados o nome de Junot,[48] d. Pedro II, as guerras de Restauração[49] e o próprio Napoleão,[50] numa disputa inacreditável, na qual o mouro tenta, com dificuldade, convencer o cristão cativo da supremacia de Portugal. Na estrofe XVI (26 ao todo), o mouro afirma: "Lá de uma oculta Vila/Onde Deus o tem guardado/De lá mesmo ele há de vir/para dar ao mundo brado", ao que o cristão desiludido responde: "Entra o Mouro a delirar,/como o Preto e o Lavrador,/não quero falar dos doudos,/pois com eles não há razão". Além de misturar os escritos do preto do Japão e do lavrador, inseridos no *antídoto*,

---

[47] Anti-sebastianismo ou antídoto contra vários abusos (1809:20-38).

[48] Em forma de diálogo, o mouro diz: "Porém não aquele Reino/Que foi por Deus escolhido/Porque sempre há de vencer/e nunca será vencido", ao que o cristão responde: "Isto não deve falar de Portugal/pois enquanto governou Junot, vencedor se chamava e vencido o anterior" (Anti-sebastianismo ou antídoto contra vários abusos, 1809:33-34).

[49] Diz o cristão: "[...] pois no tempo que reinou Pedro segundo, bem confusos estavam todos, e muito mais Portugal com 28 anos de guerra, que finalizou no dia 23 de fevereiro de 1668" (Anti-sebastianismo ou antídoto contra vários abusos, 1809:34).

[50] Diz o mouro: "a Europa amotinada/Andará toda inquieta,/Suas gentes oprimidas/Batendo todos na testa". O cristão responde: "Sucede agora o que sucedeu em tempo do dito Pedro segundo, e também era com o Rei de França a guerra, pelo que não podemos por força dizer isso de Napoleão" (Anti-sebastianismo ou antídoto contra vários abusos, 1809:35).

o cristão enfatiza que para destruir Napoelão podem vir George III, então rei da Inglaterra e aliado de Portugal contra as tropas francesas, ou os descendentes "do nosso Príncipe D. João, porém não o Rei D. Sebastião".[51] Não bastasse a "atualização" das previsões, nem todos os escritos defendem ser d. Sebastião o Encoberto, embora este fosse esperado até pelo combalido cristão: "Alegra-te, Lusitania,/Que pouco mais tardará,/A vir o Rei Encoberto,/ Que Luzes ao mundo dará".[52] A apologia do Encoberto, presente em mais de um dos escritos reproduzidos neste opúsculo, é no mínimo intrigante para alguém que pretendia encerrar as crendices de ignorantes e letrados. Vemos que o "Mouro de Granada" e seu interlocutor oitocentista estavam em dia com os acontecimentos políticos da época, os nomes de reis e eventos históricos importantes, como as guerras de Restauração.

De forma menos velada ou encoberta, para usar uma expressão bem adequada ao tema, saiu na *Gazeta de Lisboa* o texto "Exame e juízo crítico sobre o papel intitulado Anti-sebastianismo", de 28 de setembro de 1809. Como se verá, o texto volta à discussão sobre a morte ou vida de d. Sebastião:

> Se algum homem estava no caso de viver séculos, seriaEl Rei D. Sebastião [...], em que concorria tudo quanto pode julgar-se necessário para gozar uma vida longa. Moço robusto e vigoroso, inimigo de melindres e efeminações, muito dado a exercícios, sóbrio e livre de vícios torpes, [...] superior às paixões e desgraças que envenenam a massa vital [...], ora um homem com todas estas circunstâncias promete uma longa duração. [...] pois não vejo que a esperança [no sebastiansimo] mereça ser tratada de ridícula, absurda ou revoltante [...] ao contrário, o sebastianismo no seio do século talvez o mais ilustrado e judicioso de todos, homens de muito juízo, de muito saber, e de muita crítica, tem sido e ainda nos nossos dias são seus acérrimos sequazes.[53]

Não satisfeito, o autor anônimo publicou o texto mais uma vez, com uma introdução "na qual tratasse da origem, e princípio da célebre Seita do Sebastianismo", pois

---

[51] Diz o cristão: "É certo que todas as Nações tem querido destruir Napoleão, mas em vão; porém o Rei que veio, e terá este galardão, é George Terceiro, porém não D. Sebastião" (Anti-sebastianismo ou antídoto contra vários abusos, 1809:36).
[52] Anti-sebastianismo ou antídoto contra vários abusos (1809:37).
[53] Exame e juízo crítico sobre o papel intitulado "Anti-sebastianismo" (1809:5).

servirá talvez isto para desenganar a tantos pretendidos desabusados, de que esta Seita não é tão absurda, e desarazoada, como lhe parece, e de que erra meio a meio todo aquele que a confunde com essas falsas crenças vulgares, filhas de uma ignorância crassa, quais aquelas de que o Autor do Anti-sebastianismo fala nas primeiras páginas daquele papel. Servirá conseguintemente de mostrar também que não deve causar espanto que esta seita tenha durado até os nossos dias e que desde os seus princípios até a época presente tantos homens doutos, e sizudos a tenham firmemente professado, e vigorosamente defendido.[54]

O *Exame* destaca a grandeza do tempo em que viveu d. Sebastião e, sobretudo, do rei: "Dotado de excelente memória, grandes talentos, fina compreensão, amor ao estudo, sujeição aos melhores mestres [...] totalmente livre dos vícios. [...] este Príncipe mostrava um juízo maduro, um discernimento admirável [...] se deixou infelizmente vencer do fatal projeto de conquistar a África".[55] A esperança que se seguiu e sobreviveu aos séculos "tem continuado a subsistir, e principalmente depois dos fins de 1807 tem engrossado o número de seus partidistas extraordinariamente". Deixem em paz os que creem, pede o panfleto, pois "Deus tem por particular providência reservado a D. Sebastião, e assim o tem afirmado várias pessoas eminentes em virtudes e Ciência".

Pela primeira vez temos um texto em defesa direta dos sebastianistas. Até então, só sabíamos da eventual força ou número deles através dos ataques, o primeiro baseado em vasta e erudita pesquisa, o segundo mesclando uma forma particular de contar a história do reino, da batalha e das ditas profecias sebásticas, todas adequadas aos problemas do momento, embora mantendo as possíveis datas e autores "originais" nos títulos. Os dois papéis pretendem encerrar o assunto, cada um convocando, a seu modo, testemunhos e "armas" distintas. Para o que interessa aqui discutir, estes escritos – o erudito e o reprodutor das pseudoprofecias – reúnem e reinventam o que estou chamando de "memória sebástica", renovada em 1810, sobretudo com o texto do padre José Agostinho de Macedo.

Embora seja difícil precisar a data da publicação do opúsculo do padre José Agostinho de Macedo, *Os sebastianistas: reflexões críticas sobre esta ridícula seita*, encontramos na página 83 uma menção ao dia em que estaria escrevendo: "e que hoje são 11 de janeiro sem que Portugal ajunte a cabeça com os pés

---

[54] Exame e juízo crítico sobre o papel intitulado "Anti-sebastianismo" (1809:3).

[55] Ibid. (1809:7-8).

conforme as Profecias", referindo-se aos erros dos que acreditavam em predições esdrúxulas. A quantidade de respostas que provocou, todas publicadas em 1810, indica que Os sebastianistas saiu em fins de janeiro ou fevereiro. A segunda parte do livreto de José Agostinho, espécie de réplica às acusações contidas na primeira parte, saiu em junho, velocidade que indica a dimensão assumida pela imprensa nesse momento: entre os 29 textos localizados, publicados entre 1808 e 1810, e refiro-me apenas aos diretamente relacionados à Guerra Sebástica – não incluindo, portanto, o escrito sobre Ourique e as três reedições das Trovas do Bandarra (1809 e 1810) – 20 são de 1810!

A produção e circulação de panfletos e escritos de teor político no início do século XIX alimentaram um verdadeiro surto editorial, do qual o sebastianismo e seus opositores participaram intensamente. Essa produção contou ainda com escritos de inúmeros integrantes do clero que consideravam a resistência antifrancesa como uma "guerra da Religião e do Estado". Uma verdadeira "cruzada contrarrevolucionária" tomou conta de Portugal e, ao contrário dos panfletos e publicações que, na França, circulavam pelas tabernas disseminando ideias revolucionárias,[56] entre os portugueses prevalecia o espírito monárquico e conservador.

A intensa ação do clero na resistência teria levado o próprio Junot a recorrer a homens da igreja para acalmar a população com sermões favoráveis à causa napoleônica.[57] Segundo Ana Cristina Araújo, quando a resistência aos franceses se alastrou pelo campo, foi grande a participação do baixo clero na disseminação do fervor da Restauração. O arcebispo de Braga, d. José da Costa Torres, outorgou-se o título de general à frente de seu batalhão; na diocese de Aveiro d. Antônio José Cordeiro mandou armar todos os eclesiásticos regulares e seculares; no Porto o bispo contou com seus prelados, com destaque para os dominicanos; em Coimbra os eclesiásticos estiveram à frente do povo e das ordenanças, dirigidos pelo reitor do seminário episcopal, José da Costa e Silva, formando um corpo de 350 integrantes; em fins de 1808 o Tribunal do Santo Ofício promoveu a criação de um batalhão patriótico, composto de familiares residentes em Lisboa. Os excessos patrióticos dos clérigos, no entanto, não foram unanimidade entre os religiosos, e chegaram a ser condenados pelo arcebispo d. frei Manuel do Cenáculo.[58]

---

[56] Ver, a respeito, Darnton (1987).

[57] Ver Neves (2002:63).

[58] Ver Araújo (1993:36). Frei Manuel do Cenáculo Vilas Boas (1724-1814) foi bispo de Beja e arcebispo de Évora, sócio da Academia Real das Ciências e autor renomado de sua época. Escreveu, entre outros, Os francezes em Évora, em 1808.

O envolvimento de religiosos deu à resistência um evidente tom religioso, fortemente instigado pelo caráter laico da revolução. A demonização dos franceses, de Napoleão e, sobretudo, da revolução teve propagandistas não só entre os religiosos, mas também entre homens da estirpe de Edmund Burke,[59] para quem a revolução era uma "monstruosa tragicomédia". Em Portugal o impacto não foi diferente. Lúcia Pereira das Neves analisa com argúcia e profundidade as representações napoleônicas em Portugal no período de 1808 a 1810. Dedica parte de seu trabalho à construção das imagens de Napoleão, combinando mito e história para recuperar a elaboração da "lenda negra" e da "lenda rosa" tecidas em torno do Imperador dos franceses. Na França imperial, entre 1800 e 1814, prevaleceu a combinação de herói e semideus; na Europa, invadida pelas tropas francesas construía-se a "lenda negra", divulgada através de mais de 500 brochuras inglesas, russas, alemãs, espanholas e portuguesas.[60]

O nosso padre Macedo fez parte do grupo que viu em Napoleão o próprio demônio, cuja finalidade primeira era acabar com a Igreja e a monarquia. Quanto ao sebastianismo, no entanto, sempre associado à religião e sobretudo aos jesuítas – fonte, para muitos, da equívoca formação de d. Sebastião –, a relação não foi óbvia ou direta. O padre Macedo foi um antissebastianista de primeira hora. Na disputa sebástica do momento nem mesmo entre seus opositores houve religiosos declarados, pelo menos de forma explícita.

José Agostinho de Macedo foi personagem controvertido: suas biografias nos mostram uma personalidade atravessada pelas angústias de um tempo dividido entre a tradição e a razão, inquieto e atento aos mais variados assuntos. Polemista e colérico, granjeou muitos inimigos, o que certamente compromete as informações que hoje conseguimos recuperar sobre ele. Frade da Ordem de Santo Agostinho em 1778, foi expulso e enviado para o convento da Graça de Évora em 1782 após reiteradas acusações de roubo de livros e de viver publicamente em concubinato. Sua proximidade com d. Maria I o livrou do cárcere, embora não seja fácil identificar os caminhos que o aproximaram da rainha. Mas sua vida tumultuada e seus escritos, sempre acalorados e insultuosos sobre uma imensa gama de assuntos, mereceram de Oliveira Martins a seguinte

---

[59] Edmund Burke, autor anglo-irlandês que deu início ao conservadorismo na política, autor de *Reflexões sobre a Revolução em França* (Burke, 1982).
[60] Ver Neves (2002), especialmente capítulos 1 e 3. Ana Cristina Araújo chega a falar em 2000 panfletos, folhas volantes e caricaturas circulando na península Ibérica nesse período (Araújo (1993:42). Ver, ainda, Castro (1989) e Vicente (1999).

avaliação: "A sua veia (hoje diz-se *verve*), a sua facúndia, eram inesgotáveis. Sabia a linguagem das colarejas e rameiras, porque as frequentava; e o calão dos cárceres e das enxovias, porque passou por lá". Carlos Olavo, um de seus biógrafos, o considerava "um vesânico. A fúria vinha-lhe da alma como a água da nascente [...] sentiam-se mesmo, na sua polêmica, os guinchos da fera perseguida, o desejo de morder, de atassalhar, de trucidar".[61]

Não há por que nos aprofundarmos na vida tumultuada de Macedo, bastando este breve esboço biográfico para entendermos um pouco do estilo virulento com que atacou os sebastianistas. O conturbado padre produziu uma vasta obra, para muitos de qualidade discutível, e chegou a merecer estudos sobre suas motivações iradas e o número exagerado de textos publicados – cerca de 225 títulos! Para o que nos interessa, parece não haver dúvida de que Macedo, se não inaugurou a *Guerra Sebástica* com a publicação de sua bombástica crítica aos sebastianistas, estimulou uma verdadeira revolta contra as acusações e os insultos dirigidos aos sebastianistas. Suas quatro proposições indignaram os defensores do Desejado: Macedo chamou os sebastianistas de maus cristãos, maus vassalos, maus cidadãos e maiores de todos os tolos. No texto que abre o folheto, o padre expõe seu ódio a Napoleão – "Um ladrão, um Déspota sem talentos, pigmeu no corpo e na alma se declara árbitro do Mundo, e comete impunemente os mais atrozes crimes de que se lembra a História dos Tiranos" – e lamenta:

> Entre tantas mágoas que me partem o coração, eu sinto uma não de menor calibre, que me impacienta, me exaspera, e me tira todo o sossego; já não vemos Franceses, mas ainda vemos, suportamos e aturamos os Sebastianistas, atroz flagelo, causa contínua de nossa infâmia, e que por vezes nos têm feito passar no conceito dos estranhos por um povo de estúpidos e semibárbaros [...] eis repentinamente se derrama por toda parte uma aluvião de Sebastianistas, e tanta e tamanha feira de papéis chamados proféticos, que para mais penas não sentir, depois de nos vermos alagados em desgraças, nos vemos também afogados em parvoices [Macedo, 1810a:6-7].

---

[61] Entre as biografias mais conhecidas do padre José Agostinho de Macedo destacam-se: Braga (1898); Mello (1854), esta seguida de um catálogo alfabético de todas as suas obras; Torres (1859); Olavo (s.d.). Em 2001, Maria Ivone de Ornellas de Andrade publicou *José Agostinho de Macedo: um iluminista paradoxal* (Andrade, 2001) e, em 2004, *A contra-revolução em português: José Agostinho de Macedo* (Andrade, 2004). Nesta há uma relação dos escritos do padre na qual se pode ver a variedade de gêneros e temas de que tratou.

Mas o padre via na seita mais que estupidez e ignorância, e "por obrigação de bom Patriota",

> sendo preciso para conservação e defesa da nossa Pátria, da nossa Religião, e do nosso Monarca, julguei conveniente desabusar esta Seita de crédulos, que na verdade são prejudiciais à segurança, e defesa do Reino, enquanto fiados nas ridículas Profecias permanecem indolentes para tudo [...] [Macedo, 1810a:prefação].

Macedo passa então a fazer uma história da "raça de Sebastianistas", a primeira – de "puritanos" – "fiada nas trovas", esperava a vinda d'El Rei d. Sebastião: quando aparecesse conquistaria toda a África em desforra da derrota que sofreu (Macedo, 1810a:9). A "segunda raça [...] filha primogênita da primeira, é daqueles que, afiançados nas mesmíssimas trovas, esperavam [...] uma revolução que pusesse no Trono um legítimo descendente d'El Rei D. Manoel, e que fosse natural deste Reino". Depois de 1640 alguns desses apareceram, certos de que as previsões tinham se consumado e que o Encoberto era d. João IV (Macedo, 1810a:11). Mas não bastassem essas duas, "nasceu agora repentinamente outra de homens verdadeiramente destampados", misturando as trovas todas, "metendo sem que nem para que o juramento d'El Rei D. Afonso Henriques, sobre a aparição que nós todos piamente acreditamos". Clamam que a rainha entregue o cetro a d. Sebastião, que passará a Évora e matará Napoleão! E diz furioso: "Eu me tenho enjoado de maneira que nem mesmo de ferro me poderia conter. Essa mansa, mas prejudicial loucura tem contaminado até personagens respeitáveis, e de fama literária" (Macedo, 1810a:12).

> [...] é preciso fazer um indispensável serviço à Religião, ao Trono, à Pátria e à boa razão, fazendo de todo emudecer esta importuníssima canalha, que com a sua estúpida ignorância, e involuntária malícia, quase são tão prejudiciais a sociedade civil como os malvados Pedreiros Livres com o seu pestilencial veneno, e abominável sistema de depredação e ruína universal de todas as Instituições sociais. Neste tratado deixarei provadas com a última evidência estas quatro proposições: I- Um Sebastianista é um mau Cristão; II- Um Sebastianista é um mau Vassalo; III- Um Sebastianista é um mau Cidadão; IV- Um Sebastianista é o maior de todos os tolos [Macedo, 1810a:14].

O padre parte então para a "demonstração" de suas acusações, deixando claro que conhecia Sebastianistas religiosos, pios e tementes a Deus, mas "torcendo seus divinos Textos, e dando créditos a Profetas divinamente inspirados a homens que a Igreja não declara como tais", erram gravemente e precisam ser desenganados "para se arrependerem e envergonharem". Para Macedo, a "Heresia política dos Sebastianistas" teve seu princípio e seus autores, e "da parte destes houve poderosos motivos de interesse individual para a estabelecer e propagar".

A base para a argumentação histórica é a "Dedução cronológica", publicada em 1768 cuja autoria é não menos controvertida que nosso padre. Não há por que nem como discutir esta que passou a ser uma espécie de reescritura da história portuguesa pós-Pombal, marcada pelo ódio aos jesuítas e a tudo que eles podem ter feito de mal a Portugal, sendo o sebastianismo uma dessas nefastas consequências.[62] Como não poderia deixar de ser, a obra afirma a morte de d. Sebastião, o que Macedo confirma: "Se é mentirosa a morte d'El Rei D. Sebastião nos campos de Alcacerquibir, não há história no Mundo que verdade fale, nem documentos por autênticos que sejam a que se deva dar crédito" (Macedo, 1810a:17-18). E volta a resumir a história da batalha e do acontecido depois da notícia do desastre: "era um luto universal, uma pena inconsolável e uma desesperação justíssima". Para sossegar o povo, foi precisa a artimanha dos jesuítas, "e bem sabiam eles a que Seita davam princípio". Passado o tempo em que podia viver sem milagre, "continuou a esperança da vinda alcançada em sobrenatural e milagrosa conservação" (Macedo, 1810a:19):

> Tal foi a origem, e tais os primeiros progressos da delirante Seita Sebástica. Cada um de seus Indivíduos é, mesmo sem o querer ser, um mau Cristão. Um dos maiores pecados contra a Religião é sem dúvida tentar a Deus Nosso Senhor querendo obrigá-lo a fazer milagres [...]. Os Sebastianistas sem Deus os mandar, sem nenhum Isaías santo, verdadeiro e reconhecido Profeta, querem que Deus suspenda as leis da Natureza, e que faça, seja obrigado a fazer

---

[62] Sylva (1768). É controversa a autoria deste famoso texto, cujo foco foi o ataque à Companhia de Jesus, como diz o próprio título. Entre os que atribuem a forma e o conteúdo a Sebastião José de Carvalho e Mello, então conde de Oeiras, está João Lúcio de Azevedo, para quem a obra teria sido escrita com participação de outros autores. Ver Azevedo (2004:301). Seabra da Sylva foi homem influente de seu tempo, desembargador do Paço e companheiro do futuro marquês de Pombal nas reformas implementadas em Portugal.

um milagre, sem motivo, sem fim, e sem necessidade, conservando vivo e são, e escorreito a D. Sebastião para continuar a ser Rei de Portugal, que passou a seus legítimos possuidores pelo direito de herança e vontade e aclamação de um povo livre [...] Os perros Sebastianistas são tão atrevidos, que depois de tentarem a Deus com o milagre da conservação do Monarca, ainda o querem obrigar ao milagre da sua vinda, e aparição, que deve ainda ser maior prodígio [Macedo, 1810a:20, 26].

Macedo critica sem piedade a mistura extemporânea de Bandarra, do século XVI, e "os modernos Bandarristas surgidos em 1808" e se pergunta: "Ora se ele [d. Sebastião] vem com Exército de que gente da Europa será formado? Que naus serão, e em que estaleiros serão construídas? [...] só a Inglaterra pode dispor de marinha suficiente para esta empresa". E responde: "Tudo se há de fazer por milagre, dizem os Sebastianistas. A Esquadra, e o Exército Deus o fará de nada como fez o Mundo. E então quando há de vir essa hora de felicidade para os Portugueses? Quando há de morrer em Évora este excomungado Corso? Quando?" (Macedo, 1810a:26-27). O padre admite que entre os "Sapateiros Bandara e [Simão] Gomes, entre o Preto do Japão e o Mouro de Granada [...] eles contam com alguns Servos de Deus", mas a favor de quem eles querem obrigar o Senhor a fazer milagres, se pergunta, sendo talvez o primeiro a criticar de forma direta o próprio rei:

E a favor de quem é Deus por eles obrigado a fazer estes milagres? A favor d'El Rei D. Sebastião autor de tantas desgraças. Que fim teve a sua expedição, que motivo, que objeto? Por ventura pode coonestar-se a sua jornada com o título e motivo que tiveram as Cruzadas no tempo de Urbano II e Concílio de Clermont, que era libertar do jugo dos Infiéis os Lugares Santos da Palestina e o Sepulcro do Redentor do Mundo? [...] Não, não teve esse motivo; El Rei D. Sebastião instigado por homens que o aborreciam, e temiam, levou a flor da Nação, à força, e os tesouros do Reino para os sepultar nos campos de África, a fim de restabelecer na posse do Trono o perro de um Mouro esbulhado dela por outro cão tal como ele [...] [Macedo, 1810a:30-31].[63]

---

[63] O papa Urbano II (1042-1099) liderou o Concílio de Clermont (1095), dando início às cruzadas católicas.

Invenção dos jesuítas, a crença na volta de d. Sebastião foi alimentada pelo conhecido ódio que estes sempre tiveram à Casa de Bragança, "e com efeito, em toda a história da Aclamação não aparece o nome de um só jesuítas", sendo de pasmar que depois da Restauração não houve um negócio de Estado sem a presença de jesuítas, "muito particularmente Antônio Vieira e Manoel Fernandes".[64] E daí decorre a segunda proposição: ao defenderem a vinda de d. Sebastião, têm por intrusos os Bragança, sendo por isso maus vassalos e protagonistas de uma "manifesta rebelião" (Macedo, 1810a:45). Aqui é preciso relembrar que Vieira, a rigor, nunca foi sebastianista, pois, desde que passou a considerar Bandarra verdadeiro profeta, entendeu ser d. João IV o Encoberto das trovas, nunca d. Sebastião. Portanto, *apesar* de jesuíta, Vieira foi sempre defensor da Casa de Bragança, ao contrário do que afirma Macedo, em mais um episódio de "adequação" da história às ideias que defendia.[65]

Ora, se eram maus cristãos e maus vassalos, não poderiam ser bons cidadãos. Era uma decorrência óbvia: "um mau Cristão, e um mau Vassalo, nunca pode ser um bom Cidadão" (Macedo, 1810a:71). Meditando sobre as desgraças que abatiam a Europa e Portugal, encontra um núcleo comum a todas elas: "Esta vil canalha a que chamamos Pedreiros livres", responsáveis por disseminar entre o povo "quiméricas e irrealizáveis ideias de igualdade e liberdade, a prometer um estado de coisas, que reproduziria no Mundo o Século dourado, e desta maneira o iludido o dispôs a fatal revolução". Macedo mais uma vez destila seu ódio contra os maçons e mistura "projetos" de fundo incompatíveis: se os pedreiros livres eram favoráveis à igualdade, os sebastianistas não discutiam a base do regime monárquico. Ao contrário, defendiam a volta de um rei para restaurar a ordem, ordem hierárquica portanto, sendo esta a base da "liberdade" do sebastianismo. Mesmo que não entremos na discussão acerca das muitas formas assumidas pelos sebastianismos reinventados em quase três séculos do surgimento do fenômeno, não é evidente a comparação com os maçons.[66] E o

---

[64] Pode-se perguntar se Macedo queria se referir a André Fernandes, bispo do Japão a quem Vieira enviou a famosa carta que terminou por dar início ao processo inquisitorial que respondeu, entre 1663 e 1667. O título completo é *Esperança de Portugal, quinto império do mundo. Primeira e segunda vida de El-Rei D. João IV, escritas por Gonçalo Eanes Bandarra*, enviada em 1659.

[65] Para uma análise da relação de Viera com as trovas de Bandarra, ver Hermann (2011).

[66] Instituição antiga, surgida em Londres, a Maçonaria ganhou projeção a partir da segunda metade do século XVII. No início do século XVIII espalhou-se pela Europa. Em Portugal seus integrantes, associados a doutrinas anticatólicas e liberais, chegaram a ser processados pela Inquisição. A origem francesa do nome *maçonnerie* – construção/maçon-pedreiro – deu sentido ao termo "pedreiro livre".

próprio Macedo concorda que há divergências entre os dois grupos: "Conheço a diferença essencial que há entre uns e outros; sei quais são os diversos objetos de ambas as Seitas" (Macedo, 1810a:73). Pois, enquanto entre os sebastianistas "há homens de verdade e de vergonha, fiéis e pacíficos", dizer pedreiro livre era o mesmo que "Ladrão, rebelde, facinoroso, malvado e assassino". Tem certeza de que um pedreiro livre é mau cidadão por pura malícia, e o sebastianista "por pura ignorância e parvoíce", embora sejam "cúmplices involuntários dos Pedreiros livres, e sem o quererem ser, ou sem se lembrarem que o são, uns muito maus e perniciosos cidadãos" (Macedo, 1810a:73-74).

Estava no aspecto pacífico dos sebastianistas, no entanto — em princípio uma qualidade que os distinguia dos maçons –, a base nefasta da conivência com o erro e com a subordinação do reino ao estrangeiro. E isso desde a União Ibérica... "Dizia o povo, para que são motins, estragos oposições, se Felipe II não se poderá demorar aqui duas semanas, El Rei D. Sebastião não tarda, e em ele vindo estão acabadas as questões". O mesmo raciocínio serve para o tempo em que o padre escreve, pois durante os nove meses de ocupação francesa ("nosso cativeiro") nada o impacientava mais que "ouvir os malvados Sebastianistas, vê-los tranquilos e serenos à vista de nossas reais e lastimosas desgraças". Nada fizeram contra os franceses por creditarem tudo às profecias:

> Finalmente não houve crueldade, atrocidade, roubo, violência, saque, insulto, sacrilégio, violação que os Franceses não cometessem e que os Sebastianistas não aplaudissem como complemento de suas Profecias; se isto não é ser mau Cidadão, eu não sei mais que desejam, que mais querem, e que mais fazem os Pedreiros livres.
>
> Cuidei na verdade que emudecessem os Sebastianistas, e que se envergonhassem, mas agora vejo, que são tão descarados como os Pedreiros livres [...] [Macedo, 1810a:81].

Para Macedo, os portugueses, "como cidadãos" estão obrigados a se sacrificar pela pátria, "e que Deus até para o efeito de sua graça, quer o concurso da nossa vontade", e conclamava os conterrâneos às armas:

> (Deus) também quer que para nos salvarmos da injustiça e da opressão dos nossos inimigos, nos armemos, defendamos e ponhamos, sem recorrer a mila-

gres da vinda d'El Rei D. Sebastião; quer que nos lembremos que não devemos desanimar, porque os inimigos são muitos, e nós poucos [Macedo, 1810a:86].

A conclusão do padre se encaminha para a "obviedade" da quarta proposição: por mais que sejam maus cidadãos involuntariamente, "são uns solenes mentecaptos" (Macedo, 1810a:88). Volta a firmar que sabe haver sebastianistas tementes a Deus, "verdadeiros em seus tratos e negócios", assim como sujeitos prudentes e "até bons literatos". E arremata: "eu não digo que o senhor Fuão, ou Sicrão sejam tolos, digo só que um Sebastianista é um grande tolo" (Macedo, 1810a:87)

A verve insultuosa de Macedo provocou inúmeras respostas, a maior parte delas anônima. Mas houve quem assinasse escritos em defesa dos sebastianistas. *Refutação Analytica do Folheto que escreveo o Reverendo Padre José Agostinho de Macedo, e intitulou os Sebastianistas* contestou ponto a ponto as acusações de Macedo. Assinada "Pelos redactores do Correio da Pininsula", João Bernardo da Rocha Loureiro e Nuno Alvarez Pereira Pato Moniz,[67] declara: "Escrevo contra o Reverendo Padre José Agostinho de Macedo, e Prégador conhecido nesta corte [...] porque a nossa refutação assistem os fundamentos de toda boa razão". Ainda no "Prólogo", desqualifica Macedo como tradutor e poeta, "Trovejas, enrouqueces, não comoves". Macedo foi sempre desigual, precipitado e incorreto, embora reconheçam o conhecimento histórico do autor (*sic!*), o qual serve muitas vezes mais de enfado e "estorvo do juízo, do que de carga e peso à memória".

Para os redatores da Península, o autor misturou o sagrado com o profano no folheto antissebástico, assim como matérias sem conexão alguma, a exemplo da confusão entre sebastianistas e pedreiros livres, sendo o mais escandaloso a forma grosseira e injuriosa como se dirige aos sebastianistas (Prólogo, VIII e IX). Embora assinado "pelos redatores", o texto é em primeira pessoa: "Eu não sou nem Sebastianista, nem Pedreiro Livre, porém custa-me ver tratados com injúrias de regatão" homens de boa-fé, muitos deles, como admitia o próprio Macedo, "Religiosos, pios e tementes a Deus".[68] Sobre a acusação de maus cristãos, declara o documento que o sebastianismo, como simples crença, não

---

[67] Ver Neves (2002:199).
[68] *Refutação Analytica do Folheto que escreveo o Reverendo padre José Agostinho de Macedo e intitulou Os Sebastianistas: pelos Redactores do Correio da Pininsula.* Lisboa: [s.n.], 1810.

pode ser considerado erro prático de cristianismo e que, mesmo não tendo Bandarra por profeta, acredita que "em razão de seu ofício nenhuma impossibilidade tinha para o ser".[69] O texto prossegue na contestação das acusações de Macedo, procurando seguir a "lógica" de cada silogismo do autor:

> porque, se os Sebastianistas querem D. Sebastião para maior glória do reino, não são maus Cristãos, porque desejam a prosperidade de um Reino onde a Religião Cristã é dominante [...]; também não são maus Vassallos, porque desejam um Reino legítimo, e a quem direitamente pertencia a Coroa; e porque eles esperando D. Sebastião, inquietam a tranquila, justa, e legítima posse dos nossos atuais, e amados Monarcas, pelo contrário desejam que estes a conservem prosperamente; não são maus Cidadãos porque desejam a felicidade de seu País; e quem deseja a sua felicidade, e a dos seus não é tolo".[70]

Sobre os redatores do *Correio da Península* e do *Novo Telegrapho*, este último redigido desde 1810 por José Bernardo da Rocha e Pato Moniz, um breve parêntese talvez nos ajude a entender o enfrentamento direto dos autores. Melhor dizer de Pato Moniz e Macedo, antigos desafetos: desde 1806 Muniz se opunha a Macedo, e diferentemente do que declara na defesa dos sebastianistas, aderiu à maçonaria.[71] O embate teve na causa sebástica apenas mais um tema, do que resultaram textos variados, de caráter político, teatral e satírico, a exemplo da farsa de autoria de Macedo, *O sebastianista desenganado à sua custa*, respondido com o *Anti-sebastianista desmascarado*, de Pato Moniz.[72]

Outro texto assinado foi de Manoel Joaquim Pereira de Figueiredo, presbítero secular, para Francisco Innocencio Francisco da Silva, codinome de Francisco da Soledade, cônego de Santo Agostinho (Silva, 1862:322). Em

---

[69] A recorrência, segundo alguns autores, de sapateiros-profetas teria levado, durante a época moderna e em algumas regiões da Europa, a uma identificação quase direta entre os termos. Peter Burke chega a falar em "cultura sapateira" (Burke, 1989:64). Essa relação, no entanto, não deve ser tomada sem a análise de cada caso, pois muitos outros ofícios "produziram" profetas nesse período.

[70] *Refutação Analytica...* (1810:35).

[71] Sobre a desavença entre Macedo e Pato Moniz ver Castro (2002:249-260, 7-14), v. II, verbetes Nuno Álvares Pereira Pato Moniz (1781-1826) e José Agostinho de Macedo (1761-1831). Ver, ainda, Boisvert (1982).

[72] *O Sebastianista desenganado à sua custa*, comédia composta por José Agostinho de Macedo e representada oito vezes sucessivas no teatro da rua dos Condes (Macedo (1823); *O anti-sebastianista desmascarado: drama em três actos*, de José Bernardo da Rocha e Pato Moniz. Este último texto, segundo Innocencio Francisco da Silva, não chegou a ser impresso. Ver Silva (1862:323).

quatro *Cartas sobre o verdadeiro espírito do sebastianismo*, o autor, quem quer que tenha sido, refutou todas as proposições de Macedo. Ao fidalgo da Corte a quem as cartas são endereçadas, pergunta a necessidade da refutação às acusações aos sebastianistas, "uma Seita de que todos ríamos", repentinamente valorizada e insultuosa contra cidadãos injustamente atacados. Considera os sebastianistas apegados a "uma piedade iludida" e, para contrapor-se a Macedo, volta à história, Alcácer Quibir e até a Ourique – "crença vulgar daquela idade, e ainda hoje a nossa" – passando por d. João IV para chegar ao século XIX: com a invasão dos franceses "nossa situação tornou-se por alguns meses idêntica com a dos nossos Maiores", razão pela qual os sebastianistas teriam reaparecido (antes dos franceses, "era tão raro um Sebastianista que eu passei muitos anos sem conhecer senão um [...]).[73] O termo "Maiores" para indicar os mais velhos pode confirmar a hipótese de autoria espanhola para estas cartas, o que, para nosso propósito neste texto, é indiferente. A destacar, vale dizer, a referência ao sebastianismo, como crença ou seita, e não apenas aos sebastianistas, predominante na maior parte dos escritos integrantes da *Guerra Sebástica*. Para Figueiredo ou Soledade, esta é a verdadeira origem do sebastianismo:

> O caráter pio e religioso da Nação, o seu ódio à tirania e amor indelével à forma de Governo que fez em muitas épocas a sua glória, e prosperidade, são a verdadeira causa do moderno, como do antigo Sebastianismo [...] Sendo pois este o espírito como se deduz evidentemente da sua origem, nada é tão puro nas suas causas como o Sebastianismo [...].[74]

É difícil acompanhar o raciocínio do autor. Em algumas "conversações" com sebastianistas, teve vontade de "ameaçá-los com respostas sonoras" sobre o erro que defendiam,[75] mas na Carta II afirma ser fácil atacar a seita e cortá-la pela raiz: "deve limitar-se a provar (se isso é possível) a morte d'El Rei D. Sebastião com autoridades que produzam evidência moral, e a falsidade e absurdo das profecias".[76] Para isso a Igreja deve decidir que d. Sebastião está morto, "que as pretendidas profecias são obras da impostura, e que depois

---

[73] Figueiredo (1810), Carta I, p. 10 e 9, respectivamente. As quatro cartas podem ser encontradas juntas ou separadas, tendo cada uma numeração própria.
[74] Ibid., Carta I, p. 11 e 12.
[75] Ibid., Carta I, p. 13.
[76] Ibid., Carta II, p. 2.

desta *decisão* os Sebastianistas se obstinassem ainda a crer nelas".[77] E assim vai o autor, retomando o tema e a dúvida sobre a morte do Desejado e sobre a veracidade das profecias que apoiaram o surgimento da crença, voltando à Restauração e à legitimidade dos Bragança. Na Carta III se pergunta o que aconteceria se d. Sebastião aparecesse entre nós

> ou vindo da Ilha Encuberta, onde é opinião mais constante entre os Sebastianistas, que o conserva o Céu, ou descido do mesmo Céu; esta aparição, e conservação era já em si mesma um prodígio tão extraordinário, que ele só bastava a mostrar evidentemente ser vontade de Deus fazer dele instrumento de mudanças extraordinárias na política do Mundo. Quem seria então o temerário que ousaria resistir-lhe? A Seleníssima Casa de Bragança, em quem o espírito de Religião e de piedade é um sentimento herdado com o Sangue Real [...] não teria prazer mais puro, do que mostrar na sua pronta obediência as ordens do Céu [...] e nós nos apreçáramos a ser Sebastianistas com tanta impaciência, quanta é a indiferença com que agora os consideramos. Porém como esta hipótese não é mais que um conto de mil e uma noites, passemos a considerações mais sérias, por serem mais reais.[78]

A oscilação do texto – ora parecendo concordar com alguns dos argumentos dos sebastianistas, ora tratando-os como crédulos e ingênuos – percorre todas as cartas. A finalidade é defender os sebastianistas das ofensas de Macedo, mesmo objetivo de outros escritos da época, como o atribuído a Carlos Vieira da Silva, *Os antisebastianistas que consagra*, ou o assinado por José Maria de Sá, *Impugnação imparcial do folheto intitulado Os sebastianistas, por um amador da verdade*, ou, ainda, *Defeza dos sebastianistas*, de Pedro Ignacio Ribeiro Soares.[79] As autorias dos textos são discutíveis, mas, para o que nos interessa, todos os escritos retomam e discutem temas, personagens e expectativas relacionados ao que se pode chamar de história do sebastianismo desde seu surgimento, entre fins do século XVI e início do XVII, quando se consolidou a União Ibérica.

---

[77] Figueiredo (1810), Carta II, p. 3-4 (grifo no original).
[78] Ibid., Carta III, p. 11-13.
[79] Silva (1810), folheto do qual encontrei duas impressões: uma sem indicação de autor e outra com o nome do autor escrito à mão; Sá (1810); Soares (1810).

Os antissebastianistas... (Silva, 1810), para um último exemplo, volta à batalha, aos detalhes do dia do desastre, aos questionamentos sobre a morte de d. Sebastião e às profecias que afirmaram o contrário: "Ora eu não digo, que elas (as profecias) mereçam crédito, eu não calculo ou fixo a data em que hão de verificar, se é que são verdadeiras, enfim, não sou Sebastianista [...] não julgo razoável criminar de maus Cristãos uns homens que nisto mesmo provam que são bons" (Silva, 1810:14-15).

Macedo recebeu irado tanta contestação. No mesmo ano, em junho de 1810, publicou a segunda parte de *Os sebastianistas*, apenas cinco meses depois da primeira. Mais uma vez a história da batalha e seus desdobramentos são convocados para dar veracidade aos argumentos do padre. Volta a condenar a falta de preparo de d. Sebastião e a afirmar que até mesmo o xerife muçulmano ofereceu numerosas vantagens para que o rei desistisse da empresa africana. O reino foi perdido, e desse mal resultou outro ainda maior, "a seita dos Sebastianistas":

> Eu a quis combater e destruir, cuidando que fazia um serviço à Nação, salvando-lhe o crédito, e desfazendo o opróbio com que nos tratam os estranhos, taxando-nos de imbecis, estúpidos, supersticiosos e visionários. Eu deveria esperar um agradecimento, mas tive o contrário, há mais Sebastianistas do que julgava, e eram mais os solapados que os descobertos [Macedo, 1810b:6].

O padre diz ter sido até ameaçado de morte, e se espanta com impugnação do livro: "Todos tem começado com um preâmbulo estranho, protestando que não são Sebastianistas; pois se o não são, ou se envergonham de o confessar, que tem com o Livro?" (Macedo, 1810b:6, 11) E cita a reimpressão das Trovas do Bandarra em Londres, também em 1810, em capítulo à parte desse cenário sebástico, sobre o qual voltarei adiante. E conclui:

> Parece impossível que haja homens que queiram defender as parvoices dos Sebastianistas. Eu não creio que eles estejam persuadidos seriamente que é vivo D. Sebastião, e que há de vir. Ora digam-me, para que há de vir? Para governar? Não governou bem, e nós temos quem nos governe bem [...]. D. Sebastião morreu em África a 4 de agosto de 1578 [Macedo, 1810b:77, 80].

Embora tenha procurado encerrar a discussão, antes de dar à publicação esta segunda parte, opositores continuaram a atacá-lo, o que provavelmente motivou a inclusão de um "Appendix" à segunda parte de *Os sebastianistas*, no qual faz menção direta à *Refutação analytica* e à *Impugnação imparcial*, e nos informa que está escrevendo em 20 de junho (Macedo, 1810b:89).

Mas não só insultos a *Guerra Sebástica* produziu. Foi também objeto de deboche e escárnio. Escritos como o de Pedro Ignacio Ribeiro Soares, "Defeza dos sebastianistas" ou "Bomba de Apolo apagando o fogo sebástico", sátira publicada por Antônio Joaquim de Carvalho, ambos em versos, ou "O sebastianista furioso contra o livro intitulado *Os sebastianistas*", de um "remendão literário, que ouviu, e apartou a bulha sebástica", este em forma de diálogo,[80] dão a ideia do quanto foi longe esse embate, como mobilizou homens letrados em momento tão delicado da vida política portuguesa. Mais ainda, e esse é o ponto a destacar: como mantinham vivos os temas e histórias que nutriram, ao longo de séculos, a espera sebástica, seja para defendê-la ou atacá-la. A que profecias se referiam quando falavam do Mouro de Granada, da visionária Maria Leocádia, do Preto do Japão e, claro, de Bandarra, pouco importa; o que a menção a eles nos indica é que continuavam no horizonte dos debates políticos ou religiosos da época, assim como os argumentos fundadores do sebastianismo, sendo o núcleo destes a questão da morte de d. Sebastião e, dependendo da crença, a possibilidade de sua volta.

No conjunto de textos e personagens citados, nenhum se iguala ao de Bandarra, presente em todos os escritos da *Guerra Sebástica*, para o bem ou para o mal. Não poderia ser diferente: Bandarra foi "o" profeta do sebastianismo, e, mesmo que não tenha sido o único relacionado à espera de d. Sebastião, foi certamente aquele a quem o sebastianismo esteve mais genuinamente ligado. Suas trovas manuscritas, trasladadas por um judeu converso,[81] foram a base do rápido processo inquisitorial que respondeu e pelo qual foi condenado em 1541. Proibido de divulgar suas equívocas interpretações das Escrituras, como já dissemos não foi acusado de judaísmo, apesar de profetizar a volta de um rei Encoberto de feição davídica e messiânica. O caminho seguido por suas

---

[80] Soares (1810); Carvalho (1810); "O sebastianista furioso contra o livro intitulado *Os sebastianistas*" (1810).

[81] Este seria Heitor Lopes, tosador de Trancoso. Uma das cópias teria caído nas mãos de Afonso Medina, desembargador da Mesa da Consciência. Denunciado, Bandarra foi preso em 18 de setembro de 1541. Ver Hermann (1998:45).

trovas, produzidas antes mesmo do nascimento de d. Sebastião, e o encontro de suas *profecias* com a história portuguesa depois de Alcácer Quibir é difícil de acompanhar com segurança, mas para o que aqui nos interessa, a publicação de três novas edições de trovas atribuídas ao sapateiro de Trancoso, Gonçalo Annes Bandarra, merece destaque.

Por correrem manuscritas, terem sido reiteradas vezes proibidas e reeditadas, é impossível afirmar se as versões conhecidas são ou foram as que Bandarra teria, de fato, elaborado. A despeito da imprecisão da autoria, no entanto, produziu-se uma espécie de genealogia das edições das "profecias" de Bandarra, considerando as versões impressas das trovas do sapateiro de Trancoso. Para relembrar o leitor, esta se teria iniciado com a edição parcial, feita em Paris pelo fidalgo d. João de Castro em 1603, seguida daquela considerada a primeira versão completa, em 1644, por iniciativa de outro fidalgo, d. Vasco Luís da Gama, então embaixador português na França, e publicada depois da Restauração portuguesa. Como se vê, o valor e o interesse pelas trovas ultrapassou o fim da União Ibérica, em tese, razão da espera por d. Sebastião. Desde o início do século XVII teve início uma espécie de deslocamento da figura do Encoberto indicado por Bandarra – a discussão sobre quem seria o rei esperado por Bandarra arrastou-se por séculos –, debate que reapareceu com força na guerra de escritos do século XIX, quando homens como Macedo entenderam que esperar d. Sebastião era desautorizar a legitimidade da Casa de Bragança.

Depois do século XVII, só no XIX apareceram novas versões das *profecias* bandarristas, exatamente no contexto da *Guerra Sebástica* que aqui se analisa. A primeira saiu em Barcelona, em 1809; a segunda e a terceira em Londres, em 1810 e 1815. O que diferencia estas edições das anteriores é o acrescentamento de novos "corpos" de versos, inéditos, encontrados no século XVIII. Embora não seja o caso de discutir aqui a possível "autenticidade" dessas novas versões, ou fazer uma avaliação comparada delas, cabe mencionar as datas de publicação e o contexto da expansão napoleônica, e, ainda, a "acomodação" dos novos versos ao cenário da presença francesa no reino.

A edição de 1809 foi impressa "por ordem de um grande Senhor de Portugal, Oferecidas aos verdadeiros portuguezes devotos do Encuberto". Informa ser esta "NOVA EDIÇÃO – a que se juntam mais algumas nunca até o presente impressas", pois nela se agregaram o que o editor chamou de o segundo e o terceiro corpos das trovas de Bandarra. As novidades eram o "segundo corpo, constituído por 25 quadras" – "consta por antiga memoria muito autêntica serem do mesmo Bandarra" –, e o terceiro, com "37 quadras", encontradas na Igreja de São Pedro da Vila de Trancoso em 6 de agosto de 1729.[82] Tentando não se comprometer com a defesa de nenhum rei em especial, afirma: "esta edição reclama que pretende 'unicamente' satisfazer a vontade dos que pretendem 'haver estas profecias, e conservar delas a todos custo um exemplar incorrupto'" (Trovas do Bandarra..., 2009:3-4). O editor, anônimo, procura, portanto, desvencilhar-se de qualquer compromisso político com a publicação, como se fosse possível, a essa altura, defender a autenticidade dos versos de Bandarra por puro interesse filológico.

A edição de 1810 é mais direta, e de maneira curiosa inverte o argumento de Macedo sobre Bandarra. É apócrifa como a anterior e foi impressa em Londres.[83] Na edição fac-similar reeditada em 2009 – em conjunto com todas as impressões desde a de d. João de Castro – (Bandarra, 2010) pode-se ter acesso aos versos comentados, e as referências a Macedo são explícitas (p. 15). Fica evidente a "a acomodação" das trovas publicadas no ano anterior "aos sucessos que temos visto, e estamos vendo realizados em nossos dias" (fac-símile, p. 20). Em resposta direta ao padre, afirma: "Negar o dom profético a Gonçalo Annes Bandarra não digo que seja impiedade: mas sim rematado desvario". Tresloucados eram os que duvidavam das profecias!! E continua: "todo o que s'atrever a duvidar de qualquer daqueles artigos, não poderá deixar de ser estigamatizado com a nota, ou d'a inorância, ou da tolice"(Prefação, IV). E tal como os que afirmaram a morte de d. Sebastião, o editor recorre à história para provar a existência de Bandarra e contestar a tese de que as trovas tenham sido "forjadas pelos jesuítas". E sai a desfiar autores como Juan de Orozco y Covarrubias (*Tratado de la verdadera y falsa prophecia*, 1588) e Antônio de Sousa de Macedo (*Lusitania Liberata*, 1645) para comprovar a existência de Bandarra e defender o caráter profético de seus versos. Mas não é só; comenta cada verso do terceiro corpo publicado em 1809; ou melhor, interpreta cada trova com as "acomodações" já mencionadas, esclarecendo, já no primeiro verso, que este conjunto de coplas – encontrado em 1729 – se aplica

---

[82] Trovas do Bandarra... (2009).
[83] Bandarra descoberto nas suas Trovas. Collecçam de profecias mais notaveis, respeito a felicidade de Portugal, e cahida dos maiores imperios do mundo (1810).

a d. João V e sua época: "Tudo pois quanto Bandarra nos vai dizer, se funda no Reinado do sobredito Sr. D. João V e deste período por diante, é que se deve entender, quanto vai a dizer-nos, o que é tão evidente, e claro, como a Luz do Sol" (Prefação, p. 20). Com essa certeza, vê na quinta estrofe a menção à derrota dos franceses (p. 22); prevê a chegada do Encoberto para 1812 ("o ano aprazado por Bandarra para a vinda do Grande Rey), destruição dos Franceses, tranquilidade da Igreja, paz universal da Europa e do mundo" (p. 24); entende que a perseguição de Nero à Igreja "seja esta feita agora por Napoleão" (p. 25).

A edição de 1815 também foi impressa em Londres. Menos politizada, pretendeu atender "o ardente desejo em muitas pessoas de verem impresso o resto [...] de todas as trovas de Bandarra; porque como este ia profetizando, em diversos tempos durante sua vida; igualmente por esse motivo apareciam em diversos tempos e lugares". A novidade é a publicação apenas dos três novos corpos de versos – quarto, quinto e sexto –, ficando "completa a edição desta obra toda, de que há notícia que Bandarra profetizou", segundo o "Leal Portuguez" que assina a apresentação.[84]

Memória sebástica

Bandarra nunca poderia imaginar o destino de seus versos, nem como seriam importantes ou resistiriam ao tempo, numa longevidade quase comparável à do Encoberto que anunciou ainda na metade do século XVI. Como o rei que esperava, o sapateiro-profeta também não morreu: suas previsões continuaram a se alimentar de novos cenários e conjunturas, como a que Portugal viveu no início do século XIX, assim como novos grupos de coplas brotaram de paredes e arquivos insuspeitados. Reverenciado ou desqualificado, os escritos oitocentistas demonstram o quanto era conhecido e como sua ligação com o sebastianismo e os sebastianistas foi direta. Mas, como já vimos, Bandarra não foi o único: fez parte de uma espécie de panteão de profetas populares e letrados que alimentaram o sebastianismo ao longo dos séculos, reinventando enredos sobre o passado e soluções para o futuro, constituindo um patrimônio de memória da história do reino e da monarquia portuguesa partilhada social-

---

[84] Trovas inéditas de Bandarra... (MDCCCXV).

mente, difundida de alto a baixo por grupos diversos. No caso específico, uma "memória sebástica", tão ampla, complexa e permeável ao tempo e às mais diferentes interpretações como foi o próprio sebastianismo.

A ideia de memória aqui defendida agrega o individual e o coletivo, "uma espécie de resultado do contrato social", como disse Fernando Catroga, na medida em que recordar é sempre um ato relacional (Catroga, 2009:13). Evocar o passado, e no caso, a história de Portugal, sempre recontada a partir de uma forma particular para explicar o desastre de Alcácer Quibir, suas consequências e seu legado, implica estabelecer relação com as mais diferentes camadas de memória acumuladas no tempo acerca de acontecimentos estruturais, "fundadores" das sempre reinventadas histórias do sebastianismo. Histórias que, em diversos momentos se confundem com a própria história portuguesa, pois, como vimos em vários dos escritos oitocentistas, o testemunho do passado e a certeza do que realmente aconteceu com d. Sebastião em Alcácer Quibir – se foi morto ou não na batalha – determinaria o que é lícito ou legítimo defender ou esperar depois desse evento. A repetida e reinventada retrospectiva do passado português cumpre à risca o que nos disse Catroga sobre o caráter totalizador e teleológico da recordação: "domestica o aletório, o casual, os efeitos perversos e descontínuos do real-passado quando este foi presente [...]. Em certa medida ela é – como as outras narrativas que exprimem a historicidade do homem – uma previsão ao contrário" (Catroga, 2009:19).

Para aceitar ou refutar o sebastianismo, a história portuguesa foi convocada de diversas formas, como testemunho da verdade e base dos argumentos dos dois lados da contenda. Mais especificamente, as histórias da batalha, seus prováveis desfechos, a ocultação do rei e a base sagrada e milagrosa de sua eventual sobrevivência. Quando tomado como fonte de resistência ao estrangeiro – qualquer que fosse ele e a despeito das diferenças históricas de momentos tão diferentes como o da União Ibérica e este das invasões francesas – alcançou estatura de movimento político; quando considerado como crença, foi ingênua espera ou seita de tresloucados risíveis ou inconsequentes. Para Macedo – que critica os sebastianistas, sem discutir o sebastianismo – estes foram o misto do pior das duas faces: mentecaptos e irresponsáveis, pois, apesar de crédulos, podiam pôr em risco a estabilidade política, senão pelo que defendiam, pela omissão e passividade diante da espera convicta de um rei de quase 300 anos!!

Como procurei discutir, a volta ao passado foi a principal via de argumentação para as mais diferentes posições, tanto as favoráveis com as contrárias ao sebastianismo ou aos sebastianistas. Da análise do material reunido, chama atenção a permanência, sempre realimentada e reinventada, de uma ampla e adaptável "memória sebástica", capaz de evocar a presença do rei desaparecido, de Bandarra ou de outros tantos *profetas* como o Preto do Japão ou a vidente Maria Leocádia; "recipiente" de histórias de Alcácer Quibir, da Restauração, dos jesuítas; fonte de debates sobre a sucessão dinástica e o futuro de Portugal. Mesmo os que furiosamente negaram o sebastianismo admitiram que havia muitos sebastianistas em Portugal – mais que franceses!! – e para atacá-los desfiaram cada um sua forma particular de contar a história portuguesa, demonstrando como conheciam e estavam vivas as marcas deixadas pelo sebastianismo ao longo de quase três séculos. A escrita da história do sebastianismo confundiu-se, em diversos momentos, com a própria história de Portugal, e para isso, crentes e críticos dispuseram de um arsenal de lembranças, lendas, provas e personagens fundidos no que estou chamando de "memória sebástica". Como em outros momentos, d. Sebastião, Bandarra e o legado sebastianista que estes personagens produziram involuntariamente foram evocados para explicar o presente e pensar o futuro. Mais que a lembrança ou mesmo a saudade do rei, a "memória sebástica" foi mais uma nuvem que envolveu parte dos debates que agitaram o reino naqueles anos de incertezas, nostalgia e esperanças. Brumas de um tempo Encoberto.

Fontes consultadas

ANTI-SEBASTIANISMO ou antídoto contra vários abusos. Lisboa: Na Impressão Régia, 1809.

BAIÃO, José Pereira. *Portugal cuidadoso e lastimado com a vida e perda do senhor Rei Dom Sebastião, o Desejado de saudosa memória.* Lisboa: Officina António de Sousa da Sylva, 1738.

CARTA da provincia escrita a hum amigo de Lisboa, em que lhe manda noticias da Corte. Lisboa: Na Officina de João Evangelista Garcez, 1808.

CARTA de um provinciano a um amigo seu sobre a Guerra Sebástica. Lisboa: Na Impressão Régia, 1810.

CARTA em resposta de certo amigo da cidade de Lisboa a outro da Villa de Santarem, em que se lançam os fundamentos sobre a verdade ou incerteza da morte D'El Rei D. Sebastião XVI Rei de Portugal, na Batalha de Alcacerquibir em Africa. Lisboa: Na Officina de João Evangelista Garcez, 1808.

CARVALHO, Antônio Joaquim de. *Bomba de Apollo apagando o fogo sebástico*: satyra por… Lisboa: Na Impressão Regia, 1810.

COLLECÇAM de profecias mais notaveis, respeito a felicidade de Portugal, e cahida dos maiores imperios do mundo. Londres: W. Lewis, Paternoster-row, 1810.

EXAME e juízo crítico sobre o papel intitulado "Anti-sebastianismo", annunciado na Gazeta de Lisboa de 28 de setembro do presente anno. Lisboa: Na Impressão Régia, 1809.

FIGUEIREDO, Manoel Joaquim Pereira de. *Cartas sobre o verdadeiro espírito do sebastianismo escrita a hum fidalgo desta Corte*. Lisboa: Na Impressão Régia, 1810.

MACHADO, Diogo Barbosa. *Memórias para a história de Portugal que comprehendem do governo de D. Sebastião, único em o nome e décimo sexto entre os Monarchas Portuguezes*. Lisboa: Officina de Joseph Antonio da Sylva, 1736-1751. t. I.

MACEDO, José Agostinho de. *Os sebastianistas*: reflexões críticas sobre esta ridícula seita. Lisboa: Na Officina de Antônio Rodrigues Galhardo, Impressor do Conselho de Guerra, 1810a.

_____. *Os sebastianistas*. Segunda parte. Lisboa: Na Impressão Régia, 1810b.

_____. *O sebastianista desenganado á sua custa*. Lisboa: Na Impressa Nacional, 1823. (Comedia composta por José Agostinho de Macedo, representada oito vezes successivas no Theatro da rua dos Condes).

O SEBASTIANISTA furioso contra o livro intitulado *Os sebastianistas*, por J. A. M, dado à luz por hum remendão litterario, que ouvio, e apartou a bulha sebástica. Lisboa: Na Impressão Régia, 1810.

SÀ, José Maria de. *Impugnação imparcial do folheto intitulado* "Os sebastianistas", *por um amador da verdade*. Lisboa: Na Impressão Régia, 1810.

SILVA, Carlos Vieira da. *Os antisebastianistas que consagra ao Ilustríssimo Senhor J. J. C. P. F. B. seu autor hum certo rapaz*. Lisboa: Na Typographia Lacerdina, 1810.

SOARES, Pedro Ignacio Ribeiro. *Defeza dos sebastianistas*: Primeira Audiência e Despacho que nella obtem Composta por… Lisboa: Nova Officina de João Rodrigues Neves, 1810.

SYLVA, José de Seabra da. *Deducção chronologica e analytica: Parte primeira, na qual se manifestão pela successiva serie de cada hum dos reynados da Monarquia Portugueza, que decorrêrão desde o governo do Senhor Rey D. João III até o presente, os horrorosos estragos, que a Companhia denominada de Jesus fez em Portugal, e todos seus dominios por hum plano, e systema por ella inalteravelmente seguido desde que entrou neste Reyno, até que foi delle proscripta, e expulsa pela justa, sabia, e providente Ley de 3 de Setembro de 1759* – dada á luz pelo doutor José de Seabra da Sylva, desembargador da Casa da Supplicação, e Procurador da Coroa de S. Magestade. Lisboa: Officina de Miguel Manescal da Costa, Impressor do Santo Officio, 1768.

TROVAS do Bandarra, natural da Vila de Trancoso, apuradas e impressas por ordem de um grande Senhor de Portugal. Oferecidas aos verdadeiros Portuguezes devotos do Encoberto. Nova edição a que se juntam mais algumas nunca ate o presente impressas. Barcelona: [s.n.], 1809; Porto: Edições Ecopy, 2009.

TROVAS inéditas de Bandarra natural da Villa de Trancoza que existião em poder do Pacheco Contemporaneo de Bandarra e que se lhe acharão depois de sua morte. Londres, MDCCCXV.

VICTORIOSAS promessas de Christo a Portugal, na gloriosa apparição ao venerável D. Affonso Henriques em Campo de Ourique, manifestada no Auto de Juramento do mesmo rei, descuberto no cartorio de Alcobaça, no anno de 1596. Explicadas na lingua portugueza, e corroboradas pelos acontecimentos nelle preditos, e depois verificados. Em Louvor de Sua Alteza Real o Príncipe Regente. Lisboa: na Officina de João Evangelista Gracez, 1808.

Bibliografia

ALEXANDRE, Valentim. *Os sentidos do império*: questão nacional e questão colonial na crise do Antigo Regime português. Porto: Afrontamento, 1993.

ALVAREZ, Fernando Bouza. *Portugal no tempo dos Filipes*: política, cultura, representações (1580-1668). Lisboa: Cosmos, 2000.

ANDRADE, Maria Ivone de Ornellas de. *José Agostinho de Macedo*: um iluminista paradoxal. Lisboa: Colibri, 2001.

_____. *A contra-revolução em português*: José Agostinho de Macedo. Lisboa: Colibri, 2004.

ARANHA, Brito. *Nota acerca das invasões francezas em Portugal*. Lisboa: Academia Real de Ciências, 1909.

ARAÚJO, Ana Cristina Bartolomeu de. Revoltas e ideologias em conflito durante as invasões francesas. Separata da *Revista de História das Ideias*, Coimbra, v. 7, 1985.

_____. As invasões francesas e a afirmação das ideias liberais. In: TORGAL, Luis Reis; ROQUE, João Lourenço (Coords.). *O liberalismo (1807-1890)*. Lisboa: Estampa, 1993 (Coleção História de Portugal, v. 5).

_____. Memória e mitos da Guerra Peninsular em Portugal. A história geral da invasão dos franceses, de José Acúrsio das Neves. *Revista de História das Ideias*, Coimbra, v. 29, 2008.

AZEVEDO, Francisca L. Nogueira de. *Carlota Joaquina na Corte do Brasil*. Rio de Janeiro: Civilização Brasileira, 2003.

_____ (Org.). *Carlota Joaquina*: cartas inéditas. Rio de Janeiro: Casa da Palavra, 2007.

AZEVEDO, João Lúcio de. *A evolução do sebastianismo* (1918). 3. ed. Lisboa: Presença, 1984.

_____. *O marquês de Pombal e a sua época*. São Paulo: Alameda, 2004.

BANDARRA, Gonçalo Anes. *Profecias*: compilação dos textos das principais edições. Porto: Edições Ecopy, 2009 (Coleção Quinto império, 13).

BARATA, Maria do Rosário Themudo. As crise e o sebastianismo. A propósito de José Agostinho de Macedo. In: Academida Portuguesa da História. *Colóquio O Sebastianismo*: política, doutrina e mito (sécs. XVI-XIX). Lisboa: Colibri, 2004. p. 329-338.

BLUTEAU, Raphael. *Vocabulario portuguez & latino*: aulico, anatomico, architectonico... Coimbra: Collegio das Artes da Companhia de Jesus, 1712-1728. v. I.

BRAGA, Teófilo. *O povo português nos seus costumes, crenças e tradições*. 3. ed. Lisboa: Dom Quixote, 1995. 2 v.

_____. (Coord.). *Mémórias para a vida íntima de José Agostinho de Macedo*. Lisboa: Academia Real de Ciências, 1898. 3 v.

BRAZÃO, Eduardo. *História diplomática de Portugal, 1640-1815*. Lisboa: Livraria Rodrigues, 1932.

BOISVERT, Georges. *Un Pionner de la propagande liberale au Portugal*: João Bernardo da *Rocha Loureiro (1788-1853)*. Paris: Calouste Gulbenkian, 1982.

_____. La Guerra Sebástica à Lisbonne en 1810. Les dessous de la polémique. Separata de: *Arquivo do Centro Cultural Português*, Lisboa, Fundação Calouste Gulbenkian, n. 19, p. 671-685, 1983.

BUESCU, Ana Isabel. Um mito das origens da nacionalidade: o milagre de Ourique. In: BETHANCOURT, Francisco; CURTO, Diogo Ramada (Orgs.). *Memória da nação*. Lisboa: Sá da Costa, 1991.

BURKE, Edmund. *Reflexões sobre a Revolução em França*. Brasília, DF: UnB, 1982.

BURKE, Peter. *A cultura popular na Idade Moderna*. São Paulo: Companhia das Letras, 1989.

CASTRO, Zília Osório de. Napoleão: o "anticristo descoberto". *Ler História*, Lisboa, n. 17, 1989.

_____ (Dir.). *Dicionário do vintismo e do primeiro cartismo (1821-1823 e 1826-1828)*. Lisboa: Assembleia da República/Afrontamento, 2002. 2 v.

CATROGA, Fernando. *Memória, história e historiografia*. Coimbra: Quarteto, 2001.

_____. *Os passos do homem como restolho do tempo*: memória e fim do fim da história. Coimbra: Almedina, 2009.

CRUZ, Maria do Rosário de Sampaio Themudo Barata de Azevedo. *As regências na menoridade de D. Sebastião*: elementos para uma história estrutural. Lisboa: Imprensa Nacional/Casa da Moeda, 1992. 2 v.

CURTO, Diogo Ramada (Org.). *As gentes do livro*: Lisboa, século XVIII. Lisboa: Biblioteca Nacional, 2007.

DARNTON, Robert. *Boemia literária e revolução*: o submundo das letras no Antigo Regime. São Paulo: Companhia das Letras, 1987.

GONÇALVES, Maria Filomena. Recreação filológico-linguística com a geração de Cenáculo. In: ENCONTRO INTERNACIONAL DE REFLEXÃO E INVESTIGAÇÃO: PATRIMÔNIO, LÍNGUA E CULTURA, XI., 2007 *Actas...* Vila Real: Universidade de Trás-os-Montes e Alto Douro, Departamento de Letras, 2008.

HERMANN, Jacqueline. *No reino do Desejado*: a construção do sebastianismo em Portugal, séculos XVI-XVII. São Paulo: Companhia das Letras, 1998.

_____. Antônio Vieira e o sebastianismo: messianismo régio e transfiguração barroca. In: TERCEIRO CENTENÁRIO DA MORTE DO PADRE ANTÓNIO VIEIRA (CONGRESSO INTERNACIONAL). *Actas...* Braga: Universidade Católica de Lisboa/Província Portuguesa da Companhia de Jesus, 1999. v. 2.

_____. D. Sebastião contra Napoleão: a Guerra Sebástica contra as tropas francesas. *Topoi*, Rio de Janeiro, v. 5, 2002.

_____. El-Ksar El-Kebir: narrativas e história sebástica na batalha dos três reis. Marrocos, 1578. In: *História: Questões e Debates*: revista do Programa de Pós-graduação em História da Universidade Federal do Paraná. Curitiba, ano 24, n. 45, 2006.

_____. O sebastianismo nas guerras peninsulares. A Guerra Sebástica contra as tropas francesas. In: CARDOSO, José Luís; MONTEIRO, Nuno Gonçalo; SERRÃO, José Vicente (Orgs.). *Portugal, Brasil e a Europa napoleônica*. Lisboa: Instituto de Ciências Sociais da Universidade Nova de Lisboa, 2011.

_____. O império profético de Antônio Vieira. *Actas do IV centenário do nascimento do padre António Vieira*: 1608-2008. Lisboa:[s.n.], 2011.

LIMA, Manuel de Oliveira. *D. João VI no Brasil*. 3. ed. Rio de Janeiro: Topbooks, 1996.

LUÍS, Pedro F. Catarino. *A academia dos humildes e ignorantes (1758-1770)*: as letras e as Luzes para o homem comum. Tese (Mestrado) – Faculdade de Letras da Universidade de Coimbra, Coimbra, 2009.

MARQUES, João Francisco. *A parenética portuguesa e a dominação Filipina*. Porto: Instituto Nacional de Investigação Científica/Centro de História da Universidade do Porto, 1986.

_____. *A parenética portuguesa e a Restauração (1640-1668)*: a revolta e a mentalidade. Lisboa: Imprensa Nacional/Casa da Moeda, 1989. 2 v.

MELLO, Joaquim Lopes Carreira de. *Biografia do P. José Agostinho de Macedo e a sua época*. Porto: Typ. Francisco d'Azevedo, 1854.

NEVES, José Acursio das Neves. *História geral da invasão dos franceses em Portugal e da restauração deste reino*. Porto: Afrontamento, 2008.

NEVES, Lúcia Maria Bastos Pereira das. *As representações napoleônicas em Portugal*: imaginário e política (c. 1808-1810). Tese (Concurso de professor titular no Instituto de Filosofia e

Ciências Humanas da Universidade do Estado do Rio de Janeiro – Uerj), Rio de Janeiro, 2002.

_____. *Napoleão Bonaparte*: imaginário e política em Portugal c.1808-1810. São Paulo: Alameda, 2008.

NOVAIS, F. A. *Política de neutralidade*: Portugal e Brasil na crise do antigo sistema colonial (1777-1808). 2. ed. São Paulo: Hucitec, 1981.

OLAVO, Carlos. *A vida turbulenta do padre José Agostinho de Macedo*. Lisboa: Guimarães & Cia., [s.d.].

OLIVEIRA, Vítor Amaral de. *Sebástica*: bibliografia geral sobre D. Sebastião. Coimbra: Biblioteca Geral da Universidade, 2002.

O'NEIL, Thomas. *A vinda família real portuguesa para o Brasil*. Rio de Janeiro: José Olympio, 2007.

SILVA, Innocencio Francisco da. *Diccionario bibliographico portuguez*: estudos aplicaveis a Portugal e ao Brasil. Lisboa: Imprensa nacional, 1862. t. VI.

SUBTIL, José. Portugal y la Guerra Peninsular: El maldito año 1808. *Cuadernos de Historia Moderna*. Madrid, Universidad Complutense de Madrid, anejos, p. 135-177, 2008.

TORGAL, Luís Manuel Reis. *Tradicionalismo e contra-revolução*: o pensamento e a ação de José da Gama e Castro. Coimbra: Universidade de Coimbra, 1973.

_____; MENDES, José Amado; CATROGA, Fernando. *História da história em Portugal (sécs. XIX-XX)*. Lisboa: Temas e Debates, 1998.

TORRES, M. J. *Vida de José Agostinho de Macedo e notícia de seus escritos*. Lisboa: [s.n.], 1859.

VAINFAS, Ronaldo; NEVES, Lúcia Bastos Pereira das (Orgs.). *Dicionário do Brasil joanino – 1808-1821*. Rio de Janeiro: Objetiva, 2008.

VALENSI, Lucette. *Fábulas da memória*. a batalha de Alcácer Quibir e o mito do sebastianismo. Rio de Janeiro: Nova Fronteira, 1994.

VALENTE, Vasco Pulido. *Ir prò maneta*: a revolta contra os franceses (1808). Lisboa: Alêtheia, 2007.

VELLOSO, J. M. Queiroz. *D. Sebastão – 1554-1578*. 3. ed. Lisboa: Empresa Nacional de Publicidade, 1945.

VENTURA, António (Org.). *Planos para a invasão de Portugal (1797-1801)*. Lisboa: Livros Horizonte, 2006.

VERDELHO, Telmo. O dicionário de Morais Silva e o início da lexicografia moderna. In: ENCONTRO HISTÓRIA DA LÍNGUA E HISTÓRIA DA GRAMÁTICA. *Actas...* Braga: Universidade do Minho/ ILCH, 2003.

VIANA, António. *Introdução aos apontamentos para a história diplomática contemporânea (1789-1815)*. Lisboa: Ferin, 1907.

VICENTE, António Pedro Vicente. Panfletos antinapoelônicos durante a Guerra Peninsular. Atividade editorial da Real Imprensa da Universidade. *Revista de História das Ideias*, Coimbra, v. 20, 1999.

7. Minha mãe e minha senhora: cartas de d. Pedro a Carlota Joaquina

Francisca L. Nogueira de Azevedo

> *La escritura hológrafa constituía un signo de deferencia en el cuidado lenguaje de corte, donde el número de lineas escritas de própia mano permitía valorar la estimación que a un corresponsal le merecia su destinatario.*
>
> ÁLVAREZ (2001:138)

Conversar por letras

A troca de cartas entre iguais tornou-se, desde o século XVIII, não só o principal meio de comunicação entre os cultos, mas testemunho de uma nova sociabilidade que, por seu caráter privado, servia às mais diferentes manifestações sentimentais, reveladoras de afetos, desgostos, amores, ódios etc.

Qualquer pretexto servia para iniciar ou manter uma correspondência, e nada simbolizava melhor as relações amáveis e corteses dos círculos sociais e intelectuais que se praticavam na Europa da época. No Antigo Regime, escrever cartas era uma atividade corrente entre administradores, burocratas e letrados. A correspondência passou a desempenhar funções tão variadas quanto as motivações que a geraram, uma vez que o gênero epistolar se prestava a práticas escriturárias variadíssimas. Assim, a carta terá um papel fundamental na nova configuração do discurso historiográfico, pois a correspondência é um gênero profundamente permeado pela circunstância em que se escreve. Em geral, os manuais epistolares descrevem a carta missiva como uma conversação entre ausentes. Este diálogo permitia a adoção de uma série de assuntos, estimulado, em parte, pela impossibilidade de se manter uma comunicação oral.

A correspondência, na realidade, respondia aos princípios da arte de conversar; assim, nos epistolários nobiliárquicos e da Corte, as cartas parecem seguir as normas da oralidade. A correspondência seguia os procedimentos e/ou protocolos e a mesma regra de uma conversação, em que as palavras eram cuidadosamente medidas e variavam em atenção a quem as iria receber. Desse modo, em certa medida, a cultura de Corte era precisamente, antes de tudo, uma cultura da conversação e exigia um conhecimento específico de como falar, com quem falar e de que maneira fazê-lo. Para isso, havia vários livros de instrução e etiqueta específicos para cada caso, inclusive para conversa em família (Álvarez, 2001:139).

A interrupção temporária do diálogo epistolar gerava grande mal-estar entre os missivistas e, principalmente, entre familiares. A correspondência fazia parte de um convívio familiar e a assiduidade com que se escrevia significava consideração, amor e respeito do missivista ao destinatário.

Em uma ocasião, logo após o casamento de Maria Isabel com Fernando VII, rei da Espanha, Carlota Joaquina, por não receber respostas das cartas enviadas à filha, escreve à Maria Isabel repreendendo-a severamente, o que gerou carta-resposta do rei, seu irmão e genro, em 24 de janeiro de 1818, na qual desculpa e defende a mulher:

> *Me ha picado mucho El que me trates de inconstante é ingrato, jamas lo He silo, ni lo seré, te amo de corazon, y no se si diga que te quieromas, que tu á mi; se pido que moderes tus expresiones, pues si despues de lo que te quiero, me tratas se este modo, me veré obligado (a par de mi corazon) á no volverse á escribir mas. [...]*
>
> *Tu me dices tambien que Maria Isabel escribiendose, no hace mas que cumplir con su obligacion, que por ser casada no deja de ser hija tuya; Ella y yo lo sabemos; y yo en especial lo lo somo por una suerte de queja, y como una reprension que La haces, sin merecerlo, pues Ella ES un Angel, y nunca me ha hablado mal de ti, antes por El contrario siempre ha manifestado El respeto y amor que te tiene como buena hija, con que asi depan? Toda mala voluntad que tengas contra Ella (que yo creo que no será ninguna).*
>
> *A hora se voy á pedir y aun á suplicar una cosa, y ES que en lãs cartas que escribas de aqui en adelante á mi Maria Isabel La trates con mas cariño, y como una madre cariñosa, pues ya vês que no ES razon, que á Maria Francisca La digas mil cosas alhagueñas, y uses de tanta seguedad con mi mujer, que no lo merece seguramente: esto te lo digoyo, como cosa mia, pues Ella no me ha dicho nada.[1]*

---

[1] Arquivo do Museu Imperial, Petrópolis. I POB 24.01. 1818 FVII. E. C.1-4.

Por ironia do destino, dois dias depois desta carta, Maria Isabel, rainha de Espanha, morre de complicações de parto, causando grande sofrimento à Corte portuguesa. Reclamação semelhante encontra-se na longa correspondência de Luiz dos Santos Marrocos ao pai, que, descontente com o casamento do filho, passa a lhe responder esporadicamente.[2]

Como resultado dessas práticas e discursos da vida das elites ilustradas, forja-se, no século XVIII, uma nova concepção de família, da qual nossa sociedade contemporânea será herdeira: o doméstico entendido como um reduto íntimo em que florescem os afetos mais "naturais" entre esposos e entre pais e filhos. Nessa nova concepção, o papel da mãe na esfera doméstica é central; ela é responsável pelos filhos pequenos e pelo bem-estar do lar e do marido. Vale ressaltar que a centralidade da mãe na relação mãe-filho não é somente preceito do catolicismo, mas uma prerrogativa antropológica, comum também aos ortodoxos, judeus e muçulmanos, e que germinou em parte do mito das antigas origens greco-romana que influenciou toda a cultura ocidental.

A partir do Concílio de Trento (1563), nos países católicos, os matrimônios passaram para a autoridade eclesiástica. O novo e absoluto predomínio da Igreja em matéria de matrimônio evocará a imagem religiosa da Virgem Maria como modelo metafórico de mãe. Como símbolo dominante, a Virgem condensa muitos significados, representa a mãe natural e o materno. A união conjugal e o uso da fecundidade de Eva por parte de Adão implicavam a cópula, enquanto a fertilidade de Maria não envolvia eroticidade. Desse modo, o concílio consolidava a condenação do prazer sexual, não existindo qualificativos para a sexualidade, que permanecia uma inclinação impura, enquanto a reprodução era obra de Deus. Desta maneira, o matrimônio católico tridentino se apresentará não como a união entre os cônjuges, mas como celebração da maternidade e da união mãe-filho (Acati, 2005:67). A ausência desse padrão de mulher e mãe – o da Virgem Maria – levava à desqualificação e à exclusão das mulheres, tornadas, então, párias da sociedade.

---

[2] Luiz Joaquim dos Santos Marrocos nasceu em 17 de julho de 1781, em Lisboa, e morreu em 17 de dezembro de 1838, no Rio de Janeiro. Como funcionário da Real Biblioteca, veio juntar-se à família real no Brasil. Durante seus primeiros anos na Corte, Luiz dos Santos Marrocos escreve com regularidade à família e, particularmente, ao pai, relatando, episódios, notícias e acontecimentos da época. Esta valiosa documentação pessoal é um testemunho raro e uma fonte extraordinária para o estudo sobre a vida social, política e cultural do Rio de Janeiro.

Desde o século XVI, diversos fatores incrementaram a prática epistolar, que se faz, a partir daí, o instrumento de comunicação mais efetivo até os primórdios do século XX. Deve-se particularmente à Ilustração o esforço para o estabelecimento de normas e bases para tal escrita. As cartas, assim, se tornaram um tipo de texto com fórmulas bastante precisas e passaram a observar um modelo definido, articulado em torno de três partes: abertura, desenvolvimento do discurso e encerramento. O formato previa, ainda, a utilização de cláusulas de cortesia no princípio e fim da missiva. A subscrição dos envelopes e o fechamento das cartas também obedeciam a determinado padrão.

No Arquivo do Museu Imperial, em Petrópolis, há um fundo denominado Arquivo da Casa Imperial, doado ao Museu Imperial pelo príncipe d. Pedro de Orleans e Bragança, em 1948. Nele encontra-se número inestimável de documentos sobre o período monárquico brasileiro. Para este trabalho selecionamos 18 cartas enviadas por d. Pedro à mãe, Carlota Joaquina, depositadas no arquivo com a seguinte classificação: I POB [c.1815/1820] PI. B c 1-18.

As cartas são escritas em papel duplo do tipo velino,[3] provavelmente de procedência inglesa, pois, nas marcas de água, em todas as cartas, é possível identificar uma coroa real, tendo abaixo a inscrição Bath, cidade inglesa. A hipótese sobre a procedência do papel se consolida porque o papel velino foi inventado pelo inglês John Baskerville. A cidade, localizada a 119 km de Londres, fica próxima ao condado de Kent. Luís Alves Marques, pesquisador da Biblioteca da Ajuda, assinala que Kent, limítrofe com Londres, era grande produtor de papel; portanto, é possível que Bath também tenha se dedicado a essa atividade. O mesmo autor observa que

> a produção papeleira portuguesa não satisfazia às necessidades internas, quer em quantidade quer em qualidade. Por este facto, era natural recorrer-se aos produtores estrangeiros que forneciam papel para Portugal (e todas as suas colónias) [Marques, 2008:42].

O conjunto epistolar encontra-se bem-conservado, e a caligrafia do missivista facilita a leitura e a decifração de palavras em desuso. As cartas obedecem às normas da escritura epistolar. A margem esquerda é bem grande e, no topo,

---

[3] O papel velino é liso uniforme, muito semelhante ao pergaminho fino (Marques, 2008:41).

do lado esquerdo, o vocativo "Minha mãe e minha Senhora" em quase todas elas. Nas saudações de despedida, d. Pedro usa palavras que manifestam mesura e respeito: "Deste seu filho mais humilde e que lhe beija mão". Das 18 cartas selecionadas, há uma em francês e as demais são em português.

São três os objetivos deste trabalho. O primeiro é destacar a importância da correspondência familiar entre a nobreza. Temos de levar em conta que, a partir do século XVIII, a atividade epistolar entre as famílias letradas é um meio de comunicação extremamente importante, revelador do cotidiano e de sentimentos pessoais dos diferentes membros dessas famílias. Enfim, as cartas faziam parte de uma prática que abarcava não somente as relações distantes, mas também, frequentemente, as pessoas que viviam sob o mesmo teto. O segundo objetivo é mostrar a importância e a variedade de possibilidades que as cartas familiares de nobres oferecem ao historiador: elas indicam novos elementos para compreensão de nosso passado, uma vez que essas famílias atuaram de maneira efetiva na construção de nossa história, ocupando cargos de governo e administração. O terceiro diz respeito à relação público-privado no âmbito da vida da Corte, o que Ernest Kantorowicz definiu como *geminatio regia* entre as esferas pública e privada (Kantorowicz, 1970:172 apud Álvarez, 1999:36). A historiografia tem mostrado que a imbricação entre elas é uma característica marcante da época moderna, do Renascimento às Luzes, e que nas famílias dinásticas qualquer documento, mesmo de foro íntimo – cartas, diários, poesias etc. –, era considerado público, ou seja, de Estado. Não obstante essas observações, pretendemos discutir a privacidade das cartas de d. Pedro para a mãe.

A correspondência que d. Pedro dirige à mãe relata particularidades de seu cotidiano na Corte, estilo de vida, sua relação com mãe e irmãs e até pedidos de favores. Durante a adolescência, d. Pedro passa longas temporadas com o pai em Santa Cruz. Em geral, a família passava de janeiro a março na fazenda real, mas nos últimos anos de Brasil, por motivo de doença e recomendação médica, d. Carlota vive grande parte do ano na chácara de Botafogo.

As 18 cartas compreendem um conjunto epistolar riquíssimo, mas a importância desses documentos não provém do fato de serem consideradas raridades, pois há muitos conjuntos epistolares similares que foram explorados por historiadores e intelectuais. A partir da renovação historiográfica dos anos 80 do século passado, quando se acha em voga a história cultural particularmente, os historiadores passaram a explorar e valorizar este tipo de fonte. Entretanto, sem dúvida, trata-se de documentos muito especiais, pois nos permitem penetrar na intimidade de mãe e filho, buscar desvendar a subjetividade da fala e aprender sobre o tempo em que foram escritos. Como ressaltamos acima, a carta é uma conversação entre ausentes, muitas vezes necessária na hora de buscar cumplicidade e de desabafar certos temas.

Os protagonistas

> Dom Pedro IV, filho de um português e de espanhola, era um d'estes temperamentos meridionaes, especialmente peninsulares, impressionaveis e arrebatados, expansivo e voluveis que contrastam essencialmente com a fleugma, a concentração, e a actividade fria, methodica, das raças do norte [Pimentel, 1914:9].

Com a citação acima, o historiador português Alberto Pimentel inicia seu livro sobre d. Pedro I. É evidente o caráter discriminatório do texto quando compara os ibéricos e meridionais com as "raças do Norte". Contudo, é essa a descrição do caráter e da personalidade do primeiro imperador do Brasil que, – repetida infinitamente na historiografia e nos manuais didáticos, ficara registrada no imaginário social do país. Assim, a memória de d. Pedro, como a de sua mãe, estará sempre vinculada ao temperamento voluntarioso, autoritário e frequentemente avesso às regras.

Há algumas gerações, historiadores e cronistas recorrem aos lugares-comuns mais característicos da "lenda negra" (infâmia, maldade, perversidade etc.) para retratar d. Carlota Joaquina e d. Pedro. A "lenda negra" procura se sustentar na descrição da fisionomia moral de mãe e filho, cujo conteúdo preferencial é a condenação dos vícios, faltas que atingiriam a sua máxima depravação no ambiente familiar. Além dos vícios, a ambos é imputada uma educação precária, sendo libidinosos e extremamente violentos. Afirma-se, ainda, o sentimento de indiferença e desprezo de d. Carlota por seu filho Pedro. É bem verdade que tanto d. Pedro como d. Carlota Joaquina tinham fama de sedutores, apaixonados, irreverentes e cujo temperamento oscilava de generoso e alegre para o genioso e vingativo. Em carta à irmã, d. Leopoldina revela essa característica do marido: "[…] ele diz tudo o que pensa, e isso com alguma brutalidade […]. Vendo, entretanto, que me chocou, chora comigo" (Kann e

Lima, 2006). Em outra ocasião, d. Pedro zombou do idoso capitão-mor de Itu, por achar ridícula a forma como estava vestido. Ao vê-lo chegar com uma indumentária do século XVII, d. Pedro caiu na gargalhada e o Capitão se retirou muito magoado com o príncipe. Sentindo-se arrependido, d. Pedro pediu-lhe desculpas e, meses mais tarde, concedeu-lhe duas condecorações (Gomes, 2010:94).

Depoimento da *azafata*[4] de Carlota Joaquina em carta a Maria Luiza, mãe de Carlota e rainha de Espanha, também é testemunha do temperamento indomável da infanta. D. Ana queixa-se com frequência dos *"mui malos modos"* da princesa. Muitas vezes, a pequena Carlota levava o padre Filipe, seu preceptor, ao desespero, "por estar durante as lições duas ou três horas sem querer falar uma palavra" (Pereira, 1999:29). Por outro lado, mesmo a historiografia, sempre tão anticarlotista, faz referência à sua generosidade. O historiador Tobias Monteiro, por exemplo, assim se refere a d. Carlota:

> Entretanto, fora da política, essa natureza estranha tomava aspectos de brandura, caridade e religião, que comoviam os humildes e despertavam a admiração dos sacerdotes. [...] Com as filhas e os criados ouvia a missa diariamente, consagrava-se a exercícios espirituais e à oração [...]. Cuidava dos criados com muito zelo, mandando deles saber quando adoeciam, ordenando os médicos que fossem ver e procurando saber como eram tratados. Caritativa e compassiva da pobreza dava muitas esmolas e mezadas a famílias necessitadas [Monteiro, 1927:128].

Mãe e filho tinham também em comum o fato de serem muito cônscios de seus deveres como monarcas e da autoridade que o cargo lhes concedia. Ambos formados com os valores do Antigo Regime, acreditavam no poder e direito do monarca na condução dos destinos da nação. Carlota Joaquina era absolutista convicta, enquanto d. Pedro, envolvido pela conjuntura da época, abraçou o constitucionalismo. No entanto, o constitucionalismo do primeiro imperador tinha características particulares. Em seu discurso na abertura da Assembleia Constituinte de 1822, ele prometia aprovar a Constituição "se fosse digna do Brasil e dele" (Lustosa, 2006:20).

---

[4] Azafata: no século XIX, significava mulher da nobreza que servia de criada para rainha, responsável, principalmente, por seu guarda-roupa. Atualmente, a palavra significa aeromoça.

Para entender a atitude da aristocracia da Corte no Antigo Regime, é preciso ter uma noção sobre os valores e as práticas socioculturais da época. A sociedade que se inicia no século XVIII tem uma estrutura social extremamente sólida e coerente; no entanto, ao longo do século se afrouxará até romper completamente com as revoluções que virão. É importante destacar, ainda, que a aristocracia nunca precisou defender a ordem em que vivia contra alguma força externa, pois a ideia de mudança não existia; não se concebia que a sociedade deixasse de ser organizada daquela maneira. A visão de que era possível alterar o curso dos acontecimentos e a estrutura monárquica não fazia parte do horizonte de possibilidades da época.

A partir da segunda metade do século XVIII, os enciclopedistas redigem propostas sistematizadas de uma nova sociedade, pautada em novos valores e referências sociopolíticas e culturais. Não obstante, os enciclopedistas não formularam um projeto de mudança social, embora suas reflexões filosóficas tenham contribuído para minar o sistema monárquico. Em sua maioria, eles refletiam sobre a natureza do poder e seus limites, mas não eram antimonarquistas, nem se envolveram na revolução; podemos, porém, dizer que foram responsáveis pela germinação revolucionária.

Esses intelectuais alardeavam a defesa da razão e da justiça social. No entanto, a justiça social se baseava no poder garantido ao monarca de governar, embora devesse observar alguns limites. Criticavam o privilégio, que consideravam a chave do sistema que consolidava o absolutismo monárquico, uma vez que criava relação de dependência entre o rei e o "privilegiado" por meio do favorecimento pessoal, atrelando os indivíduos aos desejos e desígnios do rei. Dessa forma, uma série de privilégios aproximava ou afastava os indivíduos do poder e dos benefícios por ele proporcionados (Neves, 2000:43).

Embora na península Ibérica o movimento ilustrado não fosse capaz de provocar a intensidade de mudanças que atingiu a França, os governos do rei Carlos III (1759-1788), avô de Carlota Joaquina, e de d. José I (1750-1777), avô de d. João, abriram espaços para inserção do pensamento ilustrado em vários campos da educação e cultura. Ainda que essas modificações tivessem mantido intactos os pilares sociais da velha ordem, baseada no pressuposto natural da desigualdade entre os homens, não foram poucos os grupos que se opuseram a ela. Apesar dos esforços dos monarcas, a Ilustração, tanto em Portugal quanto na Espanha, teve características muito particulares, em virtude, principalmente, da força do clero e Igreja Católica.

Nessa conjuntura observa-se o surgimento de uma nova cultura política no âmbito dessa modernidade, inédita para os contemporâneos e que fratura a base do Antigo Regime. Pode-se imaginar a dificuldade das gerações que viveram entre os séculos XVIII e XIX em ter de enfrentar a nova realidade política ao mesmo tempo que lutavam pela manutenção de seus privilégios.

Carlota Joaquina chega com 10 anos a Portugal para casar com d. João e, quatro anos depois, tem notícia da queda da Bastilha, que levou seus primos ao cadafalso. O impacto da Revolução Francesa foi enorme entre as casas reinantes europeias, e os fatos subsequentes só fizeram alarmar ainda mais essa aristocracia que assistia a seu mundo virar de "cabeça para baixo".

D. Pedro tem nove anos quando desembarca no Brasil, fugindo das tropas napoleônicas que invadiam o reino de sua família. Vivencia todas as expectativas da partida, o medo e a insegurança da viagem.

Oito anos após sua chegada à Corte portuguesa (1793), Carlota Joaquina dá à luz sua primeira filha, a infanta Maria Teresa, dando início a uma série de outras gravidezes. Em 1795 nasce um menino, o infante d. Antonio, que falece com seis anos de idade. Dois anos depois, nasce a infanta Maria Isabel. No ano seguinte, outro menino para o casal real, d. Pedro. Em 1800, nasce a infanta Maria Francisca; em 1801, Isabel Maria; em 1802, d. Miguel. Três anos depois, Carlota Joaquina tem seu oitavo filho, a infanta Maria d'Assunção, e em 1806 nasce o último filho do casal, Ana de Jesus Maria.

D. Pedro nasceu no Palácio de Queluz no dia 12 de outubro de 1798 e foi batizado com um longo nome: Pedro de Alcântara Francisco Antonio João Carlos Xavier de Paula Miguel Rafael Joaquim Jose Gonzaga Pascoal Cipriano Serafim de Bragança e Bourbon. Cresceu em Queluz ao lado dos pais, irmãos e da avó, rainha d. Maria I. Com a morte do irmão em 1801, Pedro tornou-se o segundo na linha sucessória – depois do pai – e, por isso, todas as atenções se voltaram para ele, a fim de prepará-lo para assumir o trono da Casa de Bragança. Carlota Joaquina era extremamente exigente com a educação dos filhos e filhas e, particularmente, com as regras de etiqueta da sociedade de corte. Como herdeiro do trono, Pedro deveria receber educação esmerada. Vários foram os seus mestres em diferentes atividades exigidas na formação de um nobre. Desde pequeno, o príncipe mostrou aptidão para arte manual, música e equitação. Tornou-se exímio marceneiro, ofício que continuou praticando enquanto viveu no Brasil. Nas regras da formação da época, as meninas da nobreza aprendiam religião, a bordar, cantar, recitar, tocar piano; aos meninos eram ensinadas línguas, matemática, música, além da religião e de outras atividades manuais menos delicadas. A equitação era o grande divertimento de Pedro, que, como a mãe, gostava de cavalgar e caçar, atividades preferidas da nobreza. Entre os presentes de casamento que dá a Leopoldina está um cavalo, treinado e adestrado por ele. Leopoldina registra seu gosto pelo animal em carta à irmã: "Tenho quatro cavalos magníficos, chamados Rossini, Chili, Favorito e Madera; Chili parece muito com aquela tua" (Kann e Lima, 2006:315). O avô de d. Carlota, o rei da Espanha Carlos III, um aficionado por cavalos e caçadas, mandou construir pequenos palácios para apoio aos caçadores, e ele mesmo caçava todos os dias.

Um dos principais mestres de d. Pedro foi d. Antônio de Arábia, um jovem sacerdote muito culto e de inteligência brilhante, bibliotecário do convento de Mafra. Embarcou para o Brasil com d. Pedro e ficou ao seu lado até a abdicação, em 1831. O cônego René Pierre Boiret, professor de francês, e Guilherme Paulo Tilbury, professor de inglês acompanharam também o príncipe. Ambos permaneceram com ele até idade adulta.

Outros de seus mestres foram João Rademaker, ex-encarregado de negócios de Portugal na Dinamarca, o qual falava vários idiomas e tinha ampla cultura; José Monteiro da Rocha, cientista cultíssimo, que, quando morre em Lisboa, em 1819, deixa sua biblioteca para d. Pedro; e o professor de música, o maestro Marcus Portugal. Adulto, o príncipe tinha como leitura predileta os divulgadores de novas ideologias políticas, como o napolitano Caetano Filangiere e o franco-suíço Benjamin Constant de Rebeque. Lia, ainda, Voltaire e outros pensadores da Revolução Francesa. Essas "novas ideias" de d. Pedro despertaram apreensão de d. Leopoldina, que, em carta ao pai, comenta: "O meu esposo, Deus nos valha, ama as novas ideias" (Kann e Lima, 2006:403).

Leopoldina se mostra encantada com os dotes do marido. Escreve ao pai dois dias depois de sua chegada ao Rio de Janeiro e, com orgulho, ressalta: "Pedro alem de tudo é muito culto (Kann e Lima, 2006:313). Em nova carta a Francisco II, ela informa que d. Pedro lhe enviava um presente: "Meo marido, que é também compositor envia-lhe uma missa, uma symphonia e um Te Deum que compoz, e para fallar com franqueza é um pouco theatral" (Kann e Lima, 2006:375). Apesar de Leopoldina não ter ficado muito entusiasmada com a peça sinfônica do marido, é inegável a aptidão e o interesse do príncipe pela música. Contemporâneos diziam que d. Pedro era músico talentoso, capaz de fazer composição de qualidade para a época. Mais tarde, quando já tinha abdicado do trono, tornou-se grande amigo de Gioachino Antonio Rossini, compositor erudito italiano, que compôs 39 óperas – das quais a mais conhecida é *O barbeiro de Sevilha*.

A relação entre mãe e filho, ao menos durante a infância, foi afetuosa. D. Carlota se coloca como mãe muito atenta e protetora, mas não se furta a repreender os filhos e, até mesmo, a castigá-los com algumas chineladas. O historiador Oliveira Lima, sempre muito crítico em relação a Carlota Joaquina, assinala: "Foi mãe extremada [...] não havia protetora mais desvelada" (Lima, 1996:180). As cartas trocadas entre ela e d. João são testemunhas desse desvelo com o filho Pedro, quando ele adoece.

Em princípios de 1804, com apenas seis anos de idade, d. Pedro fica gravemente doente. D. Carlota envia ao marido várias cartas contando com detalhes a evolução da enfermidade do filho. Na época, escreve: "Meu filho Pedro adoeceu ontem á tarde com dor de cabeça, frio e febre alta, de noite teve dores de ventre, estímulos, para urinar, dor, e inflamação de garganta, suspeitam os médicos que será febre vermelha: eu mandei chamar os médicos Manoel Luiz Mello e Antônio Soares e Picanço". No dia seguinte, novas notícias: "O Pedro está melhor das dores de ventre, porem passou a noite com muita tosse e os Médicos resolveram que não se purgasse, porque tem boa vontade de comer [...] suspeitam que terá lombrigas, porque tem alguns sintomas delas".

Durante vários dias, d. Carlota passa informações ao marido sobre a saúde do filho: "O Pedro passou melhor a noite, vieram os Médicos e não lhe acharam febre, porém mandaram-lhe dar um vomitório, o qual fez bom efeito [...] depois dormiu uma hora e vinte minutos, acordou bebeu o caldo, e está mais esperto, e tem suado muito". Numa outra carta, tranquiliza d. João sobre a evolução da doença: "Cá todos estamos bons; graças a Deus, o Pedro continua a passar bem" (Azevedo, 2008:81-83).

A historiografia afirma que a relação de d. Pedro com o pai é que era muito distante e repleta de desconfiança. Tobias Monteiro escreve:

> Os contemporâneos e os visinhos dessa epoca são unânimes em atestar o afastamento existente entre elle e D. João. Diz Armitage que ambos eram separados por pronunciada indifferença e Marechal punha Metternich ao corrente da "desunião e desconfiança entre pai e o filho" [Monteiro, 1927:128].

É importante observar que, como no casamento no Antigo Regime, as relações amorosas entre pais e filhos só podem ser entendidas pela lógica da sociedade de corte, em que as relações afetivas na casa nem sempre eram a base do cotidiano. A historiografia costuma ressaltar que, na Idade Moderna, a relação entre pais e filhos não era uma relação de afeto, mas, muitas vezes, de hostilidade ou indiferença. Entretanto, com a utilização de novas fontes históricas, como memórias, correspondência e diários, considera-se essa versão limitada. É verdade que, para a maioria das crianças do Antigo Regime, a infância não foi geralmente o que consideramos uma etapa feliz. Na maior parte das famílias, elas tinham uma relação distante com seus familiares, que frequentemente as tiravam de casa ainda pequenas, por razões diversas.

Carlota Joaquina, como muitas meninas da sociedade de corte, deixa sua casa aos 10 anos para cumprir um acordo diplomático entre seu avô, o rei Carlos III e d. Maria I, rainha de Portugal, acordo que previa o casamento da pequena Carlota com o infante d. João de Bragança. Da mesma forma, d. Pedro I deixa no Brasil seu filho, o futuro Pedro II, com cinco anos de idade, quando parte para assumir o trono de Portugal.

D. Pedro casa-se com a arquiduquesa austríaca Carolina Josefa Leopoldina, no dia 13 de maio de 1817 em Viena, sendo o noivo representado pelo arquiduque Carlos, tio de Leopoldina. Assim, o casamento do filho de d. João de Bragança com a filha de Francisco II de Habsburgo, que na época era uma das mais influentes monarquias da Europa, consolida um dos mecanismos mais tradicionais do Antigo Regime para formalizar as alianças entre Estados. O enlace interessava muito à Casa de Bragança, pois significava realçar seu prestígio no âmbito das monarquias europeias, mas, por outro lado, a Áustria via com bons olhos o fortalecimento da monarquia portuguesa, entendida como grande anteparo ao movimento republicano que se espalhava pelas Américas.

Leopoldina chega ao Rio de Janeiro no dia 5 de novembro de 1817, e a recepção da família real no momento de sua chegada a deixa entusiasmada: "Não fazia uma hora que adentrara ao porto quando chegou toda a família para me prestar visita; [...] fiquei profundamente emocionada com a recepção que me ofereceram. Todos são anjos de bondade" (Kann e Lima, 2006:75).

O casal teve sete filhos. A primeira, nascida em 1819, chamava-se Maria da Glória; o segundo, Miguel, nasce morto em 1820; em 1821 nasce o primeiro menino, João Carlos, que morre aos 11 meses; em 1822 nasce Maria Januária

Carlota; em 1823, Paula Mariana, que morre aos 10 anos; em 1824, outra menina, Francisca Carolina Joana e, em 1825, o varão, Pedro de Alcântara, que mais tarde será o imperador Pedro II do Brasil.

Entretanto, ao longo da vida conjugal, a relação entre o casal foi-se deteriorando, principalmente após a paixão arrebatadora de d. Pedro pela paulista Domitila de Castro Canto Melo – depois marquesa de Santos –, que o levou a quebrar regras de protocolo e deveres matrimoniais. Leopoldina lamenta-se com a irmã: "Há quase quatro anos [...] por amor de um monstro sedutor me vejo reduzida a um estado de escravidão e totalmente esquecida pelo meu adorado Pedro" (Kann e Lima, 2006:452). O romance com Domitila afetará não só as relações familiares como também a popularidade do imperador.

Leopoldina era querida entre os amigos e súditos, pois representava o modelo clássico de mulher-mãe para a época – paciente, abnegada, dedicada, discreta, capaz de pôr os interesses do Estado acima dos seus próprios sentimentos. Por sua vez, o matrimônio era imposto como um sacramento instituído por Deus, cuja função básica era a procriação. Aos olhos das autoridades religiosas e civis havia, basicamente, dois tipos de comportamento sexual: um aceitável e outro repreensível. O primeiro era conjugal e praticado em função de procriação. O segundo era governado pela paixão amorosa e pelo prazer sexual; seus resultados, disformes ou ilegítimos, e sua lógica, a da esterilidade. Condenada fora do casamento, a paixão sensual tornou-se ainda mais condenável no interior do matrimônio, pois ameaçava não só a ideia controlada e contratual da afetividade conjugal e a saúde dos filhos concebidos no calor do excesso amoroso, mas também a capacidade de o casal amar a Deus, contaminado pelo amor terrestre mais do que pelo amor espiritual (Grieco, 1991:95).

D. Carlota Joaquina e d. Pedro, seres políticos por excelência, vivendo num momento de grandes transformações, seguramente não puderam assimilar facilmente todas as mudanças que se apresentavam. Com o absolutismo em franca crise, os homens livres e pobres, que formavam demograficamente a parte mais importante da sociedade, e que, de acordo com a ordem societária do Antigo Regime eram mantidos "em seus lugares", viam nessa nova conjuntura motivos para ganhos políticos, o que, e muito, temiam as elites.

A luta entre a conservação dos valores do Antigo Regime e a imposição de uma nova ética política e social tem presença indelével nas atitudes e atuação pública desses dois personagens de nossa história: ambas vão deixar as marcas das ambiguidades e contradições desse tempo de incertezas.

As cartas

As 18 cartas selecionadas no acervo do arquivo do Museu Imperial, escritas por d. Pedro à mãe em diferentes momentos de sua vida, são, inegavelmente, um conjunto documental preciosíssimo pela variedade de possibilidades que se apresentam para o conhecimento, não só dos personagens, mas também das referências socioculturais do momento em que foram escritas. No entanto, essa correspondência não é importante apenas pelo fato de conter informações sobre o círculo familiar e a conjuntura social; as epístolas tornam-se particularmente valiosas, pois, em primeiro lugar, falam a partir da perspectiva do próprio d. Pedro; em segundo lugar, por estarem inseridas em um duplo espaço: no público e no privado. Deve-se considerar, ainda, que não é o fato de terem sido escritas pelo príncipe que confere o caráter privado ao documento, pois se sabe que toda a correspondência na Corte *moderna* era considerada de Estado, e em nenhum momento membros das dinastias gozaram de privacidade e individualidade como se entende nas sociedades burguesas.

Várias razões podem fundamentar a condição privada dessa correspondência. Em primeiro lugar, as cartas não foram duplicadas. A maioria da correspondência da Corte era copiada por um escrivão real, que a arquivava depois de assinalar que se tratava de uma cópia. As cartas também não foram enviadas ao arquivo real, mas guardadas pela mãe, d. Carlota Joaquina, e passaram por várias gerações da família até serem entregues ao Arquivo do Museu Imperial. Ressalte-se, em segundo lugar, o fato de o príncipe ter escrito todas as cartas de próprio punho, indicando, assim, desejo de privacidade.

Philippe Áries demonstrou que um dos indicadores do crescimento da privacidade na Idade Moderna foi a difusão da escrita autográfica, que se deve considerar como "indício de uma vontade mais ou menos consciente, por vezes obstinada, de se isolar" (Ariès, 1990:11). As cartas de d. Pedro a d. Carlota, diferentemente da documentação da Coroa, não têm indicação de local nem da data em que foram escritas, o que nos fornece suposição de intimidade e informalidade e o caráter privado de tais epístolas. Ao considerar privadas as cartas, queremos destacar dois pontos: o primeiro, a possibilidade da existência de sigilo e privacidade na sociedade de corte; o segundo, a intimidade da relação entre mãe e filho.

Inicialmente, é importante observar que, apesar de as cartas não indicarem local nem data, um primeiro inventário realizado pelo Arquivo do Museu Imperial classificou a correspondência tendo como parâmetro o período que vai da adolescência de d. Pedro até os primeiros anos do casamento com d. Leopoldina. O inventário ainda propõe que as cartas do príncipe devam ter sido escritas entre 1815 e 1820, ou seja, dos 17 aos 22 anos de idade.

A partir dos dados fornecidos pelo arquivo, a leitura das cartas, a análise e o cotejo do conteúdo permitiram-nos sugerir outra datação e arriscar indicar de onde d. Pedro escrevia. A partir dessas anotações, ordenamos as cartas por critérios cronológicos. É necessário ressaltar que tal ordenação partiu apenas dos indícios fornecidos pelos assuntos tratados na correspondência.

De acordo com o novo critério adotado, a correspondência tem início em 1814, e não em 1815, porque se observa que a partir de um determinado momento há grande preocupação de d. Pedro com a saúde da mãe. Relatos de historiadores e cronistas informam que em uma manhã de fevereiro de 1814, estando Carlota Joaquina no Paço, resolveu ir à capela real assistir ao jubileu, quando foi acometida de fortíssimo "ataque de peito", retirando-se imediatamente para o palácio. Uma junta de seis médicos assina o laudo que descreve o evento. "[...] no período de cinco a seis anos de residência nesse Pais, tem sofrido quatro ataques de Peito mais notáveis alem da repetição de outros menores; padecido uma grande obstrução no Fígado; e vai para um ano sendo amiudadas vezes acometida de explosão de erisipela no Rosto e Cabeça". Na tarde do mesmo dia, por recomendação médica, Carlota Joaquina vai para chácara de Botafogo, "onde se viu obrigada a recolher-se na cama" (Azevedo, 2003:328). No dia seguinte, em 21 de fevereiro de 1814, às 11 horas da noite, d. João escreve de Santa Cruz à esposa, comentando o ocorrido. "Meu amor. O meu camarista recebeu uma carta de teu viador a qual lhe dizia me participasse que ontem, quando chegaste da cidade, tinhas tido um grande ataque de respiração" (Azevedo, 2008:94).

Luiz dos Santos Marrocos, em cartas ao pai, comprova a debilidade do estado de saúde da princesa. Em 11 de março de 1814, informa que d. João passou de 15 a 20 dias em Santa Cruz, e comenta a doença de d. Carlota:

Sua Alteza Real a Sereníssima Senhora Princesa D. Carlota tem passado muito mal com um grande ataque de sua moléstia, que tem causado o maior cuidado, e sentimento a todos; e agora poucas melhoras ainda se lhe conhecem. Decidiram os seus médicos em Junta ser conveniente que para a primavera futura a mesma Senhora se transferisse para o Sitio do Pau Grande, no caminho de Minas [...] e alli gozar dos bons ares para Sua saúde [Marrocos, 1934:244].

Aproximadamente um mês depois, Marrocos volta a comentar com o pai: "Sua Alteza Real a Princesa Dona Carlota continua na sua moléstia com grandes incômodos, e se resolveu ir a seu tempo para Suruí, um Sitio pouco distante daqui, e já não vai para o Sitio de Pau Grande" [Marrocos, 1934:252].

Na correspondência de d. Pedro para mãe há uma carta em que ele menciona a "perigosa saúde de sua majestade". Segue-se uma série de outras cartas tratando do mesmo assunto.

"TENHO A HONRA DE HIR DESTE MODO SABER DA PERIGOZA SAÚDE DE VOSSA MAGESTADE, E AO MESMO TEMPO OFERECER-LHE ESSA CAÇADA AINDA QUE PEQUENA MAIS MUITO GOSTOZA".[5]

Ao fazer uma correlação entre o acidente ocorrido com d. Carlota e a data da carta de d. João, é viável supor que a carta de d. Pedro, que na época estava

---

[5] Carta de d. Pedro para Carlota Joaquina. Arquivo Histórico do Museu Imperial. I. POB [c.1...] [D.11].

com o pai em Santa Cruz, seja do mesmo período. Desse modo, classificaremos as cartas de forma cronológica, a partir de 1814.

A carta escolhida para abrir o conjunto epistolar teve critérios subjetivos, pois optamos por uma epístola com texto pueril e ingênuo, ou mais próxima de um adolescente de 15 anos. D. Pedro envia à mãe uma caixa, possivelmente feita por ele, que gostava muito de trabalhar com madeira, inclusive com incrustes de marchetaria. Nesse gesto, podem-se identificar simplicidade em seus interesses e até no carinho pela mãe, e uma atitude de adolescente. No texto da carta, comunica à mãe que envia a caixa que "havia prometido hontem e que Vossa majestade teve a bondade de aceitar. Deus queira que ela ache Vossa majestade com contendo de servir della que hisso que deseja". D. Pedro sente-se orgulhoso e agradecido por a mãe ter aceitado o presente. D. Carlota, por sua vez, ao receber a caixa, manifesta seu incentivo ao filho. É uma das únicas correspondências em que não há menção à sua enfermidade, o que nos leva a supor que ela ainda não havia adoecido.

Na mesma carta há um *postscriptum* na margem esquerda da página, em que a mãe é informada de que "não sei nada mais que lhe possa participar pois em sabendo [...] vos irei dizer". Pode-se concluir certa cumplicidade de d. Pedro com a mãe. A aversão que muitos dos "homens" de d. João tinham por d. Carlota, bem como suas intrigas, fazia com que ela se mantivesse alerta e criasse uma rede de informações para se precaver de possíveis surpresas desagradáveis. Assim, o filho Pedro parece estar disposto a confiar à mãe os segredos do cotidiano do palácio. A carta deve ter sido escrita de Santa Cruz, em princípios de fevereiro de 1814. A assiduidade com que escreve à mãe é sugerida quando d. Pedro menciona que no dia anterior também lhe havia remetido uma correspondência.

Na segunda carta, provavelmente também escrita de Santa Cruz, no mesmo ano, d. Pedro demonstra-se muito preocupado com o estado de saúde da mãe. Numa terra onde havia poucos recursos para cura de enfermidades, o uso de drogas, ervas e até animais era frequente na dieta de enfermos. Era comum, por exemplo, o uso de alguns pássaros para ajudar o restabelecimento dos doentes: "Para desfalecimentos jacus e jacutingas de 'bom gosto e saudáveis'" (Souza, 2004). A fazenda em Santa Cruz era o lugar de caçadas dos membros da família real, um dos divertimentos prediletos da nobreza. Além disso, as caças eram muito apreciadas na mesa real. D. Pedro, caçador experiente, envia a d. Carlota uma de suas presas e comenta sobre a qualidade das aves da região, "principalmente as Arapongas[6] que são verde e brancas". Faz uso da medicina popular colonial e assim presenteia a mãe com diferentes pássaros abatidos por ele, a fim de ajudar em seu restabelecimento. Ao despedir-se da mãe, pede-lhe que o recomende "a Mana" e apresenta-lhe votos de recuperação, "sertificando-lhe o quanto estimo suas melhoras. Deste teu filho que muito a estima e lhe beija a mão. Pedro". Note-se que, em várias mensagens, d. Pedro demonstra preocupação com as irmãs.

Nas cinco cartas seguintes, ainda em 1814, Pedro continua atento à doença da mãe. Ele permanece em Santa Cruz, uma vez que continua mencionando suas caçadas. "Vossa Majestade perdôe a tardança de hir por esta saber da saúde de Vossa Majestade a qual me interesso muito mas Vossa Magestade perseberá a mi ollos de incodicionalmente devoção tão mal tida que elles tem tido". O filho desculpa-se e se autorrepreende por não ter estado mais próximo da mãe. Também se justifica por não ter enviado mais caças, mas explica: "porque o campo esta cheio athe a porta, mas tão depressa vaze remeterei a Vossa Majestade uma caçada de gosto". Para d. Pedro, o envio das aves era motivo de orgulho e uma forma de manifestar consideração pela mãe. Em outra missiva, remete a caça prometida e lamenta não ter podido enviar-lhe antes, "mais foi pellos motivos já ditos na carta que eu já tive a honra de escrever para Vossa Majestade". Na despedida, manda recomendações à "mana Izabel".

Num breve bilhete, o filho interroga d. Carlota sobre como ela tem passado, menciona saber que está melhorando e deseja, então, que "assim o continue a fazer". Em outra correspondência, pede novamente à mãe que o informe sobre sua saúde. Desculpa-se por enviar apenas uma caça, "mas hoje não pude apanhar mais, mas espero que assim mesmo seja do gosto de Vossa Majestade pois esta será a maior consolação que posso ter". O assunto relativo à enfermidade de d. Carlota Joaquina se repete em várias cartas e, muitas vezes, o filho Pedro escrevia-lhe apenas um bilhetinho: "Desejo que V.M. tenha passado bem e continue a passar para nossa consolação".

Assim, repetidamente, d. Pedro demonstra seu interesse e envolvimento com a doença de d. Carlota, perguntando sempre como ela tem passado e se gostou "dos pássaros que eu tenho tido a honra de mandar e agora remeto uma

---

[6] Araponga: pássaro silvestre.

Jacutinga e dois Queroqueros[7] que desejo agradem a V.A.R.". É possível que esta carta seja do primeiro semestre de 1816, pois d. Pedro dirige-se à mãe como "Vossa Alteza Real", em vez de "Vossa Majestade". É provável que a mudança de tratamento esteja relacionada à elevação do Brasil a Reino Unido, em 16 de dezembro de 1815, ou mesmo à morte de d. Maria I, em 20 de março de 1816. É a única carta em que trata a mãe por Vossa Alteza Real, por isso nos faz supor que esteja relacionada a um fato específico.

Novamente em 1815, Marrocos, em carta ao pai, confirma a continuidade da doença de d. Carlota: "Sua Alteza Real a Senhora Dona Carlota tem estado muito doente de suas moléstias, o que a todos tem causado grande sentimento".

D. Pedro também anota e lamenta a piora da mãe. Observação cuidadosa permite suspeitar que a carta também seja de 1816. A letra é mais firme, palavras mais precisas revelando escrita mais madura. É possível também que a carta não tenha sido escrita de Santa Cruz. D. Pedro não fala de caçadas: o assunto central é sua preocupação com a enfermidade da mãe. As expressões de sentimento e afeto são mais eloquentes, e, para não deixar de presentear a mãe, no *postscriptum* pede perdão "em ofertar esse pequeno mais exquezito Inseto a que se chama de Alenterna".

Numa das cartas, após perguntar sobre o estado de saúde da mãe, Pedro escreve: "dou por este modo as boas festas a Vossa Majestade". Na intenção de datar as cartas, observamos que os votos de boas festas não se referem, certamente, à época de Natal, pois era um período de grandes festividades religiosas e familiares – em geral, nas festas de final de ano a família se reunia em São Cristóvão. Outro fato que sustenta essa hipótese é o sintagma "boas festas" estar grafado com iniciais minúsculas. Quando se refere ao Natal sempre vem escrito em letra maiúscula. Pode-se deduzir que o príncipe deve estar se referindo a outras festas religiosas, inclusive à data da chegada de d. João ao Brasil, que era sempre comemorada com festas e *Te Deum* nas igrejas, ocasião em que o casal real era cumprimentado por todos os súditos.

A carta seguinte também deve ter sido escrita em fins de 1816. A partir dela, d. Pedro fica um tempo sem perguntar sobre o estado de saúde de d. Carlota, o que nos faz crer que ela tenha melhorado. O ano de 1816 é um

---

[7] Jacutinga: ave comum da mata Atlântica; quero-quero: pássaro típico da América do Sul.

período de muito entusiasmo para Carlota Joaquina, pois é ano do casamento de suas filhas Maria Izabel e Maria Francisca com os tios, o rei Fernando VII de Espanha e d. Carlos, ambos irmãos de d. Carlota. Era pretensão da princesa acompanhar as filhas à Espanha, onde se realizaria o casamento. Estava quase tudo pronto quando os conselheiros do rei decidiram impedi-la de partir, alegando seu novo *status* de rainha, após a morte de d. Maria I.

Ainda na mesma missiva, d. Pedro escreve que deve "dar os parabéns a Vossa Majestade do dia de hoje". Caso d. Pedro esteja se referindo ao aniversário da mãe, a correspondência data de 25 de julho. Entretanto, no Antigo Regime era comum se festejar, entre outros santos, o dia do santo padroeiro da monarquia. D. Carlota costumava fazer grande festa no dia de São Carlos, padroeiro de sua dinastia e santo de devoção de seu avô, comemorado no dia 4 de novembro. Na carta ainda oferece à mãe "essa Ererê[8] que matei hontem", o que nos faz crer que tenha voltado à fazenda real de Santa Cruz.

Nas missivas seguintes é mais fácil a identificação da data e do local de onde foram escritas. Pode-se concluir que duas delas são do ano de 1817 e redigidas no palácio de São Cristóvão. Numa, d. Pedro pede desculpa à mãe por "não ter tido a honra de beijar pessoalmente a Mão de Vossa Majestade, mas a razão foi porque eu tinha hido a Cavallo em um Cavallo que eu ando ensinando para dar a minha Esposa quando chegar". A proximidade da chegada de d. Leopoldina muda a rotina de d. Pedro. Ela deixa a Europa em 15 de agosto de 1817, depois de se ter casado por procuração no dia 13 de maio de 1817. Ainda na mesma missiva, d. Pedro explica o motivo de seu atraso e pede: "[...] queira V.M. desculpar-me dar-me sua Mão a beijar por este modo, e aceitar hum ramo de flores o qual o portador é *Monsieur* Boiret". O filho adulto não envia mais caixas fabricadas por ele, nem caças, nem insetos; oferece à mãe flores para que ela o perdoe de seus atrasos. Sempre atencioso em relação às irmãs, d. Pedro acrescenta um *postscriptum* da carta pedindo notícias das "Manas". Solicita à mãe que mande informações da "Mana Anica", Ana de Jesus, a caçula de suas irmãs.

Monsieur Boiret, o mensageiro das flores, é responsável pelas aulas de francês do futuro imperador, intensificadas a partir da efetivação do contrato de casamento entre d. Pedro e d. Leopoldina, por ser a língua na qual se comu-

---

[8] Ererê: pássaro da mata Atlântica.

nicaria inicialmente com a esposa. Como prova de seus avanços no estudo de francês, d. Pedro escreve à mãe nesse idioma. Declara que se sente muito aflito pela indisposição dela e finaliza a missiva com saudações de sempre: "*Comme le fils lo plus obeissant et le respectueux. Pierre*". Certamente esta carta é de 1817.

Segue outra carta em que agradece à mãe "por me mandar João da Cunha com notícias da Mana Anica" e comenta sobre as lições que toma com o frei Antonio. As notícias dos dotes culturais de d. Leopoldina fizeram com que d. Pedro se dedicasse mais aos estudos para não fazer "feio" frente à mulher. Como acontece com as aulas de francês, d. Carlota acompanha passo a passo todas as atividades do filho. D. Pedro faz questão de se justificar quando algum motivo pode levar a mãe a suspeitar de sua indisciplina, "segundo o que me disse Antonio [...] não me achou mas eu estava na lição do Padre Mestre Frei Antonio que começou hoje".

Observa-se nesse novo conjunto de cartas uma mudança de assunto. A partir desse grupo, d. Pedro demonstra-se mais amadurecido e com interesses ligados à família e a pessoas por ele protegidas. Em uma das cartas, já casado com d. Leopoldina, está preocupado em conseguir uma ama para sua primeira filha, Maria da Gloria, nascida em 9 de março de 1819. Apos perguntar sobre a saúde da mãe, d. Pedro escreve:

> Minha Senhora dou parte a Vossa Majestade que a ama que cá está tem estado esses dias muito consumida por causa do marido não tem dormido nem sossegado esta sempre a chorar e não quer comer, portanto Vossa Majestade fassa o favor de mandar para cá a outra e esta hirá em lugar della para lá athe Vossa Majestade mandar, ou que depois continue a criação quando estiver livre das complicações ou o que Vossa Majestade determinar.

D. Pedro se enternece com o sofrimento da mulher e pede à mãe que a substitua. A outra carta faz menção ao "batizado da menina", realizado em 4 de março de 1819. Assim, a data da carta deve ser próxima à do batizado, pois d. Pedro assinala:

> Perdõa Vossa Majestade escrever agora, mas lembrome que era melhor querendo Vossa Majestade que a D. Elenna de Lima seja antes para a Menina porque como Ella não pode cá estar para o Baptizado tanto faz que seja nomeada para

Menina [...] a outra e para a Menina será melhor porque ella preciza de huma Dama mais capaz do que hum homem [...].

As cartas comprovam o envolvimento de Carlota Joaquina com o cotidiano do filho, do mesmo modo que d. Pedro incumbe a mãe de decisões importantes sobre sua família.

Num outro conjunto de cartas, d. Pedro está preocupado com pessoas a quem protege. Em uma delas, pede a d. Carlota que o ajude na alforria de um mulato:

> Aqui se acha hum mulato por nome Bernadino Telles, Casado com uma mulher forra, e com nove filhos este por acaso he este dito merece bem a contemplação de Vossa Majestade forriando que he o que elle quer. E demais em outro dia mandei escrever ao Senhor para ver se elle recebia vinte doblas que he o que o mulato tem para lhe dar por si, sinto infinitamente não poder servir de Capitão do Matto para Vossa Majestade.

As manifestações abolicionistas de d. Pedro nunca foram muito divulgadas, mas há um documento no arquivo do Museu Imperial, datado de 1823, no qual o já imperador defende a abolição da escravatura. O jornalista Laurentino Gomes, comentando o documento, é contundente: "As ideias ali expressas são claras, lógicas e de tamanha lucidez que poderiam ser assinadas por qualquer grande abolicionista que, meio século mais tarde, dominaram a cena política brasileira" (Gomes, 2010:254).

D. Pedro sabia que podia contar com a cumplicidade da mãe, pois, além de ser sempre sensível à situação dos pobres em geral, Carlota Joaquina também estava atenta aos problemas da escravidão. Numa ocasião, em um de seus passeios pela cidade, viu um senhor açoitando uma escrava. Mandou parar a carruagem em que estava e pediu ao senhor que parasse de bater na mulher. Como o homem continuou a açoitá-la, Carlota Joaquina alforriou a escrava.

Na última carta da série, d. Pedro volta a pedir à mãe proteção para os amigos: "Com maior respeito apresento a Vossa majestade com esta carta o nome das duas filhas de Caupery em Nome das quaes eu beijo a Mão de Vossa Majestade juntamente com a mais família. Sou de Vossa majestade filho o mais obdiente e que lhe beija a Mão. Pedro".

Pedro Jose Cauper era amigo e guarda-roupa de d. Pedro. É possível que o príncipe estivesse pedindo à mãe algum tipo de privilégio para as filhas do amigo, que acobertava suas "fugidas amorosas", o que leva d. Leopoldina a queixar-se ao rei, e o amigo é mandado de volta a Portugal com toda a família.

As duas últimas cartas devem ter sido escritas do palácio de São Cristóvão, por volta de 1820. A primeira, sobre o pedido de alforria, é redigida numa fase em que d. Pedro, provavelmente, está consolidando suas reflexões sobre a escravidão, reflexões que vão culminar no documento de 1823; a segunda também deve ser da mesma época, porque os historiadores fazem referência ao caso de Pedro Cauper, mencionando que d. Pedro tinha apenas dois ou três anos de casado.

Conclusão: entre o público e o privado

Nos últimos anos, muitos historiadores, por caminhos diversos, têm procurado conhecer a natureza das relações familiares no Antigo Regime. Com o desenvolvimento da história da família, pesquisadores passaram a se interessar pela natureza dos vínculos que se estabelecem entre os indivíduos e o grupo, isto é, o papel deles nas relações pessoais, frente ao amor, ao afeto, à linhagem, às alianças de classe, ao patronato ou clientelismo. Paralelamente, a família se destaca como unidade fundamental na compreensão do social e nas estruturas de poder, e, assim, a faceta conflituosa das relações familiares passou também a ser considerada objeto de estudo. No entanto, temas relacionados ao amor e ao afeto têm tido escasso tratamento historiográfico. Se a função eminentemente política das cartas de membros das monarquias já é conhecida, as dimensões afetivas desse epistolário ainda têm sido pouco trabalhadas.

A análise da correspondência familiar permite penetrar nas esferas afetivas e perceber a enorme variedade de situações no relacionamento entre familiares, tornando-se lócus privilegiado para observação, tanto dos conflitos quanto das relações de amor e afeto. O conjunto epistolar selecionado para este trabalho reforça essas afirmativas, pois expõe de maneira ampla as relações familiares na sociedade de corte, além de expor o estilo de vida, a sociabilidade e, particularmente, a visão de mundo de d. Pedro.

O que se ressalta em toda a correspondência entre d. Pedro e d. Carlota Joaquina é a ausência de uma comunicação protocolar; as cartas demonstram espontaneidade e intimidade entre mãe e filho.

Um tema recorrente é a preocupação de d. Pedro com o estado de saúde de d. Carlota. Pelos presentes que enviava à mãe, pode-se observar uma transição do jovem para a maturidade. Quando adolescente, remete a d. Carlota uma caixa, possivelmente fabricada por ele; em outro momento, um inseto que achou interessante, além de várias caças para ajudar na recuperação da mãe. Adulto, com outras preocupações, envia-lhe, com pedido de desculpas por não ter podido visitá-la, um ramo de flores. A privacidade das cartas permite perceber o outro lado da personalidade do príncipe, emotivo e envolvido afetivamente com a mãe e com as irmãs, mais próximo de seus familiares e menos formal em suas manifestações afetivas.

Assim, apesar do temperamento de natureza impulsiva, voluntariosa e muitas vezes volúvel, tendo frequentemente repentinas explosões de humor, o que tornava difícil o convívio com ele, d. Pedro, em muitos momentos, demonstra o outro lado de sua personalidade – delicada, simples e emotiva. Com a proximidade da chegada de d. Leopoldina, por exemplo, ele próprio se dispõe a treinar o cavalo que vai dar de presente à mulher. Numa outra situação, diante da morte do filho primogênito, demonstra sua profunda desolação em carta ao pai: "Nunca tive – e Deus permita que não tenha outra – ocasião igual a esta como foi o dar-lhe o último beijo e deitar-lhe a última benção paterna".[9] Do mesmo modo que é constantemente acusado de abuso de poder, de ser autoritário e pouco ético, em correspondência ao pai, em 17 de julho de 1821, é capaz de assumir atitudes magnânimas em relação ao Brasil.

Com a partida da família real de volta a Portugal, os cofres públicos ficaram completamente vazios, e o país precisava economizar de forma radical. D. Pedro, então, cortou seu próprio salário, vendeu os cavalos de sua cavalariça real, animais pelos quais tinha grande paixão, e deixou na Corte apenas o necessário para serviço do palácio. Ainda assim, mandou que se plantasse capim nos arredores do palácio para economizar na alimentação dos animais. "Comecei a fazer economias, principiando por mim",[10] comunica ao pai.

---

[9] Arquivo do Museu Imperial. I POB (1821) PI PR. 3.
[10] Ibid.

No entanto, apesar de sua sensibilidade para música e poesia, generosidade com os desprotegidos, foi por muitos memorialistas e historiadores considerado libertino e depravado. Aliás, o estilo de vida na Corte d. Pedro é também assunto de severas críticas e pilhérias. O historiador Tobias Monteiro, citando Arago, escreve sobre a Corte de Pedro I: "Côrte abastardada, onde a libertinagem chegava às vezes até o cinismo e os senhores davam o exemplo do aviltamento e da depravação". No entanto, o mesmo autor reconhece que d. Pedro "foi poeta, fez-se músico, chegou aprender mathematicas elementares e fallar algumas linguas" (Monteiro, 1927:146).

Sem dúvida, a relação de d. Pedro com Domitila, certamente muito cruel em relação à esposa Leopoldina, marcou de forma indelével a vida e a personalidade do imperador. As lamentações de d. Leopoldina aos amigos e a exposição pública da amante engrossaram a "lenda negra" sobre d. Pedro, da mesma maneira que Carlota Joaquina foi sempre acusada de aviltamento do lar e do marido, o bondoso d. João, por seus amores escandalosos fora do casamento.

A cumplicidade entre d. Carlota e o filho aparece desde as primeiras cartas. D. Pedro se apresenta como confidente diante das possibilidades de intrigas e conluio, comuns às sociedades de Corte. Também é com a mãe que se socorre quando quer pedir proteção para alguém, ou mesmo para a solução de seus problemas cotidianos, como, por exemplo, conseguir, uma boa ama para a filha. É possível que esta cumplicidade seja resultado de similaridades de interesses e de personalidade. O historiador Mello Moraes é enfático em afirmar que d. Pedro herdara do pai apenas o "pendor para a música" e, no restante, era todo a mãe. De certa forma, as cartas confirmam o parecer do historiador.

Na correspondência entre d. Pedro e d. Carlota Joaquina, é possível, ainda, conhecer interessantes aspectos da vida da Corte, o cotidiano de membros da família real, a existência de uma rotina de deslocamento de palácios, como acontecia nas cortes europeias. D. João tinha preferência pela fazenda real de Santa Cruz e pelo palácio de São Cristóvão; d. Carlota, em busca de melhores ares para ajudar em sua recuperação, passava grande parte do tempo na chácara de Botafogo.

O lazer e as atividades mais comuns no dia a dia da família também são tratados na correspondência. Entretanto, o aspecto mais importante é a revelação da personalidade do nosso primeiro imperador, sua intimidade e relacionamento com a mãe. Nas primeiras cartas, quando d. Pedro ainda era adolescente, observa-se a assiduidade com que se comunica com d. Carlota, pois frequentemente se refere à missiva do dia anterior. Pode-se especular que a ausência de uma sequência mais precisa entre as cartas deve-se, possivelmente, ao fato de que muitas delas se tenham perdido ao longo desses anos, e outras podem ter sido levadas por d. Carlota de volta a Portugal.

Finalmente, vale ressaltar que a historiografia, sempre muito severa na construção do perfil de d. Carlota e de d. Pedro, divulga e reforça que havia desamor entre mãe e filho desde a infância do príncipe. É verdade que, com a morte de d. João e a disputa pelo trono português, as relações familiares se alteraram, criando-se dois "partidos": o de d. Miguel e o de d. Pedro. D. Carlota não esconde sua preferência pelo pelo filho d. Miguel, cujo projeto absolutista tinha sido germinado por ela, enquanto d. Pedro, apoiado pela Inglaterra, representava o constitucionalismo. Diante de suas convicções políticas, a rainha não duvidou em ficar ao lado do filho mais novo, levantando a ira dos liberais, que passaram a odiá-la e a difamá-la em livros, panfletos e jornais. Essa dissidência vai ser explorada ao máximo pela história, mas as cartas e outros documentos nos levam a crer que a severa desavença entre os dois foi resultado da crise sucessória em Portugal.

É pertinente lembrar, ainda, que a historiografia brasileira, responsável pela construção dos vultos da nação, é, em sua maioria, sustentada por ideais liberais e/ou republicanos, e muitos deles antilusitanos. Via-se no absolutismo monárquico o atraso, a privação de liberdades, e a monarquia como a responsável por todos os males da nação. Sendo assim, os historiadores de nossa história nacional foram pouco generosos com o estilo de vida da Corte e com os membros da família real portuguesa. À luz de novas fontes documentais – e a correspondência hoje tem papel fundamental – vem-se produzindo grande renovação historiográfica, em que o papel da família de Bragança tem tomado novas dimensões no âmbito da história do Brasil.

Bibliografia

ACCATI, Luisa. Hijos omnipotentes y madres peligrosas. El modelo católico y mediterrâneo. In: MORANT, Isabel; ORTEGA, M.; LAVRIN, A.; CANTÓ, P. Perez (Coords.). *História de lãs mujeres en España y America Latina*. Madrid: Cátedra, 2005. v. II: El mundo Moderno.

ALAMBERT, Francisco. *D.Pedro I*: o imperador cordial. São Paulo: Imprensa Oficial, 2006.

ALENCASTRO, Luiz Felipe (Org.); NOVAIS, Fernando A. (Coord. ger.). *História da vida privada no Brasil 2*: Império – a Corte e a modernidade Nacional. São Paulo: Companhia das Letras, 1997.

ÁLVAREZ, Fernando Bouza. *Del escribano a la biblioteca*: la civilización escrita europea en la alta edade moderna (siglos XV-XVII*)*. Madrid: Sínteses, 1997.

_____. (Org.). *Cartas para duas infantas meninas*: Portugal na correspondência de D.Felipe I para suas filhas. Lisboa: D. Quixote, 1999.

_____. *Corre manuscrito*: una historia cultural del siglo de oro. Madri: Marcel Pons, 2001.

AQUINO, Maria Aparecida de. *Maria Leopoldina*: imperatriz brasileira. São Paulo: Imprensa Oficial, 2006.

ARIÈS, Philippe. Por uma história da vida privada. In: _____; DUBY, George (Dir.). *História da vida privada*. Porto: Afrontamento, 1990. v. 3.

ARMITAGE, João. *História do Brasil*: desde o período da chegada da família de Bragança, em 1808, até a abdicação de d. Pedro, em 1831, compilada à vista dos documentos públicos e outras fontes originais, formando uma continuação da História do Brasil, de Southey. Belo Horizonte: Itatiaia; São Paulo: Edusp, 1981.

ATARD, Vicente Palácio. *Carlos III, el rei de los ilustrados*. Barcelona: Ariel, 2006.

AZEVEDO, Francisca L. Nogueira. *Carlota Joaquina na Corte do Brasil*. Rio de Janeiro: Civilização Brasileira. 2003.

_____. *Carlota Joaquina*: cartas inéditas. Rio de Janeiro: Casa da Palavra, 2007.

BICALHO, Maria Fernanda. *A cidade e o império*: o Rio de Janeiro no século XVIII. Rio de Janeiro: Civilização Brasileira, 2003.

BUGGER, Rita Bromberg. *Pedro e Leopoldina*. Caxias do Sul: Educs, 2007.

CALMON, Pedro. *O rei do Brasil*: a vida de D. João VI. Rio de Janeiro: Jose Olympio, 1935.

CASTELAO, Ofelia. *Poder y privilegios en la Europa del siglo XVIII*. Madrid: Sintesis, 1992.

CATROGA, Fernando. *Memória, história e historiografia*. Coimbra: Quarteto, 2001.

CHARTIER, Roger; BOUREAU, Alain; DAUPHIN, Cécile (Orgs.). *Correspondence*: models of letter-writing from the middle ages to the nineteenth century. Princeton: Princeton University Press, 1997.

CHEKE, Marcus. *Carlota Joaquina, a rainha intrigante*. Rio de Janeiro: Jose Olympio, 1949.

COSTA, Sergio Corrêa. *As quatro coroas de d. Pedro I*. Rio de Janeiro: Paz e Terra, 1995.

DAVIS, Natalie Zenon; FARGE, Arlette (Dirs.). *Do Renascimento à Idade Moderna*. Porto: Afrontamento, 1992I. Coleção História das mulheres no Ocidente, v. 3.

EDMUNDO, Luiz. *A Corte de d. João VI no Rio de Janeiro*. Rio de Janeiro: Imprensa Nacional, 1939. 3 v.

ELIAS, Norbert. *A sociedade de corte*. 2. ed. Lisboa: Estampa, 1995.

FONTANA, Josep. *La crisis del Antiguo Régimen (1808-1833)*. Barcelona: Crítica, 1992.

GALVÃO, Walnice Nogueira; GOTLIB, Nadia Bottella (Orgs.). *Prezado senhor, prezada senhora*: estudos sobre cartas. São Paulo: Companhia das Letras, 2000.

GOMES, Ângela de Castro (Org.). *Escrita de si, escrita da história*. Rio de Janeiro: FGV, 2004.

GOMES, Laurentino. *1822*: como um homem sábio, uma princesa triste e um escocês louco por dinheiro ajudaram d. Pedro a criar o Brasil – um país que tinha tudo para dar errado. Rio de Janeiro: Nova Fronteira, 2010.

GRIECO, Sara F. Matthews. O corpo, aparência e sexualidade. In: DAVIS, Natalie Zemon; FARGE, Arlette (Dirs.). *Do Renascimento à Idade Moderna*. Porto: Afrontamento, 1991. Coleção História das mulheres no Ocidente, v. 3.

GRAHAM, Maria. *Diário de uma viagem ao Brasil*. Belo Horizonte: Itatiaia; São Paulo: Edusp, 1990.

HERMMAN, Jacqueline. Uma princesa solitária. *Topoi*, Rio de Janeiro, v. 4, p. 373-378, 2004.

_____. O rei da América: notas sobre a aclamação tardia de d. João VI no Brasil. *Topoi*, Rio de Janeiro, v. 8, p. 124-158, 2008.

HESPANHA, António Manuel. *Imbecillitas*: a bem-aventurança da inferioridade nas sociedades do Antigo Regime. São Paulo: Annablume, 2010.

JAUCH, Ursula Pia. *Filosofia de damas y moral masculina*. Madrid: Alianza, 1995.

KANN, Bettina; LIMA, Patrícia Souza. *D. Leopoldina*: cartas de uma imperatriz. Pesquisa e seleção de cartas: Patrícia Souza Lima. São Paulo: Estação Liberdade, 2006.

LIMA, Manuel de Oliveira. *Dom João VI no Brasil – 1808-1821*. Rio de Janeiro: Jornal do Commercio, 1908.

_____. *D. João VI no Brasil*. 3. ed. Rio de Janeiro: Topbooks, 1996.

LOPES, Maria Antonia. *Mulheres, espaços e sociabilidade*. Lisboa: Livros Horizonte, 1989.

LUCCOCK, John. *Notas sobre o Rio de Janeiro e partes meridionais do Brasil* – Tomadas durante uma estada de dez anos nesse país, de 1808 a 1818. São Paulo: Livraria Martins, 1942.

LUSTOSA, Isabel. *D. Pedro I*: um herói sem nenhum caráter. São Paulo: Companhia das Letras, 2006.

LYRA, Maria de Lourdes Viana. *A utopia do poderoso império*. Rio de Janeiro: 7Letras, 1994.

MALERBA, Jurandir. *A Corte no exílio*: civilização e poder no Brasil às vésperas da independência (1808 a 1822). São Paulo: Companhia das Letras, 2000.

MARQUES, Luis Alves. O papel e as marcas de água de Luís Joaquim dos Santos Marrocos. In: MARROCOS, Luís Joaquim dos Santos. *Cartas do Rio de Janeiro*: 1811-1821. Coordenação: Elisabet Carceller Guillamet. Lisboa: Biblioteca Nacional de Portugal, 2008.

MARROCOS, Luis Joaquim dos Santos. *Cartas de Luiz Joaquim dos Santos Marrocos, escritas do Rio de Janeiro à sua família em Lisboa de 1811 a 1821*. Rio de Janeiro: Anais da Biblioteca Nacional do Rio de Janeiro, 1934. v. 56.

MATTOSO, José (Dir.). *História de Portugal*: o Antigo Regime. Lisboa: Estampa, 1992. 5 v.

MONTEIRO, Tobias. *História do Império*: elaboração da independência. Rio de Janeiro: Briguiet, 1927.

MORAES, Alexandre José Mello. História do Brasil-reino e do Brasil-império. Belo Horizonte: Itatiaia; São Paulo: Edusp, 1982.t. 1, p.130.

NEVES, Guilherme Pereira. Antigo Regime In: VAINFAS, Ronaldo (Dir.). *Dicionário do Brasil colonial (1500-1808)*. Rio de Janeiro: Objetiva, 2000.

NORTON, Luís. *A Corte de Portugal no Brasil*. São Paulo: Companhia Editora Nacional, 1979.

OBERACKER Jr., Carlos H. *A imperatriz Leopoldina*: sua vida e sua época. Rio de Janeiro: Conselho Federal de Cultura, 1973.

ORTIZ, Antonio Domingues. *Carlos III y la España de la Ilustración*. Madrid: Alianza Editorial, 2005.

PASCUA, Maria Jose de la. Las relaciones familiares. Historias de amor y conflito. In: MORANT, Isabel (Dir.); ORTEGA, M.; LAVRIN, A.; CANTÓ, P. Pérez (Coords.). *História de las mujeres en España y América Latina*. Madrid: Cátedra, 2005. v. II: El mundo moderno.

PEREIRA, Ângelo. *D. João, príncipe e rei*. Lisboa: Alfama, 1951. 4 v.

PEREIRA, Sara Marques. *D. Carlota Joaquina e os "Espelhos de Clio"*: atuação política e figurações historiográficas. Lisboa: Livros Horizonte, 1999.

PIMENTEL, Alberto. *A Corte de D. Pedro IV*. 2. ed. Lisboa: Guimarães & Cia., 1914.

RIOS FILHO, Adolfo Morales de los. *O Rio de Janeiro imperial*. Prefácio: Alberto da Costa e Silva. Rio de Janeiro: Topbooks, 2000.

RUEDA, Ana. *Cartas sin lacrar*: la novela epistolar y la España ilustrada, 1789-1840. Madrid: Iberoamericana. 2001.

SALLES, Iza. *O coração do rei*. São Paulo: Planeta, 2009.

SANT'ANNA, Sonia. *Leopoldina e Pedro*: a vida privada na Corte. Rio de Janeiro: Jorge Zahar, 2004.

SANTOS, Luiz Gonçalves dos. *Memórias para servir à história do reino do Brasil*. Rio de Janeiro: Zélio Valverde, 1943. v. I.

SARAIVA, Jose Hermano. *História concisa de Portugal*. 7. ed. Lisboa: Publicações Europa-América, 1981.

SCHULTZ, Kirsten. *Versalhes tropical*. Rio de Janeiro: Civilização Brasileira, 2008.

SCHWARCZ, Lilia Moritz. *A longa viagem da biblioteca dos reis*. São Paulo. Companhia das Letras, 2002.

SILVA, Maria Beatriz Nizza da. *Vida privada e quotidiano no Brasil*: na época de d. Maria e d. João. Lisboa: Estampa, 1993.

———. *A Gazeta do Rio de Janeiro (1808-1822)*: cultura e sociedade. Rio de Janeiro: Uerj, 2007.

SOUSA, Otavio Tarquínio de. *História dos fundadores do Império do Brasil*: a vida de d. Pedro I. Belo Horizonte: Itatiaia; São Paulo: Edusp, 1988. 3 v.

SOUZA, Laura de Mello e. Fragmentos da vida nobre em Portugal setecentista. In: GALVÃO, Walnice Nogueira; GOTLIB, Nadia Battella (Orgs.). *Prezado senhor, prezada senhora*: estudos sobre cartas. São Paulo: Companhia das Letras, 2000.

_____. O público e o privado no Império português de meados do século XVIII: uma carta de João de Almeida, conde de Assumar, a d. Pedro de Almeida, marquês de Alorna e vice-rei da Índia, 1749. *Tempo*, Niterói, n. 13, jul. 2002.

_____ (Org.); NOVAIS, Fernando A. (Dir.). *História da vida privada no Brasil*: cotidiano e vida privada na América portuguesa. São Paulo: Companhia das Letras, 2004.

VAINFAS, Ronaldo (Dir.). *Dicionário do Brasil colonial (1500-1808)*. Rio de Janeiro: Objetiva, 2000.

WILKEN, Patrick. *Império à deriva*: a Corte portuguesa no Rio de Janeiro, 1808-1821. Rio de Janeiro: Objetiva, 2005.

8. Movimentos revolucionários de 1848: a memória da revolução

Maria Manuela Tavares Ribeiro

A Revolução Francesa: mito e reatualização

A Revolução Francesa – idade de ouro, mais mítica do que histórica – é um referente perante o qual os revolucionários de 1848 manifestam uma autêntica atitude de veneração, talvez porque dela têm uma imagem demasiado perfeita. Poderoso mito, sem dúvida o maior da primeira metade do século XIX, alimentado, naturalmente, pela visão romântica da história. De fato, o século XIX não cessou de refazer a Revolução Francesa. Não exatamente a revolução dos fins do século XVIII, mas sim o movimento revolucionário iniciado em 1789 – promessa de igualdade –; logo, uma empresa interminável sem limites de tempo e de espaço. Em julho de 1830 a insurreição parisiense agita de novo a bandeira republicana, mas a monarquia permanecerá com o trono de Luís Filipe, sucumbindo nas barricadas de 1848. "Ilusão lírica", a revolução de 24 de fevereiro de 1848 não durou, de fato, mais do que uma primavera. Foi, todavia, uma "primavera dos povos" e encarna, embora por tempo efêmero, a festa da fraternidade.

Se a Revolução Francesa se mantém bem viva na primeira metade do século XIX, muitos dos elementos de reatualização da temática revolucionária persistem, ou renovam-se, nas vésperas da Revolução de 1848. Para alguns (Flaubert, Tocqueville, Proudhon e Marx) ela foi uma mera repetição. Não foi, porém, mero plagiato, pura e simples imitação. Os revolucionários de 1848 têm consciência de que a Revolução de Fevereiro era, sim, uma continuação.

Tal como é concebida no plano conceitual e teórico, a Revolução Francesa tinha encetado uma missão salvacionista – a redenção da humanidade através do povo eleito, o povo francês. Não consumara, porém, esse fim transcendente. Como a Revolução de Julho de 1830 o não atingira também. Seria o movimento revolucionário de 1848 a conduzi-lo, finalmente, a bom termo.

O romantismo dos anos 1840 envolve o modelo ideológico – o da Revolução Francesa. A esperança revolucionária permanece inquebrantável. A revolução é vivificada no universo sonhado dos homens de 1848. A geração nascida sob o Império e a Restauração, desiludida, mergulhada já na intensa fermentação romântica, recolhe-se no sonho. Sonho de um paraíso perdido – a Revolução Francesa –, tempo e lugar de heróis, de mitos, de glórias. Não se trata, porém, de puro sonho.

Para além dos múltiplos e díspares testemunhos, para além do romantismo da década de 1840, a memória coletiva é alimentada por uma plurifacetada literatura popular ou de elite social e cultural que, depois de 1830, conhece ampla difusão. A imagem da revolução perdurará através de visões específicas e diversificadas que correspondem a tendências políticas diferentes. Uns glorificam a Revolução de 1789 (Michelet); outros (Louis Blanc e o socialista cristão Buchez) veem na ditadura jacobina de 1793/94 o tempo áureo da democracia popular realizada. Todos, porém, entendem que foram razões políticas e sociais que a determinaram. Mas é, muitas vezes, em termos abstratos que se referem àquele acontecimento histórico. Ressalta nos discursos dos homens de 1848, seja qual for a tendência política que veiculem, a força transcendente da Revolução Francesa. Ela instaurara um novo tipo de práticas, e estas caracterizam-se, essencialmente, pela inserção de uma cultura e de regras democráticas no universo político. Regras democráticas, por um lado, cujo símbolo mais glorioso é o sufrágio universal (masculino, em 1792); por outro lado, uma cultura nova e um imaginário político renovado e povoado de novos mitos.

Um novo tipo de discurso político emerge desde os inícios da Revolução Francesa, em linguagem mais direta, mais concreta, e que funciona como apelo e incitamento ao leitor e ao ouvinte. Discurso empolgado, que marca profundamente a imaginação dos homens de 1848. O fascínio das imagens e das palavras do passado revolucionário exercia neles, segundo Proudhon, uma magia paralisante que os leva a "parodiar" (o vocábulo foi usado por Marx) a "comédia" de 1793.

Há, no entanto, uma individualidade apregoada e manifesta na especificidade das conquistas atingidas em 1848 na França: a abolição da pena de morte em matéria política (26 de fevereiro); o sufrágio universal (2 de março); o apelo à abolição da escravatura nas colônias (4 de março). Três grandes conquistas de 1848, que retomam e completam as da Revolução Francesa.

Em 1848, não é tanto o desejo de ver realizadas as revoluções de 1789 ou de 1792/93 tal como aconteceram, mas sim a esperança de consumar uma idealização dessas mesmas revoluções, isto é, de concretizar essa imagem positiva numa revolução pacífica e humana que conseguiria a sua plenitude na vivência da fraternidade universal, simultaneamente sonhada e vivida no cotidiano.

Realidade que não se enquadra, portanto, no puro optimismo romântico. A literatura, por exemplo, recria o seu ideal social e político. Adquire mesmo força de ação socializante e republicana. Em 1848, o panfletarismo de esquerda e a imprensa periódica progressista denunciam as injustiças e divulgam as doutrinas dos utópicos. Explosão de escritos que traduz o borbulhar de ideias, do fervor e da fé dos homens de 1848: os seus projetos de reforma, a denúncia das injustiças, a procura incessante da felicidade dos homens.

Os demo-liberais portugueses da década de 1840-50 assimilaram, ideologicamente, o espírito evangélico do romantismo social, as doutrinas dos socialistas utópicos e propagandearam os princípios revolucionários. A imprensa, motor e eco da opinião, é um testemunho rico do ideário liberal, democratizante e republicanizante de autores cuja formação resulta da simbiose revolução-cristianismo-romantismo. Vale dizer: o conceito de revolução social, o alargamento do sufrágio, o aperfeiçoamento do sistema municipal, a consolidação do direito e soberania do trabalho, o desenvolvimento do sistema associativo, a aprendizagem da prática igualitária e fraterna através da educação socializante e democratizante dos portugueses, que receberam, com entusiasmo, os movimentos revolucionários europeus de 1848.

Que ecos em Portugal?

Em 1842, o ministro do Reino, António Bernardo da Costa Cabral, restaura a Carta Constitucional de 1826 e enceta um mandato de seis anos, cheio de conflitos e agitações violentas. A sua orientação política assenta numa sólida centralização do poder, chamando a si mesmo uma minoria forte. Permite o aparecimento de uma "aristocracia" detentora da propriedade e da finança e firma-se numa complexa burocracia e no Exército. Solidifica-se, assim, uma oligarquia de fato. Na linha do político francês Guizot, Costa Cabral pretende instaurar a "ordem" como base do enriquecimento do país. Fomenta a concentração capitalista e, naturalmente, beneficia uma alta burguesia financeira e de proprietários, ficando à margem a pequena e a média burguesias rural e urbana.

A criação das grandes companhias, com caráter especulativo, a fiscalização efetiva das eleições, isto é, a prática do sufrágio censitário e indireto permitiram um reforço do aparelho de Estado centralizado, que contava com a base social de apoio de uma nova aristocracia liberal, a dos "barões" e "viscondes". Denunciar os agravos do governo era, para a oposição, uma satisfação que se devia ao povo. Propunha, então, um programa que visava a importantes reformas: no campo econômico (modificação da lei dos forais, reforma do sistema tributário, revisão dos contratos do governo e cessação dos mais lesivos), no político (abolição da lei da regência), no social (lei sobre os expostos), no ensino (reformas da universidade e das academias e boa lei de instrução) e no jurídico (necessidade de um Código Civil e Criminal).

Depois de uma revolta militar frustrada em 1844, as forças populares rebelaram-se contra o governo em maio de 1846. Sucede a revolta da Maria da Fonte, e Costa Cabral é deposto e exilado. A burguesia de oposição apropria-se e dirige, então, o movimento revolucionário que manterá a guerra civil – a Patuleia – de outubro de 1846 à Convenção de Gramido, em junho de 1847. As alas radicais de esquerda (setembrista) e de direita (miguelista), coligadas numa base de tática operacional contra a facção dominante, foram vencidas.

Os ecos da Revolução Francesa de 1848 e dos movimentos nacionalistas europeus chegaram a Portugal, e nova onda de tentativas insurrecionais ocorreu. Porém o condicionalismo interno português não propiciava uma adesão popular como a que se registrara em 1846/47. Depois de dois anos de lutas fratricidas a maioria da população portuguesa almejava um período de paz e de acalmia.

Esvaecido o ímpeto revolucionário, mantinha-se, no entanto, o descontentamento geral do país. Os princípios apregoados pelos republicanos e socialistas em 1848 fizeram doutrina e tiveram intérpretes entre os demo-liberais portugueses.[1] No seu discurso socializante e de cariz republicano, ressalta uma visão esclarecida e simplificadora do mundo político para motivar as massas. Essa clarificação do universo político e social tornara-se, aliás, uma prática constante desde os inícios da Revolução Francesa e manter-se-ia durante todo o século oitocentista.

A corporificação do herói, do mártir, do aristocrata, do contrarrevolucionário, do patriota, na imagem, no discurso, na festa e nas cerimônias, é uma excelente via para a inteligibilidade da mensagem política. O imaginário político revolucionário está povoado de personagens e da sua figuração. Uma dessas figuras que encarna o ideal supremo, sobretudo depois da Revolução Francesa de 1792, e que ocupa um lugar relevante no discurso e na imagem, é o soldado. O incitamento ao soldado, elemento imprescindível e fator de união, é uma constante nos jornais clandestinos, de cariz republicanizante, publicados em Portugal em 1848. Os seus nomes são bem sugestivos: *A Republica*, *O Republicano*, *A Fraternidade*, *O Regenerador*, *A Alvorada*. Neles se dirigem proclamações ao Exército, apelando, em nome do ideal fraterno, para a sua colaboração e apoio contra a monarquia vigente. A personificação do herói é figurada pelo homem que protege a nação – é o herói militar. Assim o apresenta o estudante de direito José Maria do Casal Ribeiro no seu opúsculo *O soldado e o povo* (1848). Para defender a República contra as forças da Igreja e da contrarrevolução não pudera a França contar apenas com os comuns cidadãos, mas tinha sido necessário incitar os cidadãos como soldados. A esta luz, o redator da folha clandestina *A Fraternidade* faz esta evocação veemente: "Soldados! os vossos irmãos do Povo estão dispostos a seguirem o exemplo das outras nações: e a deitarem por terra um trono perjuro [...]. Soldados! juntai-vos com vossos irmãos neste último esforço da liberdade oprimida e juntos quinhoaremos a glória de termos salvado a Nação".[2] A sensibilização dos jovens como força dinamizadora está, pois, vinculada à salvação da pátria. Por isso, os estimulam também os dramaturgos, os jornalistas e os poetas portugueses: António Pedro Lopes de Mendonça (jornalista e político), José Maria do Casal Ribeiro (jornalista e político), Francisco de Sousa Brandão (engenheiro civil formado na Escola Politécnica de Paris), Custódio José Vieira (jornalista e advogado) e Marcelino de Matos (jornalista e advogado). No mesmo sentido são elucida-

---

[1] Sobre o assunto, ver Ribeiro (1990).
[2] *A Fraternidade*, n. 2, p. 4, 13 maio 1848.

tivas estas palavras: "O machado da reforma", escreve-se na folha clandestina *A Alvorada* (1848), "só o braço robusto do mancebo o pode fazer descarregar de modo que o tronco velho do mundo caia com todas as suas ramificações e se definhe com todas as suas raízes".[3] Como tal, para os mais radicais não bastava a revolução das ideias, mas a revolta armada tornava-se premente, justificada por uma necessidade histórica: "A revolta armada", pode ler-se no mesmo jornal *A Alvorada*, "último grau da resistência legal é legítima, é santa, é gloriosa, quando o governo se faz prepotente e hipócrita".[4]

De fato, tinha sido a França que, desde 1792, associara à sua ambição regeneradora um messianismo emancipador da humanidade. Ela é mitificada pela empresa libertadora da sua revolução.

Mais do que por uma mudança política, anseiam os demo-liberais portugueses pela república social. Sincretismo de esperança republicana e busca da felicidade do homem são a tônica do seu discurso. Eivados de espírito romântico, eles definem a república como um regime em que se entretecem o social, o moral e o político. "A República", assim a define o jornal *O Regenerador*, "simboliza a Grande Família igualando-se todos debaixo do Nível que Deus lançara sobre a espécie humana... Não há cartistas, miguelistas, setembristas, nem progressistas, há apenas portugueses, irmãos e iguais em direitos".[5]

No plano teórico, a sua fé republicana fundamenta-se no credo da Revolução Francesa: liberdade, igualdade, fraternidade. No opúsculo anônimo *O que é a verdadeira republica?*, ela aparece definida como "símbolo de felicidade consumada pela união fraterna dos Povos".[6] Nos catecismos republicanos e em folhetos, de que é exemplo o opúsculo *Breves reflexões sobre o governo republicano*, esclarecem-se, em linguagem simples e clara, as massas populares. Exige-se a garantia do direito ao trabalho, a redução do horário de trabalho, o fomento da instrução, a liberdade de imprensa, de associação, de discussão e o sufrágio universal, direitos que só o regime republicano permitiria concretizar. Para os socialistas utópicos portugueses o fim último da república consumar-se-ia na democracia social: "A República que desejamos não é para mudar os homens, não, é para ajudar os interesses de família – é para tirar o povo da miséria em

---

[3] *A Alvorada*, n. 1, p. 8, 1848.
[4] Ibid., p. 4.
[5] *O Regenerador – Jornal do Povo*, n. 1, p. 4, 16 abr. 1848.
[6] Um verdadeiro republicano (s.l.:s.n., s.d.).

que vive, para lhe dar pão, para proteger órfãos e viúvas, para recompensar o talento, as virtudes e o trabalho" – afirma-se no periódico *O Republicano*.[7] A inquietude sentida perante as desigualdades sociais e econômicas que, segundo o poeta Silveira da Mota, provocavam "o gemer do operário laborioso e as risadas do rico protervo", suplantava a questão política.

Neste contexto, a república é definida como o reino da justiça, em que se praticam as virtudes evangélicas – a filantropia e a tolerância. A república democrática seria, portanto, a única forma de governo capaz de conciliar a liberdade com a autoridade, a ordem com o progresso. Em suma, ela faria vingar a justiça universal: "Todos os homens", escreve-se na folha de 1848, *O Seculo*, "tendo o mesmo autor, o mesmo tronco, as mesmas faculdades, sendo iguais no nascimento e na morte, têm iguais direitos à justiça, independência e felicidade".[8]

O ideal universalista, legado da Revolução Francesa, é exacerbado no discurso republicano e socialista de meados do século XIX. A preocupação cosmopolita e universalista não é, porém, inconciliável com o patriotismo que acalentam. E, assim, o patriota continua a ser uma figura mitificada. Sonha-se com a organização internacional com base no reconhecimento das nacionalidades. O amor à pátria, o amor aos concidadãos são particularmente queridos por razões de laços de solidariedade. Mazzini, Kossuth, Garibaldi são heróis venerados pelos demo-liberais portugueses. Lembre-se de que em 1849 são traduzidas para o português as cartas de Mazzini para Montalembert e Louis Blanc e publicadas em jornais; em 1850, circula a sua obra *O papa no decimo nono seculo*, também vertida para português.[9] Kossuth, vencido na Hungria, retira-se para o exílio na Inglaterra e, de passagem por Lisboa, é recebido no Centro Eleitoral Operário, onde lhe é prestada efusiva saudação.[10] Garibaldi é figura central de notícias e de poemas que exaltam a liberdade e o movimento nacionalista italiano (Lima, 1966:69-140).

---

[7] *O Republicano*, n. 3, p. 2, 1848.

[8] *O Seculo*, Lisboa, n. 6, p. 83, 1848.

[9] *O Ecco Popular*, n. 11, p. 2-3, 12 out. 1848; n. 48, p. 1-2, 26 nov. 1849; n. 72, p. 1-2, 2, 26 dez. 1849. *O Nacional*, n. 280, p. 1-2, 5 dez. 1849. O livro foi editado em Bruxelas, com 63 p. Em 1851 aparece em Portugal a obra *République et royauté en Italie*, com prefácio de George Sand.

[10] *A Revolução de Setembro*, n. 2.870, p. 3, 18 out. 1851; n. 2.876, p. 2, 25 out. 1851. Muitos artigos, notícias e poemas foram publicados em Portugal sobre os movimentos emancipalistas de 1848 e seus heróis. Ver Ribeiro (1990:189-190).

A figura do herói revolucionário e a do patriota é retratada em gravuras e referida no discurso de forma encomiástica, enquanto o contrarrevolucionário e o conservador são personalizados pela figura grotesca ou pela caricatura.

A linguagem figurativa, alegórica e simbólica tornara-se, como sabemos, uma constante durante a Revolução Francesa. Criatividade, portanto, na busca de uma nova linguagem alegórica, renovação do antigo universo simbólico, poder mobilizador dos símbolos manifestou a Revolução Francesa, o que, para além de enriquecer o imaginário coletivo, fortaleceu a criação do seu próprio mito. E a revolução que triunfa na França em 1848, a exemplo de 1789 e de 1830, exterioriza pela linguagem, pela alegoria e pelo símbolo a alegria transbordante da festa cívica.

Se utilizarmos a classificação de Maurice Agulhon na sua obra *Marianne au combat* (Agulhon, 1979:passim), poderemos afirmar que manifestações móveis tivemo-las, também, em Portugal. Após a eclosão da revolução em Paris, portugueses e espanhóis integram, com centenas de cidadãos, o cortejo de apoio ao governo provisório. A esperança desses republicanos iberistas, fortalecida pela adesão aos ideais republicanos, radicava no ruir da Santa Aliança e no sonho de erigir a Santa Aliança dos Povos (Ribeiro, 1989b:107-115). Corriam, também, notícias de jantares e banquetes comemorativos.[11] Em maio de 1848, os franceses imigrados em Portugal tiveram a adesão de portugueses na manifestação fraternal e patriótica à república e no cortejo fúnebre às vítimas das jornadas de luta. Os "democratas" nacionais empunhavam, então, a bandeira ibérica, azul e branca, sem as armas nacionais.[12]

Para além das alegorias móveis, as alegorias fixas são sugestivas. A Academia de Coimbra, através dos seus estudantes "progressistas", saúda, em 9 de abril, a vitória republicana francesa e os seus colegas da Itália, Polônia, Áustria e Hungria, em nome da liberdade dos povos e da fraternidade universal. Sintomaticamente a sua felicitação terminava com um "Viva a península Ibérica".

Esta luta pela emancipação dos povos é simbolizada na Carbonária Lusitana, sociedade secreta fundada em Coimbra em 1848, pela arma que, no ritual iniciático, é entregue ao carbonário. O carbonário é também o soldado que defende a União dos povos e a república democrática. Também a

---

[11] *A Revolução de Setembro*, n. 1.810, p. 2, 20 mar. 1848; *A Matraca*, Lisboa, n. 54, p. 211, 4 mar. 1848.
[12] Ofício de Francisco José de Paiva Pereira para o duque de Saldanha (1848).

simbologia dos nomes das *choças* e das *barracas* (câmaras carbonárias) é bem sugestiva: *igualdade, união, liberdade, fraternidade*. Os nomes simbólicos dos membros desta sociedade secreta evocam, igualmente, os heróis revolucionários: Robespierre, Marat, Louis Blanc, Ledru-Rollin, Lamartine; o seu emblema − o triângulo invertido (ao contrário do maçônico) − é o símbolo da Trindade e da divisa revolucionária, da união tríplice da liberdade, da igualdade e da fraternidade (Ribeiro, 1990:109-125). Na linha do carbonarismo italiano e da doutrina do herói nacionalista Mazzini, os carbonários lutavam, como apóstolos de uma santa causa, pela concretização do ideal federalista − a Santa Aliança dos Povos.

Também a visualização da república se revela de enorme importância. Assim, em gravuras, nos jornais e folhetos radicais que circulavam clandestinamente em Portugal, pelo discurso e pela imagem, pela alegoria e pelo símbolo, evoca-se a república e as suas virtudes. Exemplos dessa figuração simbólica são: o triângulo equilátero, símbolo da Trindade (cristã e laica); o sol, símbolo da luz e da liberdade derramada sobre os homens; o barrete frígio, símbolo da república popular; o feixe, que evoca a união; e o machado, instrumento cortante para esmagar a hidra do mal. A hidra era, aliás, uma imagem forte usada pelos revolucionários de 1789 para destruir o remanescente (que renascia) do Antigo Regime. Também o culto da árvore, figurado por ramos ou folhas, colheu aceitação em Portugal.[13] Como sabemos, foi na França uma verdadeira moda em 1848. Reminiscência do "maio tradicional", misto de cerimônia oficial e de espontaneidade popular, é acompanhado de um rito (Catroga, 1989:445-499). A associação árvore-cruz é, aliás, frequente na alegoria e na literatura, particularmente na poesia portuguesa.

A figura feminina alada, símbolo da liberdade, e a figura do soldado, portador da arma ou da bandeira em que se inscreve a palavra liberdade, encabeçam a folha republicana, clandestina, com o título *A Republica − Jornal do Povo* (1848).

Frequente é ainda a venda de estampas e retratos dos heróis revolucionários franceses e nacionalistas ou de personagens da oposição ao governo oligárquico português (conde das Antas, Silva Passos, Galamba, Eduardo Salter).[14]

---

[13] O jornal anônimo e clandestino *O Regenerador − Jornal do Povo* publicado em 1848 apresenta, no cabeçalho, desenhos alegóricos.
[14] *A Revolução de Setembro*, n. 1.829, p. 4, 2 abr. 1848.

A cor da bandeira, que na França logrou polêmica e divisão de opiniões entre Lamartine, defensor da bandeira tricolor, e Louis Blanc, para quem a bandeira vermelha simbolizava a união na república popular, inspirou também poetas portugueses que cantaram o estandarte tricolor, emblema de toda a França, e que continuava, afinal, a corrente histórica inaugurada em 1789.[15]

É na imprensa periódica, no teatro, sobretudo no drama social e na literatura, de cariz republicanizante e socializante, particularmente na poesia política, que se detecta essa presença da Revolução Francesa, através da linguagem, da alegoria e dos símbolos, no discurso demo-liberal português de meados do Oitocentos.

Sacralização da revolução

O romantismo foi portador, como sabemos, de um renascimento religioso *lato sensu*. A uma notória inobservância das diretrizes da Igreja, a um afastamento das liturgias do catolicismo não corresponde, pois, um indiferentismo religioso. Pelo contrário, há mesmo uma ressurreição da categoria do sagrado, cuja busca não se satisfaz com os meios e vias propostos pela tradição eclesiástica. Quer-se a necessária renovação dos valores e procura-se a reiniciação nas verdades tradicionais da espiritualidade evangélica. A um período de regressão da fé sucede outro de recuperação da crença. A instabilidade mental, sinal dos tempos revolucionários, gerou, como resposta, a necessidade de estabilidade, de equilíbrio interior e moral. É que a Revolução Francesa conferiu um maior nivelamento social, mas provocou, simultaneamente, um certo desenraizamento e até desenquadramento dos indivíduos. Para contrabalançar e superar essa realidade, filósofos, escritores e teóricos delineiam planos de reconstrução e propõem-se reedificar uma ordem na base da justiça e da verdade. A desagregação do Antigo Regime provoca um abalo violento nas religiões instituídas, mas, longe de apagar a necessidade religiosa, exalta-a. Do período pós-revolucionário até a primavera de 1848, um espírito novo, carreado naturalmente da experiência romântica, mas sedento do progresso científico, revela uma acentuada exigência religiosa – porém, de uma religião interiorizada. Passado o tempo das ortodoxias, os românticos celebram

---

[15] J. P. C. S. As cores da bandeira francesa que significavam liberdade. *O Patriota*, n. 1.157, p. 3, 14 abr. 1848.

uma religião desafetada das observâncias tradicionalistas e liberta de formulários litúrgicos que não davam resposta cabal nem podiam servir de suporte ao universo em mudança progressiva. Chateaubriand tinha sido tão só um sintoma. A uma religião formalizada, o romântico opõe uma religião do espírito. A relação homem-mundo exige uma reavaliação do equilíbrio espiritual. A uma sacralização do mundo corresponde uma dessacralização das instituições eclesiásticas. Mas essa relação do humano com o divino pressupõe que a renovação do sacral acompanhe a renovação histórica, ou melhor, que a natureza e a história traduzam uma vocação religiosa. Impõe-se a urgência de um desenvolvimento orgânico na própria religião, adequado aos imperativos da história, o que obriga a uma dinâmica constante na busca da verdade. Assim, os românticos admitem, por um lado, uma ruptura; por outro lado, uma continuidade entre a renovação política e a renovação religiosa.

A interiorização preconizada pela consciência romântica não implica, no entanto, isolamento no sentido pietista. Pelo contrário, projeta a sua relação com o mundo. Há uma perfeita encarnação da exigência religiosa na realidade humana. Essa comunicação entre o divino e o humano faz-se através da revelação – manifestação do eterno no domínio temporal. E a revelação cristã, porque demora a concretizar-se, para a sua consumação no fim dos tempos – a aliança da humanidade com a eternidade – não só exige essa dinâmica constante como alimenta, por outro lado, a esperança escatológica, esta que é, também, um dado importante das doutrinas messiânicas do romantismo.

Os românticos reconhecem a importância do cristianismo na história da humanidade, opondo-se, no entanto, à Igreja católica – instituição, a seu ver, ultrapassada e deturpadora dos dogmas e símbolos cristãos. A Igreja dos românticos é a Igreja universal. A humanidade – que abarca o *povo* e a *nação*, conceitos tão caros aos homens do século XIX – é a comunidade dos fiéis que substitui a Igreja invisível e abstrata. O cristianismo é, como vemos, uma nova síntese. A teologia é relançada com bases novas – as de uma cosmoteologia. O fundamento escatológico do futuro da humanidade radica na esperança triunfante da democracia. Para os socialistas cristãos, como Buchez, Esquiros, Pierre Leroux, Saint-Simon, entre outros, Cristo é o anunciador da libertação e do advento democrático. O homem romântico projeta-se para o futuro e alimenta a crença e a esperança nesse porvir sem negar a validade das diversas vias e meios na busca da verdade.

É a esse germe de universalidade e de ecumenismo, na base de um sincretismo religioso, que a Revolução Francesa de 1848 confere alento e no qual insufla um vento de fraternidade, despertando as esperanças.

Na década de 1830 e 1840, a questão social coloca-se já com extrema acuidade. As massas trabalhadoras tomam consciência dos seus problemas vitais e dos primeiros passos no caminho da emancipação política através da instauração da república, da prática do sufrágio universal e da emancipação social através da associação. Solidariedade no trabalho e luta política são as armas de combate ao sistema capitalista liberal.

A literatura recria também o seu ideal social e político. Não se enquadra só no puro otimismo romântico. Adquire também força socializante. Em 1848, o panfletarismo de esquerda, a imprensa periódica afeta à ala liberal radical e o romance progressista denunciam as injustiças sociais e divulgam as doutrinas dos utópicos. O romantismo social, eivado de uma fé religiosa ardente, marcado pela nostalgia do primitivismo evangélico e com acentuada força humanitarista é o pano de fundo do discurso messiânico do socialista utópico, do romance do intelectual-burguês progressista, de uma literatura popular que prolifera e de uma imprensa periódica liberal radical.

As palavras do dia são *povo*, *república*, *democracia*, *religião*. Esta explosão de escritos traduz o borbulhar de ideias, o fervor e a fé dos homens de 1848 que as impulsionam a dar a conhecer os projetos de reforma, a denunciar as injustiças, a tentar a procura incessante da felicidade do homem. A sua ação foi profícua, pois contribuiu, com maior ou menor veemência, para a educação política do *povo*. Os axiomas essenciais do cristianismo – a igualdade, a fraternidade, a solidariedade – são evocados como base ideológica das concepções demo-republicanas. A democracia significa a concretização do puro primitivismo evangélico e a consumação da cristologia. Assim, a "gloriosa" revolução de fevereiro de 1848, na França, elevara o homem à mais alta dignidade da sua natureza e traduzira, na essência, a consolidação da doutrina da fraternidade e da comunhão sagrada de todos os fiéis.

Esta simbiose cristianismo/revolução é uma constante na ideologia de 1848. Neste contexto, a França – tal como a cantavam Michelet e Quinet – encarna, pelo seu apostolado ecumênico, o Messias dos novos tempos. A humanidade liberta-se do espaço limitado e finito da Igreja instituída, e constitui, ela própria, a Igreja universal numa base ecumênica. O objeto desta religião nova é, em suma, a humanidade. A revolução é a sua voz. A esse espírito é inerente uma explosão de ideias generosas – a regeneração da nação pela república, portadora das virtudes e princípios evangélicos, e a união de todos os cidadãos, cimentada pela prática dos ideais cristãos. A república não é tanto um regime político como a fase mais acabada da sociedade humana. Para alguns socialistas e democratas, a "verdadeira república" não havia sido ainda fundada. O que se conseguira com a Revolução Francesa fora erradicar o passado, ou melhor, a religião do passado, e lançar as bases de uma religião nova. A fé republicana fundamenta-se no credo revolucionário – a famosa trilogia liberdade, igualdade e fraternidade – "evangelho da política" – cujo autor anônimo e coletivo é o *povo*. A *liberdade* exprime patriotismo; a *fraternidade* evoca o exemplo do *sans-culotte Jésus*; a exaltação da *igualdade* é o testemunho da crença nessa religião nova: a união da humanidade. A mitificação da Revolução de 1848 pelos demo-republicanos é acompanhada pela relevância simbólica que se dá ao *povo*, outra "figura" proeminente da mitologia romântica. O vocábulo *povo* repete-se frequentemente nos títulos das obras de Lamennais, de Alphonse Esquiros, de Eugene Sue, de Proudhon, de Laffauris e de muitos outros, além de integrar os títulos de muitos jornais da época.[16] O *povo* aparece envolto numa auréola messiânica. E, como tal, é necessária uma identificação perfeita com ele.

No conceito de Lamennais, o povo, torturado como Cristo, é a humanidade inteira em busca da justiça e do amor. É o homem/Deus, o povo/Cristo, o Verbo encarnado. No povo está o germe da unidade e da fraternidade humanas. Do conceito de povos, de povo, Lamennais chega à definição do "povo de Deus". E o que querem os povos? O melhoramento das massas sofredoras, as leis de proteção ao trabalho e uma mais equitativa distribuição da riqueza.

Ora é a esse povo e em nome desse *povo* que, após a proclamação da Segunda República Francesa, se decreta a prática do sufrágio universal, a abolição da escravatura e da pena de morte, a redução da jornada de trabalho e a

---

[16] Em 1834 Lamennais dedica a sua obra, *Paroles d'un croyant*, ao povo; em 1837, escreve o *Livre du peuple* e em 1848 dirige o jornal *Le Peuple constituant*. Alphonse Esquiros publica *L'Évangile du peuple* (1841) e Laffauris *Le Livre des prophètes et du peuple* (1841). A palavra repete-se frequentemente em publicações periódicas, como *Journal du Peuple* (1833), *L'Étoile du peuple* (1848), *Le Salut du peuple* (1849), *Le Drapeau du peuple* (1849), *Le Dieu du peuple* (1849) e, ainda, na obra de larga divulgação, *Les Mystères du peuple* (1849), de Eugene Sue, entre outras. Proudhon refere com frequência expressões alusivas ao povo, e nos seus *Carnets*, em maio de 1847, dedica-lhe uma ode.

liberdade de imprensa e de reunião. A voz do povo é a voz de Deus ou, dito de outro modo, a voz do homem feito Deus.

Mas para transformar fundamentalmente esse mundo dominado por uma sociedade burguesa, clerical, individualista, injusta e opressora, formulam-se novos conceitos, florescem novas ideias e uma necessidade premente preocupa os espíritos democratas e socializantes – reformar o mundo. Terreno rico de ação para os utópicos, que aproveitam condições novas e ideais para dinamizar um verdadeiro movimento operário, um movimento dinâmico das classes oprimidas contra os seus opressores. A marcha mais ou menos messiânica e profética da maior parte dos socialistas utópicos da primeira metade do século XIX desenvolve-se precisamente entre dois polos: o regresso ao reino de Deus, tal como se desenha no Evangelho e na Igreja primitiva, e a sua projeção no futuro.

A vitória da revolução republicana francesa, em 1848, tem, como sabemos, assinalável importância em nível europeu e molda, ideologicamente, os demo-republicanos portugueses. O espírito evangélico do romantismo social e humanitarista dos teóricos franceses (Saint-Simon, Fourier, Pierre Leroux, Lamennais, Buchez) frutifica não tanto em obras sistemáticas, mas, sobretudo, na literatura socializante que colhe ampla divulgação entre nós.

Nos múltiplos folhetos de cariz liberal, democratizante e de propaganda republicana que circulam anônima e clandestinamente em Portugal, em 1848, nos artigos dos periódicos progressistas e na poesia inspirada nos movimentos e ideias revolucionárias, está subjacente essa identificação da religião/república, povo/cristo, França/Messias Redentor.

Como exemplos significativos selecionamos alguns textos de autores portugueses que expressam a luta dos oprimidos contra a prepotência dos senhores, textos que enaltecem a igualdade dos homens perante Deus, o respeito pela liberdade e a esperança na fraternidade universal.

O jovem José Maria do Casal Ribeiro, jornalista, político e socialista, no opúsculo *O soldado e o povo*, como já referi, dado a lume em 1848, identifica o símbolo cristão da cruz de Cristo com a bandeira da liberdade. A cruz, símbolo da emancipação da humanidade, representa, alegoricamente, a tríade revolucionária que é, afinal, a divisa evangélica: "a união de todos", diz o autor, "em volta de uma bandeira – a bandeira da Liberdade, da Igualdade, em suma, da Fraternidade" (Ribeiro, 1848:23).

O Cristo torturado, sofredor, crucificado é a imagem mais acabada do proletariado, igualmente martirizado pelas injustiças sociais e pela desigualdade econômica. Como refere outro dos autores socializantes, Custódio José Vieira:

> [...] à força de ardis, de prepotências e de roubos, ides esbulhando os infelizes de seus poucos haveres [...]. O proletariado é a imagem do Crucificado. A palavra proletário diz infelicidade e resignação [...] [mas] já lá se levanta no horizonte, para além dos Pirinéus, a estrela que anuncia o próximo futuro dos povos − é a estrela da sua redenção [Vieira, 1848:16].

Esta identificação simbólica da humanidade sofredora com o Cristo crucificado, encontramo-la muito explícita, entre outros teóricos, em Lamennais, concretamente na sua obra *Paroles d'un croyant* (1834). Mas, à imagem da ressurreição do Filho de Deus, também o Cristo coletivo − o povo − tinha a esperança da salvação. A redenção é um conceito comum a todos os socialistas, mas, porque a ele está intimamente ligado o sentido da vida e, consequentemente, nele se cristalizam os conflitos, as contradições, as esperanças e as lutas, é um conceito passível de interpretações díspares. A verdadeira redenção, para Fourier, reside na prática do amor, do prazer, da festa social; para Ballanche, Buchez, Esquiros e Flora Tristan tem um sentido acentuadamente político e social, enquanto em Lamennais continua a estar patente o destino do cristão considerado individualmente.

A libertação coletiva dos oprimidos, embora definida por um vocabulário messiânico (libertação, emancipação, salvação), tem um sentido acentuadamente laicizante: a redenção é preparada e realizada pelo próprio povo. Essa libertação, na liturgia dos socialistas utópicos e revolucionários de 1848, é uma autorredenção, isto é, uma conquista do homem pelo próprio homem, e não um benefício de Deus. "Nenhum Povo ainda quis ser livre, que o não fosse" − diz-se nas colunas da folha clandestina *A Republica*.[17] E o redator de *O Republicano* concretiza: "É uma revolução imensa e profunda que vai aparecer na terra [...] E por quem? Pelo Povo − porque esta revolução será feita pelo povo e só para o povo".[18]

Da vontade de querer ser livre e da força que executa essa vontade depende a conquista da emancipação humana. Força libertadora do jugo da tirania, da

---

[17] *A Republica − Jornal do Povo*, n. 5, p. 41, 16 maio 1848.
[18] *O Republicano*, n. 4, p. 1, 1848.

ditadura, da oligarquia, da opressão capitalista, e que para alguns é mesmo a revolta armada, terá que ser justificada e legitimada como o meio operativo necessário para alcançar a almejada redenção.

A doutrina cristã, portadora dos ideais de filantropia e solidariedade, conceitos tão caros aos espíritos democratas, torna-se o modelo de todo um ideário que fundamenta a ideologia republicana de 1848. A cristologia e o retorno ao primitivismo evangélico conhecem uma significativa revivescência na mentalidade romântica dos demo-republicanos portugueses. Nos textos desses autores, em prosa ou em verso, deparamo-nos com expressões de uma linguagem religiosa pouco ortodoxa, não teocêntrica, que define uma atitude de orientação indeterminada para Deus e, muitas vezes, uma cristologia revolucionária. Ressalta, por exemplo, a importância e o valor dado ao livro sagrado – o Evangelho – entendido como "carta de emancipação do homem social", "contrato de Deus com os povos", "revelação do homem justo" e "livro da doutrina do amor e da fraternidade".

O redator da folha progressista *O Seculo*, publicada em Lisboa, considera que a máxima "amai-vos uns aos outros", ensinada por Cristo, é a que mais profundamente encerra o ideal da fraternidade. Verdade até então sofismada, tal máxima encontra a sua plena expressão no movimento revolucionário que arvorara a bandeira republicana, em 24 de fevereiro, qual símbolo da união dos povos e de todas as crenças.[19] Assim, as divisas da república democrática são, em última análise, a tradução laica dos axiomas do cristianismo.

A república deveria ser, portanto, uma religião. Pierre Leroux, defensor de uma *praxis* democrática, afirma mesmo que "La République est une religion ou plutôt elle est la Religion" (Leroux, 1848:65).

E o autor anônimo do folheto republicano *Deus e a Liberdade* (divisa de Lamennais) expõe, em termos bem claros, esta mesma simbiose: "a República é a realização da Liberdade que Deus concedeu aos homens, da Igualdade que o Cristo manifestou ao mundo, da Fraternidade que é a expressão do seu divino verbo".[20]

A figura central deste cristianismo "populista" e utilitário é Cristo, cuja imagem se identifica melhor com o operário e com o camponês do que com o Deus terrível e vingativo apresentado pela prédica oficial. A vivência do Filho

---

[19] *O Seculo*, n. 2, p. 24, 1848.
[20] *Deus e a Liberdade* (s.d.:1).

de Deus é exemplo paradigmático da humanidade. A sua origem, vida e destino tornam-se os padrões referenciais da existência humana. O Messias nasceu no ambiente mais precário, teve uma ascendência humilde. Filho de um "operário", conviveu com pessoas simples, misturou-se com a turba dos oprimidos, foi condenado a um suplício afrontoso e expirou entre dois homens da plebe. O cristianismo social tinha em conta uma cultura popular que não teria podido assimilar uma mensagem mais abstratamente apresentada.

O Deus repressivo cede o lugar ao Deus-amor, que deu a vida pelos homens. À visão teocêntrica de um Deus-Pai substitui-se a corrente cristocêntrica, que põe a tônica na devoção a Jesus Cristo e no culto do seu sacrifício. Daí que a piedade dos românticos, alicerçada no amor, se centre no culto da cruz e da paixão. A crucifixação é, de fato, o emblema de toda a estrutura social. O sangue de Cristo foi derramado e continua a sê-lo para criar o governo da justiça. Assim, o sangue religioso toma um significado social e histórico. Toda a revolução representa uma crucifixão – o sangue humano é derramado para resgatar o homem mortal, como o próprio sangue de Deus foi vertido para salvar as almas. "A Revolução", escreve o articulista do jornal clandestino *A Republica*, "é hoje tão necessária como o sangue nas veias para ter vida; e todos sentem esta necessidade".[21] O sacrifício do Redentor permite realizar a possibilidade de glória dos homens.

O autor do folheto *Deus e a liberdade* exprime exatamente este sentir: "Ó Pátria! Ó Pátria! porque não ressuscitas tu à voz da liberdade e do Cristianismo? Porque não dizes ao mundo – as Quinas da minha bandeira, são as chagas de Cristo que morreu para resgatar o Povo... Que grito deve ser o nosso? Um só – a República".[22]

Valoriza-se o derramamento do sangue religioso no discurso político como fundamento e justificação da revolução violenta. A dor é necessária para conduzir ao amor.[23] Era necessário o calvário das barricadas para conseguir nova

---

[21] *A Republica – Jornal do Povo*, n. 1, p. 3, 25 abr. 1848.

[22] *Deus e a liberdade* (s.l.:s.n., s.d.:67).

[23] Qualquer que seja a posição política do escritor, o sangue de Cristo crucificado justifica o sofrimento. Foi derramado para criar o governo da justiça. O sangue religioso tem, portanto, um significado social e histórico que toma relevância no discurso de direita ou de esquerda. Basta lembrarmos a importância do culto ao Sagrado Coração de Jesus. O coração é o centro principal de todos os sentimentos e devoções. É o símbolo do sofrimento e é, simultaneamente, fonte do amor e da caridade. Deus, por amor, deu à humanidade o seu Filho, e o Filho, por amor, oferece o seu coração. Trata-se de uma devoção humana e divina e, melhor que qualquer outra, faz compreender os sentimentos do

ressurreição da humanidade. Subjaz, portanto, a esse credo, a essa fé, uma filosofia do porvir – a crença no futuro, a esperança na radical mutação socioeconômica, em suma, o anseio de uma ressurreição.

E é a França, porque encarna a figura do Messias esperado, que inicia o processo da redenção universal. Ela é mitificada precisamente pela empresa libertadora da sua revolução. Esta, numa perspectiva ecumênica, funciona como o êmbolo acelerador de um processo mais amplo de emancipação dos povos: – os movimentos nacionalistas europeus e/ou a contestação dos governos conservadores. Assim o refere o nosso poeta Donnas-Boto, nos seus versos sobre *A queda de Vienna*:

---

coração divino e o seu superior sentimento de caridade. Não admira, portanto, que este culto fosse dinamizado pelos católicos para combater as ideias heréticas, como as jansenistas. À imagem de um Deus terrífico e impiedoso opunha-se a imagem do Deus amor. Em face do racionalismo, do deísmo, naturalismo e laicismo, o culto adquire maior propagação difundida pelos jesuítas. Contra os ventos revolucionários e a proclamação da república na França, em 1789, o tema de Jesus sofredor toma alento, e a leitura do Evangelho é feita pelos refratários em função de Cristo, cuja doutrina se concretiza na monarquia absoluta. Daí que os legitimistas invoquem a devoção ao Coração de Jesus para obter essa observância às leis e bons costumes do Antigo Regime. A realeza do monarca é o reflexo da realeza de Cristo. Para os defensores do trono e do altar, os ensinamentos políticos de Cristo reduzem-se à consagração da monarquia absoluta. Em Portugal, é a partir de 1728 que se propaga esta devoção. Nem a supressão da Companhia de Jesus, nem o combate dos jansenistas conseguiram extinguir o culto que conhece, ao tempo de d. Maria I, ampla divulgação, mercê também da autorização do papa Pio VI, em 1777, para a celebração da festa ao Coração de Jesus. O padre jesuíta Carlos Rademaker, em carta ao padre Geral Pedro Bechx, de julho de 1857, relata a situação "miserável" da religião em Portugal: "É grande o número dos protestantes e grandes os esforços de propaganda que procuram fazer por seus predicantes e pela difusão de bíblias heréticas. A Universidade de Coimbra, a única em todo o reino, está eivada de jansenismo e de regalismo; nela se explicam publicamente obras condenadas pela Igreja ou com ressaibos de heresia. Os seminários conciliares, em várias dioceses estão fechados ou embebidos de espírito mundano. O clero secular, sem união com os pastores diocesanos, nem entre si. Por fim, as sociedades secretas condenadas pela Igreja exercem grande influência não só na classe rica, mas também no povo entre o qual cada dia se vão organizando novas agremiações, a que chamam operárias. Pelo que se refere às letras, a Academia das Ciências de Lisboa encontra-se dominada por alguns que são adversos à religião" (*Liber primas de Regesta Ulissiponensis Residentiae* ab anno 1857, ad annum 1859, n. 8. Mss., Prov. Lusit. SJ.). Ora, o culto ao Sagrado Coração oferecia "o remédio aos males dos últimos tempos", entre outros, o indiferentismo religioso, o materialismo teórico e prático, a questão operária, o socialismo, o comunismo e "a relaxação e lenta decomposição da família e da sociedade operada pelo liberalismo, por meio das escolas emancipadas da religião e dos inumeráveis ardis dos pedreiros livres" (Prólogo do padre Joaquim dos Santos Abranches à obra *Coração de Jesus segundo a doutrina de Stᵃ Margarida Maria*, 1932:XLII). O amor que flui do Coração de Jesus inspira sentimentos de abnegação, de justiça e de caridade que permitiriam a concretização das reformas sociais consentâneas com o progresso. Daí que a associação nascida entre os estudantes jesuítas franceses, o Apostolado da Oração, criada em Portugal em 1864, tivesse sido o instrumento difusor da devoção ao Coração de Jesus e, para muitos dos seus fiéis, o impulsor da recristianização da vida portuguesa.

E p'ra consumar a grande Redenção
Que Cristo na Cruz com sangue selou
Já em França rebenta a Revolução
Que os povos das garras dos Reis arrancou [Donnas-Boto, 1848:149-155].[24]

"E quem deixará de seguir a França nesta cruzada santa?" – interroga oculista do periódico progressista radical *O Rabecão*.[25]

A sensibilização dos jovens como força dinamizadora era, e mais uma vez o exemplo francês é evocado, pertinente.

À mocidade está vinculada a salvação da pátria. Para isso apelam os poetas, dramaturgos e jornalistas: uns testemunham o desejo de emancipação das classes laboriosas, como António de Serpa e Francisco Gomes de Amorim; outros fazem eco dos movimentos nacionalistas europeus, como Augusto Lima e Luís Augusto Palmeirim; outros estabelecem a conexão do dogma cristão e dos princípios liberais, como o faz João Maria Nogueira; outros explanam as teorias associativas e socialistas, como Lopes de Mendonça, Casal Ribeiro, Custódio José Vieira, Marcelino de Matos e Sousa Brandão. O incitamento ao soldado, repito, como elemento imprescindível e fator de união, é uma constante nas colunas dos jornais republicanos clandestinos – *A Republica*, *O Republicano*, *A Fraternidade*, *O Regenerador*, que dirigem proclamações ao Exército e, evocando o ideal fraterno, apelam para a sua colaboração e apoio na luta contra a monarquia vigente.

Para os mais radicais não bastava a revolução das ideias; tornava-se premente a revolta armada contra o regime. Não era, porém, esta opinião que colhia a aquiescência da maioria dos "republicanos" e socialistas utópicos portugueses.

Voto universal; processos aos ministros concussionários; armamento geral do país; liberdade de pensamento, de expressão e reunião; direito ao trabalho, à educação e instrução são algumas das linhas programáticas dos defensores nacionais de uma república, sinônimo de democracia social. "Ela é, por excelência", escreve o articulista d'*O Regenerador*, "o governo fraternal [...] e a

---

[24] O autor formara-se em medicina pela Universidade de Lovaina e era bacharel em direito pela Universidade de Coimbra. É, sobretudo, na poesia que transmite a sua ideologia política, patriótica e socializante. Leiam-se, por exemplo, os seus versos: *Soneto à fraternidade*, *Soneto à paz*, *Soneto à Itália* e poesias diversas compulsadas em Donnas-Boto (1854). O prefácio a esta obra (p. 5-63) é uma análise detalhada dos conceitos e princípios do ideário político-social do autor e a sua profissão de fé.

[25] *O Rabecão*, p. 1, 10 mar. 1848.

fraternização é a grande necessidade pátria".[26] Silveira da Mota expressa bem o espírito de ruptura com a política conservadora vigente e com a rainha d. Maria II. Porém, nos seus versos *Ao povo portuguez*, aconselha:

> Mas se fordes vencedores
> Não abuseis da vitória!
> Não sejais como os senhores,
> Consegui a maior glória
> Não maltrateis os vencidos
> ....
> Ódios fazei apagar!
> Que o pendão que tremular
> Deve ser pendão de paz! [Motta, 1852:61].[27]

As teorias filantrópicas e de tolerância, de clara herança da cristologia cristã, apontam, obviamente, para uma via pacifista. "O Povo", lê-se nas páginas do jornal *O Republicano*, "não deseja derramar sangue, há-de ser avaro em o espargir porque é sangue de Portugueses, porque é sangue de irmãos".[28]

À luz dos ditames cristãos que explicitamente conferiam "a trabalho igual, riqueza igual" havia que rever o sistema distributivo de produção. A igualdade dos cidadãos exigia a igualdade material.

A prepotência capitalista e a profecia de um movimento libertador universal ganham ressonância na poesia da época, por exemplo, no soneto *O canto do livre*:

> Treme pois, senhor malvado
> Que o povo tens oprimido
> Que há-de erguer se o desgraçado
> Que serás então vencido!
> Que o povo já se ergue altivo

---

[26] *O Regenerador – Jornal do Povo*, n. 9, p. 3, 22 maio 1848.

[27] Inácio Francisco Silveira da Motta, bacharel formado em direito pela Universidade de Coimbra, é autor de vários trabalhos de história e literatura e ocupou vários cargos políticos a partir de 1864. Enquanto estudante compôs, entre outras, poesias intituladas *À liberdade, Ao governo austríaco, Ao povo português, O canto do livre, O operario*, que coligiu na antologia *A harpa livre*.

[28] *O Republicano*, n. 5, p. 2, 1848.

Proclamando a igualdade
Que o que outrora era cativo
Ei-lo agora em liberdade
É meu canto profético horrível
Para os reis para os ricos protervos!
Mas é canto de vida p'ra os servos! [Motta, 1852:43-46].

Recriar uma ordem social, vencer a desproporcionalidade e as injustiças econômicas pressupunha, para os defensores da democracia, a conciliação de interesses classistas. No plano político, a república representa o único regime que possibilitaria a conciliação da liberdade com a autoridade da ordem e com o progresso. A república democrática seria a única forma de governo capaz de fazer vingar a justiça universal – "Todos os homens", escreve-se na folha de 1848, *O Seculo*, "tendo o mesmo autor, o mesmo tronco, as mesmas faculdades, sendo todos iguais no nascimento e na morte têm iguais direitos à justiça, independência e felicidade".[29] A visão cristã do homem faculta uma leitura que, como vemos, fundamenta os preceitos da sociedade democrática.

O cristianismo dos socialistas, dos democratas, dos republicanos e dos liberais de 1848 é fundamentalmente um credo social a que está subjacente, como já salientamos, uma filosofia do porvir – crença no futuro e esperança numa radical mudança socioeconômica. Fé na humanidade e no povo, fé nas coisas terrenas como o credo religioso nas verdades divinas, crença no futuro, na (e como) ressurreição e redenção. A uma filosofia humanitarista romântica está subjacente um sentido político e social, vivificado pelo espírito do Evangelho e dos profetas, mas com acentuada conotação de uma teologia herética.

Verificamos, de fato, que há uma inversão neste movimento religioso. Enquanto na religião cristã (católica ou protestante) a iniciativa é de Deus e o homem ator segundo, nos autores românticos e nos democratas e socialistas de meados do século XIX a iniciativa religiosa pertence ao homem. É o homem que cria a religião e situa Deus, ou, dito de outro modo, a humanidade, realizando-se a si própria, realiza o próprio Deus. Podemos afirmar que há uma transposição laica dos conceitos de sacrifício, de redenção, de revelação, de ressurreição que são inseridos numa filosofia humanitarista que é, na essência,

---

[29] *O Seculo*, n. 6, p. 83, 1848.

uma fé. Teoricamente coincidentes, princípios liberais e conceitos da teologia e da escatologia cristãs na prática adquirem um profundo sentido laico. Porque a redenção é obra da humanidade, o cristianismo social de 1848 assume um cariz revolucionário – não se trata de mera propaganda, de puro conformismo ou conservantismo, mas de um instrumento de mudança. Há, portanto, uma transmutação de valores do plano teológico para o plano puramente profano. Assim, fica-nos a questão já formulada por Paul Bénichou: a fundamentação filosófica cristã, subjacente à doutrina social de 1848, não será apenas a mitificação de uma esperança terrena?[30]

A esperança dos "republicanos" iberistas

Foi em nome da fraternidade universal que logo após a eclosão dos acontecimentos revolucionários em Paris, em 21 de fevereiro, algumas centenas de cidadãos, entre eles espanhóis e portugueses,[31] se manifestaram frente ao Hotel de Ville. Residentes em Paris, 17 estudantes portugueses integraram a manifestação. O oficial Joaquim Tomas Lobo d'Ávila, o orador, o seu companheiro de armas, José Anselmo Gromicho Couceiro e Isidoro Emílio Baptista, bolseiros do governo português, aderiram com outros colegas de vários ramos científicos à manifestação de apoio ao governo provisório e congratularam-se com a instauração da república francesa.

Portugueses e espanhóis, unidos por ideais iberistas, empunhavam o estandarte ibérico. A questão da união peninsular já em 1847 era discutida na França pelos portugueses ali residentes (Ribeiro, 1930:19). A esperança desses "republicanos" iberistas, fortalecida pela adesão aos ideais republicanos, radicava no ruir do edifício da Santa Aliança e no erigir, em seu lugar, da Santa Aliança dos Povos. Na felicitação dirigida ao governo provisório, os portugueses, através do seu porta-voz Joaquim Lobo d'Ávila, manifestam o seu reconhecimento, admiração e simpatia pela "obra gloriosamente começada em Fevereiro". Do *Courrier Français* transcreve o jornal *A Revolução de Setembro*:

---

[30] Ler o artigo de Ribeiro (1987:481-494).
[31] Ofício de Francisco José de Paiva Pereira para o duque de Saldanha (1848).

A república francesa abre uma nova era. Os destinos de todo o mundo vão estar mais que nunca ligados aos destinos de França. O seu heróico grito fez palpitar os nossos corações de alegria e esperança. Era para ela que se dirigiam os olhos do universo. A maneira cristã com que empreenderam a sua regeneração social prova que julgámos bem o nobre coração deste grande povo.

Renunciar à guerra e à violência, tão contrárias a todo o progresso civilizacional, tomar as ideias por armas, as inteligências por soldados, a discussão por campo de batalha, a fraternidade por estandarte, a humanidade por pátria: é deste modo que podereis continuar a obra tão gloriosamente começada em Fevereiro.

Por um sublime esforço, os filhos da França fizeram desvanecer como um fantasma a tirania hipócrita que pesou sobre eles, e sobre o mundo. Glória para eles! Glória também para vós, cidadãos, por que nas vossas mãos já frutifica a vitória do povo.

Não poderíamos nós, portugueses, ficar estranhos à vossa grande obra: por que sabemos, há muito, que após o governo que derrubastes, existia o povo francês, existíeis vós, cidadãos, que esposáveis a santa causa de uma nação oprimida, e que não tomaste parte nas violências que nos fizeram experimentar.

Por isso, nós cumprimos um dever de reconhecimento exprimindo-vos a admiração e a simpatia de todos os portugueses, desse povo agora escravo e que todavia tomou uma parte nobre na história da civilização.

A república francesa escreveu na sua bandeira a palavra fraternidade: a Santa Aliança dos reis vai cair perante a Santa Aliança dos povos. Agora não teremos a temer a oposição de uma força brutal exterior, havemos de vir, com os nossos irmãos da Península, tomar lugar ao lado da França, debaixo do estandarte sagrado da liberdade, e da fraternidade universal.

Viva a república!

Viva o governo provisório!

Paris, 21 de março de 1848.[32]

A deputação portuguesa protestava contra a opressão governamental. Cremieux, membro do governo provisório, congratula-se com o gesto fraterno dos

---

[32] *A Revolução de Setembro*, n. 1.823, p. 2, 5 abr. 1848.

que felicitam a França e a revolução, repudia vivamente a "tirania das três nações" intervenientes na Convenção de Gramido, deprecia e critica o governo português e exprime o desejo de que "o dia da ressurreição da liberdade chegue para todos". Na mesma folha diária lisboeta podem-se ler as palavras daquele político francês:

Cidadãos portugueses: julgo-me feliz em me achar presente no Hotel de Ville no momento em que vindes felicitar a França e o governo provisório desta maravilhosa revolução.

Na última câmara dos deputados como na nação, todos os que compõem hoje o governo provisório têm simpatizado com o povo português. Eu não tenho pois necessidade de vos recordar a alegria que experimento hoje, recebendo a vossa deputação, porque Portugal, desde o primeiro dia em que eu vi as potências arrogar-se o direito de ir, mais fortes, oprimir um povo todo sublevado contra a tirania que o oprimia, desde esse dia, eu senti a necessidade de elevar, em nome da França, o protesto mais vivo (*bravo, bravo*) contra essa tirania de três nações, ligando-se contra uma só para sustentar [...] (*sic*) – perjura contra um povo vitorioso (*aplausos*) e nessa época, foi impossível obter de uma maioria servil um protesto favorável a Portugal, ao menos todos os corações franceses responderam às minhas palavras. (*Viva a França*).

Sei que o próprio Portugal tem estremecido, e no momento em que falamos, é possível, que esse Portugal, onde vive um povo tão cheio de generosidade e de valor, é possível que esse Portugal, que tem deixado na história recordações tão brilhantes e tão belas se levante a seu turno (*grito geral: Ele se levantará*) e faça compreender pela sua parte que o dia da ressurreição da liberdade chegou para todos.

O governo provisório vos agradece pelos votos que fazeis pela França, e pelo movimento simpático que vos anima para os vossos irmãos de França. Sim, a fraternidade dos povos está doravante estabelecida. Algum tempo, e a palavra da Santa Aliança com referência aos povos, todos unidos num mesmo sentimento, receberá a mais maravilhosa reabilitação.

Senhores, a Europa desperta e agita-se, ouvi ao longe, dois gritos ressoam: Viva a Pátria! Viva a liberdade! Estes gritos nobres e santos que se resumem hoje para nós nesta deliciosa aclamação – Viva a República.

Todos os portugueses: "Viva a República!" O membro da deputação que tinha dirigido a palavra: "Permiti-me, senhores, de vos dirigir em particular em nome dos meus compatriotas, a expressão de novo reconhecimento pelas nobres e eloquentes palavras, que haveis pronunciado do alto da tribuna francesa em favor do povo português, contra o despotismo do seu governo e a violência da intervenção estrangeira.

A França, que ama os corações nobres e as altas inteligências, vos confiou, no meio desta sublime revolução, uma parte dos seus destinos, nós nos congratulamos com esta escolha, pela grandeza da França e pela felicidade do nosso país.

Mr. Cremieux: Senhores, eu vos agradeço. Só basta para que os sentimentos que estão no fundo do meu coração brilhem pela minha boca, uma manifestação mais particular para mim: Viva a República!

Os portugueses: "Viva a República! Viva Cremieux!"

Mr. Cremieux: "Viva a nação portuguesa!"

Os portugueses: "Viva a França! Viva a República!" [*A Revolução de Setembro*, n. 1.821, p. 2, 3 abr. 1848].

Discurso polêmico e contestado pelas autoridades portuguesas, nomeadamente por Francisco José de Paiva Pereira, encarregado de negócios de Portugal na França. Ressentido, exige uma justificação do governo francês, que não a faz tardar através de um ofício de Lamartine, então ministro dos Negócios Estrangeiros. As palavras deste político francês traduzem, aliás, um dos princípios fundamentais da ideologia de 1848 – o não intervencionismo:

> *La République Française espère rassurer plutôt que dissoudre les excellents rapports de France avec le Portugal. Soyez assez bon pour en donner dans cette circonstance, comme dans toute autre. L'assurence à Notre Gouvernement. Ne pas s'immiscer dans les questions intérieurs des gouvernements étrangers c'est la Loi que la République s'est faite.*[33]

Esta felicitação era, segundo Costa Cabral (conde de Tomar, regressado do exílio, retoma, em 1848, o seu lugar na Câmara dos Pares), mera expressão

---

[33] *A Revolução de Setembro*, n. 1.823, p. 2, 5 abr. 1848. Cópia nº 2 anexa ao ofício reservado nº 7 da Legação de S.M. em Paris, de 24 de março de1848, para o duque de Saldanha (Arquivo Nacional da Torre do Tombo. Ministério dos Negócios Estrangeiros, Legação de Portugal em Paris, cx. 10, 1848-1849).

de uns poucos "rapazes" que estudavam em Paris. Não significava, a seu ver, a vontade da nação portuguesa.[34] De fato, o governo português não reconheceu de imediato a República francesa, e aguardaria a decisão do governo britânico. Atitude cautelosa que revela, por um lado, uma notória dependência da velha aliada em termos de política externa e, por outro lado, o receio que suscitavam as ocorrências revolucionárias francesas.[35] A Grã-Bretanha seguia atentamente o desenvolvimento dos acontecimentos e a sua repercussão na península Ibérica.

Apregoar os princípios republicanos, pôr em causa a prática governamental era demasiado ousado e perigoso para não ser levado em conta pelos responsáveis ministeriais portugueses. De fato, os estudantes e emigrados residentes em Paris,[36] participantes ativos nos sucessos de 1848, alguns deles comba-

---

[34] *Diário do Governo*, n. 96, p. 294, 24 abr. 1848.

[35] Ofícios de F. J. de Paiva Pereira para J. J. Gomes de Castro (1848).

[36] Dos estrangeiros que frequentavam a École Nationale des Ponts et Chaussées entre 1825 e 1850, 19 eram portugueses (Malézieux, 1975:4): (1) *Francisco Maria de Sousa Brandão* ali cursa engenharia e, embora regresse a Portugal antes de fevereiro de 1848 (Ofício do barão de Francos ao ministro e secretário de Estado dos Negócios Estrangeiros, 1848) assiste, desde 1844, ao desenrolar dos acontecimentos franceses. Tomou parte ativa na revolta de 1844 contra as forças de Costa Cabral. Associativista ativo, escreve a obra *Economia social. Primeira parte. O trabalho*, em 1857. É eleito deputado pelo círculo da Vila da Feira em 1865-1868, ocupa vários cargos ligados às obras públicas e adere ao partido republicano em 1876. Membro da Maçonaria, foi um jornalista de mérito, sobretudo dos jornais *Ecco dos Operarios* (cofundador), *A Republica Federal* e o *Pensamento Social*. (2) *Joaquim Ferreira Sampaio* (1797-1855), natural do Porto, comerciante e industrial, em 1820 era alferes da Terceira Companhia de Milícias do Porto. Homem de ideias liberais, alistou-se no Batalhão de D. Maria II e depois no Corpo de Voluntários de Cavalaria. Emigrou em 1828 para Plymouth, passou depois a Paris e alistou-se na Primeira Companhia do Regimento de Voluntários da Rainha em Belle Isle. Integrou o Exército que desembarcou no Mindelo e lutou no cerco do Porto. Membro do Sétimo Batalhão Móvel do Porto e ajudante do Terceiro Batalhão da Guarda Nacional, a partir de 1840 e até 1854 residiria em Paris. (3) *Joaquim Tomás Lobo d'Ávila* (1819-1901), aluno do Colégio Militar, emigrou para a capital francesa depois da revolta de Torres Novas, em 1844. Ali fez os seus estudos em engenharia civil, economia e direito administrativo e regressou na década de 1850. Deputado em várias legislaturas, foi ministro da Fazenda (1862-1865). Ministro Plenipotenciário em Madrid (1886-1890) e par do reino, toma posse em 9 de janeiro de 1875. Conselheiro de Estado efetivo, foi-lhe conferido o título de conde de Valbom (abril de 1875). Venerável da loja Regeneração Social em março de 1854, colaborou em vários jornais e revistas. Destacamos a sua obra *Verdadeira reforma eleitoral ou do suffragio universal* (1848) e *Reflexões sobre o contrato para a construção do caminho de ferro de leste* (1853). (4) *Sebastião Bettâmio de Almeida* (1817-1864), químico ilustre, desenvolveu um trabalho importante relativamente a assuntos agrícolas. Colaborou em vários jornais, mas salientamos os seus artigos no *Jornal do Commercio*. É da sua autoria o *Relatório sobre a fábrica nacional de vidros da Marinha Grande...* (1860). (5) *José Anselmo Gromicho Couceiro* estudou engenharia civil em Paris e era abonado pelo soldo de oficial do Exército. Participante na manifestação de apoio ao governo provisório francês e o seu vencimento foi suspenso. Irmão do tenente-coronel de Artilharia Couceiro, que se havia notabilizado ao serviço da Junta do Porto, José Anselmo, liberal radical, era homem suspeito para as autoridades civis e militares (Ofício do Barão de Francos para o ministro e secretário dos Negócios Estrangeiros, 1848).

tentes nas hostes setembristas em 1844 e 1846/47, são vítimas da repressão do governo, que suspende os seus vencimentos e licença de permanência na França.[37]

O ideal iberista permanecia, no entanto, bem vivo. É sintomática a manifestação dos portugueses em Paris, solidários com os progressistas espanhóis, numa cerimônia fúnebre em memória das vítimas do levantamento progressista de 26 de março na capital espanhola.

Cerca de 300 manifestantes, muitos deles franceses, estiveram presentes. Para além dos estandartes tricolores e da bandeira espanhola, agitava-se o pendão da Federação Ibérica "azul, cor de cana, e vermelho". Os "democratas portugueses" empunhavam uma bandeira azul e branca, sem as armas nacionais.[38] O iberismo ganhava força nos espíritos dos portugueses (Catroga, 1985:419-463). Também a Academia de Coimbra, integrada por elementos radicais, núcleo considerável de elementos patuleias ativíssimos nas lutas da guerra civil de 1846/47,[39] celebra a vitória republicana largamente difundida pela imprensa, nomeadamente em *O Patriota* e em *A Revolução de Setembro*:

> Irmãos! Os estudantes de Coimbra não podiam ficar silenciosos diante dos vossos feitos [...] do vosso amor pela liberdade, e da vossa dedicação pela causa dos povos. Quebrastes os grilhões da França, preparastes a unidade da Itália e da Alemanha, emancipastes a Áustria, concorrestes para a revolução da Polónia, apressastes a queda do absolutismo na Europa [...] e nós de longe fazíamos votos pelo triunfo da santa causa, que defendíeis, que é a nossa também, a da Península, a das nações, a de toda a humanidade... a Santa Aliança morreu, e nos nossos corações existe cada vez mais vivo o amor da liberdade [...] Viva a Península! Viva a liberdade de todos os povos! Vivam os nossos irmãos de Paris, Itália, Berlim e Viena![40]

É bem significativo, volto a sublinhar, um "Viva a Península!". Ele traduz, explicitamente, o ideal ibérico que animava muitos dos cidadãos demo-liberais.

---

[37] Ofício do Barão de Francos para o ministro e secretário dos Negócios Estrangeiros (1848).

[38] Ofício de Francisco José de Paiva Pereira para o duque de Saldanha (1848).

[39] Notícia histórica do Batalhão Académico de 1846-1847 (1888).

[40] Carta aberta assinada por 406 estudantes, número significativo se atendermos a que se estava, àquela data, nas férias da Páscoa. Encontravam-se muitos alunos fora de Coimbra. Em 1848, a frequência universitária era de 963 estudantes (*A Revolução de Setembro*, n. 1.834, p. 1, 18 abr. 1848).

Insere-se, por um lado, na ideologia que subjaz ao movimento emancipalista e federalista de 1848 – independência nacional e união dos povos –; por outro lado, na base da conjuntura política europeia, os demo-liberais ibéricos sabiam que, para fazer face à sua mais velha aliada (responsável por tantos danos e prejuízos às nações peninsulares), haviam que consolidar uma frente comum: a União Ibérica. Na sua forma unitarista ou federalista, ela foi defendida por muitos intelectuais e políticos portugueses e espanhóis.

Assim, portugueses e espanhóis uniram-se por razões táticas, numa estratégia comum: fazer face à hegemonia inglesa e fazer ruir os governos vigentes, para recolocar a legitimidade ou para instaurar a república, ou, ainda, para concretizar a regeneração social no âmbito do regime monárquico. Uniram-se, também, por razões ideológicas: para muitos, a União Ibérica traduzia, afinal, o espírito ecumenista que comungavam com os "irmãos" da república francesa.

Os ventos eram propícios... A eclosão do movimento revolucionário francês de 1848 marcara a hora da "ressurreição do povo", a hora suprema das nacionalidades e alimentava o sonho da Santa Aliança dos Povos.

A Revolução Praieira – as ideologias de 1848

A Revolução Francesa não estava feita, fazia-se... também no Brasil. E as revoluções de 1848 continuam aí também a sua mensagem. Se em 1789 a revolução tinha sido do povo francês, o seu cariz universalista culminaria com os movimentos emancipalistas e nacionalistas de 1848. Para uns chegava a hora de enfrentar os regimes imperialistas; a outros, alentava-os a esperança de derrubar os governos centralizadores e despóticos. A este propósito, lembrem-se as palavras proféticas de Borges da Fonseca no jornal *O Tribuno*, de 29 de abril de 1848,[41] particularmente significativas para o caso brasileiro. E escreve: "A revolução da França tem de incendiar o Brasil, e Pernambuco, que fora sempre abrasado no amor da Pátria, não podia ficar indiferente".

De fato, assim aconteceria... Sobre o movimento revolucionário de 1848 no Brasil, concretamente em Pernambuco, dado que é aqui que têm lugar os confrontos de novembro daquele ano a abril de 1849, depois das leituras e da

---

[41] Ver Quintas (1959:317).

análise que fiz mantém-se, para mim, a interrogação sobre o cariz e o significado da Revolução Praieira. Ela foi um movimento popular ou uma revolução social na linha de um espírito *quarante-huitard*? Ela foi uma revolução burguesa ou uma insurreição autonomista e federalista de uma burguesia comercial com tendências republicanas?

A deposição dos liberais e a ascensão dos conservadores sob as ordens de Pedro de Araújo Lima (depois visconde de Monte Alegre) provocaram a reação dos praieiros. As hostilidades começaram em Olinda, em novembro de 1848. Herculano Ferreira Pena, presidente da província, e os seus prosélitos representavam os agentes da desmontagem da política liberal. A orientação dos dirigentes e a "oligarquia dos Cavalcanti-Rego Barros" bastariam para dar corpo a uma atitude de insubordinação e de revolta dos praieiros.

De fato, a revolução que se desenrola entre novembro de 1848 e abril de 1849 em Pernambuco, se contou inicialmente com a fração empenhada dos senhores de engenho, ciosos do seu prestígio pessoal e da influência política, conquistou também as massas populares prontas a atuar. Segundo Joaquim Nabuco, havia uma tendência revolucionária permanente dos praieiros contra dois inimigos: o estrangeiro – os portugueses que monopolizavam o comércio – e o territorial – os senhores de engenho que detinham a terra no interior (Nabuco, 1936:75).

De novo pode perguntar-se: mais do que um movimento político, a Revolução Praieira não terá sido também um movimento social?

Desajustamentos e queixas dos espoliados, protestos sob o peso de uma situação econômica desesperada e incapacidade política caracterizam a Revolução Praieira, que só a partir de dezembro de 1848 adquire uma dimensão territorialmente mais alargada a toda a província pernambucana. Surgem, então, as propostas de reformas mais concretas. Reivindicações nacionalistas (libertação das "garras da infame quadrilha lusa-guabiru")[42] e movimento antioligárquico assumiram, através dos seus principais agentes revolucionários, um sentido social. O país inteiro, e não apenas a província pernambucana, apercebera-se da importância das revoluções europeias de 1848, particularmente da Revolução Francesa de fevereiro, assim afirma Quintas (1959:307). Nesse sentido, Joaquim Nabuco, na sua obra *Memórias do meu tempo*, escrevera

---

[42] Sobrinho (1950:108). Ver Carneiro (1960) e Marson (1987).

já que "a proclamação da república em França havia agitado o nosso mundo político em suas profundezas" (Nabuco, 1934:165). De fato, a influência do pensamento francês está presente na vida política e social brasileira. Amaro Quintas refere o impacto das ideias revolucionárias de 1789 na Conspiração de Suassunas em 1801, na revolta pernambucana de 1817, na Conferência do Equador, na insurreição de Pedroso em 1823.

Os povos latinos, emancipados da tutela portuguesa e espanhola e em situação de inferioridade econômica, técnica e até cultural, relativamente ao domínio anglo-saxônico, foram permeáveis ao afrancesamento. A Revolução Francesa contribuíra, assim, para dar novas formas e cores à paisagem, à cultura, à vida sul-americana – demonstra-o Freire (1960:67).

De 1840 a 1850 acentua-se a influência francesa na arte, na literatura, na moda, na filosofia, na ciência e na técnica. Louis Léger Vauthier, engenheiro da Escola Politécnica de Paris, permanece em Pernambuco de 1840 a 1846. Propagador das doutrinas *saint-simonianas* e *fourieristas* e de um ideário social, Vauthier, socialista humanitário, foi um dos pioneiros da expansão das ideias dos socialistas utópicos no Brasil. O Recife, intelectual e socialmente predisposto às inovações europeias, acolheu, como toda a província nordestina, a revolução técnica e as teorias daquele apóstolo revolucionário francês. E estas permaneceriam bem vivas em Antônio Pedro Figueiredo, em Nascimento Feitosa, em Aprígio Guimarães, e nas teorias abolicionistas de Joaquim Nabuco.

A Missão Artística Francesa comandada por Lebreton no Rio de Janeiro e a missão de Vauthier no Recife "afrancesaram" profundamente as ideias político-sociais, estéticas, pedagógicas, de assistência social, científicas e técnicas. Acresce dizer que repercussão houve no Brasil do jacobinismo da Grande Revolução. Mas ele foi também permeável às ideias das revoluções de 1830 e de 1848. "Todas as nossas revoluções – confessa Nabuco – foram, dir-se-ia, ondulações começadas em Paris" (Nabuco, 1936:72).

Na revolução pernambucana de 1848, contra o liberalismo econômico da indústria e do comércio ergue-se a palavra justiça – justiça social. Nunes Machado, Abreu Lima, Antônio Borges da Fonseca, Antônio Pedro de Figueiredo foram os heróis revolucionários do movimento de 1848 em Pernambuco, onde, aliás, circulava o jornal *Kossuth* em homenagem ao herói húngaro. Programas pouco definidos, parece-nos, doutrinaram o movimento pernambucano de 1848, já em curso. Borges da Fonseca, por exemplo, prega teoricamente a república, mas mantém-se fiel ao imperador e ao regime monárquico. Apela-se para a liberdade individual, para o direito de propriedade e do trabalho, para o voto livre e universal, para a abolição da pena de morte, para a igualdade civil e assistência na doença, para a cessação do privilégio e títulos nobiliárquicos e para o sistema federativo das províncias. Abreu Lima propõe o associacionismo como forma de liquidar o sistema feudal, e Antônio Pedro de Figueiredo propagandeia as reformas socialistas, adaptadas à realidade brasileira. Teorias e doutrinas que moldaram ideologicamente o movimento de 1848 em Pernambuco contribuíram, segundo Amaro Quintas, para a preparação de uma mentalidade *quarante-huitard* de que a imprensa foi, aliás, intérprete.[43] A Revolução de Novembro, que o líder revolucionário Borges da Fonseca (o "Repúblico") designava "a Praieira", teve, todavia, uma adesão popular. E os princípios revolucionários – liberdade, igualdade e fraternidade – estão subjacentes às reivindicações nacionalistas, políticas e sociais.

Para os jacobinos Robespierre e Saint-Just, fazer uma revolução era libertar o povo da sua escravatura econômica e desfazer as cadeias que condenam os povos à servidão política. Era-o, também, para os socialistas. E não seria esse o projeto dos revolucionários pernambucanos de 1848?

A Revolução Francesa de 1789 provara a possibilidade dessa empresa, a "questão social" denunciava essa necessidade, e a força do povo garantir-lhe-ia a vitória.

Em conclusão, ideologicamente os movimentos revolucionários de 1848 fundamentam-se num credo social. A uma filosofia humanitarista romântica é inerente um sentido político e social, vivificado pela memória da Grande Revolução e pelo espírito evangélico em que se revela a transmutação de valores de um plano teológico para um plano cosmoteológico.

Mas 1848 marca, de certa maneira, o fim de uma época, o fim de mais uma fase da Revolução Francesa.

---

[43] Entre outros, salientamos *O Progresso*, revista de António Pedro de Figueiredo, o "Cousin Fusco"; o "Manifesto ao Mundo" de 1º de janeiro de 1849, que é a profissão de fé revolucionária de Borges da Fonseca, o "Repúblico"; *A Voz do Brasil*, *A Reforma*, *A Mentira*, *A Verdade*, *O Grito da Pátria*, o *Diário Novo*, *A Barca de São Pedro*, o *Republicano Federativo* (Quintas, 1957). Ler nosso estudo "A Memória da Revolução Francesa nos movimentos revolucionários de 1848 em Portugal e no Brasil" (Ribeiro, 1989a:357-372).

Fontes consultadas

A Alvorada. Lisboa, 1848.

A Fraternidade. Lisboa, 1848.

A Matraca – Periódico Moral e Político. Na Typ. da viúva Rebello e Filho, Lisboa, 1848.

A Republica – Jornal do Povo. Lisboa, 1848.

A Revolução de Setembro. Lisboa, Typ. J. B. da A. Gouveia, 1848 e 1851.

Deus e a liberdade, [s.l.]:[s.n.], [s.d.].

Diário do Governo, n. 96, p. 294, 24 abr. 1848. Sessão da Câmara dos Pares, de 8 de abril de 1848.

NOTÍCIA histórica do Batalhão Académico de 1846-1847. Notas do Dr. António dos Santos Pereira Jardim, Coimbra, Imprensa da Universidade, 1888.

O Ecco Popular. Porto, 1848 e 1849.

OFÍCIO de Francisco José de Paiva Pereira para o duque de Saldanha de Paris, de 24 de março de 1848. Arquivo Nacional da Torre do Tombo. Ministério dos Negócios Estrangeiros. Legação de Portugal em Paris, cx. 10, 1848-1849, doc. 8.

OFÍCIO do barão de Francos para o ministro e secretário dos Negócios Estrangeiros, de 25 de abril de 1848. Arquivo Nacional da Torre do Tombo. Ministério dos Negócios Estrangeiros. Correspondência do ministro da Guerra, cx. 10, 1848; Arquivo Histórico Militar. Processo individual de... cx. 945.

OFÍCIO do Barão de Francos para o Ministro e Secretário dos Negócios Estrangeiros de 25 de abril de 1848. Arquivo Nacional da Torre do Tombo. Correspondência do Ministério do Reino. Ministério da Guerra, cx. 10, 1847-1851; Arquivo Histórico Militar -1ª divisão, 28ª seção, cx. 7, doc. 61.

Ofícios de F. J. de Paiva Pereira para J. J. Gomes de Castro, de Paris, de 15 de maio de 1848, 25 de maio de 1848 e 5 de junho de 1848. Arquivo Nacional da Torre do Tombo. Ministério dos Negócios Estrangeiros. Legação de Portugal em Paris, cx. 10, 1848-1849, docs. 81, 91, 97 e 103.

O Nacional. Porto, Typ. do Nacional, 1849.

O Patriota. Lisboa, M. J. Coelho, 1848.

O Rabecão – Escripto do Povo. Lisboa, Typ. Liberal, 1848.

O Regenerador – Jornal do Povo, Liberdade, Igualdade, Fraternidade. Lisboa, A Patuleia, 1848.

O Republicano. Lisboa, 1848.

O Seculo – Jornal Philosophico e Litterario. Lisboa, 1848.

PRÓLOGO do padre Joaquim dos Santos Abranches à obra *Coração de Jesus segundo a doutrina de St Margarida Maria.* Por um oblato de Maria Imaculada, capelão de Montmartre. Tradução de R. F. 2. ed. corrigida. Porto: Apostolado da Imprensa, 1932.

UM VERDADEIRO republicano. *O que é a verdadeira republica?* [s.l.]:[s.n.], [s.d.]. (Opúsculo).

Bibliografia

AGULHON, Maurice. *Marianne au combat*: L'Imagerie et la symbolique républicaines de 1789 a 1880. Paris: Flammarion, 1979.

ALMEIDA, Sebastião Bettâmio de. *Relatório sobre a fábrica nacional de vidros da Marinha Grande apresentado a S. Exa. o ministro da Fazenda pela comissão de inquérito nomeada por Portaria de 4 de julho de 1859*. Lisboa, 1860.

CATROGA, Fernando. Nacionalismo e ecumenismo: a questão ibérica na segunda metade do século XIX. *Cultura, História e Filosofia*, Lisboa, v. IV, p. 419-463, 1985.

_____. Os primórdios do 1º de Maio em Portugal: festa, luto, luta. *Revista de História das Ideias*, Coimbra, v. 11, p. 445-499, 1989.

D'ÁVILA, Joaquim Tomás Lobo. *Verdadeira reforma eleitoral ou do suffragio universal*. Lisboa: Officina de Manoel de Jesus Coelho, 1848.

_____. *Reflexões sobre o contrato para a construção do caminho de ferro de leste*. Lisboa: Imprensa Nacional, 1853.

_____; CARNEIRO, Edison. *A Insurreição Praieira* (1848-49). Rio de Janeiro: Conquista, 1960.

DONNAS-BOTO, Luiz Maria de Carvalho Saavedra. A queda de Vienna. In: *A Apotheose do Illustrissimo Senhor Antonio da Costa e Sousa (Veiga Junior), e das outras victimas que soffrerão o martírio pela Patria nas margens do Verdeiro aos 22 d'Outubro de 1846*. Porto: Typographia de Faria Guimarães, 1848.

_____. *A lyra do Douro*. Porto: Typ. de Faria Guimarães, 1854.

FREYRE, Gilberto. *Um engenheiro francês no Brasil*. Rio de Janeiro: José Olympio, 1960. t. 1.

LEROUX, Pierre. *Projet de Constitution démocratique et sociale*. Paris: G. Sandré, 1848.

LIMA, Henrique de Campos Ferreira de. Bibliografia portoghese del risorgimento. *Boletim Internacional de Bibliografia Luso-Brasileira*, Lisboa, v. II, n. 1, p. 43-46, 69-140, jan./mar. 1966.

MALÉZIEUX, M. *Notes sur les élèves externes de l'École Nationale des Ponts et Chaussées*. Paris:[s.n.], 1975.

MARSON, Izabel Andrade. *O império do progresso*: a Revolução Praieira em Pernambuco (1842-1855). São Paulo: Brasiliense, 1987.

MAZZINI, J. *République et royauté en Italie*. Paris: Bureau du Nouveau Monde, 1850.

MOTTA, Inácio Francisco Silveira da. *A harpa do livre*. Lisboa: Typ. Social, 1852.

NABUCO, Joaquim. *Memórias do meu tempo*. São Paulo: Companhia Editora Nacional, 1934.

_____. *Um estadista do império*: Nabuco de Araújo, sua vida, suas opiniões, sua época. Rio de Janeiro: Companhia Editora Nacional, 1936. t. I: 1813-1866.

QUINTAS, Amaro. O espírito *quarante-huitard* e a Revolução Praieira. *Revista de História*, São Paulo, n. 40, 1959.

RIBEIRO, José Maria do Casal. *O soldado e o povo*. Coimbra: Imprensa da Universidade, 1848.

RIBEIRO, Maria Manuela de Bastos Tavares. O cristianismo social de 1848. *Revista de História das Ideias*, Coimbra, FLUC, v. 9, p. 481-494, 1987.

_____. A memória da Revolução Francesa nos movimentos revolucionários de 1848 em Portugal e no Brasil. *Revista de História das Ideias*, Coimbra, v. 11, p. 357-3725, 1989a.

_____. Portugal e a Revolução de 1848. *Ler História*, Lisboa, n. 16, p. 107-115, 1989b.

_____. *Portugal e a Revolução de 1848*. Coimbra: Minerva História, 1990.

RIBEIRO, Raphael. *O iberismo dos monárquicos*. Lisboa: Imprensa Portugal-Brasil, 1930.

SOBRINHO, Barbosa Lima. A Revolução Praieira. *Revista do Instituto Histórico e Geográfico Brasileiro*, Rio de Janeiro, v. 201, out./dez. 1948 (Conferência realizada em 28 de dezembro de 1948).

VIEIRA, Custódio José. *Um, alguns e todos ou a historia d'um absurdo*. Porto: Typographia da Rua do Bomjardim, 1848.

9. Discursos biopolíticos sobre a cidade: a violência e a prostituição (Lisboa, 1912)

Maria Rita Lino Garnel

Introdução

A profusão de notícias que relatam roubos, agressões e mortes, as inquietantes estatísticas que, ano a ano, nos dão conta do aumento da criminalidade, a utilização política da questão, os resultados de inquéritos, bem ou malconduzidos, indicando a insegurança como uma das maiores preocupações da atualidade são fatores que contribuem para que a opinião pública sinta que vive uma onda de violência sem paralelo. Desta certeza de senso comum fazem parte as ideias de que o passado era mais pacífico e a violência, quando ocorria, era esporádica e excepcional.

Porém, casos de violência, nos anos iniciais da república portuguesa (implantada a 5 de outubro de 1910), não faltaram. Na verdade, também a opinião pública desse tempo estava convicta de que nunca se tinha vivido época mais violenta e, se as páginas interiores dos jornais se recheavam de relatos de agressões, de cenas de facadas, de desordens de rua e crimes passionais, as primeiras davam conta da instabilidade política no Parlamento, nos partidos e nas ruas, com as greves, revoltas militares, incursões monárquicas e atentados bombistas, não esquecendo a situação europeia, que em clima de *entente cordiale* se agravava dia a dia. Aqui e ali, os periódicos noticiavam os esforços e as iniciativas da Liga Portuguesa da Paz que, desde 1899, procurava combater a violência da época.

Uma outra ideia, veiculada pelos periódicos e pela literatura da época, é a que associava a marginalidade e a violência à prostituição. Quer pelos espaços da cidade que partilhavam – numa Lisboa bem menor que a de hoje –, quer porque a noite era o tempo preferencial das suas atividades, violência e prostituição pareciam fazer parte de um mesmo mundo de desvio (Pais, 1985), que invadia perigosamente a cidade, e que era necessário vigiar, conter, disciplinar. Em primeiro lugar pela polícia, mas também por outras instâncias e outros poderes (v. g. tribunal, prisão e hospitais). A definição de espaços, tempos e atividades como marginais, potencialmente de delinquência, era inseparável da constituição de um campo referencial de normalidade, construído pelas elites e fundamentado pela ciência, melhor dizendo, crescentemente legitimado pelas extrapolações feitas, muitas vezes pelos próprios cientistas, a partir do discurso das ciências, em particular do discurso médico.

É sabido que, desde os inícios do século XIX, nos discursos do(s) poder(es), crime e violência surgem estreitamente associados aos grupos laboriosos, perigosos e também viciosos;[1] nesse meio, enfermo de moral, de pobreza, de alcoolismo, de falta de higiene, de tuberculose e de sífilis, associavam-se patologias físicas e naturezas degeneradas em vidas de crime, violência e prostituição.

Finalmente, ao longo do século XIX e durante grande parte do século XX, polícias, médicos, criminalistas e legisladores não duvidaram de que a delinquência e, por consequência, a violência, eram características do comportamento masculino. Os números pareciam confirmá-lo e o Estado não deixou de incorporar este *pré-conceito*, tardando a criar, por exemplo, prisões femininas (Santos, 1999:145-146), que a lei penitenciária em 1979 ainda chamava "especiais".[2] Daí que surpreenda a insistência de médicos e antropologistas, desde os finais do século XIX, pela inclusão da prostituição – atividade legal até 1962 – nas estatísticas de criminalidade.

É em torno destas ideias que se estrutura este capítulo, que toma por base empírica os "exames diretos de vítimas de crimes contra a segurança das pessoas", relativos ao ano de 1912 (total de 3.043 casos), conduzidos no Instituto de Medicina Legal de Lisboa.

---

[1] Esta associação é muito explícita em Frégier (1840:21).
[2] Art. 158 do Decreto-Lei nº 265/79, de 1º de agosto de 1979. Ver Beleza (1984:13).

A violência em 1912

Esclareça-se, desde já, qual o conceito de violência que subjaz ao que aqui se escreve. Violência será tomada, apenas, no seu sentido mais estreito, isto é, como sinônimo de agressão física.

A construção de uma sociedade e de um Estado modernos requereu uma profunda transformação cultural das populações. Esta gigantesca tarefa, sem cessar recomeçada ao longo do Oitocentos, tornava-se particularmente premente nos meios urbanos, à medida que o aumento demográfico e a modernização econômica chamavam à cidade novos habitantes. Recorde-se que, entre 1900 e 1911, a cidade crescera 21% e o censo de 1911 mostrava Lisboa e o seu distrito liderando o crescimento demográfico.[3]

O novo modelo de sociedade exigia comportamentos cotidianos, familiares e hábitos de trabalho diferentes, mais adequados aos seus fundamentos burgueses, liberais e capitalistas. Por outro lado, a constituição de novas elites exigia uma diferenciação das massas populares, econômica e socialmente desfavorecidas, ainda que a distinção assentasse em critérios diversos dos utilizados no Antigo Regime. São naturalmente os grupos no poder quem constrói o padrão de normalidade – moral, legal, de saúde, sexual, de atitudes ou até de traje – perante a qual se podiam aferir (e punir ou tratar) os desvios. Esta é uma estratégia identitária bem conhecida e bem estudada.[4]

A racionalidade das elites burguesas, visível na contenção crescente de hábitos e na moderação da linguagem, inscreve-se naquilo que Norbert Elias, já há muito, caracterizou como "o processo civilizacional" (Elias, 1989). Processo de longa duração, bem visível já na corte do Antigo Regime (Elias, 1987) e que as novas elites do século XIX adotaram e/ou adaptaram às suas necessidades. Em muitos casos, mais do que por vezes se pensa, a persistência do Antigo Regime foi longa (Mayer, 1990).

Ora, os grupos que ao longo do Oitocentos, mas com particular intensidade na viragem do século e nos anos da Primeira República, chegam à cidade de Lisboa à procura de trabalho são portadores de um outro modelo cultural. Diferentes no vestuário, na linguagem, nas exigências e no comportamento, são radicalmente *o outro*, que é necessário transformar, sociabilizar de outra

---

[3] O censo da população (1912)
[4] Entre outros, por Michel Foucault (1994:125-130).

forma, em suma, civilizar. Tarefa feita de muitas formas, mas sem muitos meios: as dificuldades em resolver a questão do analfabetismo são um bom indicador das debilidades de um Estado que tardava em assegurar uma condição indispensável à sua existência. A higiene e a saúde, outro modo de inculcação e transformação de hábitos, debateu-se sempre com graves carências, setor que só tardiamente pôde prescindir da assistência religiosa e da caridade particular (com ênfase para as "misericórdias"). O Exército, sociabilizando e uniformizando comportamentos, só dizia respeito a um pequeno número da população masculina e só tardiamente se pensou – quase sempre por iniciativa individual, de intenção filantrópica ou capitalista – em providenciar alojamento condigno para essa população migrante.[5] A racionalidade, pretendida pelo Estado moderno, tardava em desenvolver alguns instrumentos sem os quais, mesmo que dispusesse dos meios econômicos, seria difícil planejar, identificar problemas, resolver questões – só a partir de 1877 começam a ser publicadas estatísticas fiáveis.[6]

As gentes que encheram Lisboa, na transição dos séculos XIX-XX, amontoaram-se em pátios, vilas e barracas, em medíocres condições de salubridade.[7] A escolha dos locais de residência obedeceu a uma dupla lógica: a proximidade dos locais de trabalho – recorde-se que é a zona ribeirinha, com sua atividade portuária, suas fábricas e oficinas, muitas de caráter artesanal, o principal polo de atração da mão de obra – e a proximidade por região de origem geográfica. Embora um estudo demográfico global, que articule a origem geográfica dos recém-chegados à cidade com os locais de residência e a profissão exercida em Lisboa, ainda esteja por fazer, estudos parcelares parecem indicar que existe uma forte relação entre estes três fatores (Cordeiro, 1997; Costa, 1999). A decisão de abandonar o campo e vir para Lisboa teria sido, em grande medida, determinada por necessidades de sobrevivência e por apelos vindos de migrantes pioneiros. É um familiar, um amigo, um conhecido, já estabelecido na capital, quem encontra trabalho e morada para o novo habitante, e em torno do qual as primeiras sociabilidades se estruturam. As solidariedades de origem, pelo menos num primeiro momento, sobrepõem-se às sociabilidades, que nos quadros da rua, da vila e do pátio, do trabalho e do lazer se vão formando.

---

[5] Vila Sousa (1890), Bairro Grandela (1904), Bairro Estrela de Ouro (1909).
[6] *Annuario estatistico do reino de Portugal* (Portugal, 1877).
[7] Inquérito aos pateos de Lisboa (1903).

Ora, nestes espaços da cidade, em que às más condições higiênicas se junta a sobrepopulação, o modelo de comportamento e de relação intrapessoal, familiar e de vizinhança é o tradicional. Nestes espaços comunitários, os conflitos, a demarcação dos espaços, as lutas de poder no interior do grupo tendem a ser resolvidos sem a contenção desejada pelas elites, com palavras e gestos espontâneos, que não recusam o recurso à violência. Tudo indica que esta desempenhe um papel positivo na regulação dos conflitos (Vaquinhas, 1990:281-284), que ajude a recomposição social e que, de certa maneira, seja através da violência entre os membros do grupo que se reforçam os laços comunitários. A proximidade entre agressor e agredido é, aliás, característica da violência dos inícios do século: a agressão ocorre, majoritariamente, no quadro das relações intrafamiliares, vicinais ou de profissão, ou, dito de outro modo, a violência raramente é anônima. Os portadores deste modelo cultural, que se amontoam numa Lisboa estendida pelas margens do rio e lentamente penetram pelos vales em direção ao interior, não têm pejo em tocar-se, e poder-se-ia até sustentar que os comportamentos agressivos eram uma forma de sociabilidade (Fouret, 1987:4-30) facilmente integrável no tecido social (Fatela, 1989:15).

Claramente, esta não era a visão dos poderes. A espontaneidade das manifestações exigia métodos de repressão que visavam, em primeiro lugar, a um outro adestramento dos corpos, disciplinas diversas de linguagem, de traje e de condutas que rapidamente transformassem estas naturezas, quase selvagens, em elementos úteis e cordatos.[8] Sabe-se que, na longa duração, a escola, o Exército, a fábrica, o hospital e a prisão desempenharam esse papel civilizador.

No imediato, coube à polícia e aos jornais o papel de primeiros disciplinadores, que contribuíram para que a violência se apagasse "como prática cultural à medida que se [foi] consitui[ndo] como prática delinquente" (Fatela, 1989:14).

O trabalho da polícia não era fácil, tanto mais que grande parte dos efetivos era natural da província.[9] A Polícia Civil de Lisboa, criada por decreto em 2 de julho de 1867, passara a denominar-se Polícia Cívica de Lisboa, por portaria de 17 de outubro de 1910, aguardando uma nova reorganização que, aliás, o

---

[8] A intolerância para com as práticas populares foi característica de todas as burguesias ocidentais do Oitocentos. Para o Brasil, por exemplo, veja-se o modo como Olavo Bilac descrevia a Festa de Penha (Soihet, 1989:57).

[9] O mesmo se passava com as polícias de outras grandes cidades. Tudo indica que as autoridades, no recrutamento policial, preferiam elementos de origem rural (Shpayer-Makov, 1992:662-678).

crescimento da cidade impunha. Em 1867 definira-se o perfil dos policiais, exigindo-se que fossem "indivíduos que pela sua moralidade, honestidade e prudência cham[assem] a si as simpatias do público" (Ribeiro, 1952:2). A esta caracterização, para o período em estudo (1912), podemos juntar o fato de, numa cidade marcada pelo analfabetismo, todos os polícias referenciados nos casos estudados do Instituto de Medicina Legal saberem ler e escrever, aptidão necessária para quem, a par do conhecimento das leis e regulamentos, tantas vezes tinha de passar multas, escrever relatórios, encaminhar processos.

A partir dos postos policiais, localizados nos bairros, os polícias, impondo--se pela farda e pelo temível sabre dependurado, percorriam as ruas fiscalizando e intervindo nas alterações à ordem pública. E desacatos não faltavam numa urbe em que a exiguidade das habitações transformava as vias públicas em prolongamentos da casa, uso não compatível com a sua finalidade exclusiva de espaço de circulação. A crescente distinção entre espaços públicos e espaços privados era difícil de concretizar em ruas tortuosas e estreitas dos bairros populosos da cidade. Assim, não surpreende o número elevado de casos de agressão perpetrados na via pública, embora os que envolviam diretamente a polícia enquanto vítima ou agressora tenham pouca expressão (cerca de 6%).

Disciplinar os comportamentos zelando pela moralidade pública, conter palavras e gestos, regular o trânsito, assegurar o horário de funcionamento dos botequins, controlar as atividades ilícitas, como o jogo, as atividades comerciais de peixeiros e outros vendedores ambulantes, ou fiscalizar o cumprimento do "Regulamento da prostituição" eram tarefas repressivas, por vezes exercidas com violência, que ajudaram a transformar os corpos em seus hábitos e forçaram a uma mais rápida interiorização das normas que o poder pretendia socializar. Basta uma rápida leitura das páginas dos jornais para verificar a presença e intervenção constante dos guardas, muitas vezes solicitada, mas imediatamente contestada, pelos transeuntes. Não raro, os protagonistas dos desacatos e os populares que a eles assistiam viravam-se contra os agentes da ordem, terminando a cena, regra geral, com o encaminhamento dos desordeiros para a delegacia mais próxima, e as vítimas de agressão, depois da passagem pelo hospital para curativo, para o Instituto de Medicina Legal.[10]

---

[10] Barulho no Rocio. *O Seculo*, ano 32, n. 10.955, p. 3, 11 jun. 1912.

Como já apontado (Foucault, 1998:237), o papel dos meios de comunicação foi, de resto, crucial na conscientização da opinião pública acerca da necessidade de mais polícia, mais segurança e mais ordem. A notícia dos casos de agressão violenta, as mais das vezes envolvendo facadas, das cenas de desordem, o relato dos crimes, feito de um modo exaustivo, cotidiano, repetitivo amplificam a questão da criminalidade. Os jornais, veiculando as representações das elites, constroem a imagem de um mundo de marginalidade, caracterizando indivíduos, grupos e atividades e clamando sem cessar pela necessidade de maior policiamento na cidade (Guinote e Paulo, 1991:439). As referências aos *rufias* e aos locais que frequentavam, ao seu modo de vestir – calça justa, bota atacada no peito do pé, colete de lã, lenço ao pescoço, casaco debruado e chapéu de aba larga – permitiam identificar espaços e pessoas, e apelar à normalização das condutas, dos trajes e dos hábitos. São comuns nas notícias de *O Seculo*, por exemplo, as referências a estes indivíduos, conhecidos pelas suas alcunhas, e aos seus desacatos, a menção à "traiçoeira navalha" e ao estado de embriaguez, mal endêmico dos grupos laboriosos, que explicaria, em grande medida, a violência da cidade.[11] A atitude repressiva, real e desejada, denota a incompreensão perante o modo tradicional da apropriação dos espaços. As sociabilidades, pacíficas ou desordeiras, que transformavam a rua em teatro permanente de cenas cômicas ou dramáticas, verdadeiro equipamento cultural (Simon, 1997:53), são tidas por indesejáveis.

Ora, é nestas notícias dos jornais que se reforça a ideia de que a prostituição e a criminalidade eram duas das faces da desordem urbana. Nos relatos que dão conta das ocorrências diárias não faltam as meretrizes, quer como participantes dos desacatos, quer como motivo para o seu surgimento.

A prostituição

A reflexão sobre o fenômeno da prostituição não era, em 1912, uma novidade. A emergência das preocupações higienistas, nos finais do século XVIII, levara já Pina Manique a instituir a obrigatoriedade da matrícula e da inspeção médica das prostitutas. O desejo de reordenar o espaço público e de proteger a sociedade,

---

[11] A título de exemplo veja-se "A rufiagem à solta nos sítios de S. Domingos". *O Seculo*, ano 32, n. 10.796, p. 2, 1 jan. 1912.

sobretudo os grupos dirigentes, do contágio moral, visual e biológico – a sífilis e a tuberculose serão as "pestes" do século XIX – ia de par com o reconhecimento da prostituição como um mal necessário ao bom funcionamento da sociedade. Não se contestava a existência da profissão, que era mesmo sentida como imprescindível à ordem social e à moral da família burguesa, mas desejava-se a sua invisibilidade e o seu controle policial e médico. Este entendimento da "mais velha profissão do mundo" e o esforço regulamentarista da atividade eram comuns aos de outros países da Europa (Corbin, 1982; Liberato, 1999). Parent-Duchâtelet (1836), para a cidade de Paris, Inácio dos Santos Cruz (1841), para Lisboa, ou F. P. de Azevedo (1864), para a cidade do Porto, justificam de maneira semelhante a existência da prostituição, as medidas policiais e a vigilância higienista da sociedade: tal como todos os organismos segregavam impurezas que garantiam o estado de saúde, também o organismo social segregaria as suas e, entre estas, a prostituição, desvio que contribuiria, afinal, para o bom funcionamento do todo. A atividade prostitucional não era, pois, uma ocupação ilícita, mas devia ser controlada. Ao Estado caberia identificar, pela matrícula obrigatória das meretrizes, quantificar e disciplinar estes dejetos da sociedade, acantonando-os em espaços e tempos próprios; aos médicos incumbiria a tarefa de inspecionar as "toleradas" e tratar compulsivamente as doentes, assegurando a prevenção do contágio da população, em particular das elites. A eficácia desta articulação dependia da prévia construção da prostituta e da prostituição como objetos de estudo médico, e essa será uma das preocupações dos poderes.[12]

Em Portugal, esta divisão de tarefas, que reconhecia a importância crescente do saber/poder médico, foi consignada por decreto de 3 de dezembro de 1868, que se articulava com o já citado diploma do ano anterior, que criara a Polícia Civil, e com a regulamentação da atividade policial, de 1876; aos agentes incumbiria a vigilância das mulheres de má vida e o cumprimento do "regulamento" da sua atividade, em particular a obediência aos limites impostos à sua visibilidade e circulação,[13] matriculando, compulsoriamente, as prostitutas clandestinas que as rusgas revelassem.

---

[12] O mesmo interesse pela identificação, enquadramento e vigilância médica sobre as prostitutas orienta muitos estudos e teses da Academia e Faculdade de Medicina do Rio de Janeiro (Machado et al., 1978:333).

[13] Vários foram os diplomas que regulamentaram a prostituição nas diferentes cidades do país. Para Lisboa, e para o ano em questão (1912), as meretrizes deveriam obedecer ao "regulamento municipal", publicado em 1900.

Era sobre estas últimas que a atenção e os medos se concentravam. As autoridades preferiam ver as prostitutas enquadradas pelo bordel, espaço de quase reclusão que facilitava o controle higienista e policial. Temiam, ao contrário, a clandestinidade da ocupação e olhavam com suspeição para as que exerciam de forma independente a profissão. Mais livres para percorrer as ruas, era sobre estas que recaía o maior número de multas por transgressões aos regulamentos.

Inevitavelmente, pela sua maior liberdade de movimentos, eram também estas meretrizes quem mais se envolviam em cenas de desordem. António Bugalho Gomes elabora, em 1913, uma tipologia da atividade prostitucional em Lisboa, relacionando os preços praticados com a geografia da cidade (Gomes, 1913:88-89). Na verdade, o espaço urbano aparece já setorializado, com zonas de prostituição mais cara, a que correspondiam as casas de passe, e outras, de menor categoria/preço, habitadas pelas meretrizes que exerciam a atividade fora do bordel. Estas últimas concentravam-se nas ruas do Capelão, dos Vinagres, da Amendoeira (à Mouraria), habitavam dispersas por todo o bairro de Alfama e algumas moravam na Madragoa. As indicações do autor da *História completa da prostituição* coincidem com as informações colhidas nos processos do Instituto de Medicina Legal. As prostitutas referenciadas pelos "exames de sanidade" habitam, majoritariamente, as ruas de Alfama, da Mouraria, da Baixa e do Bairro Alto.

O esforço de demarcação dos territórios de marginalidade era, também, acompanhado pelo esforço de caracterizar as meretrizes. A construção da identidade da prostituta decorria do padrão de normalidade feminino.

Como se sabe, o pensamento finissecular entendia a mulher como um ser marcado por uma menoridade natural; a mulher possuiria uma natureza menos capaz de sentido moral, menor capacidade reflexiva, uma incapacidade de refrear emoções, e seria facilmente sugestionável; estaria marcada, em suma, por fragilidades que justificavam a sua subordinação ao homem. E estas várias incapacidades morais e intelectuais eram justificadas, cientificamente, invocando-se velhos argumentos vestidos de novo (Tuana, 1993). Daí que se impusesse uma estreita vigilância do seu comportamento, particularmente do seu comportamento sexual, em torno do qual se estruturam quase todos os interditos.

Curiosamente, a incapacidade de o homem refrear os impulsos sexuais – argumento que justificava a legalidade tolerada da prostituição – não parecia marcar o sexo masculino de nenhuma inferioridade.

A ciência ajudou a legitimar o poder masculino sobre a mulher, invocando múltiplos argumentos de autoridade: Darwin, porque delegava à fêmea um papel passivo na seleção sexual; Haeckel, porque, com a sua teoria da recapitulação, fundamentava a menoridade da mulher que guardaria fisicamente na menor estatura e peso as provas da sua infantilidade; Spencer, porque argumentava que a maturação mais lenta do homem seria uma das provas da sua maior perfeição e, invocando uma das leis da termodinâmica, defendia que as energias disponíveis no organismo feminino eram canalizadas para as tarefas de reprodução, impedindo o desenvolvimento de outras áreas – nomeadamente, do sentido moral e da razão.

Estes argumentos pareciam comprovados pelos trabalhos dos antropólogos que seguiam a escola italiana de Lombroso e que, através da medição de crânios e da pesagem dos cérebros, se esforçavam por encontrar o fundamento da menoridade feminina; a par, estes cientistas procuravam elaborar uma tipologia dos estigmas físicos, marcas visíveis para quem as soubesse ler, que indicariam predisposições ou tendências para a delinquência ou para a prostituição (Tarnowsky, 1889). E mesmo quando a sociologia francesa começou a questionar o naturalismo totalitário das explicações, atribuindo às causas mesológicas importância crucial, as opiniões sobre a natureza diminuída da mulher não parecem ter vacilado. Assim, decorria desta violência classificatória uma hierarquia que dava a preeminência ao homem (branco e de classe média), seguindo-se a mulher normal – identificada pelo seu regrado comportamento sexual –, e só muito depois se seguiam as criminosas e as prostitutas, que, afastando-se do padrão de normalidade do seu sexo, só podiam ser consideradas como anormais. Note-se como, a partir dos trabalhos destes cientistas, se ia construindo a associação entre criminalidade e prostituição. Tal como parecia inquestionável a existência de criminosos natos, também certos estigmas indicariam a existência de prostitutas natas.

Também em Portugal,[14] desde os finais do século XIX – e apesar de algumas vozes discordantes, que procuravam matizar o determinismo natural e acentuar a importância das condições sociais[15] – não faltaram estudos médicos a comprovar que o lugar marginal da mulher e, com mais razão, da prostituta,

---

[14] O pensamento das elites masculinas brasileiras, idêntico ao que a seguir se expõe, foi bem estudado por Soihet (1989:81-140).
[15] Para Portugal, ver Almeida (1909); para o Brasil, Castro (1893).

se devia à sua natureza deficitária. É que colocar nas condições de uma natureza diminuída ou patológica a chave da explicação (e do tratamento) atribuía exclusivamente ao saber médico o poder de encontrar a solução, enquanto sobrelevar as causas mesológicas, como o faziam o médico Ângelo Fonseca (1902:53) ou o romancista Abel Botelho (s.d.:129-130), dispersava responsabilidades e poderes e, ao mesmo tempo, abria a porta para a modificação do estatuto e do papel da mulher na sociedade.

Os argumentos de personalidades de autoridade incontestada acabaram por ser determinantes na formação da opinião pública. Vozes como as de Júlio de Matos ou de Miguel Bombarda não se cansaram de acentuar quer o determinismo absoluto da natureza física e social (Bombarda, 1898), quer a ineficácia da repressão, e ambos acabavam por concordar que o aumento da criminalidade se deveria ao desprezo do saber positivo (Matos, 1925:VI).

No que tocava à prostituição, ainda que se aceitasse a influência de certas causas mesológicas que o Estado deveria resolver, não parecia haver dúvidas de que uma predisposição natural levava certas mulheres a escolherem e a manterem-se naquela atividade. Esta tendência viciosa da prostituta reconhecer-se--ia, em primeiro lugar, pela ausência de pudor, a qualidade por excelência da feminilidade normal. Como sublinhava Moniz (1923:369), em 1901, seguindo a lição de Lombroso e Ferrero (1896:596), se "o esforço da evolução natural se concentrou na mulher para criar e reforçar o seu sentimento de pudor, a sua maior degenerescência moral, a sua *moral insanity*, deve ter por efeito a perda deste sentimento". Colocada a questão nestes termos, a prostituta não podia deixar de ser criatura anormal que, idiossincrática, era impelida ao vício. A esta falha moral juntavam-se outros estigmas, uns que completavam o quadro das debilidades intelectuais e morais da prostituta, outros de índole física, que a antropologia estaria a tornar visíveis.

Deste modo, na prostituta somavam-se a natureza diminuída de mulher e um conjunto de predisposições que a tornariam incapaz de resistir ao apelo da vida fácil e delinquente. Nas classificações tipológicas destes cientistas são comuns as referências à debilidade intelectual, à preguiça, ao gosto pelo luxo, à volatilidade do caráter das meretrizes, que prontamente passavam do riso ao choro e deste à cólera (Moniz, 1923:364), ou à cumplicidade com os rufias, seus amantes, nos mais diversos crimes (Tovar, 1908:70). Esta incapacidade de domínio sobre as emoções transparecia na violência pronta dos desacatos que, por ciúme, por embriaguez, ou na disputa por um cliente, obrigavam à intervenção policial, e que os jornais constantemente noticiavam. Esta conflitualidade não surpreendia, pois, como afirmava o médico Tovar de Lemos, "as filhas das classes pobres em geral nascem taradas. De pais alcoólicos, sifilíticos e tuberculosos, esse fruto da má sociedade traz em si a disposição especial para ser impressionada pela imagem do mau exemplo" (Tovar, 1908:28). Reforçava-se, assim, pela mão da ciência, a ideia de que, na cidade, a violência dizia respeito, quase exclusivamente, às classes laboriosas e, dentro destas, a certos grupos marginais, especialmente marcados nos seus corpos com a semântica de uma natureza viciosa.

Violência e prostituição

Mas será que, nos casos registrados no Instituto de Medicina Legal, se poderá comprovar a presença majoritária de prostitutas, indicando a sua maior propensão para a conflitualidade? Recorde-se que a documentação se refere aos "Exames diretos de sanidade de vítimas de crimes contra a segurança das pessoas", permitindo colher informações detalhadas sobre quem sofre a violência; no entanto, os registros não deixam de indicar o nome e a profissão dos arguidos.

No ano de 1912 os peritos do instituto examinaram 3.043 vítimas. Destas, 942 eram mulheres, representando cerca de 30%. Foram conduzidas à presença dos peritos médico-legais 113 prostitutas, pelo que, no universo das vítimas femininas, as toleradas representam 11,9% e, no universo total dos casos, apenas representam 3,7%. Se olharmos para o sexo e profissão dos possíveis autores da violência, 14,9% tinham sido mulheres (454 casos) e, destas, 54 eram meretrizes, correspondendo a cerca de 1,8% do número total de casos e a 11,8% de arguidos do sexo feminino.

À luz destes resultados não parece, pois, muito fundamentada a ideia de que as prostitutas seriam especialmente predispostas à violência. Mas neste, como em muitos outros casos, a opinião pública formou-se à revelia da realidade. E não faltaram vozes, como a de Roberto Frias, que, em 1880, estranhava a não inclusão da prostituição – atividade legal, recorde-se – nas estatísticas da criminalidade, lacuna que a seu ver distorceria os resultados (Frias, 1880). Os trabalhos de médicos e criminologistas que iam publicando obras, cujos títulos e objeto reforçavam esta associação, contribuíram para a consolidação da ideia de que a criminalidade, a violência e a prostituição eram as manifestações visíveis de uma delinquência que crescia nas cidades e que urgia reprimir.

Será a violência masculina?

As estatísticas criminais não só revelavam o crescimento preocupante da criminalidade urbana, como mostravam que o padrão do crime não se alterava, apesar das modificações da sociedade. Continuavam a prevalecer os crimes contra as pessoas, característicos das sociedades tradicionais, sintoma de um desenvolvimento industrial e urbano débil e da ruralidade dos comportamentos. Nos países industrialmente mais desenvolvidos os crimes contra a propriedade já dominavam as estatísticas. Em Portugal, esta modificação foi tardia e, para o período em estudo, as agressões pessoais ainda representavam cerca de 95% da criminalidade (Vaz, 1998).

Ora, o que as estatísticas também indicavam é que a criminalidade era predominantemente masculina. O fato parecia surpreender, pelo que se procuraram explicações. Inevitavelmente encontraram-se as causas nas diversas incapacidades que marcavam a natureza feminina. A sua menor capacidade física, a menor participação na vida pública, a menor ingestão de álcool foram fatores considerados, mas não deixaram, também, de ser apontadas a sua maior covardia, a sua falta de inteligência (Ferreira, 1893:14) e, ainda, a grande emotividade e sensibilidade que não as predisporiam para ações criminosas.

Na verdade, todos os autores, que por vezes apresentam razões contraditórias entre si (Santos, 1999:146-147), não deixavam de ter razão. A menor criminalidade e violência femininas são também uma prova do poder masculino. A interiorização das normas de conduta feminina, longo trabalho de gerações, individualmente começada na mais tenra infância, acabava por determinar uma passividade, uma aptidão particular para a resignação, um domínio do corpo e uma contenção dos gestos que não permitiam facilmente a infração. As mulheres comportavam-se e pensavam-se através dos códigos dominantes. E, no século XIX, a naturalização dos comportamentos reforçou esta submissão, agora credibilizada com argumentos científicos. Inscrever na natureza biológica da mulher as razões do seu desempenho menos violento, mais passivo, doce e cordato, era passo imprescindível à legitimação social dos papéis de gênero da sociedade oitocentista. A ideia de que essa natureza biológica era, afinal, o produto de uma construção social milenar não poderia ocorrer à epistemologia finissecular (Bourdieu, 1998:29).

Não se julgue, porém, que só a mulher estava condicionada nos seus comportamentos e atitudes. Também o ideal de masculinidade marcava os desempenhos do homem. Valores como a honra e a valentia (Peristiany, 1988), pelos quais tantas vezes se aferia a condição de homem, pautavam comportamentos e induziam atitudes de violência e agressividade; em suma, predispunham-no mais do que as mulheres ao exercício do crime.

Desse modo, independentemente da vontade consciente, homens e mulheres comportavam-se, em larga medida, de acordo com os papéis que os valores dominantes lhes fixavam.

Não é que a mulher não fosse capaz ou não praticasse crimes. Mas estes pareciam ter uma motivação especial: por ciúme ou por vergonha, o infanticídio, o aborto e o homicídio por envenenamento apareciam como crimes e métodos femininos. Como se afirmava em 1922, "o homem é um ser toráxico, a mulher um ser abdominal; um é destinado ao trabalho, à luta, a tudo o que exige força; a outra é destinada ao trabalho da maternidade" (Mellusi, 1922:162). De um modo ou de outro, a criminalidade feminina parece ser sempre despertada ou condicionada pelo homem, e ligar-se à atividade sexual e reprodutora. Não espanta, por isso, que também por esta via se reforçasse a ligação da prostituição com a criminalidade.

É que, ao admitir que o crime era fruto de uma imperfeição da natureza que, incompletamente formada, não permitira o correto desenvolvimento do sentido moral dos indivíduos, como sustentava Júlio de Matos, abria-se a possibilidade de, invocando as estatísticas, fundamentar a superioridade moral da mulher. Mas, dadas as certezas construídas pelos preconceitos, o problema era resolvido com a tentativa de criminalizar socialmente certos comportamentos sexuais femininos, ainda que a lei os considerasse uma atividade legal. Deste modo, o desvio de comportamento que as prostitutas indiciavam, a ausência de pudor que as caracterizava, a reincidência na sua atividade, o seu alcoolismo, a sua cupidez, o seu imperfeito sentido da propriedade permitiam a Lombroso qualificar a prostituta nata como uma louca moral (Lombroso e Ferrero,

1896:527 e segs.). Com isso, criava a imagem simétrica e feminina do criminoso nato. Consequentemente, e no seguimento de Tarnowsky (1889:97), uma das autoridades da antropologia criminal, cresce a convicção de que a menor taxa de criminalidade feminina não se devia a uma qualquer superioridade moral da mulher, mas ao fato de não se incluírem nas estatísticas criminais esses seres desequilibrados, anormais e degenerados, que eram as prostitutas.

Conclusão

Fosse pela mão da ciência, em particular da medicina, fosse pelos jornais, criou-se e reforçou-se, na opinião pública, a ideia de que a violência provinha, sobretudo, dos meios populares. E, embora se reconhecesse que a criminalidade era predominantemente masculina, à mulher pertenciam tipos particulares de crimes, entre os quais se deveria incluir a prostituição. Compreende-se. Não obstante algumas vozes que chamaram a atenção para as condições de miséria social que se escondiam por detrás dos crimes e da prostituição, a fé nas explicações dos cientistas, que naturalizavam os comportamentos e legitimavam os poderes, incluindo o poder masculino, desistoricizava o diagnóstico do problema e impedia a emergência de um outro olhar.

Fontes periódicas e impressas

ALMEIDA, Jaime. *A questão feminista.* Porto: Livraria Portuguesa, 1909.

A RUFIAGEM à solta nos sítios de S. Domingos. *O Seculo,* ano 32, n. 10.796, p. 2, 1 jan. 1912.

AZEVEDO, F. P. de. *História da prostituição e polícia sanitária do Porto.* Porto: F. Gomes da Fonseca, 1864.

BARULHO no Rocio. *O Seculo,* ano 32, n. 10.955, p. 3, 11 jun. 1912.

BOMBARDA, Miguel. *A consciência e o livre-arbítrio.* Lisboa: Livraria de António Maria Pereira, 1898.

BOTELHO, Abel. *O livro de Alda.* Lisboa: Amigos do Livro, [s.d.].

CASTRO, Tito Lívio de. *A mulher e a sociogenia.* Rio de Janeiro: Francisco Alves, 1893.

CRUZ, Ignacio dos Santos. *Da prostituição na cidade de Lisboa.* Lisboa: Typ. Lisbonense, 1841.

FERREIRA, Deusdado. A mulher delinquente. *Revista de Educação e Ensino,* n. 8, p. 14, 1893.

FONSECA, Ângelo. *Da prostituição em Portugal*. Porto: Typ. Occidental, 1902.

FREGIER, H. A. *Des classes dangereuses de la population dans les grandes villes et des moyens de les rendre meilleures*. Bruxelles: Meline, Cans et Cie., 1840.

FRIAS, Roberto. *O crime*: apontamentos para a systematisação da criminalidade. Porto: Typ. de Alexandre da Fonseca Vasconcelos, 1880.

GOMES, António Bugalho. *História completa da prostituição*. Lisboa: Editora do Autor, 1913.

INQUÉRITO aos pateos de Lisboa – Anno de 1902. Lisboa: Imprensa Nacional, 1903.

LEMOS, Alfredo Tovar de. *A prostituição*: estudo anthropologico da prostituta portuguesa. Lisboa: Centro Typographico Colonial, 1908.

LOMBROSO, C.; FERRERO, G. *La Femme criminelle et la prostituée*. Paris: Félix Alcan, 1896.

MATOS, Júlio de. Prefácio. In: GAROFALO, R. *Criminologia*: estudo sobre o delito e a repressão penal. Lisboa: Livraria Clássica, 1925.

MELLUSI, Vincenzo. *Os que amam e matam*. Prefácio de Júlio de Matos. Lisboa: Empresa Literária Fluminense, 1922.

MONIZ, Egas. *A vida sexual*: fisiologia e patologia. Lisboa: Casa Ventura Abrantes, 1923. [1901].

O CENSO da População. *O Seculo*, ano 32, n. 10.864, p. 1, 12 mar. 1912.

PARENT-DUCHATELET, A. *De la prostitution dans la ville de Paris considerée sous le rapport de l'hygiène publique, de la morale et l'administration*. Paris: J.-B. Baillère et Fils., 1836.

PORTUGAL. Ministerio das Obras Publicas, Commercio e Industria. *Annuario estatistico do reino de Portugal*. Lisboa: Repartição de Estatistica, 1877.

RIBEIRO, Armando Vitorino. Subsídios para a história da localização das esquadras da polícia de Lisboa. Separata da *Revista da Polícia Portuguesa*, Lisboa, n. 66-92, 1952.

TARNOWSKY, Pauline. *Étude anthropométrique sur les prostituées et les voleuses*. Paris: E. Lecrosnier et Babé, 1889.

Bibliografia

BELEZA, Teresa Pizarro. *A mulher no direito penal*. Lisboa: Comissão da Condição Feminina, 1984.

BOURDIEU, Pierre. *La Domination masculine*. Paris: Seuil, 1998.

CORBIN, Alain. *Les Filles de noce*: misère sexuelle et prostitution au XIXe siècle. Paris: Champs/ Flammarion, 1982.

CORDEIRO, Graça Índias. *Um lugar na cidade*: quotidiano, memória e representação no bairro da Bica. Lisboa: Dom Quixote, 1997.

COSTA, José Firmino da. *A sociedade de bairro*. Lisboa: Celta, 1999.

ELIAS, Norbert. *A sociedade de corte*. Lisboa: Estampa, 1987.

_____. *O processo civilizacional*. Lisboa: Dom Quixote, 1989. 2 v.

FATELA, João. *O sangue e a rua*: elementos para uma antropologia da violência em Portugal (1926-1946). Lisboa: Dom Quixote, 1989.

FOUCAULT, Michel. *A história da sexualidade*: a vontade de saber. Lisboa: Relógio de Água, 1994.

_____. *Vigiar e punir*. Petrópolis: Vozes, 1998.

FOURET, Claude. Douai au XVIe Siècle: une sociabilité de l'agression. *Revue d'Histoire Moderne et Contemporaine*, t. XXXIV, p. 4-30, jan./mars, 1987.

GUINOTE, Paulo; PAULO, Eulália. Amor a quanto obrigas: crimes passionais e violência conjugal na I República. In: CONGRESSO A VIDA DA REPÚBLICA PORTUGUESA, 1890-1990. Lisboa, 1990. *Actas...* Lisboa: Cooperativa de Estudos e Documentação/Universitária Editora, 1991.

LIBERATO, Maria Isabel Viegas. *Discursos, práticas e políticas prostitucionais em Portugal (1841-1926)*. Dissertação (Mestrado) – Instituto Universitário de Lisboa (ISCTE-IUL), Lisboa, 1999 (Documento policopiado).

MACHADO, Roberto et al. *Danação da norma*: medicina social e constituição da psiquiatria no Brasil. Rio de Janeiro: Graal, 1978.

MAYER, Arno. *A força da tradição e a persistência do Antigo Regime*. São Paulo: Companhia das Letras, 1990.

PAIS, José Machado. *A prostituição e a Lisboa boêmia do século XIX e inícios do século XX*. Lisboa: Querco, 1985.

PERISTIANY, J. G. *Honra e a vergonha*: valores das sociedades mediterrânicas. Lisboa: Gulbenkian, 1988.

SANTOS, Maria José Moutinho. *A sombra e a luz*: as prisões do liberalismo. Porto: Afrontamento, 1999.

SHPAYER-MAKOV, H. Le Profil socio-économique de la Police Métropolitaine de Londres à la fin du XIXe siècle. *Revue d'Histoire Moderne et Contemporaine*, v. 39, p. 662-678, 1992.

SIMON, Patrick. Les Usages sociaux de la rue dans un quartier cosmopolite. *Espaces et Sociétés. Les Langages de la Rue*, n. 90-91, 1997.

SOIHET, Rachel. *Condição feminina e formas de violência*: mulheres pobres e ordem urbana, 1890-1920. Rio de Janeiro: Forense Universitária, 1989.

TUANA, Nancy. *Tha less noble sex*: scientific, religious and philosophical conceptions of women's nature. Bloomington, IN: Indiana University Press, 1993.

VAQUINHAS, Irene. *Violência, justiça e sociedade rural*: os campos de Coimbra, Penacova e Montemor-o-Velho. Coimbra: Faculdade de Letras, 1990.

VAZ, Maria João. *Crime e sociedade*. Lisboa: Celta, 1998.

10. O moderno do antigo: a estesia cívica do jovem Almeida Garrett nas revoluções liberais ibéricas

Joana Duarte Bernardes

A permanente invocação, militante e apaixonada, da figura da pátria e de um conjunto de motivos e expressões que a ela remetem transforma os discursos revolucionários das primeiras décadas do século XIX (e seus oponentes) numa poética *conversora*. Com efeito, é inequívoco o predomínio de vocábulos como *pátria*, *patriotismo* e *patriota*, quer nos textos de imprensa, quer nos debates parlamentares ou mesmo nos cancioneiros de guerra. E, por isso, não surpreende que também na chamada *obra de juventude*[1] do jovem Almeida Garrett, durante os anos que antecederam e naquele em que foi concretizada a Revolução Liberal (1820), esta mesma presença não apenas revele a sua formação literária e política, como também esclareça até que ponto, primeiro que tudo, foi o classicismo a servir a expressão estética do liberalismo. Ou, declarando o mesmo de outra forma: numa perspectiva que aceite obrigatoriamente que a produção da obra literária é devedora – e não fundadora – das circunstâncias do seu tempo, a hermenêutica que Garrett constrói sobre autores clássicos (Plutarco e Tito Lívio, nomeadamente) deve ser inscrita num movimento de escala europeia motivado pelo alastramento progressivo da revolução e pela emergência dos movimentos antinapoleônicos. Sintoma de que a apregoada querela entre antigos e modernos deve ser relativizada, quer para uma mais justa abordagem do autor em causa, quer para uma melhor compreensão das implicações de uma estética autoral.

---

[1] Balizada entre a presença do escritor em Coimbra (1816) e a sua partida para o exílio (1816).

Neste sentido, não importará tanto averiguar quais as circunstâncias de recepção de um certo ideário clássico e neoclássico na construção de um credo estético garrettiano. Com efeito, é nosso objetivo desmitificar a comum asserção de que a luta pelo estabelecimento do regime liberal tem no romantismo o seu aliado literário (antes de mais, porque se supõe que o liberalismo fez do herói romântico o protagonista da emancipação do indivíduo) para que assim se possa proceder à avaliação do papel que Garrett teve no processo revolucionário. E se isto obriga a que se reposicione a própria Revolução Vintista, é porque esta foi o grande móbil da criação do autor e nunca consequência maior de uma tendência estética (e esteticizante).

Acima de tudo, deve privilegiar-se uma perspectiva sobre Almeida Garrett que o assuma como produto do seu tempo – para assim poder ser produtor – o que, necessariamente, obriga a que se aceite o seguinte: compreender um autor integrado numa Europa que era palco de uma ativa mediação revolucionária, impulsionada pelos sonhos daquela que mais tarde será chamada de "revolução permanente" (Proudhon) implica a assunção de que os valores clássicos moldaram e serviram aos propósitos liberais.[2] Desta feita, não será menos importante perceber como, se o autor de *Viagens na minha terra* leu os clássicos (os verdadeiros *pais* da sua causa), teria bem presente outros textos, de pendor *res publicano*, ideológicos e literários, produzidos na Inglaterra e na França, bem como os da pena dos escritores e políticos liberais ligados à Revolução de Cádiz (1808-1812).[3] Falamos de nomes como os de Martínez de la Rosa, o duque de Rivas, Rafael de Riego ou Manuel José Quintana.

Assim, articular a edificação de uma *poética* com uma realidade *revolucionária*,[4] no caso de Almeida Garrett, pressupõe a desconstrução do jogo con-

---

[2] O que está em causa não é padronizar os escritos de Garrett de acordo com evidências intertextuais nem, tampouco, reputar biografias literárias ao próprio autor. Sustenta este estudo a crença de que, não obstante o que comummente é dito em relação à importância do perfil psicológico e do percurso biográfico do autor, os textos do jovem Garrett, aquele que frequenta a Coimbra dos anos 1920 (e mesmo antes disso), permitem aprofundar, significativamente, o conhecimento sobre o autor – e sua época –, quer no nível da história das ideias, quer no nível da própria teorização literária.

[3] As relações e afinidades entre as revoluções ibéricas, do ponto de vista da história política comparada, foram já objeto de estudo de Luís Oliveira Ramos, mormente em A Espanha e o advento do liberalismo em Portugal (Ramos, 2003:413-419).

[4] É o próprio escritor que se proclama, quando da publicação da segunda edição da *Lírica de João Mínimo*, o "Alceu da Revolução de Vinte" (a edição que usamos e à qual corresponderá a maior parte das citações relativas à obra poética do autor presentes neste estudo é Garrett (1971). Ver "Notas ao Livro Segundo", nota A, p. 155. Tem servido o referido excerto para esclarecer algumas divergências quanto à datação dos textos (ver Amorim, 1881-1884; Monteiro, 1971:165 e segs.). Deve-se, no entanto, sublinhar que a alteração de datas, confessada pelo próprio, pouco apaga a intenção, muitas

ceitual entre os conceitos de *pátria, patriotismo* e *nação cívica* – necessariamente sopesados no cenário maior da teorização política –, todavia, sem que se perca de vista o seguinte: que a grande maioria dos textos escritos antes da Revolução Vintista e, sobretudo, no calor dela, traduzem um ideário político fortemente arraigado na própria experiência do aprendiz de escritor enquanto revolucionário, e não o oposto – o que nos conduzirá a uma particularização. No jovem Almeida Garrett, com sólidas pontes com a obra posterior, é construída uma *poética da revolução patriótica*, indiciadora das metamorfoses que conceitos como *pátria, nação cívica* ou *contrato social*, conheceram no decurso dos séculos XVIII e XIX. O que, em última análise, anteciparão a tão aclamada recuperação do temário e dos objetos nacionais para um período anterior ao que é recorrente designar por fase romântica.[5]

Patriotismo, Constituição e virtude cívica: palavras antigas para uma revolução moderna

Se fizermos um levantamento lexical, quer nos artigos garrettianos publicados no jornal coimbrão *O Patriota*, quer nos textos que virão a ser incluídos na compilação da obra lírica, encontraremos um uso frequente de substantivos como *pátria, liberdade, virtude, patriotismo, cidadão, igualdade, nação,* bem como de outras expressões, de conotação francamente pejorativa, como *servo, escravo, tirania, tirano, despotismo.*[6] Ora, uma análise diacrônica e comparativa permite-nos constatar que esta é uma tipologia florescente na literatura europeia ligada a temas cívicos e a momentos revolucionários. Assim foi na Inglaterra das revoluções do século XVII, na Revolução Francesa, nos movimentos antinapoleônicos e nos levantamentos populares da península Ibérica contra Napoleão (e, extensivamente, nas revoluções liberais que aqui tiveram a sua origem).[7]

---

vezes subliminar, dos textos escritos no calor da revolução, e que é mantida quando da retificação da *Lírica*. Destarte, não se deve perder de vista que *Alceu*, poeta grego do século V a.C., cujo nome foi retomado efetivamente por numerosos poetas árcades, transporta consigo a luta contra a tirania de Pítaco, bem como o exílio do poeta, fato bem patente nos fragmentos conhecidos de forte intervencionismo político (ver Liberman, 1999).

[5] Ver Lima (s.d.:353-359); Dias (1985:9-150); Reis (1999:72 e segs.).

[6] Entre os contributos para o estudo do vocabulário das revoluções liberais, veja-se: Verdelho (1981); Godoy (1998); Godechot (1973:7-27, 167-201). Veja-se, ainda, o estudo de Catroga (2008a:9-39).

[7] Recorde-se, a título de exemplo, como, em 1775, William Blackstone, sistematizando a história do constitucionalismo britânico, recorre com persistência aos termos liberdade e tirania, sendo a Constituição a garantia das liberdades públicas e privadas. Assim, o ideário liberal servira aos

Todas as entificações da pátria e da liberdade estão sob a égide de um ideal patriótico que defendia a congregação de todas as pátrias locais através de um vínculo de ordem contratual que permitisse ao cidadão o exercício da virtude cívica e da liberdade.[8] A entificação da pátria cívica passava, pois, pela assunção da sua *voz* pelo corpo revolucionário,[9] fato potenciado pelas características que a ideia de pátria foi assumindo, antes e depois das convulsões revolucionárias. A *madre patria*, expressão recorrente nos discursos de Augustín Argüelles, como veremos, e exemplar no que diz respeito à natureza do conceito (Catroga, 2008a:9 e segs), ainda que manifestamente referencie aquela pátria que, pensada como vínculo jurídico-político assente no direito, faz da cidadania a condição

---

propósitos de restauração da antiga Constituição inglesa, subvertida por Cromwell: "*the liberties of Englishmen are not (as some arbitrary writers would represent them) mere infringements of the king's prerogative, extorted from our princes by taking advantage of their weakness; but a restoration of that ancient constitution, of which our ancestors had been defrauded by the art and finesse of Norman lawyers, rather than deprived by the force of Norman arms*" (Blackstone, 1832:43).

[8] Na realidade, assim se evitaria a fragilização dos laços pátrios, enfraquecidos pelo crescimento (territorial e populacional) da pátria que Voltaire aponta na sua definição do conceito: "*Une patrie est un composé de plusieurs familles [...]*" (Voltaire, Dictionnaire Philosophique, disponível em: <www.voltaire-integral.com/Html/20/patrie.htm>, acesso em: 22 mar. 2011). "*Plus que cette patrie devient grande, moins on l'aime, car l'amour partagé s'affaiblit. Il est impossible d'aimer tendrement une famille trop nombreuse qu'on connait à peine*" (Ibid.). Assim, será tão mais virtuoso o *patriota* que defender a sua pátria segundo um critério de autogoverno e que, evitando os excessos da cobiça, não fizer da agressão a outra pátria a condição da sua felicidade – isto é, que for capaz de realizar o universal através do particular –, levantando a questão da virtude patriótica enquanto devedora de um ideal de *sagesse*. Recorde-se que este motivo é exemplarmente formulado na Antiguidade clássica, como o testemunho de Séneca torna evidente. Quando o autor de *De Senectute* lamenta o seu exílio na Córsega, confunde mesmo a desmesura da expansão do império com o enfraquecimento dos laços pátrios. Usando como exemplo o exílio de Marcelo em Mitilene, quando da Batalha de Farsália, após a qual ele abandona a oposição a César, são estas as palavras do antigo edil: "*Etre éloigné de sa patrie n'est pas un malheur pour Marcellus. La philosophie, dont les principes vivent au fond de son âme, lui ont appris que tous les lieux de la terre sont la patrie du sage. Mais, que dis-je ? celui qui m'a banni, n'a-t-il pas été lui-même, pendant dix ans, privé de sa patrie ? Ce fut sans doute pour étendre les limites de l'empire; mais en fut-il moins expatrié?*" (Séneca, *Consolation à ma mère Helvia*, disponível em: <http://bcs.fltr.ucl.ac.be/sen/helv.html>, acesso em: 22 mar. 2011).

[9] Ver Saint-Just (2004:32, 55). O caso francês assumirá as especificidades ditadas pelo processo revolucionário. Com efeito, se é verdade que desde as primeiras utilizações (século XVI), em contexto literário de conotações claramente políticas, a palavra *patrie* (em concorrência com a forma latina *patria*, que serviu quer aos pensadores políticos da Idade Média, quer à cultura do Renascimento) surge como antônimo de tirania, mas não necessariamente de monarquia, o decurso da revolução sedimentará o "*amour sacré de la Patrie*", bem patente nos cânticos revolucionários, tais como *La Marseillaise* ou *Ah Ça ira!*, desse amor fazendo a legitimação do interesse público e do povo, *enfant* e *défenseur*, ídolo em nome do qual o passado pátrio deveria ser sacrificado. A pátria que a revolução, paulatinamente, vai construindo acabará por distanciar-se da retórica afetiva rumo à grande nação, protagonizada por Napoleão Bonaparte: este passa a ser o principal mediador entre pátria e povo, na medida em que faz do sentimento patriótico aliado da aventura imperial. Ver Monnier (2006:11, 59); Steuckardt (s.d.:135-158).

da liberdade, transporta consigo toda a valoração afetiva própria da *patria loci*. Com efeito, os usos da palavra, independentemente das variações sêmicas e da ambiguidade semântica ocasionada pela ocorrência de outros vocábulos (mormente *nação* e *estado*), remetem sempre para uma metaforização emotiva, que faz da *pátria* o termo mais quente de uma *escala de temperatura afetiva* (Catroga, 2008a:9 e segs.); Sebastián (2005:159-219). Sendo o *lugar onde se nasce*, sendo a paisagem, a terra que a vista alcança (Godoy, 1998:243 e segs.) e cuja possibilidade de apreensão denuncia uma marcação física do *eu* (por conseguinte, a emergência de um efeito aurático advindo da *terra*), e uma *de*-marcação memorial que, pressupondo a distância temporal e (muitas vezes) geográfica, compreende a presença de *outros* tornados *patrícios* (a família e a vizinhança).[10]

Definindo, pois, o sentimento pátrio – o *patriotismo* – como uma *fidelidade*,[11] o que implica uma relação sacrificial e um vínculo que é da ordem do sentimento, mesmo na sua acepção mais local e comunitária e, portanto, subjetiva, existe nele sempre uma dimensão contratualista. Ora, quando em causa está a transposição das afetividades das *pátrias paisagens* para a justificação de uma *patria civitatis* na qual o cidadão deverá ser o protagonista da virtude cívica, procede-se à exaltação desse *valor* afetivo para que se possa cumprir um ideal que diz respeito a uma comunidade maior – fora dos limites da paisagem e projeção de uma virtude cidadã. *Ser virtuoso* seria, pois, observar a lei e participar na sua instituição,[12] de forma a impedir a mácula da tirania sobre a ordem pública. A ameaça da tirania e da usurpação sentida pelos antigos seria limitada pelo que Cícero veio a definir e a defender como "regime misto". Ao tornar ativa a participação da aristocracia e da plebe na *res publica*, estabelecia-se a ponderação dos poderes, meio antigo para a moderna prática da soberania e para o arrazoamento da representação.

---

[10] Por um lado, estímulo contemplativo; por outro, fundo memorial – a pátria é dotada de um caráter fixo, característica que é acentuada pelo seu cariz memorial. A experiência da pátria é, teoricamente, finita, fato que a representação anamnética vinca: "*Une Patrie se compose des morts qui l'ont fondée aussi bien des vivants qui la continuent*" (Renan, 1887:159); "*On n'emporte pas la patrie à la semelle de ses souliers !*", frase alegadamente proferida por G. J. Danton, justificando, em resposta a Louis Legendre, por que motivo não quis fugir para o exílio.

[11] É Ortega y Gasset quem explicitamente o faz, no seu texto "Introdução sobre o que é uma paisagem": "Meus senhores, o patriotismo é antes de mais a fidelidade à paisagem, à nossa limitação, ao nosso destino. Olhai como actualmente os homens da Europa lutam por conservar cada qual a sua paisagem" (Ortega y Gasset, 2007:47). O referido texto teria sido apresentado em conferência em 4 de Abril de 1915, no Ateneu de Madrid, durante a Primeira Guerra Mundial.

[12] Ver Catroga (2008c:275-345).

Desta feita, dizer-se que as revoluções liberais, enquanto movimentos pautados pela defesa da liberdade individual como instrumento da realização coletiva, empunharam uma ideia de pátria que, sentida como um conjunto de *irmãos e de filhos* livres, ligados entre si através do uso da liberdade norteado para um bem comum, equivale a aceitar-se que a ordem pública derivaria de uma lei. Neste contexto, *pátria* deixa de ser apenas um *acidente* de ordem geográfica, para, ainda que não podendo prescindir desse sentido, dizer respeito a um sentimento constitucionalizado.

O investimento feito pelos movimentos revolucionários neste nada novo patriotismo constitucional e o peso concedido à gênese afetiva do sentimento pátrio surgem estreitamente ligados ao tipo de constitucionalismo que lhes serviu de matriz. Com efeito, com o advento da moderna concepção do tempo e com a emergência das teorizações sobre o contrato social, o caráter patriótico e constitucional das revoluções em curso assumiu matizes diferentes, com repercussões no âmbito das representações e das práticas revolucionárias. E se tal faz emergir não apenas os modos de integrar e/ou superar o antigo nos novos castelos ideológicos e civis que a nova era ia inaugurando, tem, outrossim, implicações quer em nível das concessões políticas feitas, quer em nível dos meios convocados.

O caso francês

Ganha, assim, sentido que os movimentos de ruptura com a sociedade do Antigo Regime sejam qualificados como movimentos patrióticos que, alargando o apelo aos sentimentos de pertença, visavam despersonalizar os mediadores da *patria communis* em nome de um patriotismo cívico, polarizado pelo afeto em relação à lei e ao direito. Esta seria, portanto, a âncora da ideia de nação cívica, que deveria nascer do novo contrato social – que a Constituição objetivava. Sem esta, a *res publica* perigaria (Buchez e Roux-Lavergne, 1837:235). No lugar da monarquia e da religião como mediadores de uma pátria comum, a Constituição seria o corpo da vontade cívica.

A elaboração da primeira Constituição francesa (1791) não deixa margem para dúvidas. Identificando o *jusnaturalismo* como o princípio de justiça que deve reger a relação entre o homem e as coisas, a norma contratualista corporizada pela Constituição devia traduzir um ato legislativo supremo, anterior às leis positivas e emanada somente do povo (Locke, 1824:224). Esta premissa, de resto, bem patente no *incipit* escolhido para abrir a Constituição Americana (1787) – *We, the people* –, pressupõe a aceitação de uma lei natural, disposta pelo estado natural, alicerçada nos ideais de igualdade e liberdade.[13] Ao fazer radicar no contrato social a construção de uma sociedade nova, rasurados que deviam ser o passado absolutista e a exploração tirânica da pátria, os sentimentos patrióticos surgiam no contexto francês como uma compensação de ordem afetiva (Catroga, 2008b:235-280; Rosanvallon, 2004:41). O ser cidadão relegava o indivíduo a uma posição mais abstrata, na medida em que os corpos intermédios haviam sido abolidos.[14] E, se tal acabará por ter expressão na consolidação das novas formas de sociabilidade emergentes desde as Luzes (o círculo, a festa, o café – as circunstâncias de convivialidade geradoras de laços sociais e de identidades), no âmbito da luta revolucionária o novo documento jurídico, fonte primacial da República una e indivisível, deveria surgir como prova e proteção de uma corporação geral de cidadãos. Por esta razão, a Constituição francesa de 1791 projetava o princípio de unidade enquanto garantidor de segurança e ordem, e a inviabilidade dos corpos intermédios como potenciais separadores do cidadão da *res publica* (Le Chapelier). A oscilação permanente entre liberdade e instituição, ao mesmo tempo que dotava o cidadão das condições ideais para o cumprimento da virtude cívica, tornava evidente o vazio deixado pela anulação dos corpos intermédios. O mesmo será dizer que, se a extinção das corporações históricas demandava o preenchimento desse lapso societário, a anulação da instituição monárquica, absolutista, atingia quer a construção de uma sociedade *interindividual*, quer a lógica policial e legislativa em que a revolução buscava as suas fundações.

---

[13] "*The state of nature has a law of nature to govern it, which obliges every one: and reason, which is that law, teaches all mankind, who will but consult it, that being all equal and independent, no one ought to harm another in his life, health, liberty, or possessions: for men being all the workmanship of one omnipotent and infinitely wise Maker [...]; and being furnished with like facilities, sharing all in one community of nature, there cannot be supposed any such subordination among us, that may authorize us to destroy another*" (Locke, 1824:133).

[14] Ler, no texto da Constituição de 1791, os pressupostos iniciais, anteriores às disposições fundamentais: "*Il n'y a plus ni jurandes, ni corporations de professions, arts et métiers; La loi ne reconnaît plus ni voeux religieux, ni aucun autre engagement qui serait contraire aux droits naturels ou à la Constitution*". Disponível em: <www.conseil-constitutionnel.fr/conseil-constitutionnel/francais/la-constitution/les-constitutions-de-la-france/constitution-de-1791.5082.html>. Acesso em: 11 jan. 2010.

No entanto, deve dizer-se em abono da verdade, que, na primeira Constituição lavrada pelos revolucionários, o caminho para que a revolução se consolidasse não passava pela radicalização que, em 1793, seria alcançada e acabaria por ditar a decapitação de Luís XVI. Em 1791, instituía-se o papel do rei na distribuição equilibrada dos poderes, fazendo do juramento da Constituição pelo monarca a exigência para que este pudesse tornar-se *roi des français* – seu título único – e não apenas *roi de France et de Navarre*. E isto significa que, num primeiro momento, a Revolução Francesa conviveu com e fomentou uma monarquia constitucional, que conferia ao monarca uma posição claramente de subordinação, já que reinava em nome da lei e pela vontade do povo.[15] Assim, a *translatio imperii* dava-se deste para o monarca que, em momento algum, podia violar o *pactum subjectionis*. O não juramento da Constituição equivaleria ao ato de abdicar do trono – e o seu não cumprimento seria crime julgado como traição à pátria.

O amor pela igualdade, sendo o fator de união e coesão social, definiria as modernas democracias,[16] nas quais o interesse público deveria estar acima do indivíduo. E, como esta é a natureza da sociedade civil, seria inata a necessidade de representação social e de um pacto que congregasse os interesses pátrios. Na medida em que, no caso francês, a rasura do Antigo Regime deveria compreender a instauração de uma sociedade nova (o que implicaria uma *nova* cidade, uma *nova* organização, uma *nova* religião, um *novo* calendário) (Baczko, 2001), a aceleração do tempo – que tem no terror a máxima expressão do papel conversor e ativo do revolucionário – para que a *felicidade* comum pudesse ser atingida. Norteada a revolução para uma *nomocracia absoluta*, o tiranicídio, como modo último de exercer a virtude cívica e de, simultaneamente, encarnar o fim do corpo místico e do corpo físico da monarquia, vinha representar o ato mais radical e dramático da Revolução Francesa: para abreviar a espera da nação em nome da pátria.

Significa isto que o patriotismo que assiste à feitura da Constituição de 1793 – e que implantará a república – reconhecerá na monarquia a impossibilidade de servir aos interesses da pátria e ao estado dos cidadãos. Assim

---

[15] Constituição de 1791: *"Il n'y a point en France d'autorités supérieures à celle de la loi. Le roi ne règne que par elle, et ce n'est qu'au nom de la loi qu'il peut exiger l'obéissance"*.

[16] *"On peut définir cette vertu, l'amour des lois et de la patrie. Cet amour, demandant une préférence continuelle de l'intérêt public au sien propre, donne toutes les vertus particulières: elles ne sont que cette préférence. Cet amour est singulièrement affecté aux démocraties"* (Montesquieu, 1854:206).

se extremava o *ius resistendi*.[17] A partir do momento em que *a lei é a liberdade* (Talleyrand) e esta a garantia para o estado geral, o déspota, entronizando o arbitrário, antepunha-se ao bem comum em função de um universo particular, pelo que a intervenção tiranicida seria aceita, já que visava cercear o poder da autoridade pública vigente.

Constitucionalismo histórico

Ao criticar o processo revolucionário francês, Edmund Burke destaca, por um lado a estrutura geométrica que foi apanágio da divisão territorial e da organização societária da revolução e, por outro, a desterritorialização (já que Paris era assumida como centro administrativo e fiscal, assimilando as funções outrora distribuídas pela estratificação jurídica e eclesiástica de cada província), a que a população ficaria submetida. Na opinião do político anglo-irlandês, tais fatores contribuiriam para o enfraquecimento do sistema estabelecido porque corroíam a coesão social. Com efeito, ao generalizar os povos de cada província sob uma mesma e única designação – *les français* –, ao departamentalizar-se o território (com todas as consequentes alterações estruturais), ao apagar-se da sociedade os mediadores entre a família e a instituição, entendia Burke que a *autoridade* viria a sobrepor-se aos hábitos adquiridos.[18] A vigência de uma Constituição construída sobre as bases solitárias de um amor à Lei Fundamental sem a existência de um corpo decisório adaptado à República (Senado) e, por sua vez, o estabelecimento de uma Assembleia Nacional sem *máximas fundamentais* que pretendeu criar *ab nihilo* uma *nação* e inviabilizar, desta forma, o papel das gerações futuras (a quem não restava nada para aperfeiçoar), o exercício da soberania e, por conseguinte, a prática da virtude cívica.

---

[17] Catroga (2010:125-160). Entenda-se por *ius resistendi* a instituição, natural e/ou política, que, abrangendo todos os comportamentos que possam ser classificados enquanto defrontação com o poder instituído, seja para negar a sua legitimidade, seja para repor a justiça na atuação deste, se traduz quer na resistência, quer na desobediência à lei que, posteriormente, acabará por resultar na restrição da autoridade. Ver Eceizabarrena (1999:213 e segs.).

[18] "*No cold relation is a zealous citizen. We pass on to our neighborhoods and our habitual provincial connections. These are inns and resting places. Such divisions of our country as have been formed by habit, and not by a sudden jerk of authority, were so many little images of the great country in which the heart found something which it could fill. The love to the whole is not extinguished by this subordinate partiality*" (Burke, 2005:109).

À nova França faltava, pois, um patriotismo sem crimes – *sem tiranicidas*[19] – e historicamente legitimado. Recusar o tiranicídio equivaleria, portanto, a rejeitar o exemplo francês enquanto prova da falência da humanidade (Burke, 2005:137).

Deste modo, admitir a monarquia (como os próprios revolucionários franceses propalaram na Constituição de 1791) como um regime patriótico só faria sentido se fossem respeitados os usos e os costumes, seguindo o exemplo dos antepassados. As ilhas britânicas surgem como exemplo paradigmático: ao sistematizar a história do constitucionalismo britânico, Sir William Blackstone alertava, em 1775, para o papel ordenador e restritivo da Constituição. Isto é, consciente de que os movimentos contrarrevolucionários atacavam os ideólogos da revolução no que nela encontraram de mais controverso – a devoção à figura do monarca como garantia de laços identitários –, esclarece que a liberdade desejada pelos ingleses não constitui uma tentativa de subverter as prerrogativas régias, mas tão só a restauração da antiga Lei Fundamental, que regula as liberdades públicas e privadas (Blackstone, 1832:43). A *carta de liberdades*, consagrada por Henrique I (1110), e na qual estiveram sempre contidas as bases do contrato social inglês, é, para o jurista, o modelo de organização a invocar diante do que caracteriza como governo arbitrário.[20] Considerar-se despótico o reino no qual a liberdade não estivesse sujeita a um equilíbrio entre soberano e vassalos, logo, os países em que nenhuma lei irmanava governante e governado, explica por que motivo Carlos I de Inglaterra foi considerado traidor – porque absolutizara o *pactum subjectionis* que deveria ser a magna cláusula do exercício do poder.

O despotismo, ao violar os direitos historicamente adquiridos, surgia, assim, como uma política sem pátria, na linha do que La Bruyère e os enciclope-

---

[19] *"It was in the most patient period of Roman servitude that themes of tyrannicide made the ordinary exercise of boys at school – cum perimit saevos classis numerosa tyrannos. In the ordinary state of things, it produces in a country like ours the worst effects, even on the cause of that liberty which it abuses with the dissoluteness of an extravagant speculation"* (Burke, 2005:36).

[20] *"In the east it is the custom never to petition any superior for justice, not excepting their kings, without a present. This is calculated for the genius of despotic countries; where the true principles of government are never understood, and it is imagined that there is no obligation from the superior to the inferior, no relative duty owing from the governor to the governed"* (Blackstone, 1832:102). Leia-se, agora. Saint-Just (2004:480): *"Je dirai plus: c'est qu'une Constitution acceptée par un roi, n'obligerait pas les citoyens; ils avaient, même avant son crime, le droit de le proscrire et de le chasser. Juger un roi comme un citoyen !"*.

distas defendiam: *não existe pátria sob o jugo do despotismo.*[21] Ora, uma existência digna da condição humana – nascida livre (Rousseau) – é aquela que realiza o verdadeiro patrimônio inalienável, impreterível e irrenunciável da pátria: os direitos.

Mais do que encontrar, ou não, na natureza a fonte do estado social, o que aqui está em causa é a manipulação que a tirania opera sobre as leis naturais, pelo que a liberdade – e, consequentemente, a pátria – consiste na lei justa:[22] a Constituição. A lei das leis deveria suceder à arbitrariedade,[23] contudo firmada na sua instituição histórica, diante da qual o monarca podia e devia ser o exemplo máximo de patriotismo. Segundo Burke, o próprio rei fora, enquanto iniciador de uma dinastia, escolhido para governar, o que legitimava a existência da instituição monárquica e assegurava uma memória a uma pátria. Por esse motivo, a ele eram devidos "romantic sentiments of fidelity, honour, and loyalty" (Burke, 2001:188). A *monarquia disfarçada de república*, como Montesquieu viria a definir a monarquia constitucional inglesa, permitindo e fomentando a virtude cívica, servia, pois, de modelo de monarquia patriótica. E seria a identificação da tirania com o antipatriotismo – e não necessariamente com a monarquia – que viria a estruturar as revoluções liberais na península Ibérica, auxiliada pelo impulso de um discurso patriótico que acabará por, em virtude da sua especificidade, se distanciar daquele que se encontra nos discursos da convenção. E se, no decurso dos acontecimentos de 1789, o apelo ao tiranicídio passa a dominar a retórica revolucionária, nos casos espanhol e português será sempre a invocação da pátria que regulará – e extremará – as palavras de ordem.

---

[21] *Encyclopédie* (1986:258): "[*la patrie*] *exprime le sens que nous attachons à celui de famille, de société, d'état libre, dont nous sommes membres, et dont les lois assurent nos libertés et notre bonheur. Il n'est point de patrie sous le joug du despotisme*".

[22] Saint-Juste, sobre os princípios da Constituição francesa: "*La servitude consiste à dépendre de lois injustes; la liberte, de lois raisonnables; la licence, de soi-même. Je sais bien que les Belges ne seraient point libres, ils se donnèrent point de loi*" (Saint-Just, 2004:381). Leia-se também a inequívoca declaração de Augustín Argüelles: "*Pero si condescendiendo con su solicitud, se les esperase y no tuviese prontamente efecto la Constitución, me atrevo a decirlo, no habría patria, nos expondríamos quizá a abandonar esta grande obra, a confiarnos hoy en un Príncipe virtuoso que mañana tendría por sucesor a un déspota, entregado al capricho de un favorito*" (Argüelles, 1995).

[23] "*Si es que ha llegado ya el tiempo de que se cicatricen las llagas casi ulceradas que abrió el impio acero de la arbitrariedade n los pechos de los españoles [...] si la lei há de prevalecer y no el capricho [...] esa será la obra de las Córtes [...] haciendo la Constitución*" (*Redactor General*, 23 feb. 1812 apud Seoane, 1968:86).

O caso espanhol

Entre a necessidade de ocultar as evidentes influências revolucionárias inspiradas na França e a manifesta adesão a um constitucionalismo de matriz histórica, o processo de Cádiz oscilou entre a criação de uma Constituição nova e a restauração das antigas leis fundamentais. Com efeito, se esta dualidade de posições acabou por fragilizar a primeira geração liberal na Espanha, na medida em que o formato constitucional, ao pretender equilibrar os desígnios revolucionários com a tradição historicista, acabaria por negar à Constituição os fundamentos de ordem cultural que impediriam a vitória final do conservadorismo,[24] ela dá conta do cerco ideológico aos trâmites que o processo libertador deveria assumir.

Num primeiro momento, as aspirações revolucionárias de ambas as facções direcionam-se para uma mesma finalidade: contra o poder arbitrário do monarca, a convocação de cortes[25] – forma tradicional de representação que aproximava os objetivos da elite esclarecida e dos conservadores. As diferenças entre ambos diziam respeito, essencialmente, à organização temporal da mudança a cumprir. Se os revolucionários radicais visavam à criação de uma nova sociedade sujeita a uma Constituição igualitária,[26] os constitucionalistas históricos reivindicavam a

---

[24] Recorde-se que a Constituição Política da Monarquia Espanhola, promulgada em Cádiz a 12 de março de 1812, esteve em vigência apenas dois anos, até o regresso de Fernando VII. Segundo Manuel Jesús González, teria sido a incapacidade de criar uma mudança gradual que potenciou a incompatibilidade entre a soberania popular e o regresso da prática monárquica – que acabou por instalar o antigo contrato foral como forma de satisfazer liberais e conservadores. Ver: Cárcel (2007), particularmente os capítulos IX e X; Guerra (2009).

[25] "*El derecho de la nación española a ser consultada en Cortes nació, por decirlo así, con la Monarquía. Nadie duda ya que los antiguos concílios de España eran una verdadera Junta nacional, a la cual no solo asistían los prelados, sino también los grandes oficiales de la corona [...]. En estes concílios o Cortes se hicieron o confirmaron todas las leyes que se contienen en el precioso código visigodo, llamado el Fuero Juzgo. Y si bien no se hallaba entonces bien deslindada la representación del pueblo, es también constante que las leyes y decretos hechos en estos congresos eran publicados ante el y aceptados por una espécie de aclamación suya, como se ve en las actas existentes en aquellos concílios*" (Jovellanos, 1962a:284). Assim se legitimava a presença do pueblo – e não dos *pueblos*, expressão que pressuporia a existência de estratos sociais – em nome da própria natureza da soberania: "*La soberania no es un ente real; es un derecho, una dignidad inherente a la persona señalada por las leyes y que no puede separarse aun cuando algún impedimiento físico o moral estorbe su ejercicio*" (Jovellanos, 1962b:281). No entanto, defendia o político que das cortes não deveria resultar uma Constituição, porque a Espanha já teria uma e porque seria a instituição de uma Lei Fundamental nova o maior perigo. Rejeitava-se, pois, o modelo francês de convocação de estados – e a consequente Constituição (as "*monstruosas teorias constitucionales*") –, considerado pelo autor como a origem dos males que fustigavam o triste exemplo vizinho.

[26] "*Todos los españoles están sujetos a una misma ley. Esta habla igualmente a todos. Todos deben ser juzgados por ella d un mismo modo sin distinción de clases ni de personas*" (Estrada, 1958b:322).

organização corporativa e o restabelecimento dos privilégios dos mesmos. Entre *revolução* e *restauração*, o processo revolucionário na Espanha articulava ainda absolutistas, apoiantes do constitucionalismo histórico, mas contra quem a ação revolucionária, radical ou historicista se organizou para que a Revolução pudesse dar os seus primeiros passos. Todavia, como as cortes gozavam de pouco poder, estando também sujeitas à arbitrariedade do chamado despotismo ministerial, cedo a defesa de uma Constituição nova se impôs como caminho único para que a salvaguarda das liberdades do povo – pensado agora como um todo igual e cidadão – fosse atingida. O que significava, uma vez mais, a identificação da Lei Fundamental com a liberdade e a sua inexistência com o despotismo.

Assim, já na proposta constitucional de Alvaro Florez Estrada (1809), contra uma tirania dupla (o imperialismo napoleônico e o governo despótico monárquico), só a existência de leis criadas fora da razão pode explicar a sobrevivência do estado absolutista (no caso espanhol, iniciado com a subida ao trono de Carlos IV, em 1788). A Lei Fundamental existente carecia ainda dos mecanismos necessários à execução e ao cumprimento da lei, o que propiciava governo arbitrário de príncipes e ministros. Registrava, desta forma, a ilegitimidade do *governo de um*, a inadmissão de um conselho formado unicamente pelas classes privilegiadas (Estrada, 1958b:313) e a falácia de uma representação nacional nestas condições. O mesmo é dizer:

> *Lo que aclara y asegura estos derechos es propiamente la constitución de un estado. No hay, pues, libertad sin constitución. Sin libertad no hay patria. El hombre esclavo jamás puede contar con patria alguna por más que ame aquella en que ha nacido y que para conservarla cumpla todos los deberes que le imponga su razón y aun el capricho del que manda* [Estrada, 1958b:313].

O discurso patriótico surge, pois, como sucedâneo lógico da denúncia da tirania e da necessidade de dotar a nação de uma Constituição para que a pátria possa ser vivida pelos seus *filhos*. De resto, o discurso oficial plasmava um vocabulário que ecoava pelas ruas de Cádiz durante a ocupação napoleônica. Canções como *Los defensores de la patria* (posteriormente convertido no *Himno de Riego*), *Himno de la victoria* ou a famosa *Trágala*, escritas quando das invasões napoleônicas, dão conta de um vocabulário patriótico que acompanha a evolução do conceito. Com efeito, a "pátria" deixa de figurar apenas nos dicionários para se converter em aclamação popular (Godoy, 1998a:138), fato que terá, na onda revolucionária desencadeada pelo general Rafael de Riego, exemplo máximo.

Se a Guerra da Independência, marcada pela atuação decisiva do povo a ponto de se criar um mito populista usado por Pérez Galdós (e de, na revolução de 1868, Fernando Garrido comparar o heroísmo do povo de 1808 com a inoperância de então), marcou decisivamente a consciencialização da ideia de pátria – já não como *lugar onde se nasce*, mas, sobretudo, como um conjunto de cidadãos ligados por um laço político assente no princípio da liberdade, antes, encabeçando o processo revolucionário que haveria de, paulatinamente, repor a Constituição de 1812 – Riego teria no apelo ao sentimento pátrio o seu mais constante aliado:

> *Yo y los valientes que corren conmigo igual fortuna en la carriera de las armas, hemos recibido el mayor prémio, el lauro más brillante a que pueden aspirar los guerreros que son hirros de la Patria. Vuestras aclamaciones, vuestros vias, el voto y entusiasmo pintados en todos los semblantes nos indican que hemos merecido algo de esta madre generosa.*
>
> *Y os juro ser siempre digno de vosotros y consagrar el resto de mi vida a la Patria, que es mi ídolo, y al Rey que unido a ella, se acaba de pronunciar Padre suyo* [Riego, 1976:70].

O que está, sobretudo, em causa nos discursos de Riego é o exercício de um *ius resistendi* firmado na forte convicção na soberania constitucional e na monarquia como instituição primeira de exemplaridade da prática cívica, e mediador da Constituição. E, por isso,

> *El Rey, que debe su trono a cuantos lucharon en la guerra de la Independencia, no há jurado, sin embargo, la Constitución; la Constitución, pacto entre el Monarca y el pueblo, cimiento y encarnación de toda Nación moderna. La Constitución española, justa y liberal, há sido elaborada en Cádiz entre sangre e sufrimiento. Mas el Rey no la ha jurado y es necesario, para que España se salve, que el Rey jure y respete esa Constitución de 1812, afirmación legítima y civil de los derechos y deberes de los españoles, de todos los Españoles. Viva la Constitución!* [Riego, 1976:35].[27]

---

[27] Ler, ainda: *"El código sagrado, objeto del amor de los Buenos Espanõles, recibió de la boca de V.M. aquella sanción tan suspirada a que se habían opuesto los que no tienen más Patria que su interès, ni más Dios que las necias sugestiones de su orgullo"*.

A metamorfose do sentimento de pertença não perdia a carga emotiva, na medida em que se exaltava o sacrifício que transformava os cidadãos em soldados com o recurso à metáfora maternal, o que, por outro lado, reiterava o caráter traidor do tirano.[28]

Sob o impacto de uma liberdade à qual se chegava através do contrato social, a constitucionalização da virtude cívica, dependendo da difusão de sentimentalidades pátrias para que se levasse a cabo a construção da nação, atualizava a definição aventada por Cícero para *patria civitatis*: módulo congregador da expressão da virtude cívica e do novo pacto social. E, portanto, quando Martínez de la Rosa (em 1808, professor de filosofia moral da Universidade de Granada e deputado nas cortes de Cádiz, das quais a Constituição saiu em 1812), no seu poema Saragoça, escrito em 1809, declara *"guerra a la usurpación; muramos todos,/muramos, sí, vengados,/antes que vernos a las torpes plantas/de bárbaros verdugos,/sin libertad, sin patria, arrodillados"*,[29] pátria e liberdade surgem identificadas, sendo que esta identificação, longe de ser arbitrária, pressupõe uma ideia de liberdade constitucionalizada – e, por isso, cívica. Enquanto resposta ao despotismo, não apenas as pequenas pátrias das afetividades locais deveriam ampliar-se de maneira a que os valores da *patria civitatis* fossem congregadores de um sacrifício *nacional*, como revitalização de uma virtude republicana, em que *homem* e *cidadão* voltam a ser considerados como uma unidade, parte produtora e produto de um todo *nacional* (Desmons, 2001:77 e segs). Identificado o monarca com a força opressora e não perdendo de vista que a monarquia fora, a par da Igreja, o veículo da "pátria comum", a sua aniquilação demandava a emergência de um patriotismo novo. Isto é, um sentimento de pertença que, fundado num sistema representativo, pudesse estabelecer os alicerces de uma nova pátria, desta feita imbuída já de uma vocação nacional. A crença, antiga e atualizada pelas Luzes (Jaucourt, Rousseau, Robespierre, Saint-Just etc.), de que não existe pátria onde só existe despotismo, e identificado este com o absolutismo, levava a que essa nova pátria harmonizasse os sentimentos de pertença comunitários e um projeto de sociedade contratual:

---

[28] Definia assim Manuel José Quintana a pátria, em composição dedicada a José Padilla, um dos mártires da Guerra de las Comunidades de Castilla (1520-1522): *"Pátria! Nombre feliz, númen divino,/ Eterna fuente de virtud, en donde/Su inestinguible ardor beben los buenos;/Pátria!... [...] Virtud, pátria, valor: tal fué el sendero/Que vo os abri primero"* (Quintana, 1867a:3-4).

[29] E, por isso, o duque de Rivas, no seu *El desterrado*, alegadamente escrito durante a viagem para o exílio (condenado, no fim do triênio liberal, pela participação no golpe de Riego – 1820), escrevia, findo o sonho liberal: *"No es ya mi patria, no... Patria!... No existe/donde solo hay opreso y opresores"* (Martinez de la Rosa, 1962:218).

No ha sido en el gran dia
El altar de la patria alzado en vano
Por vuestra mano fuerte.
Juradlo, ella os lo manda: ! Antes la muerte
Que consentir jamás ningun tirano! [Quintana, 1867b:38].

Esta nova pátria é a Constituição:

Lo que aclara y asegura estos derechos es propriamente la constitución de un estado.
No hay, pués, libertad sin constitución. Sin libertad no hay patria. El hombre esclavo
jamás puede contar com patria alguna por más que ame aquella en que há nacido y
que para conservarla cumpla todos los deberes que le imponga su razón y aun el ca-
pricho del que manda [Estrada,1958a:314].

E, por esse motivo, Argüelles exclama, em 1812, empunhando o documento garantidor da liberdade: *"Españoles! [...] ya tenéis patria, sois ciudadanos"*.[30]
E será este grito de liberdade, contendo em si todo o programa revolucionário comum a portugueses e espanhóis, que há-de fazer de Garrett o "Alceu da Revolução de Vinte".

Almeida Garrett: uma estética patriótica a serviço da revolução

Se é comum e comodamente aceito que o processo da Revolução Francesa instalou a revolução exemplar, é inegável que, com a sua ascensão a entidade antropomorfizada e epistemologicamente demarcável, a radicalização do *novo* surja como é: um necessário diálogo com o *antigo*, entendido este, porém, numa acepção que terá de ultrapassar a sua habitual identificação com o campo literário, ou, nos melhores casos, estético. Daí que ignorar esse diálogo entre os antigos e os modernos faça correr-se o risco de tornar anacrônicas quaisquer perspectivas que não incitem à correlação de temporalidades. Com efeito, a confluência de experiências revolucionárias estrangeiras, mormente a francesa e a espanhola, convida a que se pense uma certa poética do liberalismo

---

[30] Ver Junco (2003:133-134).

enquanto diálogo permanente entre a nostalgia da liberdade dos antigos e a corporificação da liberdade dos modernos.

Ora, quer enquanto instrumento de mobilização política, quer enquanto reflexo estético de metamorfoses artísticas, o campo literário acaba por revelar um *canto do novo* imaginado em suporte antigo – classicista. Parece-nos ser disso modelar o caso do jovem Almeida Garrett que, nos textos do seu ciclo vintista, constrói uma verdadeira estética do patriotismo. Esta, mais do que qualquer outro tema, encerra a aparente ambiguidade: usando uma terminologia dos clássicos (*pátria, patriotismo, revolução, amor da pátria, morrer pela pátria, tirania, despotismo, liberdade, lei* etc.), não obliterava ser esse também o vocabulário dos modernos, sobretudo quando foram os liberais, tanto na Espanha (Constituição de Cádiz, 1812) como em Portugal (1820-22), que sobrepuseram o seu uso àquele que tinha sido feito pelos tradicionalistas antinapoleônicos. Daí a pertinência da hipótese que nos propomos desenvolver: o liberalismo político não precisou estar à espera do romantismo estético para ter voz, tanto no discurso político como no literário.

Com efeito, em Garrett, esta linguagem é produto de uma certa autonomização em face do campo literário. O que se passa é que, fazendo uso de uma dimensão trágico-épica da queda da República romana e da emergência das primícias do cesarismo, Garrett acabará por, diante de uma intencionalidade política, explorar um contexto histórico antigo conhecido pelo leitor coevo, cuja formação cultural facilmente o levava a fazer analogias com o seu próprio presente. Com efeito, o arquétipo convocado – para uns, como Garrett, Catão, e, para outros, Brutus – fazia parte do patrimônio do humanismo cívico desde os renascentistas italianos e os iluministas (Montesquieu *deca imp rom*), e impregnara as bandeiras das lutas antinapoleônicas, fosse em nome da monarquia patriótica anterior ao despotismo absolutista, fosse em consórcio com a renovação do patriotismo cívico, feita sob o impacto das teorias do contrato social e da Revolução Francesa, particularmente na fase anterior à irrupção do jacobinismo. Trata-se, pois, de perceber o seu posicionamento político diante da herança constitucional dos antigos e da inevitável instalação da liberdade dos modernos, não perdendo de vista qual o modelo estético eleito para esse efeito.

A elaboração da primeira Constituição francesa (1791) não deixa margem para dúvidas. Identificando o *jusnaturalismo* com o princípio de justiça que deve reger a relação entre o homem e as coisas, a norma contratualista corporizada pela Constituição deveria traduzir um ato legislativo supremo, anterior às leis positivas, e emanada somente do povo. Ao fazer radicar no contrato social a construção de uma sociedade nova, rasurados que deviam ser o passado absolutista e a exploração tirânica da pátria, os sentimentos patrióticos surgiam no contexto francês como uma compensação de ordem afetiva.

Num primeiro momento, a Revolução Francesa conviveu com e fomentou uma monarquia constitucional, pois o monarca reinava em nome da lei e pela vontade do povo. O amor pela igualdade, sendo o fator de união e coesão social, definiria as sociabilidades políticas modernas, nas quais o interesse público deveria estar acima do indivíduo, mas sem que este fosse subsumido no império do todo. E isto justificava a anomalia de um regime absolutista ou tirânico, no qual o governo de um materializava a *antagônica* presença dos valores prejudiciais à *res publica* que conduziria à instalação do medo. Daí a identificação do tirano com um *traidor, inimigo* e *imolador* da pátria. E, por antítese, a renovação desta máxima romana, consignada por La Bruyère e que os enciclopedistas defendiam: *não existe pátria sob o jugo do despotismo.* E seria a identificação da tirania com o antipatriotismo – e não necessariamente com a monarquia – que viria a estruturar as revoluções liberais na península Ibérica.

Ora, esta lógica política, depois dos avanços e recuos do império napoleônico – como ressonância da própria ambiguidade do processo revolucionário português –, repercutir-se-á na escolha do temário garrettiano. Não por acaso, antes de 1820, como no decurso do processo revolucionário, coexistirá no jovem Almeida Garrett, estudante ainda em Coimbra e homem já de letras e de espetáculo, a lição dos revolucionários franceses, indubitavelmente. No entanto, isto ocorreu numa época em que já sabia como é que a Revolução Francesa tinha terminado e, portanto, num tempo em que os revolucionários sabiam que a revolução não devia nem enveredar por métodos radicais, nem pretender apagar as lições da história. Daí que, nos países ibéricos, ela tenha sido proclamada como Regeneração e que a afirmação do *novo* não prescindisse da evocação do *antigo*, quer clássico, quer nacional.

Garrett, ao datar o ensaio *O dia 24 de Agosto do Anno I* parece indicar o contrário, pois essa data sugere a adoção da cronologia que foi instaurada pela fase mais radical da Revolução Francesa, mesmo que se refira ao início do movimento antiabsolutista do Porto. Porém não deixa de ser significativo que a obra seja dedicada aos *pais da pátria*, legado romano que, por analogia, foi retomado pelos modernos defensores da constitucionalização da liberdade. Os *pais da pátria* são apresentados, pois, como sujeitos sacralizados, convertidos em demiurgos da nova pátria cívica, ainda que ancorada na memória do melhor da pátria antiga. "Homens sagrados" de quem estava dependente a liberdade, a eles coube a modernização da lei, já que fora da inobservância da fundadora Constituição portuguesa – saída das cortes de Lamego (1139) que a tirania se formara. Com esta retórica, comum a Garrett e a outros liberais, insinuava--se que a revolução era uma espécie de integração/superação da liberdade dos antigos.[31]

Assim, a legitimidade do 24 de Agosto assenta na reivindicação do direito de resistência: porque o despotismo havia postergado os direitos do povo, agora regenerados e ritualizados a partir da ideia de que cada indivíduo devia ser um cidadão livre (base do conceito de pátria e nação cívicas), estava sediado num poder ilegítimo:

> Cumpridas pois pelo povo as condições deste contrato, o rei, que a elas falta, falta à fé, ao juramento, e à santidade dele, e por este ímpio facto desliga os cidadãos da obrigação, em que se tinham constituído. A Nação pode reclamar os seus direitos e usar de todos os meios – justos – para se manter e restabelecer na posse deles [Garret, 1985:202].[32]

---

[31] A estética patriótica que temos tentado delinear é devedora, pois, de uma acepção "ética, retórica, laica e civilista" em que "a História cumpria a sua função de celebração de um futuro anterior, ou apenas antevisto, indicando caminhos e preparando o espírito dos leitores para o triunfo esperado" (Araújo, 2009:256). Com efeito, os caminhos poéticos eleitos pelo autor devem ser lidos à luz da onda estética de cunho patriótico que, síntona com o ocorrido na França e na Espanha, assumia as suas peculiaridades. Entre elas, é sintomática a resistência que o chamado *ballet* romântico encontrou em Portugal, devido, sobretudo, à persistência das chamadas danças patrióticas, particularmente em voga na França e nos países sob domínio napoleônico, que, em território português encenavam a vitória lusa e as lutas liberais: "*Not only were the most epic scenes danced but the participating soldiers, as well as the cavalry and infantry, were also invited to take parti in them [...] Among the most explicit titles we quote: Batalha de Vimeiro (Battle of Vimeiro), Os patriotas de Aragão ou o triunfo de Palafox (The patriots of Aragon or Palafox's triumph), O primeiro triunfo da Espanha ou o Rendimento de Dupont (Spain's firts victory or the surrender of Dupont) [...], Lísia libertada pelo herói Lusitano (Lísia freed by the Lusitanian hero), O déspota punido ou o triunfo dos liberais (The punishment of the despot or the liberal victory) [...]*" (Sasportes e Ribeiro, 1990:36). Também não por acaso, em 1846, Joseph Mazilier, coreógrafo e dançarino francês, cria o célebre *ballet*, de clara inspiração no cenário ibérico napoleônico, *Paquita* (o aqui simplesmente sintetizado será oportunamente desenvolvido num outro ensaio em preparação).
[32] Ler, ainda: "Mas quais são esses meios justos? [...] Não é o povo em massa, não é a Nação em tumulto, sem ordem, sem lei que deve levantar a voz, bradar pelos seus foros [...], mas aqueles dos seus membros, que por suas virtudes, por suas letras, pelo seu valor, e por sua posição na sociedade puderem, sem perigo dela, sem perverter a ordem, chamar a Liberdade, o devem fazer" (Garret, 1985:203).

No entanto, o 24 de Agosto tem como motor a existência de uma herança; o seu cerne estava num direito natural que a celebração de pactos sociais nunca subsumiu: o direito do povo de resistir à tirania e à usurpação. Foi em seu nome que se lutou contra Napoleão, como será em seu nome que os revolucionários vintistas, na senda dos seus precursores espanhóis de Cádiz, lutarão contra o absolutismo, e em seu nome se exigia a redefinição do contrato social que existia entre o povo português e a Casa de Bragança, tanto mais que esta, sob influências nefastas, há séculos que se tinha afastado da letra e do espírito das boas práticas de relacionamento entre o soberano e os súditos.

O despotismo, ao violentar os direitos naturais do homem e os direitos historicamente adquiridos, surgia para o autor como uma política sem pátria, ou seja, como uma expatriação. Ora, como, segundo a máxima da *Enciclopédia*, sob o jugo da tirania a pátria não poderia existir, Garrett, não perdendo de vista os excessos de certas interpretações estreitamente republicanas do velho patriotismo cívico, aceitava que a monarquia poderia ser virtuosa e patriótica – desde que enveredasse e respeitasse a divisão tripartida dos poderes. Nestas condições, a destruição do modo absolutista de objetivação da monarquia seria legítima, mas já não o seria a aniquilação do seu corpo místico, ou daquele que a encarnava, como tinha acontecido na França. E por esse motivo o monarca teria de passar a ser o primeiro dos cidadãos.

Catão, ou a tragédia como encenação estética da virtude cívica

A eleição de uma tragédia para a expressão da exemplaridade da luta contra a tirania e do mito do herói *político* não é casual, nem uma forma de exercício retórico dos moldes classicistas. A escolha de um herói como Catão, tanto em Garrett como naqueles que o antecederam e dos quais ele se quis demarcar, obedece, pelo menos, a três princípios norteadores conscientemente usados: o *ius resistendi*, a identificação da liberdade com a pátria, o suicídio:

Catão
Um Romano, Semprónio, nunca mente.
Décio, não temos nada: débeis, poucos
Moribundos soldados nos defendem,

Frágeis muralhas entre nós e a morte
Intermeiam apenas. Pouco resta
Para a espada de César. Mas não julgues,
Ainda assim, tão fácil a vitória.
Enquanto a destra segurar um ferro,
Enquanto a voz não fenecer nos lábios,
Enquanto aqui não resfriar de todo
No sangue de Catão, de Roma, o sangue...
– Terra e céus a abandonem! – desvalida
Não ficará de Roma a liberdade [Garret, 1904:72].

Por esse motivo, o gênero de virtude cívica eleito por Garrett é Catão, enquanto modelo de homem de Estado, possuidor de uma *sagesse* capaz de uma ação pautada pelo conceito republicano de virtude e, por isso, capaz de ser síntese de uma filosofia moral. Ao contrário de outras versões modernas (como a de Addison), Garrett não acrescenta intrigas amorosas ao principal fio condutor do *seu* Catão.

Percebe-se, pois, que o seu motivo é dominantemente ético-político, o que permite pensar que a sua escolha teve pouco que ver com o êxito performativo do seu texto, por um lado, e que estaria certo de que o público dominaria a história em questão, por outro. A radicalização do humanismo cívico do herói, que tem no suicídio a expressão máxima e paradoxal da crença na *virtù* como possibilidade de mudança face à fortuna, e da morte como conhecimento (Nussbaum, 2008:161) interessou a Garrett, no auge da Revolução Liberal, não como herança árcade, mas como instrumento revolucionário. De fato, em função do posicionamento político do escritor, e da evocação do drama da queda da república – modelo de liberdade porque a predominância da lei e do direito salvaguardava os cidadãos dos arbitrários poderes pessoais –, secundarizava-se seu momento tiranicídico para sinalizar a recusa extrema de se deixar humilhar pela usurpação, simbolizada no novo poder de César. E tenha-se em conta que partimos de uma definição de *virtù* enquanto capacidade de domar a fortuna, sim, mas sem escamotear que, em Catão, a virtude republicana mais não é do que a filosofia moral que coloca a ação política sob o imperativo do dever de servir à *coisa publica*, isto é, ao bem comum.[33]

---

[33] Lê-se, no jornal *O Patriota*, possivelmente pela pena de Garrett: "Ousamos opor Sócrates a Catão: um era mais filósofo e o outro mais Cidadão. Atenas estava já perdida, e Sócrates não tinha mais

O suicídio heroico surgia, porque apresentado num contexto político revolucionário como a mais premente das visitas do trágico (Baptista-Pereira, 1990) face ao moderno tempo que o ano I da revolução anunciava. Com efeito, com a escolha de Catão, menorizava-se a figura de Brutus (ao contrário de outros dramaturgos anteriores, mas como a mesma problemática – Shakespeare), e deslocava-se o impulso revolucionário do sacrifício do *outro*, em ordem a libertar-se a pátria, para o sacrifício do *eu*, não por inoperância, mas sim devido à constatação da corrupção da *res publica* (Roma), da *pátria* e do tempo (sinônimo de que os costumes políticos deviam obedecer à lei e ao direito e não ao interesse individual – usurpação que levaria ao poder pessoal: o cesarismo):

Catão

Roma, tu dizes,

Não quer a nossa morte. Não, por certo.

Porém, que ideia formas tu da vida?

Vivem acaso em ferro os Romanos?

Não morre o homem quando vive o escravo? […]

Que cegueira!

Libras sobre a palavra dum tirano

De liberdade esperanças? Tu confias

Tesouros de valor nas mãos do avaro! […]

Todo o véu da ilusão se rasga em breve;

Cai-lhe o postiço manto mal seguro,

E em todo o horror da morte se descobre

Da escravidão o lívido esqueleto.

Não, de remédios tais eu não confio;

Ou liberdade, ou morte. Este é o meu voto [Garrett, 1904:62].

E, portanto, o que se pretende vincar neste Catão garrettiano é a aceleração do tempo pessoal por impossibilidade de não se ser livre, forma essa também de perturbar a fatal roda da *fortuna*. E se é verdade que, por exemplo, a performance de *Caton d'Utique*, de La Bruyère, cujas representações imediatamente a seguir ao chamado terror, na França, têm sido já vistas como a constatação de

---

Pátria que o mundo inteiro: Catão traz sempre a sua no fundo do seu coração; ele não vivia se não para ela, e não podia servi-la" (*O Patriota*, 27 fev. 1821).

que após a revolução chegará sempre a morte e violência (Monnier, Higonnet, Cobb), no contexto liberal português tratar-se-á precisamente do oposto: para se poder evitar a treva pós-revolucionária, o suicídio é apresentado como o grande *ius resistendi*, ou melhor, perante a impossibilidade última de não se poder resistir, o suicídio emerge como a prova de que, mesmo aí, o homem é um ser livre, ao preferir a morte à humilhação. Além do mais, a morte individual aparecia como uma solução estoica para a pior das mortes: a da pátria, assassinada às mãos da usurpação e do despotismo.

O patriotismo revolucionário de Almeida Garrett elege, pois, Catão para defender que a aniquilação do *eu* só é justa perante a necessidade da afirmação da totalidade cívica. E, portanto, a transgressão é identificada com a tirania. É que o gesto de Catão não só visa desencadear efeitos civicamente positivos, como sugere o recalcamento do desfecho tiranicídico do drama romano. A morte sacrificial é aqui rito de regeneração nacional que se quer estender ao rei e à própria instituição monárquica. A suprema forma do direito de resistir concretiza-se, pois, na autoimolação como canto à liberdade. O amor pela pátria que Garrett coloca em cena, seguindo os passos de antigos e de modernos – conduz naturalmente aos bons costumes, sendo o mais virtuoso de todos o horaciano *Dulce et decorum est pro patria mori*, divisa a que as lutas antinapoleônicas – afinal, um usurpador e um novo César – tinha dado uma nova atualidade.

Ora, Garrett, em cuja lírica coeva a denúncia da tirania e apelo ao cidadão- -soldado é evidente, encontrava em Catão o herói ideal para a desculpabilização da monarquia que, nos escritos liberais, quer poéticos, quer políticos, expõe. O escritor não incluía o monarca (d. João VI) naquilo a que chamava *o torpe incenso da venal lisonja* – os áulicos, culpados pela degeneração da monarquia em tirania. A corrupção do regime havia sido causada por um lado, pela privação, infligida ao povo português, da sua representação nacional, pela inobservância da sua antiga Constituição; por outro, pela existência de um despotismo cortesão que distanciava o monarca da feitura da sua legislação. O soberano é, pois, a representação da história, eixo em torno do qual a intriga – e os intrigantes – se movem.[34]

---

[34] Ver Benjamin (2003:65): "*The sovereign is the representative of history. He holds the course of history in his hand like a sceptre. This view is by no means peculiar to the dramatists. It is based on certain constitutional notions. A new concept of sovereignty emerged in the seventeenth century from a final discussion of the juridical doctrines of the middle ages. The old exemplary of tyrannicide became the focal point in this debate*".

A figura do tirano corresponde, pois, à corte ministerial que bloqueou o respeito e a renovação do pacto social, fazendo assim perigar a própria radicação do patriotismo. Tal impediu que, sem a revolução, o rei não se tivesse assumido como o primeiro dos cidadãos; logo como um verdadeiro "pai da pátria". Essa estava a ser a obra dos outros novos "pais da pátria", os demiurgos da "liberdade dos modernos", mas construída não a partir do momento zero da história, mas da reatualização do melhor da herança dos *antigos* que o absolutismo tudo tinha feito para ficar esquecida. Foi a esses "pais da pátria", e em defesa "da causa dela", que Garrett ofereceu o ensaio *O dia vinte e quatro de agosto*.

Secundarizada a questão do tiranicídio – devido, confessa o escritor, à observação *dos alheios erros* –, a radicalização do *ius resistendi* tem no suicídio quer a superação do trágico (mas não a sua anulação), quer a projeção da crença numa cidade ideal – e, portanto, numa utopia. Catão suicidado – e Garrett esforçou-se por demarcá-lo das demais personagens – corresponde, pois, ao ser histórico, cujo exercício supremo de liberdade permitiria a salvação – da história. E, portanto, catarse em nome do outro para purificação da pólis – da *res publica* –, sim, mas também reivindicação da possibilidade emancipatória legada ao homem pela sua própria condição mortal, premissa inabalável da moderna revolução:

Catão

A morte só é termo
Da vida, – da existência não… No íntimo
D'alma pôs Deus o sentimento vivo
Da eternidade. Este viver contínuo
De esperanças, este ansiar pelo futuro,
Este horror da aniquilação, e o vago
Desejo da outra vida mais ditosa,
O que são? – Indistintas, mas seguras
Reminiscências da perdida pátria.
E saudades de voltar a ela. (Levanta-se)
Ver-te-ei, mansão dos justos!… O sepulcro
Não é jazigo é estrada [Garret, 1904:111].

Por tudo isto, pode dizer-se que, a par do cânone estético da época, foram os problemas nacionais (mas não nacionalistas) que levaram Garrett a ir a Roma, fazer-se romano e voltar para Portugal, segundo o prefácio da terceira edição do Catão, para apresentar a virtude *respublicana* antiga a portugueses: "No Catão senti outra coisa, fui a Roma; fui, e fiz-me Romano quanto pude, segundo o ditado manda: mas voltei para Portugal, e pensei de Português para Portugueses" (Garret, 1907:6).

Com isto começou por construir uma estética que antecipa finalidades românticas, sim, vazadas, porém, em temas classicistas; o que convida a não se cair em visões excessivamente evolucionistas e estanques quando se trata de relacionar o discurso literário com outros e com os quais ele se cruza. Assim, depara-se com um claro aportuguesamento do referente da poética dramatúrgica do jovem, em matriz clássica, porém. Por outro lado, este classicismo não desaguava em puro esteticismo; ele é convocado para ser posto ao serviço de uma função política e social: lutar pelo advento de uma pátria nova, o que, naquele contexto, também significava a regeneração da antiga através da construção de uma sociedade nova.

Portanto, do que se trata quando falamos sobre o Catão de Garrett é, sim, de uma arguta capacidade de reescrever, dialogando, o drama antigo (e, segundo o autor, singularmente, quando comparado com Addison) para, através dele, articular o *antigo* com o *moderno*, sob a égide de um ideal de pátria cívica, fonte afetiva da nova e contratualizada ideia de nação cívica. Basta recordar que o prefácio da primeira edição data de 13 de março de 1822 e que a elaboração da Constituição principia em janeiro de 1821.

O herói, aqui, é o herói cívico, cujo suicídio está longe de ser passional ou melancólico. Em causa está uma autêntica consciência, diria quase *militante*, da ruína a que o tempo pode levar a sociedade – pelo que à revolução não foi necessário esperar nem pelo romantismo (o social, na melhor das hipóteses), nem pelo realismo/naturalismo anatômico para sair para a rua. Dir-se-ia mesmo que, *com* Catão e *como* Catão, Garrett procurava dar corda à história, sintoma do novíssimo aprendizado da irreversibilidade do futuro enquanto redenção.

Uma porta para o trágico: a emancipação do outro

Foi já criteriosamente estudada a influência de Garrett – e o seu interesse – sobre a situação literária e política do Brasil.[35] É necessário, contudo, retomar

---

[35] Ver Ribeiro (1999:115-127, 2003:359-371); D'Alge (1980).

o lugar que essa reflexão ocupa no âmbito de uma estética que, em permanente tensão entre antigo e moderno, tem na poética do patriotismos o seu pulsar estético. É nessa posição que está, a nosso ver, o poema "O Brasil liberto", incluso na *Lírica de João Mínimo* e inicialmente intitulado "A esperada e desejada união de Portugal e Brasil".[36]

Sob a égide ainda do desiderato político de formação – e, em 1820, de constitucionalização – do Reino Unido de Portugal, Brasil e Algarves, "Portugal liberto"[37] responde ao apelo duplo da harmonização territorial e política sob a forma de império, tanto quanto admite – e encoraja – a independência da colônia. Com efeito, trata-se da defesa, uma vez mais, de ideais arraigadamente clássicos: acima de todos, o patriotismo. Estejamos ou não perante uma crítica ao processo colonial a que o Brasil fora sujeito,[38] o que Garrett acentua, uma vez mais, é a identificação da liberdade com a pátria e a transformação de todas as colônias numa pátria só – ideal a que não pode ser alheio o temor da subalternização da metrópole à colônia. Sendo evidente que o reconhecimento da colonização enquanto crime e a culpabilização do velho mundo se compaginam na nova ordem e com o humanismo naturista,[39] não o é menos – e porque data de 1821 o poema – que havia sido "a pátria de Viriato", evitando o exemplo da "inexperta Gália", a conseguir a instauração da liberdade, devendo, então, servir de modelo. E, portanto, tendo como horizonte de esperança uma liberdade que deve igualar sob a mesma pátria Portugal e Brasil, é que a crítica à colonização exercida como privação da liberdade natural deve ser ponderada:

---

[36] Ver Ribeiro (2003:360).

[37] Ler, uma vez mais, o incontornável estudo de Ofélia Paiva Monteiro: "Tais versos, que passaram por ser apenas proféticos, correspondiam, pois, a reais actividades militantes ligadas à Sociedade Keporática, onde ingressaram, como era de esperar, muitos estudantes brasileiros, desejosos da independência oficial – que oficiosa o era já – do seu país. Com vários membros da numerosa "colónia" estudantil provinda das terras de Vera Cruz manteve Garrett relações de amizade contraídas na Sociedade dos Jardineiros ou simplesmente na intensa camaradagem" (Monteiro, 1971:197). Assim surgem os nomes de Francisco Brandão Montezuma, Rodrigo Pontes Malheiro e Cassiano de Melo e Matos.

[38] De resto, esta crítica continuará em obras como *O roubo das Sabinas* e os escritos políticos de *Portugal na balança da Europa*. Mas também a sua interpretação não pode ficar refém quer de dicotomias estéticas, quer de leituras monolíticas da história – quer ainda de impressionismos biografistas. A presença do Brasil nas inquietações políticas de Garrett deve ser lida, também, à luz de certo patriotismo imperial que, tendo tido o seu ápice quando da coroação de d. João como monarca do Reino Unido de Portugal, Brasil e Algarves, em 1818, continuou a fazer-se sentir, muito em virtude da sentida necessidade de constitucionalização do *império*, de forma a que a metrópole não corresse o risco de se ver substituída pela colônia. Ver: Herman (2007:124-158); Jancsó e Pimenta (2000:389-440).

[39] Ver Monteiro (1971:221 e segs.).

Hoje convosco alegres repartimos,
Irmãmente vos damos
Parte igual desse dom que os céus nos deram
Que a tanto custo houvemos.
Lá vai, lá surge em terra, avulta e cresce
A lusa liberdade.
Folgai, folguemos: Portugueses todos,
Em laços igual unidos,
Sobre o seio da pátria reclinados,
Como irmãos viveremos [Garrett, 1963:102].

Fazer de todos "portugueses" passaria, inevitavelmente, pelo estabelecimento de um igual pacto social que cimentasse os sentimentos de pertença e assegurasse aquilo a que chama a "feliz concórdia". É este império constitucionalizado que corporiza uma ação emancipatória assente na união de dois reinos que deve ser paradigmática diante de uma *encanecida Europa* – e assim salvaguardar a territorialidade e autonomia do império português. Depois da colonização tirana, a colônia seria, pois, a destinatária do contraexemplo salvador, o que significa, em primeira instância, que à universalidade dos desígnios de emancipação, o Reino Unido – e Portugal, por ter derrotado o jugo do despotismo – surgia como resposta modelar e porta-voz de uma libertação crescente. Versos como "Lá surge,/nesse mesmo terreno/Quem vingará a opressa natureza,/E a mão lhe dá que se erga" trazem inscritos em si a progressiva revolução que fará do mundo o reino total da liberdade, tornando todos os horizontes, à distância adivinhados, possibilidades regeneradoras. No mundo que se erguia após o estrépito da antiga e opressora ordem das coisas, a dilatação do Novo Mundo estava, finalmente, vocacionada para si mesma, como se os territórios colonizados conhecessem uma fertilidade revolucionária (a que o autor atribui os rostos de Franklin, Washington e Penn) que só um tempo irreversível e uma revolução permanente haviam podido mostrar.

O apelo que Garrett faz à independência do Brasil ganha em ser lido segundo estes pressupostos. A independência que deveria ser exigida em caso do trágico retorno do despotismo à metrópole assenta, sobretudo, na quebra da crença na autoridade (Baptista-Pereira, 1990:96) como garante falso de pertença:

Mas, se em má hora um dia
(Longe vá negro agoiro!) dessa escura
Caverna onde o prendemos,
Ressurgir férreo o despotismo ao trono,
Então hasteai ousados
Os pendões da sincera independência.
Sim, da paterna casa
Salvai vós as relíquias, os tesouros,
Antes que os roube o monstro [Garret, 1963:102-103].

O Brasil é apresentado, pois, como prova da possibilidade de uma emancipação universal[40] e, por esse motivo, projeção de uma utopia reveladora da revolução acontecida, mas (hipoteticamente) malograda. Enquanto referente, a colônia era apresentada como uma espécie de cidadão coletivo, para quem a cidadania, sendo o seu sujeito o *homo emancipator*, continha as premissas da independência. O que surpreende nas palavras do jovem Garrett é a assunção da responsabilidade, escapando, pois, a uma visão apologética do passado. Consequentemente, o novíssimo escritor faz o seu horizonte de progresso dialogar com a servidão pretérita. Nesse sentido, o poder emancipatório que confere ao Brasil, suportado pelo reconhecimento da responsabilidade histórica, acaba por desenhar um percurso da redenção que, sem os requintes ideológicos de uma teologia política da redenção, resgata a sua própria poética de um criticismo datado, para dela fazer voz da dolorosa privação da liberdade do outro.

Em "O Brasil liberto" insinua-se, pois, a consciência sobre o eterno retorno da corrupção do poder, em plena ação revolucionária – condição generosamente inglória para que o trágico se cumpra.[41] Neste momento de indecidibilidade se joga de novo a tirania que se abaterá sobre a pátria. Recorde-se que o monarca não havia jurado ainda a Constituição e, no entanto, a pluralidade dos *monstros* apontados por Garrett circunscreve ainda mais as máscaras daqueles que haverão de formar essa larga personagem que é a intriga.[42] Ao monarca caberá, sempre e unicamente, o papel de herói e de mártir, e nunca o de tirano. Pelo contrário. É a sempre materialização de um poder adulterado que o escri-

---

[40] Sobre o conceito de emancipação universal, ler Koselleck (2002:262 e segs.).
[41] Ver Jaspers (1991:91 e segs.).
[42] Ver Benjamin (2003:156).

tor constrói em torno da figura, mais tarde dita paternal, de d. João. Pelo que a sugestão de que a liberdade podia ser efêmera – refletindo-se, assim, enquanto face magoada da transitoriedade das coisas – lega ao outro, que fora a colônia, um conceito de emancipação que lhe permite uma espécie de *permanência* política e racional.[43] Nesse *movimento perpétuo*, a emancipação iterativa do outro redimia a possível tragédia silenciosa da metrópole, funcionando, assim, como máscara messiânica da sua própria libertação.

Inequívoca crença no progresso e certeza inabalável de que a menoridade havia apenas sido um estágio, parece, pois, que a presença do Brasil – e tendo em conta, por ora, apenas o texto eleito – imprime à poética revolucionária de Almeida Garrett bem mais do que a crítica ao processo colonizador empreendido por Portugal. Do que se trata é de esteticamente explicitar *"une longue progression d'un état initial vers un état final, dont le temps historique serait le vecteur"* (Mosès, 1992:75-76) e, por isso mesmo, um ensaio de utopia. E, talvez de entre todas as composições de temática revolucionária, o texto em causa seja o que mais grita por uma alternativa utópica, ao localizar fora da pátria, mas fruto dela, o lugar da "feliz concórdia". De certa forma, a pátria ficaria à espera da redenção através da metamorfose da colônia em utopia eleita – forma de se recusar o fim da história e de definir a espera do futuro. O escritor oferece, pois, aos seus companheiros brasileiros, uma hipótese de aceleração da história, o que instala, no desejado quadro de paz, a sublime constatação das dessincronias das experiências históricas. O presente em que Garrett escreve é, conscientemente, o presente-trampolim:[44] aquele em que são confessadas diferentes historicidades, e é essa sentida ruptura que matiza de contornos trágicos a tensão – e não apenas defesa – em face do outro mundo, também ele português.

E, por isso, a consciência do trágico que podemos ler em Garrett não produz a aclamada e fácil crítica à ambição da metrópole; esta, a existir, será apenas parte de uma consciência histórica que, por isso mesmo, não se desloca para fora do seu mundo, do seu *con-texto*. E é em virtude desta historicidade que remata "O Brasil liberto" com um magnífico instante de *humilitas*,[45] pondo

---

[43] Ver Koselleck (2002:264).

[44] *"Par opposition au présent-passerelle, le présent-tremplin est un moment singulier du temps, lorsque celui-ci est perçu dans toute sa richesse et sa diversité. [...] C'est pourquoi les instants ne sont pas totalisables; le temps pparaîtra alors non plus comme un fleuve qui court vers son estuaire, mais comme une suite discontinue d'états de qualité et d'intensité chaque fois uniques"* (Mosès, 1992:90).

[45] Segundo Baptista-Pereira (1990:155), "a saída libertadora de si na entrega ao Outro da Redenção".

nas mãos do outro a catarse da iminência do seu próprio fim. Em última análise, a destruição do seu presente libertador mais contribui para a encenação do trágico e para que somente Catão tivesse feito sentido na escrita patriótica de Garrett. Sendo sujeito mediador,[46] a metrópole-pátria, de que o herói romano será metáfora, assume-se como ator na construção da consciência e da vontade do outro, automutilando-se a si e, dessa forma, garantindo, mais do que a exemplaridade, uma etapa mais eliminada e, consequentemente, uma história mais célere. Nesse gesto fica gravada, pois, a moderna sensibilidade política, tal como a península Ibérica a desenhou nas suas brancas noites liberais. Noites brancas para que a revelação não parasse.

Fontes

GARRETT, Almeida. Catão. Lisboa: Livraria Pacheco, 1904.

_____. *Lírica completa*. Lisboa: Arcádia, 1963.

_____. *Lírica completa*. Lisboa: Arcádia, 1971.

_____. *Obra política*: escritos do vintismo (1820-23*)*. Lisboa: Estampa, 1985.

Sites visitados

<www.cervantesvirtual.com>.

<www.conseil-constitutionnel.fr>.

<www.debates.parlamento.pt>.

<www.voltaire-integral.com>.

---

[46] De acordo com Catroga (2009:188-189), "a situação paradoxal do 'grande homem' enquanto mediador: ele actualizava os mais avançados imperativos da história; mas estes ultrapassavam-no, dada a índole objectiva, universal e futurante do devir".

Bibliografia

AMORIM, Gomes de. *Garrett*: memórias biográficas. Lisboa: Imprensa Nacional, 1881-1884.

ARAÙJO, Ana Cristina. Memória e mitos da guerra peninsular em Portugal. A história geral da invasão dos franceses, de José Acúrsio das Neves. *Revista de História das Ideias*, Coimbra, Faculdade de Letras da Universidade de Coimbra, v. 29, 2009.

ARGÜELLES, Agustín. *Discursos*. Estudio preliminar de Francisco Tomás y Valiente. Oviedo: Junta General del Principado de Asturias, 1995. (Col. Clásicos Asturianos del Pensamiento Político, n. 6). Edición digital disponible in: <www.cervantesvirtual.com/servlet/SirveObras/12604731990156063087846/p0000001.htm#I_13_>. Acesso: 4 ene. 2010.

BACZKO, Bronislaw. Lumières de l'Utopie. Paris: Payot, 2001.

BAPTISTA-PEREIRA, Miguel. *Modernidade e tempo*: para uma leitura do discurso moderno. Coimbra: Minerva, 1990.

BENJAMIN, Walter. *The origin of German tragic drama*. London: Verso, 2003.

BLACKSTONE, William. *Commentaries on the Laws of England*. New York: Collins and Hannay, 1832.

BUCHEZ, Philippe Joseph B.; ROUX-LAVERGNE, Pierre Célestin. *Histoire parlementaire de la Révolution Française ou Journal des Assemblées Nationales, depuis 1789 jusqu'en 1815*. Paris: Paulin Librairie, 1837.tome trente-cinquième.

BURKE, Edmund. *Reflections on the Revolution in France* Stanford: Stanford University Press, 2001.

CÁRCEL, Ricardo Garcia. *El sueño de la nación indomable*: los mitos de la guerra de la independencia. Madrid: Temas de Hoy, 2007.

CATROGA, Fernando. Pátria, nação, nacionalismo. In: TORGAL, Luís Reis; PIMENTA, Fernando Tavares; SOUSA, Julião Soares (Coords.). *Comunidades imaginadas*: nação e nacionalismos em África. Coimbra: Imprensa da Universidade, 2008a.

_____. Os pais da pátria liberal. *Revista de História da Sociedade e da Cultura*, Coimbra, Centro de História da Sociedade e da Cultura, n. 8, 2008b.

_____. *A constitucionalização da virtude cívica (os seus ecos nas cortes vintistas)*. *Revista de História das Ideia*s, Coimbra, Faculdade de Letras da Universidade de Coimbra, n. 29, 2008c.

_____. *Os passos do homem como restolho do tempo*. Coimbra: Almedina, 2009.

CATROGA, Fernando. Em nome de... A heroicização do tiranicídio. In: MACHADO, Fernando Augusto et al. *Caminhos de cultura em Portugal*. Homenagem ao prof. doutor Norberto Cunha. Vila Nova de Famalicão: Húmus, 2010.

D'ALGE, Carlos. *As relações brasileiras de Almeida Garrett*. Rio de Janeiro: Tempo Brasileiro; Brasília, DF: Instituto Nacional do Livro, 1980.

DESMONS, Eric. *Mourir pour la Patrie?*. Paris: PUF, 2001.

DIAS, Augusto da Costa. O jovem Garrett e o sonho de uma ideia ideal distante: introdução a Almeida Garrett. In:_____ (Org.); GARRET, Almeida. *Obra política*: escritos do vintismo (1820-1823). Lisboa: Estampa, 1985.

ECEIZABARRENA, Juan Ignacio Ugartemendia. El derecho de resistencia y su "constitucionalizaci-ón". *Revista de Estudios Políticos (Nueva Época)*, n. 103, ene./mar. 1999.

ENCYCLOPÉDIE. Paris: Garnier-Flammarion, 1986. t. 2. [1ère éd. 1766].

ESTRADA, Alvaro Florez. *Obras*. Madrid: Atlas, 1958a. v. 112-113 de Biblioteca de Autores Españoles.

_____. Constitución para la nación Española presentada a S. M. la Junta Suprema Gubernativa de Espanã e Índias en 1º de noviembre de 1809, articulo primero, De las Leyes, II. In: _____. *Obras*. Madrid: Atlas, 1958b. v. 112-113 de Biblioteca de Autores Españoles.

GODECHOT, Jacques. Nation, patrie, nationalisme et patriotisme en France au XVIIIe siècle. In: COLLOQUE PATRIOTISME ET NATIONALISME EN EUROPE A L'EPOQUE DE LA REVOLUTION FRANÇAISE ET DE NAPOLEON, CONGRES INTERNATIONAL DES SCIENCES HISTORIQUES, III., 19 août 1970, Moscou. *Actes...* Paris: Société des Études Robespierristes, 1973. p. 7-27.

GODOY, María Teresa Gracia. *Las cortes de Cádiz y América*: el primer vocabulário liberal español y mejicano (1810-1814). Sevilla: Deputation de Sevilla, 1998.

GUERRA, François-Xavier. *Modernidad e independencias*: ensayos sobre las revoluciones hispánicas. Madrid: Encuentro, 2009.

HERMANN, Jacqueline. O rei da América: notas sobre a aclamação tardia de d. João VI no Brasil. *Topoi*, v. 8, n. 15, p. 124-158, jul./dez. 2007.

JANCSÓ, István; PIMENTA, João Paulo. Peças de um mosaico, ou apontamentos para o estudo da emergência da identidade nacional brasileira. *Revista de História das Ideias*, Coimbra, v. 21, p. 389, 2000.

JASPERS, Karl. Basic characteristics of the tragic. In: COFFIN, Arthur. *The questions of tragedy*. San Francisco: Edwin Mellen Press, 1991.

JOVELLANOS, Gaspar. Consulta sobre la convocación de las Cortes por estamentos (21 de maio de 1809). In: _____. *Obras sociales y políticas*. Selección e introducción de Patricio Peñalver Simó. Madrid: Publicaciones Españolas, 1962a.

_____. *Obras sociales y políticas*. Selección e introducción de Patricio Peñalver Simó. Madrid: Publicaciones Españolas, 1962b.

JUNCO, José Alvarez. *Mater Dolorosa*: la idea de España en el siglo XIX. 5. ed. Madrid: Taurus, 2003.

KOSELLECK, Reinhart. *The practice of conceptual history*: timing history, spacing concepts. Palo Alto, CA: Stanford University Press, 2002.

LIBERMAN, Gauthier (Ed.). *Alcée*: fragments. Trad. et annoté par Gauthier Liberman. Paris: Les Belles Lettres, 1999 (texte établi).

LIMA, Augusto Pires de. Garrett e o romanceiro. In: BARRETO, Costa. *Estrada larga*. Porto: Porto Editora, [s.d.]. v. 1.

LOCKE, John. *Two treatises on government*. London: Cambridge University Press, 1824.

MARTINEZ DE LA ROSA, Francisco. *Obras*. Madrid: Atlas, 1962.

MONNIER, Raymonde. Patrie, patriotisme des lumières à la Révolution: sentiment de la patrie et culte des héros. In: MONNIER, Raymonde; GUILHAUMOU, Jacques. *Dictionnaire des usages socio-politiques (1770-1815)*. Paris: Champion, 2006. Fascicule 8.

MONTEIRO, Ofélia Paiva. *A formação de Almeida Garrett*: experiência e criação. Coimbra: Centro de Estudos Românicos, 1971. v. I e II.

MONTESQUIEU, Charles de. *Oeuvres complètes*. Paris: Didot Frères, 1854.

MOSÈS, Stéphane. *L'Ange de l'histoire*: Rosenzweig, Benjamin, Scholem. Paris: Seuil, 1992.

NUSSBAUM, Martha. The morality of pity. In: FELSKI, Rita (Ed.). *Rethinking tragedy*. Baltimore: The John Hopkins University Press, 2008.

O PATRIOTA, n. 123, 27 fev. 1821.

ORTEGA Y GASSET. *Notas de andar e ver*: viagens, gentes e países. Lisboa: Fim de Século, 2007.

QUINTANA, Manuel José. *Obras completas des Excmo. Sr. D. Manuel José Quintana*. Madrid: M. Rivadeneyra, 1867a.

_____. A españa, despues de la revolucion de marzo (abril de 1808). In: _____. *Obras completas des Excmo. Sr. D. Manuel José Quintana*. Madrid: M. Rivadeneyra, 1867b.

RAMOS, Luís Oliveira. A Espanha e o advento do liberalismo em Portugal: antes e depois de Cádiz (temas em análise, temas para estudo). *Península – Revista de Estudos Ibéricos*, n. 0, p. 413-419, 2003.

REIS, Carlos. História da literatura portuguesa. Lisboa: Verbo, 1999. v. V: O romantismo.

RENAN, Ernst. *Discours et conférences*. Paris: Calmann-Lévy, 1887.

RIBEIRO, Maria Aparecida. Imagens do Brasil na obra de Garrett: invocações e exorcismos. *Camões – Revista de Letras e Culturas Lusófonas*, Lisboa, Instituto Camões, n. 4, p. 115-127, jan./mar. 1999.

_____. De mestre a parceiro: Garrett e os românticos do Brasil. In: MONTEIRO, Ofélia; SANTANA, M. Helena. *Garrett*: um romântico, um moderno. Lisboa: Imprensa Nacional/Casa da Moeda, 2003. 2 v.

RIEGO, Rafael de. *La Revolución de 1820, dia a dia*: cartas, escritos e discursos. Madrid: Tecnos, 1976.

ROBESPIERRE, Maximillien. *Discours et rapports à la convention*. Paris: Union Générale d'Editions, 1965.

ROSANVALLON, Pierre. *Le Modèle politique français*: La Société civile contre le jacobinisme de 1789 à nos jours. Paris: Seuil, 2004.

SAINT-JUST. *Oeuvres complètes*. Édition établie et présentée par Anne Kupiec et Miguel Abensour. Paris: Gallimard, 2004.

SASPORTES, José; RIBEIRO, António Pinto. *History of dance*. Lisboa: Imprensa Nacional/Casa da Moeda, 1990.

SEBASTIÁN, Javier Fernández. Estado, nación y patria en el lenguaje político español. Datos lexicométricos y notas para una historia conceptual. *Revista de Historia Militar*, n. XLIX, p. 159-219, 2005. (Número extraordinario: *Patria, nación, Estado.*)

SEOANE, Maria Cruz. *El primer lenguaje constitucional español (las cortes de Cádiz)*. Madrid: Moneda y Credito, 1968.

STEUCKARDT, Agnès. Patrie: de la philosophie politique à la rhétorique révolutionnaire: le parcours de Marat. In: MONNIER, Raymonde; GUILHAUMOU, Jacques. *Dictionnaire des usages socio-politiques (1770-1815)*. Paris: Champion, 2006. p. 135-158.

VERDELHO, Paulo. *As palavras e as ideias na Revolução Liberal de 1820*. Coimbra: Inic, 1981.

VILAR, Pierre. Patrie et nation dans le vocabulaire de la guerre de l'indépendance espagnole. In: COLLOQUE PATRIOTISME ET NATIONALISME EN EUROPE A L'EPOQUE DE LA REVOLUTION FRANÇAISE ET DE NAPOLEON, CONGRES INTERNATIONAL DES SCIENCES HISTORIQUES, III., 19 août 1970, Moscou. *Actes...* Paris: Société des Études Robespierristes, 1973. p. 167-201.

11. Mitos de excepcionalidade: versões do Império português e da nação miscigenada brasileira*

Monica Grin

> *No domínio dos discursos coloniais, a subalternidade do colonialismo português reside no fato de que desde o século XVII a história do colonialismo foi escrita em inglês, e não em português. Isso significa que o colonizador português tem um problema de auto-representação algo semelhante ao do colonizado pelo colonialismo britânico. A necessidade de definir o colonialismo português em sua especificidade quanto ao colonialismo hegemônico significa a impossibilidade ou dificuldade de defini-lo em termos que não reflitam essa subalternidade. Por um lado, o colonizado português tem um duplo problema de auto-representação: em relação ao colonizador que o colonizou e em relação ao colonizador que, não o tendo colonizado, escreveu, no entanto, a história de sua sujeição colonial.*
>
> SANTOS (2003:25)

> *A singular predisposição do português para a colonização híbrida e escravocrata dos trópicos, explica-a em grande parte o seu passado étnico, ou antes, cultural, de povo indefinido entre a Europa e a África. Nem intransigentemente de uma nem de outra, mas das duas.*
>
> FREYRE (1987:5)

O tema

Muito se tem escrito sobre o caráter excepcional de fenômenos históricos ou culturais associados em geral a nações, povos ou religiões, a exemplo do

---

* O presente capítulo é resultado de uma bolsa de pós-doutorado concedida pela Capes em 2009/10, no âmbito do Convênio Internacional Capes/Grices, sediado no Brasil, pelo Programa de Pós-Graduação em História Social da UFRJ (PPGHIS/UFRJ) e desenvolvido em parceria com o Instituto de História e Teoria das Ideias, da Faculdade de Letras da Universidade de Coimbra. Agradeço aos colegas do convênio pelo apoio ao desenvolvimento dos meus estudos pós-doutorais em Portugal. Agradeço ao CNPq pelo apoio como bolsista de produtividade e à Faperj pela bolsa Jovem Cientista do Nosso Estado.

chamado excepcionalismo americano (*american uniqueness*), cujo fundamento encontra-se nas experiências modernas de liberdade e de igualdade *vis à vis* o velho continente;[1] ou do mito da excepcionalidade judaica que distingue, de outros povos, a trajetória milenar do chamado "povo eleito",[2] ou povo sem nação, ou povo diaspórico.[3]

Os excepcionalismos, como os acima mencionados, gozam hoje de pouca legitimidade fora de seus grupos de referência. Objetos de críticas contundentes são, em geral, considerados ideologias autorreferidas e homogêneas, que enfatizam diferenciais de virtudes, como grandeza, moralidade, heroísmo, honra, sacralidade etc.

Há, contudo, versões de excepcionalismos cuja recepção, tanto por juízos ordinários quanto analíticos, dependendo do contexto ou da conjuntura de que se trate, revela-se altamente ambivalente: pode tanto ativar o gozo da virtude e da grandeza quanto o dissabor da danação. Esse parece ser o caso de dois poderosos "mitos" cujo argumento de excepcionalidade experimenta recorrentes releituras: (i) o mito do longo império colonial ultramarino português,[4] ora realçado por suas virtudes civilizatórias e assimilacionistas, ora vilipendiado por sua fragilidade ambígua, entre a Europa e a África, no contexto dos poderes hegemônicos;[5] e (ii) o mito da miscigenação ou mestiçagem racial no Brasil (também chamado mito da "democracia racial"), ora tonificado por suas virtudes de inclusão, harmonia e hibridismo, ora denunciado por estimular falsa consciência, encobrindo a "verdade" das desigualdades e tensões raciais na sociedade brasileira.

---

[1] Tocqueville lista cinco valores que ele considera cruciais para o sucesso da América: liberdade, igualitarismo, individualismo, populismo e *laissez-faire*. Essas qualidades definiriam o *"american creed"* que, ademais, significava ausência de estruturas feudais e hierárquicas, ou regimes monárquicos e aristocráticos, típicos do velho mundo (Tocqueville, 2003).

[2] Paul Ricouer, comentando o livro *Zakhor*, de Yerushalmi (1982), mostra como a tradição historicista foi um desastre para a história dos judeus, que se baseava em um encontro essencial do homem e do divino. A história seria apenas o palco no qual os homens respondem aos desafios lançados por Deus. A historiografia de final do século XIX normalizou a autoatribuída excepcionalidade da história do povo judeu. Segundo Ricouer (2007:411): "A relação vertical entre a eternidade viva do desígnio divino e as vicissitudes temporais do povo eleito, que estava no princípio do sentido bíblico e talmúdico da história, cede lugar a uma relação horizontal de encadeamento causal e de validações pela história de todas as convicções veementes da tradição. Mais que os outros, os judeus piedosos ressentem o 'fardo da história'". Ver Yerushalmi (1982).

[3] Para uma crítica aos padrões de excepcionalidade da história judaica, ver Biale (1986).

[4] O tema da saudade do império português foi magistralmente tratado por Lourenço (1999).

[5] Há também a versão elaborada por Charles Boxer segundo a qual o império português deve ser considerado o mais cruel dos impérios, pois em nome de uma propalada unidade mística, impunha a mais brutal exploração da mão de obra africana e o mais escancarado racismo (Boxer, 1963).

Ambos os "mitos" se afirmam historicamente em jogos de contrastes com outros contextos imperiais e multirraciais. Mobilizam grandes adesões e forte sedução pelas suas potencialidades de integração e homogeneização nacional, sobretudo pelos rendimentos simbólicos que sugerem. Todavia, produzem desconforto, segundo seus críticos,[6] pois comunicam e ritualizam promessas que, longe de serem realizadas, paralisam a ação e mantêm o *status quo*.

Observa-se, portanto, dura e recorrente crítica que associa mitos de excepcionalidade a ideologias, sugerindo seu desmonte analítico e político em nome de alguma "verdade" ou realismo empírico que, por suposto, os mitos encobririam. Trata-se de depurar o mito e retirar dele o que não se "comprova" na história.[7]

Nesse caso, a crítica aos "mitos de excepcionalidade" sublinha, não raro, seu caráter ocioso, uma vez que mascaram a "verdade", impedindo que se tome consciência dos contextos morais, sociais, políticos e epistemológicos que o véu do "mito" por suposto encobriria.

Dessas considerações iniciais resulta o interesse do presente ensaio: comparar alguns exemplos de representações ambivalentes dos "mitos de excepcionalidade" presentes em alguns estudos sobre o império ultramarino português, especialmente em sua expressão contemporânea – entre o período republicano (1910) e as guerras coloniais nos anos de 1960 – e em estudos sobre miscigenação racial no Brasil realizados ao longo do século XX. Nesse sentido, serão consideradas as tentativas de afirmação ou de desconstrução desses mitos que se elaboram em diferentes conjunturas de debates intelectuais tanto em Portugal quanto no Brasil. Sugiro, para este fim, que os "mitos de excepcionalidade", nos dois casos, nutrem-se do contraste e da comparação com outros contextos, mais do que de uma expressão autorreferida e historicamente endógena.

Nesses termos, buscarei identificar os argumentos com os quais a crítica, tanto no passado como hoje, busca desmontar os "mitos de excepcionalidade" presentes tanto no imaginário nacional português quanto no brasileiro. Trata-se de dar ênfase ao cenário transnacional e globalizado que abriga as críticas que hoje rejeitam os "mitos de excepcionalidade" – especialmente pelas his-

---

[6] Fernandes (1964, 1972, 1978); Bastide e Fernandes (1959); Cardoso (2003); Hasenbalg (1979, 1996:235-249); Guimarães (2006:269-287, 2003); Skidmore (1994); Santos (2003); Lourenço (1976, 2005); Boxer (1967), entre outros.

[7] Para um clássico tratamento do papel do mito na história, ver Veyne (1987).

tórias ambíguas e particulares de interseção de fronteiras entre "raças", etnias, agentes coloniais – em nome de narrativas de "normalização" sociológica.

A essa "normalização" em curso, entretanto, pode-se opor tendência observada no campo da pesquisa histórica mais recente. A miscigenação, tratada em sua expressão histórica, contingente, pode revelar rendimento descritivo, e mesmo analítico, longe das sedutoras ideologizações ou dos grandes esquemas historicistas e teleológicos que, desde Florestan Fernandes, jogam fora o bebê com a água do banho, ou seja, jogam ao mar o fato histórico, cultural e social da miscigenação junto com o "mito".

Tratar o fenômeno da miscigenação como um tema histórico, nos seus próprios termos, tem sido um desafio para os estudos sobre escravidão e sobre o pós-abolição hoje no Brasil. A expressão histórica da miscigenação, sobrepujada sistematicamente pela denúncia do mito, tem desafiado, ainda timidamente, a historiografia brasileira. Há pouco mais de uma década, novas abordagens sobre o tema da miscigenação vêm mobilizando historiadores das áreas de escravidão e pós-abolição. Aos poucos o tratamento histórico da miscigenação vai mostrando sua relevância para o debate historiográfico além de apenas reforçar molduras ideológicas.

Por fim, arrisco a hipótese provisória de que o desconforto com a excepcionalidade ambivalente da miscigenação, ao menos no caso brasileiro, se vem manifestando mais enfaticamente em estudos sociológicos. Trabalhos mais recentes já falam no ocaso da miscigenação ou na "agonia do Brasil mestiço" (Santos, 2006; Guimarães, 1999; Cardoso, 2008). Como contraponto, sugiro de forma incipiente que a pesquisa histórica vem revelando um campo fértil de investigação da miscigenação que se insinua como fenômeno de considerável relevância, tanto na escravidão quanto no pós-abolição (Guedes, 2008; Machado, 2008; Rios e Mattos, 2005; Lima, 2003).

Das versões

> O problema de separar o mito da realidade, como se o primeiro fosse apenas um epifenômeno do segundo, é que isto nega o fato de que um constitui o outro, da mesma forma que a transgressão só pode existir em relação à lei. As ideias assimilacionistas, como as segregacionistas, produzem tanto realidade quanto elas disfarçam [Fry, 2005:54].

O caráter excepcional do colonialismo português, quando comparado com seus congêneres do Norte, abriga historicamente (ao menos desde final do século XIX) versões através das quais o elogio da especificidade agregaria valor à crença ordinária no "grande império" presente ainda hoje no imaginário nacional português, objeto de recorrentes considerações da historiografia.[8]

Todavia abriga também, na onda da descolonização, versões críticas "normalizadoras", que definem negativamente a especificidade do colonialismo português, traduzindo-o como mais um empreendimento imperialista e racista (ao modo do colonialismo britânico) que se prolongaria na contracorrente dos movimentos de independência e de direitos humanos, especialmente a partir dos anos 1950.[9] Nesse caso, trata-se da normalização da representação do império português, pela negação de toda e qualquer excepcionalidade a ela atribuída, sobretudo quando se associa essa representação à ideologia do Estado Novo de Salazar.[10]

Há ainda, em perspectiva crítica, análises que promovem curiosa inversão narrativa: a "excepcionalidade" do império português não repousaria em sua "grandeza," ou em sua capacidade civilizacional fundamentada na assimilação dos povos colonizados (como na versão anterior de excepcionalidade), mas, ao contrário, em sua indecisa, incompetente, frágil e ambígua condição que se expressaria: (i) no colonizador que é também colonizado; (ii) no império que é também colônia; (iii) na Europa que é também África. Tal condição promoveria "perversa" relação entre o império e as colônias através do assimilacionismo e da miscigenação que, na "versão" da fragilidade, ao contrário de serem mecanismos de inclusão, refletiriam um jogo de produção de ambivalências, de distância e proximidade entre colonizador e colonizado, pelo qual o último ora é nativo, ora selvagem; ora é cidadão nacional, ora destribalizado, ou semiassimilado; ora é negro, ora branco ou mestiço (Lourenço, 1976; Santos, 2003:43, 50; Silva, 2009b; Cabecinhas e Cunha, 2003).

---

[8] Ver Ramos (2007); Pinto (2001).

[9] Fry (2005) assinala que a crítica avassaladora que Perry Anderson dirige ao império colonial português pressupõe o império inglês como padrão de normalidade. Ver Anderson (1966).

[10] Há tendências historiográficas que defendem a universalização e naturalização do empreendimento colonial português como similar aos demais impérios. A diluição do caso português como mais um no cenário dos imperialismos europeus atende às versões analíticas mobilizadas pela crítica pós-colonial dirigidas mais diretamente ao imperialismo inglês como modelo hegemônico. Nesse caso, o império português apresentaria características opressoras similares às do modelo hegemônico, e seria igualmente objeto da crítica pós-colonial. A excepcionalidade aqui não goza de qualquer relevância. Ver Boxer (1967), Anderson (1966), Almeida (2002).

Segue que a crítica ao mito do império ultramarino português pode tanto "normalizá-lo" no amplo contexto dos impérios europeus (Silva, 2009a)[11] quanto torná-lo negativamente "excepcional" frente a esses "outros" impérios, pela adoção de valores e de mecanismos diferenciados em seu processo de colonização[12] (Santos, 2003; Lourenço, 2005).

Nessas abordagens críticas, identifica-se o desconforto da historiografia portuguesa, sobretudo a partir dos anos 1960 (Ramos, 2007), relativo à excepcionalidade e à especificidade desse império colonial, em sua versão que realça a genuína vocação do colonizador português para a assimilação, miscigenação e adaptabilidade, ritualizadas especialmente no regime de Salazar. Tem-se, portanto, por um lado a normalização do imperialismo português no contexto europeu e, por outro lado, a excepcionalização do "modo português de colonizar" que, com valores e procedimentos próprios, afirma uma diferenciação frente aos outros impérios. O lusotropicalismo de Freyre, neste último caso, fundamentaria oportuna interpretação de Portugal como grande império cultural.[13]

No caso brasileiro, o tema da excepcionalidade da miscigenação racial, desde Von Martius (1845), abriga narrativas com juízos diferenciados sobre o fenômeno da miscigenação: há os que reconhecem o lugar altamente relevante da dinâmica da miscigenação para a compreensão da história do Brasil (Von Martius; Manoel Bonfim); há os que ressaltam os prejuízos da "mistura racial" para a formação da identidade brasileira (Gobineau, Sílvio Romero, Nina Rodrigues); os que instrumentalizam a miscigenação entre raças superiores e inferiores como forma de arianizar e melhorar o estoque eugênico da população brasileira (Oliveira Vianna, João Batista Lacerda); os que enfatizam as potencialidades da mistura como um diferencial que distingue positivamente o Brasil em relação a outras nações (Gilberto Freyre, Arthur Ramos, Donald Pierson);

---

[11] Cristina Silva mostra os limites das classificações construídas pela literatura colonial dos finais do século XIX e início do XX, que opõem de um lado a política colonial portuguesa como assimilacionista e, de outro, a britânica como autonomista.

[12] Peter Fry, quando compara as presenças coloniais britânica e portuguesa na África austral, sugere uma tensão continuamente presente, durante todo o empreendimento colonial, entre os ideais de "assimilação" para o dogma colonial português e de "segregação" para o dogma colonial inglês (Fry, 2005:46).

[13] Para o argumento de Freyre sobre miscibilidade e plasticidade como sociogênese do "modo de ser português", ver, originalmente, *Casa-grande & senzala*, bem como elaborações posteriores: *O mundo que o português criou* (1940), *Um brasileiro em terras portuguesas* (1953b), *Aventura e rotina* (1953a), *Novo mundo nos trópicos* (1971).

e os que a tomam como mecanismo de acomodação em uma sociedade estratificada e desorganizada socialmente, constituindo, ademais, um "mito cruel" (Florestan Fernandes, Roger Bastide e Costa Pinto). De tal modo que o cânone narrativo da miscigenação no Brasil tem alimentado uma espécie de ambivalência sobre como apreender seus significados pragmáticos e simbólicos. Para seus críticos,[14] contudo, tal ambivalência tem inviabilizado a constituição de um saber sistemático capaz de produzir diagnósticos precisos sobre a dinâmica racial no Brasil. Ou seja, se a miscigenação é tratada como expressão de ontologia ambivalente, acaba por estimular epistemologias também ambivalentes.

Segue-se que a crítica da miscigenação como expressão de excepcionalidade brasileira, ao identificar os limites da epistemologia nacionalista que produz sua figuração histórica e nacional, esvazia tal fenômeno de valor histórico quando decreta a sua irrelevância sociológica (Costa, 2006; Cardoso, 2008).

Estudos recentes, em clara retomada dos pressupostos sociológicos de Florestan Fernandes,[15] têm demonstrado nítido mal-estar com interpretações relativistas e com argumentos de excepcionalidade quanto ao tema das relações raciais e da miscigenação no Brasil. Estes consideram que muitos dos equívocos presentes na reprodução da versão de um Brasil miscigenado compromete-tem a identificação das causas do racismo, da inércia social desde a escravidão, das indefinições identitárias, das injustiças sociais, da ausência de cidadania, oportunidades e direitos aos negros na república brasileira (Cardoso, 2008). A miscigenação, nesses termos, seria pura plasticidade. Ela não comunicaria nada de edificante no cenário das relações raciais no Brasil (Soares, 1999).

A persistência da miscigenação como valor na sociedade brasileira deriva, conforme esses estudos, do "legado da excepcionalidade" que se desdobraria em ociosa positivação das ambiguidades entre os polos negro e branco da sociabilidade brasileira.

A indefinição dos lugares raciais no Brasil, devido à miscigenação, vem sendo objeto de crítica, por tornar a compreensão das relações raciais algo ambígua, sem rígidas definições classificatórias necessárias à transformação das desigualdades raciais, a exemplo do que teria ocorrido em outros contextos multirraciais, como nos EUA, com a introdução das *affirmative actions*, ou, como na África do Sul, com o fim do *apartheid*.

---

[14] Fernandes (1978); Skidmore (1993); Costa (2006); Telles (2003); Guimarães (1999), entre outros.
[15] Cardoso (2008); Guimarães (1999).

A "excepcionalidade" como ambivalência, ainda sob régua crítica, pode se transformar, para alguns, em obstáculo epistemológico à universalização de questões que, tomadas através de outras matrizes epistemológicas, iluminaria formas de tensões e mesmo manifestações de sociabilidade menos excepcionais e paroquiais (Costa, 2006).

Em outra direção, há os que ainda enxergam no fenômeno da miscigenação uma prova de que no Brasil os critérios de purismos raciais não funcionam (Fry, 2005; Grin, 2010; Maio e Santos, 2010; Magnoli, 2009). Neste caso, tratar-se-ia de epistemologia cujo foco de investigação enfatiza a especificidade e "excepcionalidade" da experiência histórica da miscigenação no Brasil, bem como o seu potencial agregador. Esta teria promovido, ao contrário de outras experiências de relações raciais, eficácia na desracialização da sociabilidade interétnica, o que teria evitado, no mínimo, a adoção de políticas de Estado racistas e garantido certo constrangimento às manifestações abertas de racismo ou ódio racial na sociedade brasileira. Neste caso, é dada ênfase ao diferencial brasileiro em relação a outros contextos nacionais, particularmente os que cultivaram o princípio da pureza racial e do ódio racial (Hellwing, 1992; Grin, 2010).

Semelhante à excepcionalidade do Brasil miscigenado, a excepcionalidade do império ultramarino português é derivada igualmente de uma condição relacional. A afirmação da excepcionalidade prescinde de um "outro normalizado" do qual se diferenciar. O preço da valorização da especificidade mobiliza, não raro, formulações críticas que a tornam, no presente cenário da crítica pós-colonial e multiculturalista, condição altamente depreciada.

No caso português, promove-se a inversão dos vetores da relação império/colônia. Representa-se o colonizador português como intermediário e também como vítima subalternizada do império inglês (Lourenço, 1976; Santos, 2003; Ribeiro, 2004). Assim, o colonizador português é também um subalternizado submetido aos comandos do império hegemônico, o império inglês. Nas palavras de Cunhal (1975:90),[16] "país pobre e atrasado, Portugal consegue dominar apenas pelo fato de que é dominado. Portugal tem um ultramar, porque é ultramar para os outros", ou, em versão mais recente, "o colonialismo português,

---

[16] Álvaro Cunhal foi secretário-geral do Partido Comunista Português. Realiza uma crítica contundente à manutenção do colonialismo português em seu *Rumos à vitória: as tarefas do partido na Revolução Democrática e Nacional* (Cunhal, 1975).

sendo conduzido por um país semiperiférico, foi ele próprio semiperiférico, ou subalterno" (Santos, 2003:24).

Esse lugar a um só tempo ambíguo e fragilizado é motivo de enorme desconforto para Eduardo Lourenço:

> Sem dúvida há um ponto sobre o qual o mito do colonialismo é exacto; ele é realmente diferente dos outros. Quando existia, um outro nos assemelhava, mas sem nos igualar: o castelhano, ingleses, franceses, holandeses, belgas eram, foram ou são *colonialistas* que se aceitam como tais. Mas nós não sabemos o que isso é. Somos colonialistas como somos portugueses" [Lourenço, 1976:48].

Excepcionalismos ambivalentes: o caso do Império português no século XX

> *Não sou nada. Nunca serei nada.*
>
> *Não posso querer ser nada.*
>
> *À parte isso, tenho em mim*
>
> *todos os sonhos do mundo.*
>
> PESSOA (1928)

Em *Mitologia da saudade*, Eduardo Lourenço propõe que a história chega tarde para dar sentido ao itinerário de um povo. O povo "já é um futuro e vive do futuro que imagina para existir [...]. São projetos, sonhos, injunções, lembrança de si mesmo naquela época fundadora que uma vez surgida é já destino e condiciona todo o seu destino. Em suma, *mitos*" (Lourenço, 1999:90).

Em 1974/75, o processo de descolonização parece não ter produzido maiores sobressaltos no imaginário nacional português. Esse quase alheamento ou indiferença surpreendeu a *intelligentsia* portuguesa, acostumada a pensar no bem-sucedido século de "nacionalização das massas" (desde o *ultimatum* inglês, em 1890)[17] e de fusão entre nacionalismo e colonialismo através, sobretudo, do cultivo do mito da nação a um só tempo metropolitana e ultramarina, solida-

---

[17] O *ultimatum* inglês de 1890 foi um episódio em que Londres impôs a Lisboa a retirada imediata de uma pequena força militar portuguesa do território africano de Masona. Portugal não pôde fazer frente à ameaça do império britânico, seu antigo aliado, e viu ruir a pretensão de um território contíguo na África, do oceano Índico ao oceano Atlântico. Ver Trajano Filho (2004:25).

mente coesa, sob o signo imperial (Monteiro e Pinto, 2004). As colônias, em algum nível, eram o próprio fundamento do nacionalismo português. A se perderem as colônias, era plausível imaginar, desmoronaria a nação. Intelectuais como Eduardo Lourenço e Jorge Sena estranhariam, portanto, o alheamento dos portugueses com a perda das colônias (Ramos, 2007).

Conforme o historiador Rui Ramos, "em 1974-1975, a cultura política portuguesa dispunha de recursos para tratar a descolonização não como amputação, mas como uma 'libertação'" (Ramos, 2007:431). Esse jogo de inversão dos efeitos da descolonização, do presumivelmente trágico para o surpreendentemente libertário, tornou-se um desafio para os historiadores que se dedicam ao tema do império ultramarino, a despeito dos grandes e bem-sucedidos esforços para uma compreensão, pela historiografia, das estruturas históricas e sociais do colonialismo português desde a expansão.[18]

Os anos 1960 são vistos como paradigmáticos, justo por promoverem uma ressignificação da mística imperial, pedagogicamente ritualizada no regime de Salazar (Thomaz, 2004), todavia cultivada desde a república. Com a república, que derrota a monarquia no contexto do *ultimatum* inglês de 1890, o tema imperial torna-se questão decisiva para a mobilização nacionalista. Os currículos escolares reproduziam uma história de tradição imperial desde as descobertas ultramarinas, e o imperialismo era um tema fundamentalmente republicano até a chegada do Estado Novo.

A construção de uma mística imperial, cujo ápice se dará no Estado Novo, consolidou no imaginário português uma autorrepresentação identitária, disseminada como memória coletiva no contexto do final da Segunda Guerra Mundial, na qual os portugueses seriam portadores de uma missão cristã e civilizacional. Concorria como elemento de diferenciação em relação aos outros impérios uma genuína vocação para a mestiçagem. A excepcionalidade estaria, portanto, na narrativa do "modo de ser português" que, ato contínuo, desde a experiência colonial da época dos descobrimentos, expressar-se-ia através da adaptabilidade, plasticidade e miscibilidade na relação com outros povos.[19]

---

[18] Para um excelente mapeamento dos desafios teóricos e metodológicos presentes na historiografia da expansão portuguesa, ver Xavier (2000:141-179).

[19] Alguns estudos apontam para uma virada nas formas de significação do império português durante o regime de Salazar. A mudança do Estatuto do Indigenato, em 1954, e a produção de uma autoversão mais lusotropicalista do império se darão claramente nos anos 1950, contexto de pressões pela descolonização, a exemplo do que ocorria em outras colônias. Ver Castelo (1999).

Segundo Nuno Monteiro e Antonio Costa Pinto,

> Salazar lembrava sistematicamente desde os anos 50 a ausência "de qualquer discriminação racial" nas colônias e o papel "integrador" desta. A imprensa e os ideólogos, legitimados por algum discurso científico, acrescentavam-lhe agora a "miscigenação espontânea dos portugueses com os nativos" e a já antiga existência de uma identidade "luso-tropical", própria à presença lusitana no mundo. Esta dimensão extravasaria o Estado Novo, permeando com alguma durabilidade a cultura política portuguesa até a actualidade [Monteiro e Pinto, 2004:59-60].

Essa versão ganha uma definição mais bem-acabada com o lusotropicalismo de Freyre, que será oportunamente apropriado pelo regime de Salazar a fim de se diferenciar, pela lógica da excepcionalidade, dos ex-impérios do Norte e de proteger-se das pressões internacionais que se impunham com a descolonização da África em curso nos anos 1950 e 1960. A ideia de um Portugal indivisível, formado igualmente por províncias metropolitanas e ultramarinas e com forte compromisso civilizatório e "antirracista", era argumento-chave para a legitimidade da manutenção das colônias na África (Castelo, 1999).

Salazar, em um de seus últimos discursos, reafirma a excepcionalidade do colonialismo português:

> O multirracialismo, que hoje começa a ser citado e admitido pelos que praticamente o não aceitaram nunca, pode dizer-se uma criação portuguesa. Ele deriva, por um lado, de nosso caráter, e, por outro, dos princípios morais de que éramos portadores. [...] A grande dificuldade está em que uma sociedade multirracial não é uma construção jurídica ou regime convencional de minorias, mas, acima de tudo, uma forma de vida e um estado de alma que só podem equilibrada e pacificamente manter-se apoiados numa longa tradição. Deste modo, não somos nós que temos de desviar-nos do caminho; são os outros que, em seu próprio interesse, deverão tomá-lo [Salazar, 1963].

A historiografia portuguesa tem refletido ao longo dos tempos sobre o sentido do ultramar desde uma versão homogênea e linear, produto de uma narrativa de continuidade em relação ao passado imperial das grandes descobertas, até versões mais céticas, nas quais a rejeição ao império ultramarino já estaria manifestada em grandes autores da historiografia desde o século XIX, a exemplo de Oliveira Martins, que propunha uma maior atenção à história das províncias metropolitanas rurais, a um Portugal profundo, interiorizado (Ramos, 1997).

A narrativa nacionalista de afirmação do império ultramarino irá crescer com a república, especialmente com a experiência do *ultimatum* inglês de 1890, que mobilizou um forte nacionalismo anti-inglês "de feição imperial". Segundo Trajano Filho, a crise do *ultimatum* revelaria "que a continuidade do colonialismo português em África só era possível se estivesse carnalmente ligada a um projeto ideológico mais vasto: uma versão radical de nacionalismo que retomava a forma imperial, perdida com a independência do Brasil" (Trajano Filho, 2004:27). Para Oliveira Martins,[20] contemporâneo do evento do *ultimatum* de 1890, "a energia firme e modesta do nosso governo há de ser coroada de êxito nesta difícil prova por que estamos passando" (Martins apud Trajano Filho, 2004:27). Não havia, nesses termos, instabilidade interna que pudesse afrontar o nacionalismo construído no trauma do *ultimatum* inglês.

O Estado Novo dará continuidade ao nacionalismo cultivado na república, contudo de outro modo: "a autonomia administrativa é substituída pela centralização; a abertura ao capital estrangeiro cede lugar à nacionalização; o desenvolvimento autônomo é preterido em favor da integração econômica imperial" (Silva apud Castelo, 1999:46). Para Salazar, as colônias eram "escolas do nacionalismo português", que realçavam o papel do império, de tal modo que essa tese seria disseminada pedagogicamente através de exposições, de publicações, de congressos sobre o mundo português, um império "antigo, estável e benigno", revelando o esforço de produção de um saber colonial (Monteiro e Pinto, 2004; Thomaz, 2004).

> [...] no caso português estabelece-se uma ligação estreita entre a questão colonial, o regime e a identidade nacional, o que facilita o processo de sacralização

---

[20] "Joaquim Pedro de Oliveira Martins (Lisboa, 30 de abril de 1845 – Lisboa, 24 de agosto de 1894) foi um político e cientista social português. Oliveira Martins é uma das figuras-chave da história portuguesa contemporânea. As suas obras marcaram sucessivas gerações de portugueses, tendo influenciado vários escritores do século XX, como António Sérgio, Eduardo Lourenço ou António Sardinha." Disponível em: <http://pt.wikipedia.org/wiki/Joaquim_Pedro_de_Oliveira_Martins>. Acesso em: jul. 2011.

do império e retira espaço às correntes anti-colonialistas, que só terão significado nos últimos anos do Estado Novo. Enquanto noutros países com territórios ultramarinos o nacionalismo se divide em correntes favoráveis e desfavoráveis ao projeto de expansão colonial, o nacionalismo português (seja ele republicano ou salazarista) é, regra geral, imperialista [Castelo, 1999:48].[21]

A excepcionalidade de Portugal ganha sua versão melhor acabada no início da onda de descolonização na África, quando, alterando sua política colonial, Salazar transforma as províncias ultramarinas em parte do "império indivisível", afastando-se, em estratégia isolacionista, das tendências democráticas do pós-guerra no contexto internacional.[22] Fechados em um "clube" no qual a "nação multirracial" se isolava com suas "colônias", os defensores da manutenção das possessões ultramarinas irão se valer de fundamentos ideológicos, inspirados no lusotropicalismo de Freyre, para realçar a excepcionalidade cultural do império português a um grau sem precedentes nas versões de impérios ultramarinos.

O "Estatuto dos Indígenas das Províncias da Guiné, Angola e Moçambique", de 1954, quase um artifício de último fôlego para resguardar a legitimidade da manutenção de um império em tudo excepcional, conforme seus defensores, fixa critérios de aquisição de cidadania por parte dos indígenas em um contexto no qual, embora estes já houvessem se afastado dos hábitos nativos, da sua "condição tribal", não podiam ser ainda cidadãos portugueses. Os critérios para obter cidadania portuguesa incluíam falar corretamente a língua portuguesa; ter bom comportamento e ter adquirido ilustração para a integral aplicação do direito público e privado (Silva, 2009b:112).[23]

A tendência do regime, até as guerras coloniais, foi a de afirmar o lusotropicalismo e se contrapor ao comunismo, este último já influente nas colônias e considerado pelo regime de Salazar uma real ameaça à unidade da nação multirracial (Ramos, 2007).

---

[21] Para uma excelente pesquisa sobre o lusotropicalismo no processo de afirmação do colonialismo português sob Salazar, ver Castelo (1999).

[22] As mudanças vieram, sobretudo, no início dos anos 1950. Primeiro, com a revisão constitucional de 1951, que revogou o Acto Colonial, e, depois, com a integração das teses lusotropicalistas de Gilberto Freyre (Ramos, 2007).

[23] O primeiro decreto que definiria a condição jurídica dos indígenas nas colônias na África é de 26 de outubro de 1926, e cria o Estatuto Político, Civil e Criminal dos Indígenas de Angola e Moçambique. Ver em Silva (2009b).

Segundo Rui Ramos, nos anos 1960, sob pressão do anticolonialismo, no processo mesmo em que o Estado Novo era alvo de críticas, o império "já agonizava, ao menos em discurso" – o que em grande medida explica, para este autor, a ausência de uma crise de identidade com a descolonização nos anos de 1974/75 (Ramos, 2007:430-431). Nos anos 1960 irrompem debates na Assembleia Nacional, na grande imprensa, na esquerda e entre militares sobre as razões que justificariam o fim da manutenção do ultramar.

Um dos pontos mais realçados depois de abril de 1974 era a necessidade, segundo Mário Soares, ministro dos Negócios Estrangeiros à época, de dar cabo ao "isolacionismo estéril" decorrente de uma "política negativa e irrealista, que recusava a compreensão do mundo dos nossos dias" (Ramos, 2007:439). Qualquer forma de nacionalismo ou de patriotismo nesse contexto era tomada como confissão de subdesenvolvimento cultural e de provincianismo (Ramos, 2007:440). A palavra de ordem era: aproximar-se da Europa, tornar-se Ocidente, transpor as ambiguidades, participar dos mercados europeus, tudo isso capitaneado pelas elites portuguesas. Para Ramos, o surpreendente alheamento da população com o ocaso do Império, assinalado por intelectuais como Eduardo Lourenço, possuiria razões além da inconsciência: (i) a percepção das condições adversas e a ausência de alternativa tornava desejável a mudança; (ii) divisões políticas e o fim da unanimidade e do protecionismo nacional; (iii) desejo das elites de um maior enquadramento internacional. Entretanto, mais significativo, conforme a tese de Ramos (2007), é reconhecer a existência de uma cultura, de uma linguagem antiexpansionista que, desde os anos 1960, se cultivava como uma forma de libertação de Portugal do fardo do império e como respostas "adequadas" à pressão anticolonialista.

Nesse contexto, recupera-se uma tradição, por longo tempo esquecida, de desconfiança e ceticismo em relação ao império ultramarino dos séculos XIX e XX, associada às figuras de Alexandre Herculano, Oliveira Martins e Antônio Sérgio.[24] Para Ramos, encontram-se aí as origens ideológicas da condenação das descobertas e conquistas que vão servir de fundamento analítico a partir dos anos 1960 (Ramos, 1997).

A esquerda irá recuperar esses autores, a fim de liquidar com os argumentos em defesa do ultramar, com interessantes malabarismos teóricos. Por exemplo,

---

[24] Para uma interessante análise desse contexto de crítica ao ultramar, ver Trajano Filho (2004).

as teses da teoria da dependência, orientadas à época para o contexto latino-
-americano, são adotadas a fim de tornar Portugal uma espécie de intermediário entre a Europa e a América Latina. Por não ser completamente Europa e
nem completamente África, poderia se aproximar, como modelo, da América
Latina (Ramos, 2007:451). Havia outras teses a desqualificar o império como
fardo, para as quais o papel econômico do imperialismo era praticamente nulo.
Portugal era intermediário, testa de ferro da Inglaterra, ator subordinado, mais
do que um império plenamente soberano.

Essa contraimagem enfraquecida do império reforçaria, portanto, a adesão à necessidade da descolonização. Na narrativa do "império sem poder", os
portugueses, conforme a esquerda, transformam-se em inocentes do passado
colonial. Transformam-se em vítimas desse processo, uma vez que "o país só
perdeu com a política colonial [...] e o povo português nunca ganhou com
as colônias" (Vasco Gonçalves apud Ramos, 2007:457). As forças armadas
também destituíram as guerras coloniais de qualquer *glamour* nacionalista.
Denunciavam que era uma "guerra sem esperança" (Ramos, 2007:457).

Os discursos e argumentos utilizados por diferentes forças políticas em
nome da chamada "descolonização retórica" contra a manutenção do ultramar,
pavimentam, desde os anos 1960, o caminho que tornará Portugal um caso
indefinido, ambíguo, ou mesmo negativamente excepcional, no contexto das
críticas pós-coloniais orientadas contra os imperialismos europeus (Santos,
2003). Tratar-se-ia de um império não de todo violento, sem dominação, um
império sem poder, sem potência, diferente dos impérios do Norte. O curioso
aqui é que a versão do lusotropicalismo é ressignificada, arrisco dizer, de uma
forma despontencializada. Se antes o lusotropicalismo de Salazar assinalava
a plasticidade, a adaptabilidade, a miscibilidade e o assimilacionismo como
características que definem uma *potência* baseada em cultura, no afeto e na
identidade multirracial do império, ou seja, no autêntico e específico "modo
português de estar no mundo", a partir dos anos 1960, o lusotropicalismo apenas servirá para fundamentar narrativas de aproximação com a África pelos
laços de amizade, de cooperação e de identidade miscigenada, em uma palavra,
fomentar a lusofonia. Neste caso a fragilidade é a excepcionalidade. Trata-se, a
contrário senso, de uma nação que adquiriu cariz mais próximo de uma colônia
subalternizada do que de um império fundado em uma história de potência
(Santos, 2003).

Pode-se deduzir dessas versões do mito do império ultramarino português uma condição de tipo *double bind*,[25] através da qual a sociedade portuguesa se vê submetida a duas mensagens contraditórias, ainda que fundamentadas no excepcionalismo: (i) a da excepcionalidade tornada positiva, que se baseia na retórica de grandeza do império ultramarino não pela força ou opressão, mas pela vocação assimilacionista, racialmente tolerante, mais plástica e afetiva em sua missão civilizatória; e (ii) a da excepcionalidade tornada negativa, cuja ênfase encontra-se em um império de tal modo frágil, despontecializado, que mais parece uma colônia subalterna frente ao verdadeiro império hegemônico, o império inglês.[26] Essas duas mensagens contraditórias mantêm-se presentes no imaginário português, conforme Eduardo Lourenço, tanto sob a forma de uma mitologia da saudade do império (Lourenço, 1999) quanto sob a forma de periferia que se humilha simbolicamente diante de um centro que ela imagina.

> Esta condição intermédia, resultante de uma complexa tensão orgânica entre a nação e o seu império, por um lado, e, por outro lado, de uma multifacetada tensão entre Portugal e a Europa, levou à coexistência, no imaginário coletivo português, de dois tipos de discurso: um 'discurso épico' e um "discurso de perdição" [Ribeiro, 2004].

A condição ambivalente, constitutiva da história de Portugal, é, parafraseando Lourenço, "o seu céu e o seu cruz". Ela pode significar tanto o "fardo" da desordem ontológica, pouco afeita às estruturações de poder, quanto pode significar a promessa libertária de um mundo de fronteiras móveis marcado por histórias de identidades compartilhadas, por agentes, agências e intermediações, através das quais não haveria lugar para noções robustas de estruturas, de essencialismos, purismos e binarismos na relação de Portugal com suas ex--colônias.

---

[25] Conceito elaborado originalmente por Bateson (1972).
[26] Para melhor compreender as origens da retórica da fragilidade, ver Trajano Filho (2004).

A excepcionalidade de Portugal no contexto dos estudos pós-coloniais

> *Formular a caracterização do colonialismo português*
> *como "especificidade" exprime as relações de hierarquia entre os*
> *diversos colonialismos europeus. Se a especificidade é a afirmação*
> *de um desvio em relação a uma norma geral, nesse caso a norma*
> *é dada pelo colonialismo britânico: é em relação a ele que se*
> *define o perfil – subalterno – do colonialismo português*
>
> SANTOS (2003:24)

Poucos são os autores portugueses que se valem dos estudos pós-coloniais[27] em seus argumentos críticos em relação à longa história do império português.[28] Situar o colonialismo português nesse campo de produção crítica significaria, em tese, compreender Portugal pela régua normativa do colonialismo britânico. O império britânico, mais do que qualquer outro, é o objeto preferencial da crítica tanto dos *cultural studies*, quanto dos *post-colonial studies*.

Os estudos pós-coloniais surgiram nos anos de 1980 e suas propostas, não raro diversificadas, orientavam-se para a desconstrução de epistemologias essencialistas desenvolvidas no processo de constituição dos impérios coloniais a partir do século XIX. Autores da diáspora negra, como Stuart Hall, ou da diáspora palestina, como Edward Said, ou intelectuais indianos como Homi Bhabha, Gayatri Chakravorty Spivak, Dispech Chakrabarty, entre outros, priorizaram a desconstrução da polaridade *West/rest* como constitutiva de uma relação assimétrica e irreversível, tanto no nível de uma superioridade ontológica quanto de uma superioridade epistemológica. Para os estudos pós-coloniais, a primazia da epistemologia e da ontologia do *West* em relação ao *rest* produziria fundamentalmente estereótipos binários: civilizado/bárbaro, supe-

---

[27] Quando me refiro aos estudos pós-coloniais, falo da tradição de críticas aos colonialismos que marcaram as relações Ocidente e Oriente, ou Ocidente e o resto *(West/rest)*, no começo dos anos 1980. Esses estudos têm início sob influência do pós-estruturalismo, especialmente de Foucault, e do anticolonialismo de Frantz Fanon, sobre intelectuais das diásporas negra e palestina, e por intelectuais de ex-colônias que lecionam em universidades na Inglaterra e nos Estados Unidos.

[28] Conforme Almeida (2002:33), "o fraco esforço antropológico da empresa colonial portuguesa parece ter sido herdado pela antropologia portuguesa contemporânea: a análise antropológica dos processos de poder-saber coloniais, a abordagem etnográfica dos terrenos ex-coloniais e a consideração do *continuum* histórico e da mútua constituição das identidades de colonizadores e colonizados estão apenas no início".

rior/inferior, racional/mítico. Na construção deste "outro" que é o "Oriente" (essencializado), enfatizava-se a sensualidade, o exótico, a crueldade, o bizarro, o ambíguo, o mestiço etc. Tais versões, sempre imaginadas em contraponto à identidade do europeu moral e biologicamente superior, legitimavam a produção de conhecimento no processo mesmo de colonização, para se extrair um pretenso saber colonial que mais eficazmente colaboraria para o controle do que se supunha moral e racialmente ameaçador.

O pós-colonialismo nasce, então, das diferentes tentativas de se promover a desconstrução da epistemologia que instituiu o *West/rest*, unindo diferentes sujeitos, não raro submetidos a várias formas de silenciamento, violência e opressão colonial. Spivak, por exemplo, avança sobre a dicotomia *West/rest*, sugerindo que o *rest*, longe de ser homogêneo e subjetivamente desencarnado, abriga narrativas historicamente situadas, contingentes, produtos do que ela chama "subalternos heterogêneos". Trata-se de historicizar diferentes atores e diferentes agências, na linha do *subaltern studies* (Spivak, 1988), que se situam aquém e além das dicotomias clássicas que opõem Oriente e Ocidente.

Os estudos pós-coloniais, embora bebam na fonte das resistências anticolonialistas e de sua produção crítica, a exemplo da obra de Frantz Fanon,[29] avançam em suas análises ao recusar um *rest* homogeneamente subalternizado e subjetivamente desencarnado (Young, 2001). Trata-se de identificar os subalternos heterogêneos, suas múltiplas representações e agências, dar-lhes voz, tirar-lhes do silenciamento, pela rejeição de qualquer narrativa totalizadora (Young, 2001).

Para os intelectuais do pós-colonialismo, isso não significa dar voz ao oprimido (à maneira dos estudantes marxistas), ou seja, não significa falar em seu nome contra a violência colonial. Trata-se de descolonizar a imaginação do colonizado, inculcada de valores que ele "inconscientemente" acaba adotando como seus nos processos de colonização – que é também um processo de tradução – e mesmo depois.

Tanto os lugares de enunciação, quanto as narrativas e discursos, são campos analíticos fundamentais para os estudos pós-coloniais. O lugar de enuncia-

---

[29] "Frantz Fanon (1925-1961), psicanalista e filósofo social, nasceu na Martinica, estudou na França e trabalhou em vários países na África. Fortemente influenciado por J. P. Sartre e Aimé Césaire, Fanon é mais conhecido por seus escritos sobre racismo e colonialismo. Seus trabalhos mais conhecidos são *Peau noire, masques blancs*, de 1952, e *Les Damnés de la terre*, de 1961" (Nogueira, 2010).

ção pós-colonial estabelece com o colonialismo relações de forte ambiguidade, na linha analítica do que Bhaba (1994) chama hibridismo ou entremeios. As narrativas pós-coloniais pretendem ser micronarrativas alternativas às grandes narrativas essencialistas, imperialistas, nacionalistas e teleológicas elaboradas por europeus a respeito do "Oriente".

É sabido que o pós-colonialismo pouco tem seduzido a historiografia em Portugal (Almeida, 2002). As questões enfatizadas nos estudos pós-coloniais só muito recentemente se vêm revelando mais atraentes, na medida em que a contemporaneidade na África mobiliza seus analistas para questões transnacionais e pós-coloniais. Assim o passado colonial é ativado como campo relevante para a compreensão das sociedades africanas lusófonas em suas relações pós-coloniais com Portugal e em contextos de poder e hegemonia de natureza global (Carvalho e Pina Cabral, 2004).

Um importante e desafiador diálogo com os estudos pós-coloniais pode ser observado no trabalho de Boaventura de Sousa Santos, "Entre próspero e Caliban: colonialismo, pós-colonialismo e interidentidade" (Santos, 2003).[30] Neste trabalho, sobre o qual busco me deter um pouco mais, o autor realiza, em diálogo com Eduardo Lourenço,[31] uma abordagem crítica sobre o alcance dos estudos pós-coloniais para o caso português. Assinala que esses estudos, a se considerar o colonialismo português, enfrentam um desafio diferente daquele experimentado pelos estudos pós-coloniais orientados criticamente para o colonialismo britânico: enquanto para estes as categorias de ambivalência, hibridismo e miscigenação mostram-se altamente sugestivas para a crítica dos essencialismos e binarismos coloniais, para os primeiros – os estudos pós-coloniais portugueses – essas mesmas categorias, conforme Sousa Santos, é que devem ser objeto de crítica contundente tanto nas representações elaboradas sobre o império/nação, quanto nas representações da colônia/nação.

O autor sugere, então, um exercício contraintuitivo, relativo aos estudos pós-coloniais, quando desloca Portugal da clássica posição de colonizador – o lugar de "próspero" – tal como são tratados os outros impérios europeus. Os polos colonizador/colonizado, que ele nomeia "próspero/Caliban", tornam-se, no caso português, lugares móveis, a depender da contingência histórica. Ao

---

[30] Este artigo foi originalmente publicado em Santos (2002).
[31] Eduardo Lourenço escreve, em 1976, um ensaio publicado no *Diário de Notícias*, cujo título é: "Ressentimento e colonização ou o complexo de Caliban". Ver em Lourenço (1976:241-248).

desvelar a excepcionalidade do colonialismo português, Sousa Santos denuncia esses deslocamentos como exceção que trairia a regra clássica desde o século XVII (a regra do *british empire*) que diferenciava claramente colonizador de colonizado, europeu de nativo, branco de preto, senhor de escravo.

Inicia o seu argumento identificando nessa "traição" da regra imperial, a condição de "subalternidade" do colonizador português. Esta é, para Sousa Santos, a especificidade do colonialismo português frente ao colonialismo britânico. Este último, via de regra, é tomado como padrão de colonialismo, espécie de colonizador de outros colonizadores, ou, nas palavras de Boaventura Sousa Santos, espécie de superpróspero europeu (Santos, 2003:27).

Ao contrário das práticas de embaralhamento de fronteiras binárias, típicas do colonizador português, o colonizador inglês conceberia, conforme o autor, a sua superioridade ao afirmar rigidamente a incomensurabilidade física, cultural e moral em relação aos seus colonizados. Do mesmo modo, as práticas assimilacionistas, próprias ao modo português de colonizar, violariam as regras de hierarquia e de diferenciação racial que, segundo o padrão de colonialismo britânico, deveriam ser intransponíveis e insuspeitáveis.

Para Sousa Santos, o desvio da regra é o que torna o colonialismo português excepcional, não por razões de afirmação diferenciada frente a outros colonialismos, mas por se tornar um império subalternizado e "incompetente" no universo dos demais impérios. O que poderia ser um diferencial cultural e político nos seus próprios termos, a saber, formas pelas quais se estabelecem dinâmicas variadas de tradução de fronteiras identitárias no mundo colonial português, acaba por se tornar objeto de juízos morais e raciais que se reeditam historicamente, razão da "danação" do colonizador português e, em dose dupla, de seus colonizados. "A grande assimetria entre o colonialismo inglês e o português foi o fato de que o primeiro não teve de romper com um passado descoincidente de seu presente: foi desde sempre o colonialismo-norma porque protagonizado pelo país que impunha a normatividade do sistema mundial" (Santos, 2003:25).

Diferenciar-se da regra aqui é tornar-se um próspero "calibanizado", ou seja, um próspero que mancha fronteiras étnicas, raciais e culturais que, em tese, deveriam ser intransponíveis. A negatividade do colonialismo português, conforme Boaventura Sousa Santos, fora sempre o subtexto da sua positividade, muitas vezes tonificada pelo lusotropicalismo de Freyre: miscibilidade, assimilacionismo, tolerância, mistura. Entretanto, a pergunta que Sousa Santos faz em vista da crítica ao colonialismo português é: onde ancorar a crítica pós-colonial, quando as características do próspero britânico não são plenamente observadas no próspero português? Mais uma vez impõe-se como resposta o excepcionalismo.

Em seu exercício reflexivo, Sousa Santos identifica condições de excepcionalidade do colonialismo português *vis à vis* os colonialismos do Norte: (i) a experiência da ambivalência e do hibridismo entre colonizador e colonizado. Se para os estudos pós-coloniais o esvaziamento de todo e qualquer hibridismo nessas relações significaria jogar o jogo essencializante do colonizador, para Sousa Santos o hibridismo não é uma reivindicação, senão já um *habitus* constitutivo do colonialismo português. Ainda para ele, (ii) "o pós-colonialismo em língua portuguesa tem de centrar-se bem mais na crítica da ambivalência e do hibridismo do que na reivindicação destes como querem os estudos pós-coloniais, especialmente os que se orientam para a crítica do *British Empire*". Neste ponto Sousa Santos se afasta dos estudos pós-coloniais ao considerar a hibridização, defendida por Bhabha, como um "operador em desequilíbrio": "a parte branca – o colonizador português em suas relações de poder e em suas misturas nas colônias – reproduz-se nativamente e de forma opressiva".

Assim, a cultura do "Ocidente" é retraduzida pelo colonizador português através de outros mecanismos que, para Sousa Santos, seriam ainda mais perversos, pois que se valeriam da mistura, da assimilação, da hibridização para reforçar poderosa e perversamente o seu mando.[32] Do ponto de vista do colonizado, o legado da colonização portuguesa, conforme Sousa Santos, não seria aquele que Freyre valorizava: adaptabilidade, miscibilidade e "antagonismos em equilíbrio". O legado que o autor identifica é o da reprodução de uma elite branca altamente racista e hierárquica, e de um português que se mistura para

---

[32] Esse argumento pode ser visto *mutatis mutandis* em Perry Anderson quando, em 1966, formula sua crítica ao ultracolonialismo português. Em sua crítica às interpretações de Anderson, no auge das guerras coloniais, Fry (2005:49-50) assinala: "Mais interessante ainda, do ponto de vista deste trabalho [Portugal e o fim do ultracolonialismo português, 1966], é o seu entendimento do que ele chama de ideologia colonial portuguesa, que estava fundamentada no lema 'Um Estado, uma raça e uma civilização' e construída sobre uma 'missão civilizadora' não-racista que agia por meio da conversão ao cristianismo, da miscigenação e da assimilação. Ao confrontar a ideologia com a realidade e mostrar que a miscigenação era cada vez mais rara e que pouquíssimos africanos eram de fato assimilados, Anderson conclui que a ideologia colonial portuguesa era 'bizarra', 'injustificável' e 'inefável', uma falsificação sistemática da realidade".

melhor se impor. A mistura, a miscigenação nesse caso é mais um silenciamento do fraco, do subalternizado, para melhor dominá-lo, do que propriamente a sua libertação.

Sousa Santos mantém seu tom provocativo: as razões pelas quais o colonialismo britânico é objeto das críticas dos estudos pós-coloniais são aquelas que por longo tempo estiveram positivamente associadas ao colonialismo português e às suas colônias, desde as descobertas: experiências de identidades compartilhadas, ambivalências, hibridismos, mistura, assimilação. Para este autor, essas características tornadas "positivas" no caso português, transformam-se, através do colonizador, em instrumentos afiados de subalternização dos colonizados: por exemplo, a miscigenação que resultaria do "estupro" físico e cultural, produzindo o efeito perverso da ambivalência, da má consciência, da manutenção do racismo e da opressão; e a assimilação, como artifício a um só tempo de "destribalização" do colonizado e de expectativa de obediência do nativo em relação ao colonizador/senhor.

Note-se que Sousa Santos sugere uma análise crítica dos *post-colonial studies*, no sentido de relativizar o poder generalizável de suas categorias, por exemplo, a de "hibridismo". Tal categoria, para o autor, produz efeitos negativos para o colonizado nas formas de dominação exercidas à maneira do colonialismo português. Entretanto, quando assinala os limites para o caso português dos estudos pós-coloniais, Sousa Santos reedita, curiosamente, a tese da excepcionalidade do império português, incorrendo, ao fazê-lo, em essencialismos[33] (permite-se falar de um Estado português, ou de um colonizador português, ou do colonizado português) e em jogos binários, que ele próprio identificaria como típicos do colonialismo hegemônico.

Há, contudo, arrisco dizer, uma dupla mensagem na análise do colonialismo português, por Sousa Santos: uma que define o colonialismo português como excepcional pelo "desvio" diante do padrão do próspero inglês. Neste caso as formas de colonização aparentemente "mais brandas" teriam efeito devastador sobre os colonizados, que se refletiria até hoje, a exemplo do racismo presente no Brasil, embora falseado pelo "mito da democracia racial"; e a outra

---

[33] Embora reconheça a notável contribuição do trabalho de Sousa Santos, Pina Cabral assinala criticamente o uso excessivamente robusto que ele faz da categoria de "portugalidade" e de "Estado português", sugerindo que há, em seu artigo, uma clara essencialização dessas categorias (Cabral, 2004:377-378).

que define o colonialismo português também como excepcional quando torna o próspero algo "maleável", frágil, incompetente, sugado pela sua própria condição híbrida: semipróspero, semi-Caliban.

Esse hibridismo, que fragiliza o próspero português, tem impacto ainda maior em suas colônias. O mulato, como expressão mais bem-acabada do hibridismo que se reproduz a partir do processo de colonização do Brasil, não escapa à crítica contundente de Sousa Santos. O mulato, na análise de Sousa Santos, já constituído nas origens mestiças do colonizador (judeu, mouro e negro), presta-se, nos termos do autor, ao papel de reprodutor do racismo na sociedade brasileira.

> Expressão da democracia racial, os mulatos contribuíram – *sem querer e contra seus interesses* – para legitimizar a desigualdade social racista. Pode-se, pois concluir que o debate sobre o valor sociológico, político e cultural da miscigenação é indecidível nos seus próprios termos já que constitui um dos debate-erzatz do ajuste de contas histórico entre Próspero e Caliban, entre o colonialismo europeu e os colonizados por ele, e que por muito tempo ainda vai ficar aberto [Santos, 2003:40, grifos nossos].

Uma das críticas mais contundentes ao artigo de Sousa Santos encontra-se no trabalho de Pina Cabral, "Cisma e continuidade em Moçambique" (2004). Pina Cabral vê nas teses de Sousa Santos sérias limitações analíticas: "essencializa o colonizador português, ou o colonizado português, tomando-os como blocos homogêneos". Pina Cabral confronta esse essencialismo com as seguintes questões:

> o português de qualquer ponto do vasto império é ele étnico, nacional, cultural? E o mulato, protótipo do colonizado, no contexto do império miscigenador português, é ele quase branco, ou quase negro, ou nenhum desses; é um mulato do Brasil ou um mulato genérico com interesse unificado em todos os casos? [Cabral, 2004:378-379].

Conforme Pina Cabral, uma vez que Sousa Santos essencializa as categorias identitárias sem questionar a natureza delas e sem considerar as condições históricas e culturais de sua emergência, acaba por lhes negar agência e intermediação, especialmente em se tratando de contextos de diversificação étnica, transformando-as em objetos de autonegação. Para Pina Cabral,

> o autor sustenta que "a expressão da democracia racial, os mulatos contribuíram, sem querer e contra seus interesses, para legitimar a desigualdade social racista". Mas quais "interesses" e definidos por quem? Poderemos nós falar sociologicamente de interesses desencarnados, isto é, definidos em termos de categorias sociais objetivamente determinadas e não construídas social e culturalmente? E estaremos nós a falar de todos os "mulatos" que jamais existiram no mundo? Será que podemos saber sempre quem é um "mulato"? [...] Mais ainda, será que só os mulatos contribuíram para a instauração da tal da democracia racial "desracializando" as relações sociais e, portanto, permitindo ao colonialismo desculpabilizar-se do seu modo próprio de produzir iniquidades sociais? [Cabral, 2004:379]

Por fim, a leitura do artigo de Boaventura de Sousa Santos, cuja interlocução com Eduardo Lourenço é óbvia,[34] é aqui um convite à reflexão sobre os limites de compreensão do colonialismo português pela ótica dos *post-colonial studies*. Ajuda-nos a refletir, também, sobre os objetivos do presente ensaio: o mito da excepcionalidade desfruta de uma vigorosa permanência na história de Portugal desde a expansão, muito embora as formas de sua representação revelem-se dinamicamente contingentes. A excepcionalidade do colonialismo português consiste justamente em sua capacidade de abrigar, a um só tempo, o essencial e o ambivalente. Impõe-se, ademais, como poderosa representação histórica, renovando-se como narrativa abrangente e recorrente que pode revelar desde o legado representacional de um Oliveira Martins, pessimista em relação a um império incompetente para se lançar ao mar em contexto onde a norma dos impérios era essa, passando pela representação do historiador Charles Boxer, que identifica no colonialismo português um "Próspero incompetente, expressão de uma degenerescência que arrastou no seu atraso, o atraso dos colonizados" em contexto no qual o padrão de normalidade encontra-se no modelo inglês (Boxer, 1963:39); até a representação do lusotropicalismo de Freyre (1940) para quem o "Próspero português é bene-

---

[34] Ver Lourenço (1976, 1994).

volente e cosmopolita", injustamente ameaçado pela resistência anticolonialista na África.

A ubiquidade do mito da excepcionalidade do império português e de suas colônias, tanto no passado quanto no presente, parece ser hoje, no contexto lusófono, um dos objetos preferenciais de crítica contundente das ciências sociais que se querem pós-nacionais ou transnacionais. Para estas, as especificidades ou excepcionalidades históricas e culturais de nações mobilizam epistemologias nacionais incapazes de levar em conta a natureza transnacional dos dilemas identitários que, para as pretensões normativas das ciências sociais, devem ser tratados com um horizonte mais amplo de expectativas (Costa, 2006).

Excepcionalismos ambivalentes:
as representações da miscigenação no Brasil do pós-abolição

No *pantheon* dos mitos construídos no Brasil, nenhum é mais hegemônico, abrangente e polêmico do que o mito da nação miscigenada, que alguns chamam "mito da democracia racial". A miscigenação é fenômeno que, no Brasil, remonta à colônia, mas que, até Gilberto Freyre, nos anos de 1930, não gozaria de reputada representação, a um só tempo positiva e complexa. Tal viragem na representação do fenômeno da miscigenação convidaria a apropriações políticas e ideológicas de maneira inédita na história republicana brasileira. Antes de Freyre, a miscigenação era um fato biológico e social disseminado – razão pela qual muitos viajantes sublinhavam, surpreendidos em seus relatos, a licenciosidade da mistura "racial" em diferentes regiões no Brasil – que promovia manumissão, mobilidade social e proteção patriarcal, mas também violência e exclusão em sociedade altamente hierarquizada e escravista, conforme demonstram pesquisas históricas.[35]

O desconforto com a disseminação da mistura "racial", com repercussão intelectual e pública, é fenômeno de fins do século XIX e não fenômeno recente que se inaugura com a crítica normalizadora de Florestan Fernandes à excepcionalidade do "mito da democracia racial".[36] O desconforto insinua-se

---

[35] Guedes (2008); Machado (2008); Aladrén (2009); Lima (2003); Paiva e Ivo (2008), entre outros.
[36] Refiro-me às críticas ao mito da democracia racial e à miscigenação, que se iniciam mais sistematicamente com Florestan Fernandes nos anos 1950 e como pleito político, com implicações para as políticas públicas, a partir dos anos 1990.

primeiramente com o racialismo científico, tornado moda no Brasil em finais do século XIX (Schwarcz, 1993). O estoque "racial" brasileiro, visto pelas lentes críticas de linhagens teóricas do positivismo ao liberalismo, passando pelo darwinismo e spenciarianismo, "denunciava" a falência de uma nação já bastante miscigenada e praticamente condenada pelos ideólogos da "raça" a perecer na periferia da civilização.

Os intelectuais da Primeira República vale dizer, proclamada em contexto de lutas abolicionistas, irão se ocupar do tema racial desafiados pela necessidade de um novo desenho de identidade nacional, àquela altura basicamente mestiça. Sílvio Romero, Nina Rodrigues, Euclides da Cunha, Oliveira Vianna, entre outros, são representativos de diagnósticos que tanto condenam o Brasil pelo seu passado de misturas, de violação das "hierarquias raciais" quanto vislumbram na miscigenação uma tendência para prevalência paulatina da "raça" ariana, considerada superior frente às "raças" negras e mestiças.

A mestiçagem, prática comum no Brasil desde o período colonial, condenada pelas raciologias científicas da passagem do século XIX para o XX, só ganhará representação mais positiva em *Casa-grande & senzala*, de Gilberto Freyre, livro publicado em 1933. A valorização da mestiçagem como uma espécie de antirracismo "diferencial" frente ao racismo observado não apenas no Brasil, mas em outros contextos, assume ares de ideologia nacional com um potencial de consenso (até porque em tese não promovia nenhuma raça em particular) quase imbatível.

A contribuição do antropólogo pode ser observada se identificamos em sua obra um ponto de inflexão no contexto do debate intelectual, especialmente nos anos 1930, marcado por crenças racistas de branqueamento cujas sentenças sobre o futuro racial do Brasil revelavam-se sombrias. Freyre produz uma obra, para alguns, "balsâmica", que sob influência de Franz Boas e de maneira inovadora, culturaliza a "raça" e transforma a miscigenação em fundamento ontológico. O brasileiro *seria*, por natureza, misturado:

> Todo brasileiro, mesmo o alvo, de cabelo louro, traz na alma, quando não na alma e no corpo [...] a sombra ou pelo menos a pinta, do indígena ou do negro. No litoral, do Maranhão ao Rio Grande do Sul, e em Minas Gerais, principalmente do negro. A influência direta, ou vaga e remota, do africano [Freyre, 1987:283].

Ora, em tela comparativa com outros contextos marcados pela escravidão e pela crença na pureza racial, Freyre vislumbra um Brasil racialmente misturado e apaziguado, sugerindo ser essa a excepcionalidade positiva da cultura identitária brasileira. O argumento da excepcionalidade tornada positiva se insinua por toda a obra de Freyre, permitindo que se resgate o Brasil do limbo racialista, para um quase "paraíso" da miscigenação.

Segundo Freyre, essas misturas estão marcadas pela ambiguidade, por antagonismos em equilíbrio.[37] Mesmo considerando a face altamente violenta e hierárquica das relações entre senhores e escravos, há um elemento potencialmente "conciliador" entre as duas pontas da estrutura social da escravidão: a facilidade com que as "raças" se misturam. Segue-se, por esse raciocínio, que a escravidão baseada em "equilíbrio de antagonismos", conforme Freyre, produziria no contexto do pós-abolição relações raciais *não necessariamente* marcadas por ódio ou por conflito racial. Ou, invertendo a sentença: se consideramos a existência de relações raciais não conflitivas no pós-abolição, podemos inferir – e essa é uma das teses mais criticadas de Freyre, como usualmente apontam seus críticos[38] – que a escravidão no Brasil possuiria natureza mais "branda".

Dois aspectos devem ser ressaltados, para melhor compreender essa virada interpretativa promovida por Freyre: (i) que o argumento freyreano possui forte viés comparativo, sobretudo com o contexto norte-americano, marcado, diferentemente do brasileiro, pela segregação racial oficial;[39] e (ii) que o contexto de mobilização do movimento negro no Brasil, nos anos 1930, indica forte demanda por integração do negro à sociedade brasileira, e Gilberto Freyre está atento a essa mobilização.[40] Não é à toa que muitos negros se filiam à Ação Integralista Brasileira nessa conjuntura[41] e que a Frente Negra, uma das

---

[37] Ver Araújo (1994).

[38] A matriz que inicia a crítica sistemática às teses de Freyre sobre a escravidão pode ser identificada em Caio Prado Jr. com a versão reificada do escravo. A versão crítica mais contundente, encontramos em Fernandes (1978).

[39] Interessante notar que a tradição de estudos históricos comparados sobre escravidão inicia-se nos EUA com Frank Tannembaum (*Slavery and citizen*, 1946), que reconhece em Freyre importante influência.

[40] Freyre foi um dos organizadores do Congresso Negro de 1934, realizado em Recife. Ver Anais do I Congresso Afro-Brasileiro de 1934. Disponível em: <www.bvgf.fgf.org.br>. Acesso em: jul. 2011.

[41] Abdias do Nascimento, uma das maiores lideranças do movimento negro, ingressa no movimento integralista, tanto quanto Guerreiro Ramos, um dos maiores sociólogos brasileiros. Ver Ação Integralista Brasileira. Disponível em: <http://pt.wikipedia.org/wiki/A%C3%A7%C3%A3o_Integralista_Brasileira>. Acesso em: jul. 2011.

primeiras organizações políticas dos negros no pós-abolição, terá como importante pleito a integração plena do negro à sociedade brasileira (Gomes, 2005). Em qualquer das interpretações/representações, quer sobre a escravidão, quer sobre o pós-abolição, o excepcionalismo das relações raciais no Brasil é evocado com inabalável convicção.

A escravidão e a sociedade patriarcal transformam-se, para Freyre, em fontes a partir das quais ele pretende compreender, por exemplo, por que no Brasil as relações raciais possuem caráter mais ameno do que nos Estados Unidos. A ambivalência, vista como excepcionalidade, é, para ele, o registro interpretativo mais adequado à escravidão no Brasil. Nesses termos Freyre concilia, através da miscigenação, a mais perversa violência com intenso intercurso racial e sexual. A ambiguidade visível na coexistência entre afastamento e aproximação, violência sexual e afeto, máximo de exploração e proteção, marcaria a escravidão e se reproduziria, com outros ingredientes, no pós-abolição. "O escravo foi substituído pelo pária de usina; a senzala pelo mucambo; o senhor de engenho pelo usineiro ou pelo capitalista ausente" (Freyre, 1987:LXXXIV).

A pergunta que se segue é: em que medida os dilemas identitários da modernidade, em sua versão brasileira, expressariam dinâmica simbólica e social alternativas àquelas da modernidade dos contextos centrais? Como vimos, a década de 1930, sobretudo a partir do governo Vargas, promoveu um acerto de contas com diagnósticos contundentes, baseados em princípio racista, segundo os quais o estoque racial miscigenado do povo brasileiro tornava essa nação dos trópicos inviável devido à ausência de uma integridade genética, vale dizer, racialmente ariana, que pudesse garantir o percurso civilizatório do país. Um contradiscurso que operaria em chave antirracialista desloca da identidade racial para a identidade nacional o tema da miscigenação, transformando-o em poderoso fundamento da nova nacionalidade brasileira, também chamada brasilidade. Nessa perspectiva, o passado deixaria de determinar a origem étnica ou racial dos que quisessem se integrar a essa nova nacionalidade, e o futuro tornar-se-ia, com efeito, o lugar de uma *brasilidade mestiça* imune às ameaças de segregação (Grin, 2010).

O "mito da democracia racial", a brasilidade como congraçamento, como acolhimento e assimilação dos que desejam a ela se integrar produziria uma dupla mensagem: enorme eficácia simbólica da narrativa de inclusão e, ao mesmo tempo, poderosa essencialização da identidade miscigenada brasileira. Assim, ao ideal de homogeneidade identitária não se seguiria necessariamente uma aposta na igualdade social, tampouco na quebra das hierarquias sociais. A indiferença moral e sociológica com os sujeitos da desigualdade social, muitos dos quais negros, não se traduzia necessariamente em mácula aos ideais dos que acreditavam ser o Brasil o país do futuro, vocacionado para uma verdadeira "democracia racial".

No contexto dos anos de 1940, a condição de excepcionalidade do Brasil miscigenado se mantém e se consolida. A afirmação de uma autoimagem de país com vocação antirracista, especialmente frente aos racismos ariano e norte-americano, tinha sabor de congraçamento e autoestima cultural e nacionalista. A miscigenação já era um "mito nacional" e, como fundamento da brasilidade, torna-se uma orientação política para a definição da identidade nacional no contexto do Estado Novo, e um recurso retórico de pressão pela compulsória assimilação cultural dos imigrantes, basicamente europeus vindos em diversas ondas imigratórias, entre os anos 1920 e 1940. Proibia-se exibição de estrangeirismo cultural, e escolas e jornais que adotassem línguas estrangeiras eram fechados (Lesser, 1994). Impõe-se, assim, o mito da nação miscigenada: uma das mais poderosas narrativas de excepcionalidade jamais construída no Brasil.

Era, todavia, um mito ambivalente que propunha, como se fora ato de benevolência, a inclusão das culturas exógenas e de seus sujeitos portadores: os imigrantes. Tratava-se de incluí-los, abrigá-los, de certo modo "mastigando" suas culturas de origem, "abrasileirando-as" em troca da cidadania nacional. O argumento político da inclusão compulsória à brasilidade seria, pode-se dizer, imbatível. Qualquer tentativa do imigrante de se contrapor a tal proposta, ou seja, negar a "oferta" de inclusão, poderia sugerir traição (Lesser, 1994).

Enquanto a miscigenação, como representação, constitui-se nas condições de sua emergência histórica, em uma poderosa arma antirracista de transposição de fronteiras raciais baseada em biologia, sua apropriação como princípio orientador e normativo de uma política de Estado mostrava-se paradoxalmente autoritária, especialmente com os estrangeiros em vias de adaptação ao país. Há, portanto, um componente autoritário nas formas como a miscigenação é disseminada como cultura nacional pelo Estado no contexto dos anos de 1930 e 40.[42]

---

[42] É interessante observar que experiências de apropriação, pelo Estado, de categorias identitárias, quase sempre as deturpam, tornando-as rígidas, pois, não raro, impõem compulsoriamente sua adoção. Isso vale tanto para a experiência de apropriação pelo Estado Novo da ideia de miscigenação

A miscigenação na conjuntura dos anos de 1940 foi apropriada, pode-se dizer, de várias maneiras: tanto como variável fundamental nas definições de um nacionalismo mais estreito quanto como fenômeno latino-americano de mestiçamento étnico e cultural frente ao binarismo racial e racista norte--americano. O hibridismo, a *mestizaje*, a miscigenação[43] parecem traduzir as ideologias identitárias na America Latina, constituindo-se, assim, em mitos de excepcionalidade de escopo alargado, continental, do centro e sul americanos em contraposição ao "purismo racial" norte-americano e ao racialismo europeu normalizado e naturalizado à época. O excepcionalismo da miscigenação latino-americana, nesse cenário, transpõe os limites da fronteira nacional, operando um alargamento simbólico dos mitos pan-americanos de misturas raciais, agora continentais, mais do que apenas nacionais ou paroquiais.

Nos anos 1950 o idealismo da miscigenação será duramente atingindo pelos novos ventos que sopram das lutas anticolonialistas e da teoria da modernização com forte acento marxista. Observa-se um *turning point*, uma viragem paradigmática, que demarcará o início de uma batalha implacável contra o "mito da democracia racial" e contra a acomodação de conflitos que, em tese, dele resultaria. A verdadeira luta antirracista significava nessa conjuntura o desvelamento do mito. Esse seria um importante passo na luta contra as desigualdades raciais que, sob o véu do mito, não se revelava à consciência das suas maiores vítimas: os negros.

Vários fatores contribuiriam para essa viragem: o contexto de descolonização da África e as lutas anticoloniais; o movimento *negritude*[44] e suas influ-

---

como orientação de política de identidade nacional quanto para a recente institucionalização da raça pelo Estado brasileiro, especialmente no governo Lula, através de órgãos do Estado e de leis como as de cotas raciais e a do Estatuto da Igualdade Racial (Grin, 2010).

[43] O tema da mestiçagem não possui uma definição única, mostrando-se altamente polissêmico em suas apropriações e significados. Em seu significado corrente, é a mistura de seres humanos de origens diversas – indígenas, europeus, africanos e asiáticos. Do ponto de vista dos debates intelectuais, especialmente entre os séculos XIX e XX, na América Latina, diferentes funções foram sendo atribuídas à mestiçagem: intercâmbio entre povos, aliança, democracia racial e, em sentido negativo, degeneração, impureza, contaminação, contingentemente apropriadas em nome de ideologias, utopias e idealizações sobre o futuro da América Latina (Lima, 2003). Vários intelectuais na América Latina atribuíram diferentes valores à mestiçagem desde o século XIX (Gobineau, 1855; Romero, 1888; Vasconcelos, 1987; Freyre, 1933; Vianna, 1920; Ramos, 1940, entre outros).

[44] "*Negritude* é um movimento de exaltação dos valores culturais dos povos negros. É a base ideológica que vai impulsionar o movimento anticolonialista na África. Agregou escritores negros francófonos e também uma ideologia de valorização da cultura negra em países africanos ou com populações afrodescendentes expressivas que foram vítimas da opressão colonialista." Disponível em: <http://pt.wikipedia.org/wiki/Negritude>. Acesso em: jul. 2011.

ências na luta do movimento negro contra a discriminação racial no Brasil; a institucionalização da sociologia científica interessada em desvendar as razões da desigualdade racial, em oposição aos ensaísmos sociológicos das décadas anteriores, marcados por abordagens culturalistas; e a teoria da modernização.

O antirracismo dos anos de 1950 muda seu foco. Pretende ir além do esforço cultural, diplomático, intelectual e ensaístico dos anos de 1940 (Maio e Santos, 1996; Maio, 1999). Tratava-se de lutar contra um racismo mais profundo, um racismo imerso no próprio funcionamento da sociedade, inscrito em mecanismos rotineiros que perpetuam a subordinação e inferiorização dos negros, sem que se nomeiem os atores responsáveis. Essa discriminação, segundo seus formuladores, reproduz-se nas condições de moradia, na educação, na saúde, no mercado de trabalho, e não necessariamente nas relações face a face entre "brancos" e "negros".

O argumento contido na tese do racismo institucional é que, mesmo que se lute contra as manifestações explícitas de racismo – segregação, opiniões racistas e insultos – na ausência de medidas de intervenção de política institucional, pouco se estará fazendo para debelar o racismo de consequências mais devastadoras, ou seja, o que promove a desigualdade social entre brancos e negros. Não importam tanto as intenções por detrás dos mecanismos rotineiros do racismo institucional. O que importa é a persistente desigualdade racial que dele resulta. O racismo institucional, nesses termos, transforma-se em fenômeno abstrato, sem agência, pois se assenta em mecanismos sistêmicos sem que se possam responsabilizar individualmente os atores racistas (Wieviorka, 2002).

Ainda nos anos de 1950 e 1960, o cenário de desigualdades sociais abrigava-se analiticamente nos modelos da teoria da modernização, na sociologia da estratificação social e na perspectiva da economia política marxista, por meio do conceito de classes sociais. A manifestação de desconforto sociológico, com dualismos e ambivalências, quer do "sistema" de relações raciais quer das atitudes "raciais", aparece de forma inaugural e, ademais, contundente na sociologia de Florestan Fernandes. Para ele, "a confusão não procede do 'negro', mas das ambiguidades de nosso sistema de relações raciais e do próprio padrão assistemático, dissimulado e confluente, assumido pelo preconceito e pela discriminação raciais na sociedade brasileira".

Florestan Fernandes inauguraria, por assim dizer, uma tradição de estudos raciais segundo a qual a resolução dos dilemas sociais, deve-se: "(a) às barreiras à incorporação da população de cor na ordem social competitiva e (b) às resistências em admitir-se o negro ou mulato em pé de igualdade com os brancos na sociedade brasileira". Revelava, assim, seu incômodo com as ambiguidades das interações e representações raciais, especialmente as baseadas no mito da excepcionalidade da nação miscigenada.

Algumas décadas depois, esse Brasil é outro. O Brasil da década de 1970 encontrava-se sociologicamente "desvendado". A modernização já havia deixado suas perversas pegadas. A persistente desigualdade social se transfigura, também, em desigualdade racial, evidência dos diagnósticos estatísticos que associavam os não brancos aos mais pobres na pirâmide social brasileira.

Da "democracia racial" desmistificada surgiriam novos atores "raciais", cuja maior reivindicação era a afirmação e valorização da negritude como fundamento na luta contra o racismo e contra a desigualdade racial. Renasce o Movimento Negro, cuja ênfase na diferenciação, na racialização, representaria uma ameaça real, quase um réquiem ao congraçamento da mistura. Nesse novo contexto de afirmação racial, o mulato, de ícone da brasilidade, de evidência a um só tempo real e simbólica da mistura, transforma-se no elemento desagregador que impede a luta dos negros em direção a uma visibilidade que estaria além dos tons cromáticos da pele. Nesses novos tempos, o mulato é o obstáculo epistemológico que impede que se veja o mundo tal como ele realmente deveria ser: preto e branco. O mulato é aquele que impede o acerto de contas com uma história de escravidão e opressão. O mulato desmobiliza e impede a consciência racial e desqualifica a necessária indignação moral contra o persistente racismo à brasileira.

A trajetória do antirracismo encontrará, no contexto dos anos de 1970 e 1980, uma nova elaboração de natureza mais política, preocupada em derrotar o último obstáculo à derrocada final do "mito da democracia racial", a fim de mobilizar a consciência da raça e das desigualdades raciais no Brasil. Trata-se do antirracismo promovido pelo ativismo negro. Este deveria persuadir os negros de que a miscigenação e a propalada democracia racial são mitos, são falácias que desviam a consciência do negro de sua própria raça. Para o ativismo negro, esses mitos eram o maior obstáculo contra a conscientização racial do negro, e impedia a sua luta e mobilização contra uma sociedade racista (Oliveira, 1974).

Nas circunstâncias dos anos de 1970 e 80, algumas das teses do ativismo negro se vão transformar em objeto de polêmica nos anos de 1990. Essas teses não apenas se consolidaram na versão do diferencialismo negro nos anos de 1990, como também garantiram uma moldura ideológica que realça "atores" abstratos e essencializados do racismo persistente: a *história* (a escravidão e o pós-abolição), o *Estado* e as *instituições sociais* em seus mecanismos de subordinação e reprodução de desigualdades em resposta aos quais os negros deveriam ser reparados.

Trata-se de uma nova modalidade de antirracismo que será compreendida com maior eficácia se consideramos as transformações históricas por que vem passando a sociedade brasileira, especialmente sob influência de cenários internacionais nos quais se organizam novos mecanismos de identificação, diferenciação e condenação do racismo. Essas transformações operam desde a rearticulação do Movimento Negro, como vimos, à emergência de movimentos feministas, étnicos, quilombolas, religiosos – todos vistos como parte vitimada de um mundo cujas bandeiras são globalizadas, transnacionais, em sintonia com as mesmas diversidades e diásporas identificadas em outros contextos.

Humaniza-se o escravo e escraviza-se o liberto: o pós-abolição sem história

Novas leituras da escravidão, sobretudo a partir das pesquisas sobre quilombos e quilombolas, realizadas inicialmente pelo historiador Clóvis Moura,[45] identificariam heróis negros e resistências escravas, insubordinação, afirmação racial e modelos de comunidades afrodescendentes – os quilombos. A explicitação do conflito estaria não apenas no revisionismo histórico quanto ao papel do escravo – não mais passivo e submisso, sim revoltado e insubordinado – mas na própria criação do Movimento Unificado Negro (MNU) em 1978, que gozaria de influências dos movimentos Black Power e Panteras Negras, dos EUA. O Movimento Negro se fortalece nos anos de 1970 e 1980 e Zumbi torna-se o símbolo da resistência, não só escrava, mas também dos negros brasileiros, da liberdade e da luta contra o racismo.

Nessa mesma conjuntura o sociólogo Carlos Hasenbalg promove uma releitura da obra de Florestan Fernandes. A tese central de seu livro *Discriminação e desigualdades raciais no Brasil* (Hasenbalg, 1979) é que o preconceito racial

---

[45] Ver Moura (1977, 1981, 1988).

e a exploração de classe se articulam e são constitutivos da modernidade. O preconceito associado à exploração excluiria cada vez mais os negros das oportunidades de mercado e dos benefícios associados à educação. Para Hasenbalg, as oportunidades no mercado e na educação estariam diretamente ligadas à cor da pele e à aparência, o que provaria ser o racismo constitutivo da sociedade e do mercado capitalistas. As suas teses foram relevantes para municiar o ativismo negro, particularmente por mostrar que a democracia racial era um mito, ou seja, um poderoso artifício utilizado pelas elites brancas para manter o negro alienado dos efeitos da discriminação que sofre.

A sociedade, pensada de uma perspectiva racial, ao menos pelo movimento negro e parte da *inteligentsia*, sugeria no contexto do centenário da abolição, em 1988, uma revisão dos pressupostos que informavam a escravidão e o lugar do escravo, a saber: sujeito passivo e deformado pelas vontades do senhor; escravo-coisa, desumanizado, sem valores, sem vontade e sem ideal. O quilombismo, tema clássico do historiador Clóvis Moura, é retomado por uma nova geração de historiadores cujas fontes pesquisadas revelariam um novo escravo. Combativo e, ao mesmo tempo, negociador; humanizado, com desejos e anseios; escravo que se rebela, mas não apenas como mera reação à violência do senhor ou do sistema. Tratava-se de reconhecer agora a agência dos escravos, "eles próprios agentes das transformações históricas durante a escravidão" (Gomes, 2003:16). As produções mais recentes buscariam ampliar o leque de temas, questões e metodologias de pesquisa da história social da escravidão. Dedicam-se ao estudo da estrutura da família escrava, à compra de alforrias pelos escravos, aos processos de liberdade, aos significados da liberdade, ao debate legal desde o fim do tráfico de escravos, à estatística do tráfico, aos estudos sobre África na conjuntura da escravidão, aos estudos sobre a prática do mestiçamento no contexto da escravidão, entre outros.[46]

As reflexões da historiografia da escravidão ganharam um enorme impulso diante do amplo leque de possibilidades teóricas, metodológicas e de produção de fontes que se abria e ainda se abre, transpondo tanto a tese dos "antagonismos em equilíbrio" do sistema de Freyre quanto a do "escravo-coisa" de Florestan Fernandes.

Todavia, os achados da pesquisa histórica que resultaram em novas histórias da escravidão nas quais o escravo é um ator ativo, racional e estratégico, não

---

[46] Florentino e Góes (1997); Castro (1995); Pena (2001); Grinberg (1994), entre outros.

se seguem nos estudos do pós-abolição. É como se o escravo, uma vez liberto, voltasse à estaca zero. O heroísmo, a família escrava, a compra de alforria, a astúcia do negociador, a sobrevivência criativa, a cultura, a religiosidade, todos esses avanços parecem desaparecer, para a literatura, sobretudo sociológica, em contexto republicano.

A pesquisa histórica sobre o período do pós-abolição no Brasil, em grande medida permanece atraída pela saga da violência, da vitimização, da marginalização do negro. Na ausência de pesquisa mais vigorosa, diversificada e qualificada, proliferam as interpretações ao sabor das agendas políticas, ao sabor do que convém salientar como fundamentação política e moral para pleitos de reparação. As perguntas pouco a pouco elaboradas por historiadores quanto à vida do liberto ou do negro, a saber, sobre suas formas de mobilidade social, sobre matrimônios inter-raciais, sobre a miscigenação como traço normalizado nos segmentos mais populares, sobre a diversificação das atividades no mercado, sobre novos contratos de trabalho, sobre participação política e capacidade de liderança local (política e religiosa), sobre formas de expressão cultural e artística, sobre organização familiar, sobre migração, formas de negociação e de integração social parecem ameaçar, como supõe o antropólogo José Jorge de Andrade,[47] as versões "vitimizadas" do negro. Essas se conformam à racionalidade do ativismo negro, cujo pleito dirigido hoje ao Estado brasileiro deve ser, necessariamente, o da reparação, da compensação para os que foram espoliados de direitos, massacrados pelo mercado e desassistidos pelo Estado no pós-abolição. Essa narrativa é estranhamente a-histórica.[48]

A pesquisa histórica, a despeito dos constrangimentos daqueles que imaginam ser a história simples memória do que convém, tem realizado, paulatinamente, importante tarefa de explorar um passado ainda pouco conhecido nos seus próprios termos. E o vem fazendo, ademais, retirando de seus ombros o peso de qualquer responsabilidade "moral", hoje cobrada pelos intelectuais que se mantêm aprisionados às grandes molduras teóricas, entre Gilberto Freyre e Florestan Fernandes. A cobrança moral e, por que não dizer, ideológica, já há muito desastrosa para o debate historiográfico, tem tentado impor uma agenda cujo critério político é a reparação, e cujo princípio é a culpa. Nesse processo

---

[47] Ver em Carvalho (2006).
[48] Uma versão recente, mais qualificada, da inércia social como legado da escravidão pode ser encontrada em Cardoso (2008:70-89).

busca fazer valer seu pleito, transformando o pós-abolição em algo ainda muito mais trágico e mais cruento do que fora a própria escravidão.

Conclusão

Conclui-se, portanto, que "o mito da excepcionalidade da nação miscigenada" não é um fenômeno evidente em si mesmo. Ao contrário, possui historicidade complexa que atravessa tempos e contextos, recriando-se à medida que a "raça" insiste em se materializar, seja como biologia, seja como cultura, seja como sujeito de direitos. Nesses termos, tanto o universalismo abstrato quanto o pós-colonialismo e o multiculturalismo normativo revelam-se paradigmas frágeis de contenção dos racismos e racialismos que insistem em se reinventar historicamente.

O que se observa hoje no Brasil, conforme vimos ao longo do capítulo, são tentativas de adotar políticas de promoção racial que podem ser mais diferencialistas do que inclusivas, consoante ao paradigma multiculturalista e, nesse cenário, capturar a história como forte aliada. Por essa via, os mitos de excepcionalidade encontram-se desacreditados, sem fôlego, deslocados simbólica e espacialmente de suas matrizes histórico-culturais, e dissolvidos no cerco da normalização multiculturalista de valorização da diferença étnico-racial, quer como reconhecimento do direito à diferença, quer como evidência de autenticidade identitária em oposição aos valores da miscigenação, da mistura, do hibridismo.

O Brasil da miscigenação, em processo de extinção simbólica, compõe hoje a agenda que, como vimos, mobiliza a crítica de Boaventura de Sousa Santos aos estudos pós-coloniais: diante do desconforto sociológico e político com a ambivalência, promove-se não a valorização do hibridismo (item relevante dos estudos pós-coloniais), da miscigenação, mas sim a crítica contundente do que o autor considera distorções identitárias, produto do mito ambivalente do império colonial português: a subalternidade, o racismo, o mulatismo, a miscigenação, a desigualdade racial.

A longa tradição de representação da miscigenação como mito de excepcionalidade, consolidou, desde Florestan Fernandes, um veio crítico que se renova sistematicamente na reflexão sociológica brasileira. Enquanto a sociologia, em sua agenda antirracista, tratou com rigor crítico a miscigenação, concluindo ser ela mais um mito, "um cadinho de raças", que falseia a realidade social (Hasenbalg, 1996; Guimarães, 1999; Costa, 2006), suspeito que haja, como contraponto, um desafio historiográfico latente em curso no Brasil. Tal desafio aponta para uma retomada dos estudos sobre a miscigenação, não mais como representação simbólica de tolerância racial ou como um ideal de democracia racial, denunciada sistematicamente tanto pela sociologia, desde Florestan Fernandes, quanto pela historiografia brasilianista desde os anos 1970 (Skydmore, 1993; Lesser, 1999; D'Ávila, 2003).

A luta da sociologia para caracterizar a miscigenação como um "mito" ocioso, tem mobilizado, contrariamente, os historiadores para enfrentar o tema da miscigenação em perspectiva histórica, aquém e além das molduras interpretativas legadas por Gilberto Freyre e por Florestan Fernandes. Há hoje um conjunto de historiadores que, com alguma autonomia, vem concentrado esforços para compreender a historicidade do fenômeno da miscigenação (em suas continuidades e mudanças) em um contexto escravista, patriarcal e hierárquico e, depois, pós-emancipatório, através de redes de interação, de agência e de intermediação entre escravos, libertos e livres; brancos, pretos e pardos. Resta saber se o ocaso da miscigenação como mito de excepcionalidade poderá significar também a morte da miscigenação como fenômeno histórico e atual (Guedes, 2008; Machado, 2008; Rios e Mattos, 2005).

Bibliografia

ALADRÉN, Gabriel. *Liberdade negra nas paragens do Sul*. Rio de Janeiro: FGV, 2009.

ALMEIDA, Miguel Vale de. Atlântico pardo: antropologia, pós-colonialismo e o caso lusófono. In: BASTOS, Cristiana; ALMEIDA, Miguel Vale de; FELDMAN-BIANCO, Bela. *Trânsitos coloniais*: diálogos críticos luso-brasileiros. Lisboa, ICS, 2002.

ANDERSON, Perry. *Portugal e o fim do ultracolonialismo*. Rio de Janeiro: Civilização Brasileira, 1966.

ARAÚJO, Ricardo Benzaquem de. *Guerra e paz*: Casa-grande & senzala e a obra de Gilberto Freyre nos anos 1930. Rio de Janeiro: Editora 34, 1994.

BASTIDE, Roger; FERNANDES, Florestan. *Brancos e negros em São Paulo*. 2. ed. São Paulo: Companhia Editora Nacional, 1959.

BATESON, Gregory. *Steps to an ecology of mind*. Chicago: University of Chicago Press, 1972.

BAUMAN, Zygmunt. *Modernidade e ambivalência*. Rio de Janeiro: Jorge Zahar, 1999.

BHABHA, Homi K. *The location of culture*. Londres: Routledge, 1994.

BIALE, David. *Power and powerlessness in jewish history*. New York: Schocken Books, 1986.

BOURDIEU, Pierre; WACQUANT, Löic. Sur les ruses de la raison imperialiste. *Actes de La Recherche en Sciences Sociales*, Paris, n. 121, v. 2, mars 1998.

BOXER, Charles R. *Race relations in the portuguese colonial empire, 1415-1825*. Oxford: Clarendon Press, 1963.

_____. *Relações raciais no império colonial português*. Lisboa: Afrontamento, 1967.

CABECINHAS, Rosa; CUNHA, Luis. Colonialismo, identidade nacional e representação do "negro". *Estudos do Século XX*, n. 3, p. 157-184, 2003.

CABRAL, João de Pina. Cisma e continuidade em Moçambique. In: CARVALHO, Clara; CABRAL, João de Pina (Org.). *A persistência da história*: passado e contemporaneidade em África. Lisboa: Imprensa de Ciências Sociais, 2004

CARDOSO, Adalberto. Escravidão e sociabilidade capitalista: um ensaio sobre inércia social. *Novos Estudos Cebrap*, n. 80, p. 70-89, mar. 2008.

CARDOSO, Fernando Henrique. *Capitalismo e escravidão no Brasil meridional*. Rio de Janeiro: Civilização Brasileira, 2003.

CARVALHO, Clara; CABRAL, João de Pina (Orgs.). *A persistência da história*: passado e contemporaneidade em África. Lisboa: ICS, 2004.

CARVALHO, José Jorge. *A luta antirracista dos acadêmicos deve começar no meio acadêmico*. Brasília, DF: UnB, 2006. 30 p. (Edição 394 da Série Antropologia).

CASTELO, Claudia. *O modo português de estar no mundo*: o lusotropicalismo e a ideologia colonial portuguesa (1933-1961). Porto: Afrontamento, 1999.

CASTRO, Hebe M. Mattos de. *Das cores do silêncio*: os significados da liberdade no sudeste escravista. Rio de Janeiro: Arquivo Nacional, 1995.

COSTA, Sergio. *Dois atlânticos*. Belo Horizonte: UFMG, 2006.

CUNHAL, Alvaro. *Rumos à vitória*: as tarefas do partido na revolução democrática e nacional. Lisboa: A Opinião, 1975.

D'ÁVILA, Jerry. *Diploma of whiteness*. Durhan: Duke University Press, 2003.

ECO, Humberto. *Sobre os espelhos e outros ensaios*. Rio de Janeiro: Nova Fronteira, 1989.

FABREGAT, Claudio E. *El mestizage em iberoamerica*. Madrid: Alhambra Longman, 1987.

FALCÃO, J.; ARAÚJO, Rosa. *O imperador das ideias*: Gilberto Freyre em questão. Rio de Janeiro: Topbooks, 2001.

FERNANDES, Florestan. *A integração do negro à sociedade de classes*. Rio de Janeiro: MEC, 1964. 736 p.

_____. *O negro no mundo dos brancos*. São Paulo: Difusão Europeia do Livro, 1972. 285 p.

_____. *A integração do negro na sociedade de classes.* 3. ed. São Paulo: Ática, 1978. 810 p., 2 v.

_____. *O negro no mundo dos brancos.* 2. ed. São Paulo: Global, 2007.

FLORENTINO, Manolo; GÓES, José Roberto. *A paz das senzalas*: famílias escravas e tráfico atlântico, Rio de Janeiro, c. 1790 – c. 1850. Rio de Janeiro: Civilização Brasileira, 1997.

FREYRE, Gilberto. *Casa-grande & senzala*: formação da família brasileira sob o regime de economia patriarcal. Rio de Janeiro: Maia & Schmidt, 1933.

_____. *O mundo que o português criou*: aspectos das relações sociais e de cultura do Brasil com Portugal e as colônias portuguesas. Rio de Janeiro: José Olympio, 1940.

_____. *Aventura e rotina*: sugestões de uma viagem à procura das constantes portuguesas de caráter e ação. Rio de Janeiro: José Olympio, 1953a.

_____. *Um brasileiro em terras portuguesas*: introdução a uma possível luso-tropicalogia acompanhada de conferências e discursos proferidos em Portugal e em terras lusitanas e ex-lusitanas da Ásia, da África e do Atlântico. Rio de Janeiro: José Olympio, 1953b.

_____. *Novo mundo nos trópicos.* São Paulo: Companhia Editora Nacional, 1971.

_____. *Casa-grande & senzala.* Rio de Janeiro: José Olympio, 1987. [1933].

FRY, Peter. *A persistência da raça.* Rio de Janeiro: Civilização Brasileira, 2005.

GOMES, Flávio. *Experiências atlânticas*: ensaios e pesquisas sobre a escravidão e o pós-emancipação no Brasil. Passo Fundo: Universidade de Passo Fundo, 2003.

_____. *Negros e políticas (1888-1937).* Rio de Janeiro: Jorge Zahar, 2005.

GRIN, Monica. Jews, blacks, and the ambiguities of multiculturalism in Brazil. In: LIWERANT, Judit Bokser; BEN-RAFAEL, Eliezer; REIN, Raanan (Orgs.). *Identities in an era of globalization and multiculturalism*: Latin America in the jewish world. Leiden: Brill, 2008. p. 171-184. (Volume 8 de Jewish identities in a changing world.)

_____. *Raça*: debate público no Brasil. Rio de Janeiro: Mauad, 2010.

GRINBERG, Keila. *Liberata*: a lei da ambiguidade. As ações de liberdade na corte de apelação do Rio de Janeiro. Rio de Janeiro: Relume Dumará, 1994.

GUEDES, Roberto. *Egressos do cativeiro.* Rio de Janeiro: Mauad, 2008.

GUIMARÃES, Antônio Sérgio A. *Racismo e antirracismo no Brasil.* São Paulo: Editora 34, 1999.

_____. Racial democracy. In: SOUZA, Jesse; SINDER, Valter. *Imaging Brazil.* New York: Lexinton Books, 2003.

_____. Depois da democracia racial. *Tempo Social*: revista de sociologia da USP, v. 18, n. 2, p. 269-287, nov. 2006.

_____; HUNTLEY, Lynn. *Tirando a máscara*: ensaios sobre racismo no Brasil. São Paulo: Paz e Terra, 2000.

HABERMAS, Jürgen. *The inclusion of the other*: studies in political theory. Cambridge, MA: The MIT Press, 1998.

HASENBALG, Carlos. *Discriminação e desigualdades raciais no Brasil.* Rio de Janeiro: Graal, 1979.

_____. Entre o mito e os fatos: racismo e relações raciais no Brasil. In: MAIO, Marcos Chor; SANTOS, Ricardo Ventura (Orgs.). *Raça, ciência e sociedade.* Rio de Janeiro: Fiocruz/Centro Cultural Banco do Brasil, 1996.

HELLWIG, David J. (Ed.). *African-American reflections on Brazil's racial paradise.* Philadelphia, PA: Temple University Press, 1992.

LESSER, Jeffrey. *Welcoming the undesirables*: Brazil and the jewish question. California: University of California Press, 1994.

_____. *Negotiating national identity.* Durhan: Duke University Press, 1999.

LIMA, Ivana Stolze. *Cores, marcas e falas*: sentidos da mestiçagem no império do Brasil. Rio de Janeiro: Arquivo Nacional, 2003.

LOURENÇO, Eduardo. *O fascismo nunca existiu.* Lisboa: Dom Quixote, 1976.

_____. *Mitologia da saudade.* São Paulo: Companhia das Letras, 1999.

_____. *A Europa desencantada*: para uma mitologia europeia. 2. ed. Lisboa: Gradiva, 2005.

MACHADO, Cacilda. *A trama das vontades*: negros, pardos e brancos na construção da hierarquia social no Brasil. Rio de Janeiro: Apicuri, 2008.

MAGGIE, Yvonne. Mario de Andrade ainda vive? O ideário modernista em questão. *Revista Brasileira de Ciências Sociais*, v. 20, n. 58, jun. 2005.

MAGNOLI, Demétrio. *Uma gota de sangue.* São Paulo: Contexto, 2009.

MAIO, Marcos Chor. O projeto Unesco e a agenda das ciências sociais no Brasil dos anos 40 e 50. *Revista Brasileira de Ciências Sociais*, v. 14, n. 41, out. 1999.

_____; SANTOS, Ricardo Ventura. *Raça, ciência e sociedade.* Rio de Janeiro: Fiocruz, 1996.

_____; SANTOS, Ricardo Ventura. *Raça como questão.* Rio de Janeiro: Fiocruz, 2010.

MARTIUS, Karl F. P. von. Como se deve escrever a história do Brasil. *Jornal do Instituto Histórico e Geographico Brasileiro*, n. 24, p. 390-391, jan. 1845.

MERQUIOR, José Guilherme. Linhas do ensaísmo de interpretação nacional na América Latina. In: _____. *O argumento liberal.* Rio de Janeiro: Nova Fronteira, 1983.

MONTEIRO, Nuno G.; PINTO, Antonio Costa. Identidade nacional portuguesa. In: PINTO, Antonio Costa. *Portugal contemporâneo.* Lisboa: Dom Quixote, 2004.

MOURA, Clóvis. *O negro*: de bom escravo a mau cidadão. Rio de Janeiro: Conquista, 1977.

_____. *Os quilombos e a rebelião negra.* São Paulo: Brasiliense, 1981.

_____. *Rebeliões da senzala*: quilombos, insurreições, guerrilhas. Porto Alegre: Mercado Aberto, 1988. [1959].

MUNANGA, Kabengele. *Rediscutindo a mestiçagem no Brasil*: identidade nacional × identidade negra. Petrópolis: Vozes, 1999.

NASCIMENTO, Abdias. *O genocídio do negro brasileiro*: processo de um racismo mascarado. Rio de Janeiro: Paz e Terra, 1978.

NASCIMENTO, Abdias. Nós. *Quilombo*, Rio de Janeiro, n. 1, p. 1, dez. 1948.

NOGUEIRA, Fábio. New Orleans: o "pesadelo americano" e a felicidade que luta. *Círculo Palmarino*, Embu, SP, nov. 2010. Disponível em: <www.circulopalmarino.org.br/2010/11/new-orleans--o-%E2%80%9Cpesadelo-americano%E2%80%9D-e-a-felicidade-que-luta/>. Acesso em: jul. 2011.

NOGUEIRA, Oracy. Relações raciais entre negros e brancos em São Paulo. *Revista Ahembi*, n. 195, 1955.

OLIVEIRA. Eduardo de. O mulato como obstáculo epistemológico. *Argumento*, n. 1, 1974.

PAIVA, Eduardo França; IVO, Isnara Pereira. *Escravidão, mestiçagem e histórias comparadas*. São Paulo: Annablume, 2008.

PENA, Eduardo Spiller. *Pajens da casa imperial*. Campinas, SP: Unicamp, 2001.

PESSOA, Fernando. *Tabacaria*. Lisboa: [s.n.], 1928. Disponível em: <www.insite.com.br/art/pessoa/ficcoes/acampos/456.php>. Acesso em: jul. 2011.

PINTO, Antonio Costa. *O fim do império português*. Lisboa: Horizonte, 2001.

RAMOS, Alberto Guerreiro. O problema do negro na sociologia brasileira. In: _____. *Introdução crítica à sociologia brasileira*. Rio de Janeiro: UFRJ, 1995.

RAMOS, Arthur. *O negro brasileiro*. São Paulo: Nacional, 1951. [1934].

RAMOS, Rui. As origens ideológicas da condenação das descobertas e das conquistas em Alexandre Herculano e Oliveira Martins. *Análise Social*, v. XXXII, n. 140, p. 113-141, 1997.

_____. O império que nunca existiu: a cultura da descolonização em Portugal (1960-1980). *Revista de História das Ideias*, v. 28, 2007.

RIBEIRO, Margarida Calafate. *Uma história de regressos, império, guerra colonial e pós-colonialismo*. Porto: Afrontamento, 2004. 464 p.

RICOUER, Paul. *A memória, a história e o esquecimento*. Campinas, SP: Unicamp, 2007.

RIOS, Ana L.; MATTOS, Hebe. *Memórias do cativeiro*: família, trabalho e cidadania no pós-abolição. Rio de Janeiro: Civilização Brasileira, 2005.

SALAZAR, António de Oliveira. *Declaração sobre política ultramarina*. Lisboa: Secretariado Nacional da Informação, 1963. 34 p.

SANTOS, Boaventura de Sousa. Entre próspero e Caliban: colonialismo, pós-colonialismo e interidentidade. In: RAMALHO, Maria Irene; RIBEIRO, António Sousa (Org.). *Entre ser e estar*: raízes, percursos e discursos da identidade. Porto: Afrontamento, 2002.

_____. Entre próspero e Caliban: colonialismo, pós-colonialismo e interidentidade. *Novos Estudos Cebrap*, n. 66, p. 25, 2003.

SCHWARCZ, Lilia Moritz. *O espetáculo das raças*: cientistas, instituições e questão racial no Brasil, 1870-1930. São Paulo: Companhia das Letras, 1993.

SILVA, Cristina Nogueira. Modelos coloniais no século XIX (França, Espanha e Portugal). *E-Legal History Review*, n. 7, 2009a.

_____. Fotografando o mundo colonial africano: Moçambique, 1929. *Varia Historia*, Belo Horizonte, v. 25, n. 41, jan./jun. 2009b.

SKIDMORE, Thomas E. *Black into white*: race and nationality in Brazilian thought. Durham: Duke University Press, 1993. [1974].

_____. Raça e classe no Brasil; perspectiva histórica. In: _____. *O Brasil visto de fora*. Rio de Janeiro: Paz e Terra, 1994.

SOARES, Luiz Eduardo. A duplicidade da cultura brasileira. In: SOUZA, Jessé (Org.). *O malandro e o protestante*. Brasília, DF: UnB, 1999.

SOUZA, Jessé (Org.). *Multiculturalismo e racismo*: uma comparação Brasil-Estados Unidos. Brasília, DF: Paralelo 15, 1997.

SPIVAK, Gayatari Chakravorty. Can the subaltern spaek? In: NELSON, C.; GROSSBERG, L. (Org.). *Marxism and the interpretation of culture*. London: MacMillan, 1988. p. 67-111.

TAYLOR, Charles. *Multiculturalism*: examining the politics of recognition. Princeton, NJ: Princeton University Press, 1994.

TELLES, Edward. *Racismo à brasileira*. Rio de Janeiro: Relume Dumará, 2003.

THOMAZ, Omar. *Ecos do Atlântico sul*. Rio de Janeiro: UFRJ, 2004.

TOCQUEVILLE, Alexis de. *Democracy in America*. London: Penguin Books, 2003.

TRAJANO FILHO, Wilson. A constituição de um olhar fragilizado: notas sobre o colonialismo português em África. In: CARVALHO, Clara; CABRAL, João de Pina (Orgs.). *A persistência da história*: passado e contemporaneidade em África. Lisboa, ICS, 2004.

VASCONCELOS, Jose. *La raza cósmica*. Mexico, DF: Espasa-Calpe, 1987. [1925].

VEYNE, Paul. *Acreditavam os deuses em seus mitos?* São Paulo: Brasiliense, 1987.

WIEVIORKA, Michel. *O racismo*. Lisboa: Fenda, 2002.

XAVIER, Angela. Tendências da historiografia da expansão portuguesa. *Penélope*, n. 22, 2000.

YERUSHALMI, Yosef. *Zakhor*: jewish history and jewish memory. Seattle, WA: University of Washington Press, 1982.

YOUNG, Robert. *Postcolonialism*: an historical introduction. Oxford: Blackwell, 2001.

12. "Quimeras de um façanhoso Império": o patriotismo constitucional e a independência do Brasil

Fernando Catroga

Estado-nação e Império

O que aconteceu na sequência direta das invasões francesas e da transferência da Corte portuguesa para o Rio de Janeiro (onde, partindo de Portugal em finais de 1807, chegou a 7 de março de 1808), em particular com a formação do Reino Unido de Portugal, Brasil e Algarves (por Carta de Lei de 16 de dezembro de 1815) e com a tentativa de o constitucionalizar, em termos liberais, durante a Revolução Vintista de 1820,[1] poderá fornecer uma boa amostragem acerca da complexidade dos *tempos quentes* da história. Ora, se estes acontecimentos são uma das faces do choque entre Estados-nação em luta pela conquista da hegemonia no espaço europeu, esse embate também teve prolongamentos intercontinentais, num jogo em que os impérios mais fracos serão impelidos para opções cujas consequências não podiam controlar.

A renovação da ideia imperial

Sublinhe-se que o chamado tipo medieval de império deu vida a uma organização confederativa de poderes, encimada, ao nível do poder espiritual, pelo

---

[1] Uma boa aplicação desta hermenêutica encontra-se em Bernardes (2006).

papa e, no campo temporal, pela figura sacralizada do imperador. Eles seriam os grandes referentes dos sentimentos de pertença que estavam para lá das fidelidades de âmbito local e senhorial. Todavia, paulatinamente, o absolutismo régio e as cesuras ocorridas na *res publica christiana* introduziram mudanças significativas. Com elas ganhou peso uma interpretação da teoria jusdivinista de acordo com a qual o poder viria diretamente de Deus para o rei, pelo que se dispensavam as intermediações papais ou as inerentes à teoria escolástica da *translatio imperii*. Esta tendência fará de cada monarca um imperador nos seus domínios e levará a que, nos países católicos, tenha medrado uma política regalista em relação à Santa Sé. E tem-se visto nestes pressupostos a gênese das novas teorias sobre a origem da soberania, incluindo a da soberania nacional. Analise-se, então, ainda que sinteticamente, o ressurgimento da ideia de império, agora num contexto em que ela aparece em conexão com o enraizamento do Estado-nação.

Sabe-se que, nos séculos XVII e XVIII, cada vez mais a soberania, isto é, o *imperium*, deixou de ser patrimônio da majestade e passou para a posse de um sujeito moral autônomo chamado, por uns, Estado, e, por outros, nação. E este movimento não só recentrará o velho direito das gentes no âmbito das relações interestaduais, como desencadeará o reaparecimento de projetos imperiais, a começar pelo napoleônico, remate de uma experiência histórica que parecia invalidá-lo, porque, como herdeiro da Revolução Francesa, ele se firmava num dos modelos de Estado-nação mais marcantes: o Estado uno e indivisível. Ganha assim sentido que se pergunte: este renascimento não teria algo de "antigo", ou, pelo menos, de paradoxal, perante a implantação do conceito moderno de soberania nacional?

Depois da Grécia e de Roma, os impérios europeus foram sempre imitações de impérios anteriores. Por isso, a sua grande matriz foi Alexandre e, sobretudo, Roma. E os seus sucedâneos dos séculos XIX e XX irão misturar a sua influência com as versões medievais que a tinham cristianizado, herança indissociável, quer do crescimento da consciência da irreversibilidade do tempo histórico (com o aumento da crença no progresso humano), quer da secularização da origem e finalidade do poder e, portanto, do conceito de soberania.

Com este, o Estado passou a ser pensado como a instância que exerce uma jurisdição exclusiva num demarcado e bem-definido território, onde reside uma dada população. Por conseguinte, "*l'idée de souveraineté est donc liée à un morcellement du monde en États-nations. Or ce morcellement s'est effectué contre les notions d'empire et de monarchie universelle"* (Zarka, 2006:222); ou então, quando revestiu a pele, explícita ou implícita, de impérios, fê-lo com o fito de melhor se realizar o poder de uma dada nação. E, caso se pretenda apresentar um outro prenúncio do que ficou escrito, basta comparar o tardio sonho de T. Campanella (apresentado, nos inícios do século XVII, em *Monarquia do Messias* e em *Monarquia de Espanha e monarquia de França*), à luz do qual se justificava a existência de um império universal do papa, com as ideias expendidas por Montesquieu, mormente em *A monarquia universal na Europa*, onde procurava mostrar o anacronismo dos projetos de dominação universal, devido a uma nova ordem política que estava a estruturar-se à volta de uma multiplicidade de Estados autônomos.[2]

As aventuras imperiais começavam a soar a desfasamento temporal, mesmo aos próprios protagonistas, sensação bem-espelhada na atitude de Napoleão, quando da sua sagração como imperador. Ao lembrar a emulação que provinha das lições da história, confessava, nas vésperas do ato:

> *Je suis venu trop tard: il n'y a plus rien de grand à faire: Oui j'en conviens, ma carrière est belle; j'ai fait un beau chemin. Mais quelle différence avec Alexandre. Lorsqu'il s'annonça au peuple comme fils de Jupiter, tout l'Orient le crut. Et moi, si je me déclarais fils du Père Eternel, il n'y a pas de poissarde qui ne me sifflât sur mon passage. Les peuples son trop éclairés aujourd'hui* [apud Tulard, 1977:7].

Napoleão reconhecia que aquilo que o possibilitava – o espírito mais esclarecido dos povos contemporâneos – também impedia que se acreditasse na origem divina do seu poder temporal. Porém, isso não obstou a que tivesse consentido na elaboração de um catecismo imperial, na eleição de um dia dedicado a Saint Napoléon, e que tudo fizesse para, como os seus êmulos, ser consagrado pelo papa como imperador. Só que, agora, tinha acabado o reino da *res publica christiana* (o Sacro Império Romano-Germânico, simbolicamente na cabeça dos Habsburgos, caiu às suas mãos em 1806, e o poder temporal de Roma desaparecerá, definitivamente, em 1870). Em conclusão: ultrapassada a valência da teoria dos dois gládios, a encarnação do universal e da defesa do

---

[2] Ver Zarka (2006:222-223).

bem comum estava a ser polarizada pelo Estado-nação, ou pela entidade que mostrava ter força para (auto)vestir o manto imperial.

Não deixa de ser sintomático que a emergência do secularizado império "cesarista" de Napoleão acompanhe tão diretamente o fim do Sacro Império. É verdade que existiam cristãos e católicos fervorosos, mas a *christianitas* já não era decisiva para a existência da Europa e dos seus habitantes, pois "christianitas *et* Imperium Romanorum *qui était également l'*Imperium Christianum, *sans que les deux notions soient identiques, se conditionnent mutuellement, la fin de l'une devant tôt ou tard amener celle de l'autre*" (Werner, 1980:156). Daí que a evocação dos *exempla* e a sua reatualização apareçam, aos próprios autores, como um anacronismo.[3] Escreveu Albert Sorel, em 1909: "*après brumaire, Napoléon disait: je suis César. Lors du sacre: je suis Charlemagne. Après 1810: je suis un empereur romain*" (Sorel, 2003:280). Com esta diferença: tratava-se de um império identificado com a política externa de um Estado-nação e que não poderia sobreviver muito ao seu próprio construtor.

Dir-se-ia que se mantinham as notas caracterizadoras que, no Ocidente, tinham definido o *imperium*, a saber: a mesma vocação universal; a existência de uma hierarquia ordenada de lealdades, que tinha como seu cume o "título imperial", com "uma forte componente tradicional-carismática" e "altamente personalizado"; e a invocação do cumprimento de um desígnio. Com efeito, nada disto faltava, mesmo quando a sua personificação vestia "trajes modernos e burgueses", como foi o caso de Napoleão, aventura em que se continuou a "representar o sonho antigo de uma monarquia universal, quase como uma espécie de refundação do império do Ocidente, fundindo a evocação imperial com a afirmação resoluta da estadualidade" (Romanelli, 2008:95-97).

A comparação entre as várias manifestações históricas da ideia, na Europa, também denota que, descontadas as suas modalidades específicas, "quanto mais elevada e abstrata é a natureza do poder central, mais vasto e variado será o espectro de realidades sociais, territoriais e étnicas congregadas sob um único *imperium*" (Romanelli, 2008:98). Consequentemente, a sua espacialidade deve ser

---

[3] Ver Tulard (1980:279-300).

qualificada e marcada, não tanto pela centralização do poder político, como pela centralidade de uma *auctoritas* que se legitima com base num princípio não territorial, e que se manifesta numa chefia política capaz de manter e proteger uma pluralidade de realidades políticas subordinadas [Galli, 2001:74 apud Romanelli, 2008:98].

No entanto, e como se sublinhou, esta característica estava atravessada por movimentos de fragmentação, como, de certa maneira, já se encontra prefigurado na teorização dos legistas de Filipe, o Belo. Contra as pretensões do Sacro Império, estes declararam que *"le roi de France est empereur en son royaume"*, requisito de soberania que, três séculos depois, os novos Estados-nação levarão às suas últimas consequências.

O império britânico irá ser, sobretudo, um império mercantilista e, por conseguinte, de sustentação naval. E a lógica da dinâmica em causa desenvolverá um crescente antagonismo com a França, cujo reforço do poder central marcará uma continuidade que, vinda dos tempos do absolutismo, assumirá a sua objetivação com Napoleão, choque entre duas estratégias em luta pela hegemonia europeia e, naquela conjuntura, no mundo. Se os britânicos visavam "conquistar a terra pelo poder do mar",[4] os franceses seguiam a via inversa.

Por sua vez, é fato que o modelo romano-napoleônico se adaptou melhor aos "regimes pós-revolucionários", enquanto o cristão medieval, que tinha sido configurado pelo Sacro Império Romano-Germânico, se conformava com os interesses das "instâncias pré ou anti-revolucionárias" (Romanelli, 2008:98-99). Portanto, o primeiro, nascido já da experiência histórica que impulsionava a formação de um moderno Estado-nação, sempre manifestou dificuldades para coexistir com a forma confederativa, apesar de a invocar (exemplo: a Confederação do Reno), dado que, bem-vistas as coisas, se estava na presença de uma solução estadual nascida da revolução e que, para superar as suas debilidades internas e sobreviver às ameaças externas, se tinha lançado, conquanto em nome de princípios universais, numa política de expansão.

---

[4] Ver Arruda (2008:17-31).

Uma monarquia sob aparência republicana

Napoleão fez-se imperador dos franceses (pelo *senatus-consultus* de 18 de maio de 1804), e esta foi a fórmula de juramento que ele reafirmou, perante Pio VII, no momento da sua sagração (2 de dezembro de 1804):

> *Je jure de maintenir l'intégrité du territoire de la République; de respecter et de faire respecter les lois du concordat et de la liberté des cultes; de respecter et faire respecter l'égalité des droits, la liberté politique et civile, l'irrévocabilité des ventes de biens nationaux; de ne lever aucun impôt, de n'établir aucune taxe qu'en vertu de la loi; de maintenir l'institution de la légion d'honneur; de gouverner dans le seule vue de l'intérêt, du bonheur et la gloire du peuple français.*[5]

O conteúdo da declaração patenteia uma explícita concepção francocêntrica do mundo político, de propósitos centralistas, e em que, como foi assinalado por Duverger, o império dissimulava "uma monarquia sob a aparência republicana" (Duverger, 1980:5-6),[6] imitando o princípio monárquico, não só em termos rituais e simbólicos,[7] mas também através dos direitos de hereditariedade (previstos pela Constituição do ano XII) e da monopolização do mando num só (o imperador); o que, ao contrário do que aconteceu com a ideia de império, institucionalizada e cultuada em Roma depois de Augusto,[8] a tornou mais incompatível com o regime republicano. Na verdade, o sistema "misto", que possibilitaria o exercício da virtude *respublicana* desaparecia, e os mandatos, que deviam ter curta duração, passaram a ser permanentes.[9] Por outro lado, o poder imperial, de cariz carismático e autoritário, só se podia manter enquanto durassem as vitórias na guerra, afinal, a única fonte do seu poder.

---

[5] Disponível em: <www.napoleon.org/fr/salle_lecture/chronologies/files/journeesacre04.asp>. Acesso em: 2 jun. 2008.

[6] Ver Romanelli (2008:99).

[7] Ver Cabanis (2007); Tulard (2004).

[8] Jean Gaudemet, em diálogo com Paul Veyne, frisou que, não obstante a exaltação das virtudes de Augusto e seus continuadores, o império romano não se baseava, como acontecerá com o napoleônico, num indivíduo, mas no princípio monárquico, que gerou uma ideologia imperial de tal modo compartilhada que, no baixo-império, os povos periféricos ainda acreditavam que aquele continuava a existir (Duverger, 1980:128).

[9] Ver Zarka (2006:218).

Não deve surpreender que os seus críticos também se inspirassem num outro legado clássico: o da teoria das formas de organização política que possibilitavam a melhor realização dos interesses da "coisa pública", evitando a sua degenerescência na corrupção e na tirania. Assim, como o império destruía a liberdade, para muitos dos mais fiéis à herança republicana da revolução, Napoleão era visto como um novo César, ou melhor, como um *tirano*, enquanto para um constitucionalista liberal como Benjamin Constant se estaria na presença de uma *usurpação*,

> *une force que n'est modifiée ni adoucie par rien. Elle est nécessairement empreinte de l'individualité de l'usurpateur, et cette individualité, par l'opposition qui existe entre elle et tous les intérêts antérieurs, doit être dans un état perpétuel de défiance et d'hostilité [...]. L'usurpation exige de la part de tous une abdication immédiate en faveur d'un seul* [Constant, 1980:165].

O juízo de Chateaubriand, partidário dos Bourbons, foi diferente: o corso encarnava, em simultâneo, a figura do usurpador e a do déspota.[10] E se estes qualificativos circulavam nos meios antinapoleônicos franceses, o mesmo acontecia no seio dos "patriotas" que lutavam contra a invasão dos seus territórios. Daí o efeito contraditório deste tipo de império: o seu universalismo, ao prometer a irradiação dos valores da Revolução Francesa, também desencadeava patriotismos e desejos de emancipação nacional.

Na verdade, o exercício da *auctoritas* napoleônica foi mais direto, ao contrário do sistema inglês,[11] edificado por uma estratégia que visava criar uma relação entre "o reino liberal-constitucional interno e os imensos territórios externos, entre *rule of law* e o domínio indireto" (Duverger, 1980:99). Em simultâneo, foi impondo um conjunto de leis normativas transversais ao seu todo, principalmente através da adoção do Código Civil (1804). Contudo, parece indiscutível que, nos séculos XIX e XX, se esteve na presença não tanto de impérios na sua acepção europeia tradicional, mas de Estados-nação com políticas imperialistas. De onde a existência de diferenças significativas: em primeiro lugar, a antiga ideia de império era caracterizada, como se viu, pela personalização do poder à volta da figura do imperador, enquanto o Estado

---

[10] Ver Tulard (1980:287).
[11] Ver Grimal (1980:337-364).

moderno pretendia firmar-se na despersonalização da *potestas*; em segundo lugar, o império estava baseado em argumentos divinos e religiosos, enquanto o novo conceito de soberania foi fruto do processo de secularização dos fundamentos da sociabilidade política; em terceiro lugar, se, em termos territoriais, aquele era ilimitado, ou virtualmente extensível, o Estado moderno edificou-se pela territorialização do poder e pela definição estrita de fronteiras.[12]

Daqui resultou, ainda, outra consequência, aparentemente contraditória, e cujas incidências tiveram por palco tanto o espaço europeu, como o prolongamento do seu domínio em outros continentes. É que, se o império, com a sua burocracia, intensificação comunicativa e aumento do controle sobre populações e territórios mais extensos (como já o tinha feito o Império Romano), consolidava a modernização e o poder do Estado-nação – com o qual se confundia (esta tendência estará bem presente no Segundo Império de Luís Napoleão e no novo Império Alemão) –, a sua política de domínio direto, ou de mera hegemonia, acentuava dependências e desequilíbrios, acicatando revoltas e revoluções de vária índole, não raro em nome de ideais como o de pátria e o de patriotismo.

As invasões francesas e o choque dos impérios

O patriotismo foi um sentimento que, desde a Grécia, escolheu como seus antônimos a tirania, o despotismo e o servilismo. E também se sabe que, como expressão vocabular, apareceu, na Grã-Bretanha, em 1726, de onde terá irradiado para França e Espanha na década de 1750. Por outro lado, a circulação de obras dos publicistas que o explicitavam (Montesquieu, Rousseau), a leitura da *Encyclopédie* (em particular, dos verbetes de Jaucourt) e, depois, a onda patriótica desencadeada pela Revolução Francesa, terão contribuído para a sua divulgação nos meios mais cultos e mais politizados da Europa e das Américas. E Portugal não fugiu à regra, embora também aqui se surpreenda a inevitável defasagem existente entre a utilização das palavras e a sua entrada nos dicionários.

---

[12] Ver Jouannet (2008:8).

O mais importante dicionário de então – o redigido por Antônio de Morais Silva – não contemplava, nas suas sucessivas edições (1789, 1813, 1823, 1832), o vocábulo "patriotismo" e os seus derivados. Porém, na linguagem política, eles já tinham um longo valor de uso. E não se pense que a sua propriedade era exclusiva dos meios mais esclarecidos, ou ligados ao Exército, pois os termos e as suas várias acepções não eram estranhos à linguagem dos patriotas que lutavam contra invasores e usurpadores.

Assim, compreende-se que, por exemplo, o marechal de campo Gomes Freire de Andrade invoque, em 1806, o preceito horaciano *Dulce et decorum est pro Patria mori* na capa do seu livro sobre a reforma do Exército português.[13] E, quanto às atitudes patrióticas, revelam-no as múltiplas manifestações escritas e iconográficas que irromperam no período da resistência às invasões napoleônicas. De fato, basta compulsar proclamações, decisões camarárias e outros documentos da época, atinentes ao processo de "restauração" dos direitos do príncipe regente d. João, para se comprovar a frequência com que aparecem expressões como "pátria", "amor da pátria", "zelo patriótico", "patriotas", "patriotismo", valores contrapostos à denúncia da usurpação, tirania e despotismo de Napoleão e das suas tropas saqueadoras.[14]

Não se pense, porém, que esta reação foi dominantemente feita a partir dos pressupostos modernos do ideal de pátria e de patriotismo. E não se pode olvidar a colaboração de muitos portugueses com o poder que o invasor ia procurando criar – d. João VI havia deixado ordens nesse sentido – e, em particular, a posição dos que, por convicção ou jogo tático, foram o rosto visível da explicitação do plano, presumivelmente negociado com os representantes de Napoleão, em ordem a estabilizar-se a situação portuguesa depois de extintos os direitos da Casa de Bragança e lançado um imposto de guerra (1º de fevereiro de 1808).

Uma constituição para Portugal (1808)

Recorde-se que, para esse fim, o invasor preparou o envio a Napoleão de uma delegação de notáveis escolhidos não arbitrariamente, pois simbolizavam ins-

---

[13] Ver Andrade (1806).
[14] Um bom exemplo do que se afirma encontra-se nas atas das vereações de muitos dos concelhos do Norte de Portugal, transcritas em Capela, Matos e Borralheiro (2008).

tituições tradicionais, como a regência, a universidade, a inquisição e o poder municipal. Tratava-se, em suma, de uma delegação corporativa,[15] que só não terá ido coagida porque os seus membros acabaram por aquiescer às pretensões do imperador. Junot confessou-o, em carta de 8 de março de 1808:

> Terei a honra de enviar a V.M. pelo primeiro correio a lista das pessoas mais salientes do país que enviarei a França: Partirão por estes dias, e deverão estar em Bayonne a 10 de Abril, o mais tardar. Estão prevenidos de que receberão nessa cidade novas instruções da parte do Ministro das Relações Exteriores [Junot, 2008:149-150].

E rematava: "dei ao seu envio a forma de uma deputação, sem que nenhum deles fosse de má vontade, e enviá-los à força seria, de certeza, causa de algum acontecimento que eu julguei dever evitar, pois satisfazia ao mesmo tempo as intenções de V.M.".

Napoleão somente recebeu uma vez essa delegação e ter-lhe-á perguntado o que é que os portugueses pretendiam fazer do seu país. Na sequência disso, em Lisboa, movimentaram-se duas tendências: a que apostava na subida de Junot ao trono vago, e aquela outra, que queria aproveitar a oportunidade para atacar as estruturas do Antigo Regime. Para isso, essa facção apresentou, na Junta dos Três Estados, uma "súplica" constitucional.[16]

Com efeito, pedia-se a Napoleão para: acabar com a dinastia de Bragança; liquidar o Antigo Regime com a instauração da divisão dos poderes e de uma reforma político-administrativa modelada pela francesa; pôr em vigor o Código Civil napoleônico; garantir a liberdade religiosa sob o sistema concordatário (de acordo com o que foi celebrado entre a França e a Igreja Católica, em 1801), bem como a liberdade de imprensa; extinguir os bens de mão-morta;

---

[15] Dela fizeram parte: o presidente do Conselho da Regência, o marquês de Abrantes; o bispo de Coimbra e reitor da Universidade de Coimbra, d. Francisco de Lemos de Faria Pereira Coutinho, conde de Arganil; o bispo titular do Algarve e inquisidor geral, d. José Maria de Melo; o prior-mor de Aviz, d. José D'Almeida; o camarista da rainha e deputado da Junta dos Três Estados, marquês de Penalva; o embaixador em Paris, marquês de Marialva; o marquês de Valença; o irmão do duque do Cadaval, d. Nuno Álvares Pereira de Melo; o conde de Sabugal; o visconde de Barbacena; d. Lourenço de Lima, antigo embaixador em França e nomeado, por Junot, presidente da deputação; os desembargadores Joaquim Alberto Jorge e António Tomás da Silva Leitão, vereadores do Senado da Câmara de Lisboa. Ver Araújo (1985b:21-22).

[16] Silva (2004:39-180).

criar um ministério da instrução pública e um sistema tributário proporcional; reformar e simplificar a administração pública; modernizar o direito criminal. Em suma: em nome da regeneração do país – porque "desejamos ser ainda mais do que éramos quando abrimos o oceano a todo o universo" –, solicitava-se "uma constituição e um Rei constitucional, que seja príncipe de sangue da vossa família real" e "em tudo semelhante à que vossa majestade imperial e real houve por bem outorgar ao grande-ducado de Varsóvia".[17]

Não cabe nos propósitos deste capítulo aprofundar o estudo das movimentações que, em Lisboa, culminaram neste documento, nem aquilatar o grau de adesão ao seu conteúdo por parte dos que o aprovaram. No entanto, foi Junot quem deu ao seu envio o caráter de "deputação", isto é, e como ensinam os dicionários, de "reunião de pessoas encarregadas de missão especial", e, ainda que por via negativa, fica-se a saber que ele terá usado todos os meios para evitar "enviá-los à força". Quer tudo isto dizer que será redutor qualificar todo o grupo como "afrancesado", conquanto alguns o fossem e não lhes repugnasse confirmar, quer a extinção do domínio da Casa da Bragança (decretada pelo invasor em 1º de fevereiro de 1808), quer a aceitação de uma nova dinastia, desde que constitucionalizada. No entanto, outros revelaram um espírito mais colaborativo, ancorado na ordem deixada pelo regente para não se resistir ao invasor, e com o objetivo de se ganhar tempo e, sobretudo, se evitar males maiores, mormente a divisão de Portugal nos termos consignados no tratado de Fontainebleau.

Uma confederação imperial?

Aquela súplica é o primeiro projeto de constitucionalização do país, desiderato que tem sido sobejamente salientado.[18] O mesmo não se pode dizer, porém, acerca dos seus fundamentos e conteúdos, que terão de ser levados em conta, sob pena de sugerir-se que ele se confundia com o processo de liberalização em curso, modelarmente representado pelo exemplo americano e pela Constituição francesa de 1791. Porém, importa sublinhar que lhe faltavam algumas das características essenciais do liberalismo político, sejam as que modelavam o "constitucionalismo histórico" à inglesa, sejam as baseadas na teoria

---

[17] Projeto para a Constituição de Portugal (Araújo, 1985b:75-76).
[18] Ver Hespanha (2008:47-80); Catroga (2010:36-37).

da soberania estadual ou nacional (à Vatttel, Rousseau e Sieyès). Com efeito, aquele princípio não era reivindicado como fonte do poder de um Estado--nação a refundar: nem se apelou para a apropriação da *translatio imperii* – decorrente da extinção da Casa de Bragança, em ordem a legitimar-se um novo *pacto social* –, nem se solicitou, para esse, a convocação, à moderna, de uma assembleia constituinte.

Numa perspectiva pouco liberal, colocava-se o direito de conquista como fonte de legitimidade do poder do imperador, a quem se pedia a outorga de uma Constituição, bem como a nomeação de um monarca que fosse um "príncipe de sangue" saído de sua família. Por tudo isto, defende-se que o projeto em causa só será cabalmente interpretado se for lido à luz da lógica que, em última análise, o ditava: a destruição de algumas das bases da sociedade do Antigo Regime, no seio de um novo sistema continental que pretendia combater o poder britânico, e as possibilidades de a sua zona de influência ser reforçada com a formação de um império lusitano com a capital no Rio de Janeiro.

Um império eurocontinental

Dito por outras palavras: contra a hegemonia do império britânico, a súplica defendia a *continentalidade* da estratégia napoleônica. Prova-a o conteúdo de algumas das intervenções de apoio à nova ordem francocêntrica em que, abolida a dinastia de Bragança e, consequentemente, a tradicional aliança com a Inglaterra, Portugal ficaria integrado. E, para justificá-las, não se dispensava o recurso a uma argumentação historicista, chegando-se mesmo a invocar a existência de um "mito de origem" comum a franceses e a portugueses. Mais especificamente, insinuava-se o papel fundador que o borgonhês conde d. Henrique teria desempenhado na formação da nacionalidade. De acordo com o preâmbulo da súplica, os

> portugueses que são de raça francesa, como descendentes dos que conquistaram este belo país aos mouros em 1147, e que devem à França, sua *mãe-pátria* o benefício da independência que recobraram como nação em 1640, solícitos recorrem, cheios de respeito, à paternal proteção, que o maior dos monarcas há por bem outorgar-lhes [apud Araújo, 1985b:75-76].

Em nome de um argumento étnico-histórico, "inventava-se" um *deslocamento* do "mito das origens", com o objetivo de se enaltecer uma sucessão genealógica que incentivasse os portugueses a sentirem-se "filhos" da "mãe-pátria" francesa.

Esta tese foi imediatamente rebatida pelos setores que perfilhavam outro tipo de patriotismo: o pautado pela fidelidade ao trono e ao altar. Daí que, em nome da tradição, uma "confutação" da súplica a contestasse deste modo:

> Nenhum escritor Nacional ou estrangeiro houve até agora tão estulto, que fizesse os Lusitanos descendentes originários da França: nem os Poetas mesmo costumados a fabular jamais fingiram uma origem tão fabulosa como esta que o papelista quer dar aos Portugueses. Só quem for inteiramente Louco, é que acreditara na vilíssima lembrança de tal origem.[19]

E, recorrendo à história, replicava: "Descendem sim os Portugueses dos Conquistadores e Restauradores deste país que expulsaram de Portugal os Sarracenos em 1147, e sacudiram o jugo castelhano em 1640. Mas esses conquistadores eram Portugueses e não Franceses".[20]

Diga-se que a raiz francesa dos portugueses era premissa coerente com o objetivo político que nela se legitimava. E este não se restringia à reforma interna do país, pois implicava não só que "as colônias, fundadas por nossos avós e com o seu sangue banhadas, sejam consideradas como províncias ou distritos, fazendo parte integrante do reino" – algo de parecido havia sido aprovado para os domínios espanhóis –, mas também que ficasse ligado, contra a tradicional aliança inglesa, "com indissolúveis laços ao *sistema continental da família europeia*",[21] ou melhor, às "nações confederadas" no seio do império napoleônico. Como, por influência do juiz de fora Bento Pereira do Carmo, se escrevia num documento de apoio à "súplica", emitido pela vereação de Ança e datado de 23 de maio de 1808,[22] ela continha promessas de felicidade pública, "feitas e afiançadas em nome do augusto imperador que nos governa",

---

[19] "Confutação do celebre plano, que dizem fora feito por alguns afrancezados e suplicado a Bonaparte, quando Junot mandou se pedisse novo Rey para Portugal" (Biblioteca Geral da Universidade de Coimbra, ms. 1.664). Ver Araújo (1985b:77).

[20] Ibid.

[21] Os grifos são nossos.

[22] Recorde-se que a "súplica" foi lida em muitas reuniões concelhias.

ao mesmo tempo que dava garantias a Portugal de que continuaria a ser "uma nação independente" e a conservar o seu "carácter nacional, avivado pelo vigor e sabedoria de Napoleão o grande".

Em síntese: a nova ordem estaria a fazer com que "os franceses, italianos, portugueses e espanhóis, e os napolitanos" formassem "uma família de irmãos, regida por um sistema uniforme e luminoso", cuja finalidade era esta: "por fim, a felicidade geral do continente, que é o resultado da felicidade individual das famílias". E a este convencimento, de raiz iluminista e liberal, não faltava sequer, a invocação do ideal de "paz perpétua" (abade de Saint-Pierre, Rousseau, Kant):

> Não tardarão a luzir na Europa os dias de oiro, apenas sonhados por nossos avós, em que à sombra de uma *paz permanente*, possam as nações entregar-se com porfia aos trabalhos da agricultura, da indústria e do comércio; dias em que todo o indivíduo sentirá em cada momento da sua existência a felicidade de viver debaixo do poderio de Napoleão o grande [apud Carvalho, 1874:1-2].

Como é lógico, para os opositores, e como se escrevia na citada "Confutação", a promessa da salvaguarda da independência nacional era vã, pois o afrancesamento da política portuguesa "seria a mais lastimosa desgraça; porque efetuando-se a proposta ficaríamos de todo perdidos, arrastados e reduzidos à mais miserável escravidão, assim como estão a Holanda, a Dinamarca, a Suíça, Nápoles, a Itália, e todas as mais Nações confederadas com o ambicioso Napoleão". Qual novo César, o general francês aparecia aos mais tradicionalistas, bem como aos olhos de alguns liberais, como um usurpador e um déspota, a que não faltaria, sequer, uma dimensão antirreligiosa, não obstante a sua sagração pelo papa.

Com tudo isto, deseja-se frisar que se considera redutor explicar as manobras e as divergências políticas em causa somente a partir da dicotomia entre o absolutismo e o liberalismo. Ter-se-á de sublinhar, igualmente, a importância da ideia de império no contexto bipolar da Europa ocidental da época, assim como as suas incidências ao nível da reformulação dos horizontes de fidelidades e das formas de organização do poder, tanto ao nível interno da metrópole, como no concernente à integração dos domínios coloniais nas zonas de influência das potências mais poderosas.

Todos concordavam que Portugal tinha passado a estar numa situação ambígua: por um lado, devido à sua localização face à Espanha e ao Atlântico, e à importância econômica e política dos seus portos e das suas colônias (Brasil), e, em termos mais relativos, da sua marinha mercante, ocupava um lugar fundamental neste xadrez; mas, por outro lado, a debilidade europeia fazia dele um peão nas mãos dos interesses dos que, em última análise, tinham força para ditar as regras do jogo. E, naquela conjuntura de confronto entre a França – portadora de uma renovada ideia imperial – e a Grã-Bretanha, de pouco valiam as tentativas para se ficar numa posição neutra nessa contenda. Mas, pergunta-se: passando a estar assente na soberania do Estado, entendido, desde Vattel, como um sujeito jurídico-político autônomo, não teria o renascimento da ideia de império algo de "antigo"? E ela não seria contraditória com a assunção de sentimentos de pertença que, no caso francês, tinham encontrado no fomento do patriotismo nacional a sua melhor expressão?

Impotente para manter a neutralidade que desejava, d. João VI viu-se no meio de um fogo cruzado e entre duas certezas: a de ver Portugal invadido pelos franceses caso cedesse aos ingleses, ou ocupado por estes se fosse mais longe nas suas cedências a Napoleão. Ademais, este, depois da derrota de Trafalgar (21 de outubro de 1805) e da ocupação inglesa da Dinamarca (maio de 1807), tendo ficado praticamente sem armada, fez crescer o seu interesse pelos portos portugueses, objetivo que Londres teria de impedir, custasse o que custasse aos portugueses. Além disso, os bloqueamentos econômicos na Europa estavam a dar uma importância acrescida a algumas colônias e, em particular, ao Brasil, quer como destino de produtos ingleses manufaturados, quer como fonte de matérias-primas que não concorriam com as fornecidas pelo império britânico, num negócio em que foi crescendo a importância do contrabando.

Às táticas hesitações de d. João e da sua diplomacia, a política externa britânica respondeu com este plano, gizado por Canning e executado por Strangford: convencer d. João a refugiar-se no Brasil, sob a proteção Londres, em troca da manutenção dos legítimos direitos da Casa de Bragança em relação à Coroa portuguesa e, como sugeria aquele último, já em agosto de 1807, do "direito de estabelecer casas comerciais no Brasil, de exportar tecidos de algodão para os domínios portugueses" (Arruda, 2008:26). E, caso as hesitações de d. João protelassem em demasia a sua viabilização, previa-se a invasão de Portugal e a tomada de um importante porto brasileiro, preferencialmente o do Rio de Janeiro, futura base de controle dos mais importantes portos americanos.

São conhecidas as peças que sustentaram esta estratégia. Pela *convenção secreta* entre o governo português (que a assinou em 22 de outubro de 1807) e o de Londres (que a ratificou em 8 de novembro), a decisão de Lisboa de fechar os portos podia suscitar a tomada da Madeira pelos britânicos, bem como ataques a colônias (como aconteceu com Macau) ou portos portugueses, num quadro que tinha como face conciliatória a promessa, formulada por Canning, de uma atitude mais colaborante desde que o príncipe regente aceitasse "transferir a sede da monarquia portuguesa para o Brasil" (Arruda, 2008:27). Ora, hoje também se sabe, estas negociações tinham em vista dar cumprimento a um projeto sigiloso, elaborado entre 1805 e 1806, segundo o qual se Portugal fosse invadido por Napoleão, uma força britânica rumaria para o Rio de Janeiro, enquanto outra iria buscar a família real portuguesa para a transportar para ali. Mas, se o príncipe regente se opusesse, as tropas de Jorge III ocupariam, pela força, aquele porto, ou qualquer outro bem-situado.[23]

Dir-se-ia que a invasão de Junot teve o efeito perverso de vir ao encontro dos desejos britânicos. D. João teve de aceitar esta estratégia, tanto mais que o aliado não se mostrou disponível para ponderar outras formas de resistência que implicassem a sua permanência em Lisboa, ou uma curta transferência para a Madeira. Percebe-se. A velha Albion viu nos acontecimentos ibéricos um bom pretexto para reforçar a sua mais direta influência nas colônias americanas dos países ibéricos, ao mesmo tempo que Napoleão procurava integrar a península na sua alternativa ditando, com o tratado de Fontainebleau (27 de outubro de 1807) a extinção de Portugal e a partilha dos seus territórios entre a família de Napoleão, Manuel Godoy a Carlos IV de Espanha.

Empurrado pelas circunstâncias, d. João passou a ser o protagonista de uma aventura inédita.[24] Com o seu embarque para o Brasil evitava cair naquilo que, para muitos, tinha sido o erro dos Bourbons. Deste modo, se, com a invasão francesa, a Coroa espanhola ficou diretamente prisioneira do imperador francês, em Portugal a família real, com o apoio ativo da Grã-Bretanha, e já

---

[23] Este plano foi divulgado por Patrick Wilcken e encontra-se analisado em Arruda (Arruda, 2008:32-35).

[24] Ver Pedreira e Costa (2009). Sobre a sua política americana, continua a ser útil compulsar Lima (1945).

com Junot à vista, embarcou para o Brasil em 27 de novembro de 1807, tendo desembarcado na Bahia a 24 de janeiro de 1808, de onde zarpou para o Rio de Janeiro. E aqui começou a instalar, a partir de 7 de março, a nova capital e uma inédita sociedade de corte nos trópicos.[25]

Em Portugal, e na sequência do exemplo espanhol (2 de maio de 1808), a exaltação patriótica que impulsionou as revoltas populares contra o invasor francês (a partir, sobretudo, dos inícios de junho de 1808) foi em boa parte feita em nome de uma visão patrimonial e sacro-carismática do poder régio e contra os que achavam ser a ocupação legítima devido ao fato de, com a fuga, o trono ter ficado vago. A esta tese respondia-se que d. João somente se tinha deslocado para uma outra parte de seus domínios e que gozava de uma liberdade absoluta para escolher o local da sua Corte. Recordava-se, ainda, que esta atitude não era nova na tradição das monarquias e dos impérios ocidentais, ao mesmo tempo que se sustentava o seu direito de continuar a exercer a soberania sobre todos os seus territórios, mesmos que alguns destes estivessem temporariamente ocupados (como era o caso de Portugal). No entanto, com a viagem atlântica também algo de inédito acontecia: pela primeira vez, uma Corte transferia-se para uma sua colônia, medida que, ao resolver um problema, abria um campo de possibilidades novas e com consequências que os protagonistas não podiam controlar.

O sonho de um vasto império

Alguns historiadores têm sublinhado esta ironia da história: a fraqueza e a necessidade de sobrevivência acabaram por oferecer à monarquia portuguesa a oportunidade de realizar uma ideia que alguns visionários e estrategistas já tinham avançado: o deslocamento do rei para o Brasil e a fundação de um vasto e próspero império português nos trópicos. Diz-se que ela terá passado pela cabeça do infeliz d. Antônio, prior do Crato, antes de 1580, e, num outro registro, sabe-se que bailou na mente do padre Antônio Vieira, bem como na de políticos reformistas, como d. Luís da Cunha, no decurso das negociações (1713-1715) que terminaram no Tratado de Utrech (assinado entre Portugal,

---

[25] Ver Malerba (2000); Schultz (2008). Para uma visão informada desta nova realidade e respectivos protagonistas, ver Wilcken (2004).

Espanha e França, que pôs fim à guerra da sucessão da Espanha e, entre outras cláusulas, ratificou a integração plena da região amazônica no território brasileiro). A hipótese também não terá sido estranha a Pombal, que a terá sopesado durante a Guerra dos Sete Anos (conflito que, ente 1756 e 1763, opôs a França à Áustria e seus aliados). Por sua vez, desde 1801, e para se fazer face às ameaças francesas e espanholas, o marquês de Alorna, o morgado de Mateus e o conde da Ega (1807) equacionaram hipóteses análogas.[26] O alvitre também tinha sido avançado por d. Rodrigo de Sousa Coutinho (1798; 1803) e, mais tarde, não repugnará a Silvestre Pinheiro Ferreira (1814). Pode-se mesmo dizer que ele foi equacionado pelo próprio d. João VI depois de instalado no Brasil, e que conquistou alguma simpatia no núcleo mais ativo da elite intelectual luso-brasileira da época, como os Andradas, José Clemente Pereira, José da Silva Lisboa (Lisboa, 1829:11) e boa parte do grupo que animou o programa da Casa Literária do Arco do Cego.[27] Em suma: estes e outros intelectuais luso-brasileiros tinham uma visão integrada do império, sem menosprezarem, porém, a denúncia da sua situação de crise e de subalternidade em relação aos conflitos das grandes potências europeias.[28]

Das várias sugestões indicadas, tem sido dado um especial relevo ao parecer que d. Rodrigo de Sousa Coutinho enviou ao príncipe regente, em 20 de junho de 1803. Não obstante o seu alinhamento pró-britânico, a busca da neutralidade na contenda entre ingleses e franceses levava-o a aconselhar que, no caso de as proposições de paz feitas à França não serem aceitas, d. João corria o risco de

> ver dividir os seus estados entre a Grã-Bretanha e a França e a ruína inevitável da monarquia – o que não pode ser o caso quando V.A.R. empregue com a devida energia os meios que a Providência depositou nas suas reais mãos para se defender, e ainda que, depois de três campanhas desgraçadas, se veja obrigado a ir criar no Brasil um grande império, de onde haja depois vir retomar o que pudesse ser obrigado a deixar no continente da Europa só temporariamente [apud Pereira, 1953:124].

---

[26] Ver Araújo (1992:234-238); Lyra (1994); Hermann (2007:134-135).
[27] Acerca do citado empreendimento editorial, ver AAVV – Actas do Colóquio Casa Editorial do Arco do Cego (2000-2001).
[28] Ver Silva (2006).

E fundamentava o seu pensamento com os olhos postos no acontecido à Suíça, ao Piemonte e a Nápoles, assim como com a visão imperial que tinha da monarquia portuguesa (Silva, 2006). Nesta ótica, não aconselhava que se resistisse ao futuro invasor gaulês, não só devido à circunstância de o território europeu ser pouco defensável do ponto de vista militar, mas também porque não constituía "a melhor e mais essencial parte da monarquia". E, ainda que o país viesse a ser "devastado por uma longa e sanguinolenta guerra", restaria sempre "aos seus soberanos e povos o irem criar um poderoso império no Brasil [...] e segurar para o futuro a reintegração completa da monarquia em todas as suas partes" (apud Pereira, 1953:131; Dias e Silva, 1980:447-449).

A existência dessa alternativa não significa que a aventura da Corte portuguesa no Brasil tenha sido sua consequência direta, tanto mais que a transferência representou a única saída para a Casa de Bragança, impossível de ser concretizada sem a conivência e o apoio material da Grã-Bretanha. E é conhecido o início do pagamento deste esforço: a abertura dos portos brasileiros ao comércio com as nações amigas, logo que d. João aportou à Bahia e, dois anos depois (1810), a celebração dos célebres tratados de comércio e de auxílio, cujo conteúdo – um novo Methuen (27 de dezembro de 1703) – descontentará alguns homens de negócios brasileiros, mas, sobretudo, as praças de Lisboa e do Porto.[29]

Defende-se, portanto, que a reformulação dos elos entre o soberano português e os seus domínios foi, sobretudo, imposta pela agudização de uma crise estrutural do próprio sistema colonial sob o impacto das incidências da revolução industrial liderada pela Inglaterra,[30] a que a conjuntura acrescentou ameaças revolucionárias vindas dos ecos da Revolução Francesa, da independência dos EUA e, sobretudo, da revolta em São Domingos que, incendiada pela rebelião dos escravos (1791), culminará, depois de lutas sangrentas, na proclamação da República do Haiti em 1804. E, no Brasil, sinais desses vários efeitos terão irrompido na Inconfidência Mineira (1789), assim como na hipotética conspiração do Rio (1794) e na revolta baiana de 1798,[31] atos que, no dizer de d. Rodrigo de Sousa Coutinho, estariam "infectos dos abomináveis princípios e com grande afeição à absurda pretendida constituição francesa".[32]

---

[29] Ver Alexandre (1993:209-232, 261-265); Arruda (2008:97-121).
[30] Acerca desta questão, ver o estudo clássico de Novais (1986), bem como, numa perspectiva um pouco distinta, Alexandre (1993:25-89).
[31] Sobre estas revoltas e respectivos contextos e diferenças, ver Jancsó e Pimenta (2000:389-440).
[32] Carta régia de 4 de outubro de 1798 (1896:406-407).

Com a saída de Portugal, d. João, ao mesmo tempo que, face a Napoleão, resguardava o seu cetro, também se convenceu de que, a partir do Rio, defenderia melhor o Brasil, região que, contudo, não estava imune aos ventos da mudança. Por outro lado, a própria presença da Coroa e as suas necessidades de comunicação com uma nova realidade social acarretaram transformações cujos efeitos nem sempre serão controláveis pelos poderes estabelecidos. E o aparecimento de uma imprensa de radicação brasileira (*Gazeta do Rio de Janeiro, O Patriota,*[33] *Idade de Ouro no Brasil*), conjugado com a circulação dos jornais clandestinos publicados na Inglaterra (em particular, o *Correio Braziliense*),[34] bem como com o acesso a uma literatura mais avançada, contribuiu para a formação de uma opinião pública mais ativa e crítica.[35] A luz tropical foi sendo toldada por sombras que a vigilância político-adiministrativa procurava vigiar e reprimir.[36]

Seja como for, parece evidente que a situação política na Europa e a sediação da Corte portuguesa no Rio de Janeiro vieram incrementar o reforço da vertente americana do império, tanto mais que, nos seus inícios, esse desígnio não colidia com os interesses de Londres. Qual seria, porém, a sua base de legitimação? Como é lógico, esta só podia advir do absolutismo régio e da continuidade da consagração eclesiástica do poder. Por isso, mesmo quando os seus propugnadores aceitavam a introdução de certo liberalismo comercial e configuravam o espaço econômico do império em termos de reciprocidade, não iam muito longe no que concerne às reformas político-administrativas, incluindo a urgente necessidade, reclamada por alguns em Portugal, de se convocar as cortes tradicionais, a fim de se revitalizar o *pactum subjectionis*. Acreditava-se, em suma, que o poder absoluto e sacralizado de d. João VI, exercido – qual "pai da pátria" – sobre os "seus" territórios e os "seus" súditos, bastaria para manter unido um corpo político tão diversificado e sob a ameaça de desfazer-se.

Não obstante o deslocamento da Corte para o Brasil ter sido apresentado como uma solução provisória, tomada e mantida com o apoio da Grã-Bretanha, em Portugal as dúvidas aumentaram quando as razões que o tinham aconselhado – as invasões napoleônicas – estavam ultrapassadas (a Guerra Peninsular

---

[33] Sobre este jornal e a conjuntura em que ele apareceu, consultar o conjunto de artigos, incluindo o de Manoel Luiz Guimarães Salgado, em Kury (2007).
[34] Ver Sobrinho (1977); Paula (2001).
[35] Ver Slemian e Pimenta (2003:35).
[36] Ver Slemian (2006).

terminara oficialmente em 10 de abril de 1814). E sabe-se que, nesta nova fase, os próprios britânicos passaram a estar mais interessados no regresso do monarca à Europa do que na sua permanência no Rio, meio de enfraquecer o Brasil e de reequilibrar o xadrez monárquico-conservador criado pelas conversações e acordos que, desde maio de 1814, culminarão no Congresso de Viena (junho de 1815) e, consequentemente, na formação do bloco aristocrático e conservador liderado pela Quádrupla Aliança.

A promoção do Brasil a reino e a fundação do Reino Unido de Portugal, Brasil e Algarves não foi estranha a esta conjuntura. No entanto, é um fato que, com a "naturalização" da Corte no Rio, e com o crescente desejo de muitos dos seus membros de ali se manter a sede do poder, um projeto imperial a partir dos trópicos ganhou mais apoios. Ademais, ele inscrevia-se na necessidade de se conquistar alguma margem de manobra no seio da tutela britânica, acusada por muitos de, em Viena, não ter defendido as reivindicações dos diplomatas de d. João respeitantes à Guiana (atribuída à França) e a Olivença (que será mantida sob o domínio espanhol).[37]

O reino unido como império

Talvez por isso, neste contexto, a ideia de se fazer do Brasil um reino, e de se constituir um Reino Unido de Portugal, Brasil e Algarves, tenha sido lançada por um diplomata veterano, então ministro das Relações Exteriores da França, potência que ficou relativamente subalternizada no contexto da Santa Aliança: o célebre Talleyrand. Tê-la-á sugerido a um representante de d. João, o conde de Palmela, e tê-la-á congeminado para evitar que a onda que estava a pulverizar e a republicanizar o império espanhol nas Américas não atingisse o Brasil.[38] E, embora o jovem diplomata português se inclinasse mais por uma alternativa europeia que passava por uma aliança com a Espanha[39] de novo absolutista (em 1814, a Constituição de Cádis foi revogada), o certo é que os rumos irão ser outros: a continuidade da Corte no Brasil traria uma maior margem de manobra a d. João perante as grandes potências e ofereceria mais

---

[37] Ver Hermann (2007:124-158); Araújo (1992:233-261).
[38] Ver Slemian e Pimenta (2003:38-39).
[39] Ver Alexandre (1993:334 e segs.).

possibilidades para se regressar ao tradicional alinhamento neutral da política externa portuguesa, o que implicaria uma maior abertura à França. E hoje é conhecido que esta era a tese defendida pelo conde da Barca, o seu principal conselheiro depois da morte de d. Rodrigo, tido por pró-britânico.

Que modelo adotou um reino que queria manter unido um velho e decadente império? Devido à situação inédita nascida da resposta à invasão de Junot, a sua estrutura dificilmente podia aproximar-se dos paradigmas romano e medieval, e, muito menos, napoleônico. Por outro lado, por mais forte que tenha sido a emulação, também não podia ser o dos Estados Unidos da América em expansão territorial para Ocidente, pois isso implicava cair-se no que se pretendia afastar: a republicanização e o federalismo. Daí que comumente se ressalte a sua especificidade, e que, quando são assinaladas analogias, se indique a experiência histórica que, desde a alta Idade Média, resultou na formação do Reino Unido da Grã-Bretanha e Irlanda. Mas, será este paralelismo inteiramente satisfatório?

O ocorrido nas ilhas britânicas foi uma consequência de séculos de lutas entre a Inglaterra, o País de Gales, a Escócia e a Irlanda, a que os atos de união de 1707 e de 1800 vieram dar substância ao criarem uma realidade política aglutinada sob a mesma Coroa. Todavia, o poder estava no Parlamento, localizado em Londres e exercido sobre todas as possessões ultramarinas, sinal evidente de que as ideias de união e de reino não eram extensíveis às colônias, ao contrário do que d. João VI procurará implantar, sobremaneira em relação ao Brasil. Pensando bem, no caso britânico, tratava-se de uma solução *internalista* e *insular*, fruto de uma política colonial distinta da portuguesa (e da espanhola). O autoritarismo e a hierarquização entre dominadores e dominados exercidos no ultramar não colidia com o gradual desenvolvimento do liberalismo econômico e político no interior das ilhas britânicas.

Ora, no caso da decisão joanina, não se criou um reino unido para governar e dominar um império, mas reformulou-se um império[40] tendo por base a união de, pelo menos, dois reinos, sendo um deles a antiga colônia. E a legitimidade das instituições não estava dependente de qualquer representação de cariz eletivo, mas derivava, tão somente, do poder absoluto do rei e da concepção patrimonial do território e da população que os seus ministros

---

[40] Ver Schultz (2008:275 e segs.).

governavam. Ademais, se o funcionamento dos impérios tende a privilegiar o uso de métodos autoritários e a fomentar subordinações de índole carismática, tais propensões seriam ainda maiores em regime absolutista.

Ao nível dos efeitos práticos, a fundação do Reino Unido Portugal, Brasil e Algarves terá alterado substancialmente as coisas? Silvestre Pinheiro Ferreira afirmou que, para o "vulgo", ela foi considerada uma insignificante formalidade, embora outros testemunhos veiculem uma opinião diferente: os que se envolviam na política aceitaram a deliberação com alegria e imediatamente a entenderam como um ato de emancipação.[41] Ao contrário, em Portugal, a notícia foi recebida como mais uma prova de que a Corte estava interessada em protelar o seu regresso, acentuando, com isso, a crescente subalternização da metrópole à antiga colônia.

Os passos seguintes vieram reforçar esta convicção, incluindo os de expressão simbólica. Referimo-nos não só à criação de armas próprias para o Brasil e para o Reino Unido, bem como aos faustos do casamento de d. Pedro com d. Leopoldina (20 de Janeiro de 1816) e, sobretudo, aos da há muito esperada aclamação (Hermann, 2007:141 e segs.), política e eclesiástica, de d. João como monarca do Reino Unido de Portugal, Brasil e Algarves (28 de janeiro de 1818).[42] Na verdade, todas estas cerimônias foram interpretadas como sinais claros da consolidação do propósito de enraizamento de um poder com pretensões imperiais expansionistas, algumas impulsionadas pela estratégia específica da rainha, Carlota Joaquina,[43] em nome da defesa dos interesses da sua dinastia e da integridade dos domínios dos Bourbons na América do Sul.[44]

É verdade que a questão platina tinha raízes anteriores. Contudo, ela foi reatualizada, na sequência da instalação da Corte no Brasil e devido ao fato de Carlota Joaquina – filha de Carlos IV, que renunciou ao trono sob pressão de Napoleão – ter aproveitado o vazio de poder resultante das invasões napoleônicas para reivindicar direitos sobre territórios que pertenceriam à Coroa de Espanha. Por isso, a sua legitimidade escudava-se na visão patrimonial do território e na lógica dos direitos inerentes ao princípio monárquico. Por outras palavras: "a reiteração do sistema monárquico de governo e a manutenção

---

[41] Ver Jancsó (2005:42); Slemian e Pimenta (2003:40-41).
[42] Ver Schultz (2008:228 e segs.).
[43] Sobre esta controversa rainha, ver Azevedo (2003); Pereira (1999).
[44] Ver Azevedo (2007:41-53).

da unidade entre as partes constitutivas dos Impérios ibéricos na América são os elementos norteadores tanto da proposta de reunião da América espanhola a Portugal por meio do Rio de Janeiro (expressada por d. Rodrigo) quanto ao carlotismo, inscrevendo-se ambas no quadro das relações internacionais envolvendo Inglaterra, França e as metrópoles ibéricas decadentes". De qualquer modo, as formas de reorganização das comunidades eram diferentes, a saber: "uma monarquia bragantina com amplos domínios territoriais na América espanhola; uma monarquia bourbônica americana ("carlotista"); ou um Estado americano, herdeiro do vice-reino, mas governado por uma junta local". E, argumentava-se, como só d. João estava em condições, de fato e de direito, de reinar sobre os territórios em disputa, eles teriam de ser considerados patrimônio do Monarca, "residindo o elemento articulador de pertencimento político na dinastia e na lealdade ao soberano" (Pimenta, 2006:84-85).

Naturalmente, quando, em 1817, a luta recomeçou, tendo levado à tomada de Montevideu em Janeiro de 1817,[45] as concepções não tinham sido alteradas. No entanto, a nova investida, gizada pelo conde da Barca, não só foi autônoma em relação às grandes potências europeias, como o seu alvo tinha sobretudo a ver com um expansionismo que almejava bloquear o avanço de fragmentação com contornos revolucionários, empresa que também estava animada por um relativo distanciamento face à estratégia britânica. Com efeito, depois da queda de Napoleão, a Grã-Bretanha deixou de estar tão interessada na continuidade de d. João no Brasil e pode mesmo sustentar-se que a divisão política das colônias espanholas vinha facilitar a sua estratégia de controlo econômico da América do Sul.

Por outro lado, parece evidente que a iniciativa indicia uma maior *continentalização* e *interiorização* da ideia de império, pois tudo "se passou como se o governo do Rio visse a sua intervenção no Prata numa perspectiva puramente americana – numa atitude comparável à que por esta mesma altura, no outro hemisfério, os Estados Unidos assumiam, aproveitando igualmente as dificuldades espanholas para aumentarem o seu território no litoral do golfo do México" (Alexandre, 1993:345).

---

[45] Ver Slemian (2006:49). Ter-se-á vivido, então, uma espécie de "patriotismo imperial" (Jancsó e Pimenta, 2000:417).

Por tudo isto, entende-se que a presença, no Brasil, da instituição sacro-carismática que mediava a pertença comum à nação também tivesse de investir no campo das práticas simbólicas para reforçar a sua atração e reconhecimento como polo centrípeto de uma realidade muito heterogênea e enraizada em relações sociais de Antigo Regime que estavam em crise. Em termos mais concretos, a nova situação não só irá acentuar a capitalidade do Rio de Janeiro, como, em simultâneo, tornará mais forte a repressiva máquina político-burocrática do poder central junto das intermediações regionais que tinham o encargo direto de lidar e controlar as populações. E se isto for conjugado com as decisões tomadas, em 1808 e 1810, no domínio econômico, e que tinham o apoio de muitos agentes comerciais – particularmente, do Rio, São Paulo, Minas e Rio Grande do Sul –, a verdade é que o impacto daquelas, tanto no Brasil, como, principalmente, em Portugal, também gerou descontentamentos, sobretudo dos que se sentiram mais bem defendidos durante a vigência do protecionismo.

Além do mais, cresceram os custos decorrentes do alargamento da máquina burocrática e da sociedade de corte, ao mesmo tempo que aumentou a consciência, sobretudo no Norte e no atual Nordeste, da injusta distribuição do seu pagamento tributário. E ter-se-á de frisar que alguns setores se mostravam contrários ao centralismo monárquico do Rio e mais receptivos aos ideais antiabsolutistas, convocados como instrumento de luta contra a tirania e o despotismo, bem como fundamento da constitucionalização dos direitos dos cidadãos (e muitos escravos começavam a ser sensíveis a esta expectativa). Não por acaso, e na linha da terminologia liberal usada tanto na Europa como nas Américas, os revoltosos de Pernambuco dos inícios de 1817 – que serão violentamente reprimidos pela Corte – sintetizaram no sintagma "patriotismo constitucional" a causa por que lutavam.[46] E a aspiração republicana não andava arredia do espírito de muitos deles.

De qualquer maneira, não se pretende dizer que a criação do Reino Unido em 1815 veio provocar uma grande alteração na ordem das coisas, mas tão só salientar que o ato representou mais um passo na consolidação de uma escolha. E, mesmo que os seus efeitos tenham sido, em boa parte, simbólicos, convém não esquecer que eles também tiveram incidências, não só no Brasil,

---

[46] Sobre este movimento, por todos, ver: Bernardes (2006); Leite (1988).

mas também na modalidade de relacionamento de uma colônia, que passou a reino, com a metrópole.

Como seria de esperar, em Portugal, a decisão de d. João foi entendida como um sinal do reforço do sentimento de "orfandade" que foi medrando desde os finais de 1807 e invocada como a prova maior da irreversibilidade de um processo que estava a fazer de Portugal uma colônia da sua antiga colônia. Daí que o combate ao absolutismo tenha aparecido cada vez mais ligado a um projeto de constitucionalização do Reino Unido que modificasse esse estado de coisa, maneira de se sugerir que tanto a conspiração cuja chefia foi atribuída a Gomes Freire de Andrade (1817) como a revolução de 24 de agosto de 1820 não serão bem-compreendidas se não se tiver presentes as correlações assinaladas. E não se pode esquecer que este também foi um tempo em que muito se falou de "pátria" e "patriotismo".[47]

A luta por um novo pacto social

Um bom indicador dessa utilização encontra-se no modo como os discursos políticos apelavam para os sentimentos de pertença. E basta ler os documentos e as publicações da época para imediatamente se perceber o peso do uso, que não era meramente retórico, da acepção tradicional de pátria e de patriotismo que, em Portugal, animou as aclamações e resistências antinapoleônicas. Ao mesmo tempo, fosse por convicção ou por pragmatismo, poucos punham em dúvida a fidelidade à religião e à Casa de Bragança. Sobretudo após o início dos levantamentos na Espanha (princípios de maio de 1808), Napoleão foi diabolizado por ser um filho da Revolução Francesa, um tirano e um usurpador, mas dentro de um horizonte mental em que, para muitos, a libertação significava mais um "regresso" aos costumes políticos, que o absolutismo tinha adulterado, do que a eclosão de uma ruptura revolucionária.

D. João era considerado, pela esmagadora maioria de seus súditos, como um príncipe católico e patriota. As exceções provinham de alguns meios "afrancesados". Todavia, estes só ganharam alguma capacidade de iniciativa depois da confluência de vários fatores, a saber: a saída dos franceses; a consolidação da

---

[47] Analisamos esta questão em Catroga (2008a:235-280). Ver, também: Verdelho (1981); Seoane (1968); Godoy (1998); Monnier (2006:36-40).

ideia de que a permanência da Corte no Rio de Janeiro podia ser definitiva; as concessões econômicas feitas a Londres (tratado de comércio de 1810 – "sacrílego Tratado", no dizer do conselho Regenerador que teria liderado a conjura de 1817); o aumento da influência britânica no Exército e no governo de Portugal. Com isto, Beresford – visto por aqueles conspiradores como um "ridículo aventureiro" – e seus cúmplices estariam a aniquilar a economia e a independência de Portugal (Freitas, 1822). Afinal, os efeitos da transferência da Corte estavam à vista: Portugal tinha-se transformado não só numa colônia da sua principal colônia, mas também num protetorado ou mesmo uma colônia de Londres.

A conspiração de 1817

Para o que aqui interessa, será útil sublinhar, tão somente, o conteúdo dos documentos apreendidos ao grupo que foi denunciado em 20 de maio de 1817. Os conspiradores – boa parte deles acabará na forca – foram acusados de se terem organizado num conselho regenerador que visava "mudar a forma de governo", ou melhor, visava "a escolha de um Rei, e de uma Constituição".[48] Mais especificamente, pretendia-se matar Beresford, derrubar o governo e nomear "um Governo Provisório, que regulasse os negócios da administração pública, enquanto não se convocam Cortes, como se projetava; sendo nelas nomeado um Rei constitucional".[49]

A ser verdade aquilo que se escrevia nos papéis e manifestos apreendidos, e independentemente da sua uma origem autoral, fica-se com a ideia de que a conspiração queria alcançar o poder para revogar o tratado de 1810, acabar com o domínio inglês e com a ameaça da Espanha (novamente sob um governo absolutista, com a revogação da Constituição de Cádis, em 1814) –, ao mesmo tempo que prometia renovar o pacto social, mesmo que isso obrigasse à mudança de dinastia.

Compreende-se, assim, que a iniciação no grupo revolucionário – que teria uma estrutura de tipo maçônico – fosse feita sob o signo do patriotismo. Com efeito, o novo aderente teria de responder, de um modo convincente, ao seguinte:

---

[48] Allegação de facto, e de direito feita por Filippe Arnaud de Madeiros... (1820:13).
[49] Ibid. (1820:38).

1º Quem é, como se chama. 2º Se é português. 3º Que pensa da sua pátria; e quais julga serem os seus deveres, como português? 4º Se deseja cumprir esses deveres, unindo-se a um Sociedade destinada a morrer pela satisfação deles. 5º Que meios, e que recursos tem para cooperar aos fins desta Sociedade. 6º Se está pronto a ratificar tudo que disse, com um juramento.[50]

Onde residia a novidade deste sentimento em relação ao patriotismo mais tradicionalista? Ela encontra-se neste fato: o amor da pátria passou a ser chamado a terreiro para justificar a necessidade de se *renovar o pacto social da nação*. No entanto, se a doutrina implícita no documento remete, em última análise, para as teorias da *translatio imperii* e do *pactum subjectionis*, o caminho não seria o regresso às velhas cortes, mas o que desembocaria na aclamação de um "rei constitucional".

Atente-se à natureza dos objetivos que foram explicitados.[51] Indo ao fundo da questão, um dos documentos pressupunha a origem eletiva do poder régio, que o povo tinha reforçado durante a resistência antifrancesa e com a derrota do "usurpador". Esforço vão, porém, porque, depois, os portugueses teriam sido "traídos", com a conivência, direta ou indireta, de d. João, atitude que fez degradar o seu papel de mediador por excelência da *patria communis*. A sua política econômica pró-britânica, as suas medidas fiscais, a desorganização do Exército, as ameaças vindas da Espanha, e a transformação de Portugal numa colônia de uma sua colônia, isto é, as suas "*quimeras de um façanhoso império*, para cujo complemento se troca por desertos miseráveis, e doentes, o mais cômodo e belo país do Universo!", tê-lo-iam tornado num rei sem legitimidade. Juízo que dá razão a este diagnóstico de um observador francês: a conspiração "não foi feita contra o Rei de Portugal, mas contra o Rei do Brasil, reinando o Brasil sobre Portugal. Pois não foi contra a autoridade, mas contra a ausência de Rei que Portugal conspirou" (De Pradt, 1817:1, 4, 13-14, grifos nossos).

As provas reunidas para o julgamento – e já na época tidas como forjadas – levaram quase todos os réus à forca (18 de outubro de 1817), acusados de

---

[50] Allegação de facto, e de direito feita por Filippe Arnaud de Madeiros... (1820:49).
[51] Foram propaladas outras finalidades, nomeadamente aquela que colocava os conspiradores como inconscientes colaboradores de um plano que, na sequência da guerra que se travava no Uruguai, visava anexar Portugal à Espanha após a desorganização do Exército que a revolta iria provocar.

crime de lesa-majestade.[52] Para o nosso intento de agora, basta assinalar que as acusações indiciam a existência de um mal-estar antibritânico (com destaque para os meios militares portugueses) e antiabsolutista que, com o aumento da sensação de "orfandade" política e com os ecos das insatisfações brasileiras, impelia alguns descontentes para a ação. Na verdade, como nos autos declara um dos acusados – o barão de Eben –, logo que em Lisboa houve notícia da revolta de Pernambuco (que eclodiu em 3 de março de 1817), "começou a falar-se muito em Conspirações; e cada um avançava o que lhe sugeria a imaginação, envolvendo quem lhe parecia".[53]

Deixando de lado a referência a outros tipos de motins, de origem mais popular, que entretanto foram eclodindo, facilmente se reconhece que as motivações da conspiração de 1817 são similares às que, três anos depois, o sinédrio proporá quando da revolução iniciada em 24 de agosto de 1820, no Porto. Todavia, existe esta diferença fundamental: desde o primeiro momento, o grupo de Manuel Fernandes Tomás afiançou a sua fidelidade à religião e à Casa de Bragança, e nunca caracterizou d. João VI como um tirano ou um déspota, já que o considerará sempre "irresponsável", culpando os seus áulicos e todos os que terão impelido a monarquia para o absolutismo.[54] Ora, o mesmo não se poderá afirmar no que respeita ao conteúdo de alguns documentos apresentados no julgamento, pois os conspiradores estariam mesmo dispostos, em caso de recusa da constitucionalização monárquica por parte dos Braganças, a procurar um rei na Casa de Cadaval, cujo duque, aliás, não escapou à insinuação de não ser inteiramente estranho ao movimento.

É uma verdade que as duas revoltas em causa foram movidas por propósitos patrióticos e pela intenção de libertar o país não só do jugo do despotismo, mas também da situação subalterna da metrópole em relação ao Brasil e à Grã-Bretanha. E, em certa medida, pode-se afirmar que, na ótica dos vintistas portugueses da Europa, a revolução de 1820 também foi lançada como se de um patriótico movimento de "independência nacional" se tratasse. São múltiplos os exemplos que podem comprovar esta asserção. Por todos, basta recordar o

---

[52] Com efeito, 12 (incluindo o general Gomes Freire de Andrade) foram enforcados, 2 deportados, e o barão de Eben, prussiano de nascimento ao serviço dos ingleses e com contatos com alguns dos condenados, foi expulso do país e os seus bens confiscados.

[53] Allegação de facto, e de direito feita por Filippe Arnaud de Madeiros... (1820:121).

[54] Sobre esta desresponsabilização e culpabilização dos "áulicos" e "servis", ver o que escrevemos em Catroga (2008a:244-253).

que, em nome dos revolucionários, Francisco de São Luís escreveu, no célebre *Manifesto aos soberanos e povos da Europa*, para lastimar "o estado de Colônia a que Portugal em realidade se achava reduzido", pois, "separado do seu soberano pela vasta extensão dos mares, privado de todos os recursos de suas possessões ultramarinas e de todos os benefícios do comércio, parecia haver tocado o último termo de sua existência política, e não dever mais entrar na lista das nações independentes" (São Luís, 1820). Assim, perante este estado de coisas, mais do que uma "restauração", a revolução tinha de ser uma *regeneração*.

Também se sabe que alguns publicistas chegaram ao ponto de aceitar a separação do Brasil, amputação que seria compensada com a construção de uma nova *união ibérica*, resposta clara tanto à hegemonia britânica como à tendência que apontava para a crescente formação de grandes Estados. Nesta estratégia, destacou-se o exilado João Bernardo da Rocha, que a avançou nas páginas do jornal *O Portuguez* (1816/17). Depois, com os entusiasmos gerados pelo regresso dos liberais espanhóis ao poder nos inícios de 1820, a ideia voltou a ganhar atualidade na imprensa antiabsolutista e esteve subjacente a algumas iniciativas lançadas no período vintista.[55] Porém, ela não passou do papel. No entanto, essas movimentações não deixam de revelar a tomada de consciência de que, perante a crise e a decadência dos impérios ibéricos, só a conjugação de energias permitiria que Portugal e Espanha contassem alguma coisa no novo reequilíbrio europeu. E, sintomaticamente, 30 anos depois, objetivos análogos serão retomados quando o iberismo, seja na sua versão unitária e monárquica, seja na sua forma federal e republicana, ganhou novos adeptos nos meios intelectualizados e politizados.[56]

O "patriotismo constitucional" e a constitucionalização do reino unido

Antes de prosseguir, importa lembrar que, imediatamente após o 24 de Agosto de 1820, as formas de juramento de fidelidade ao novo poder ainda tinham por base a representatividade por ordens. Porém, com a vitória do setor mais liberal na Martinhada (11 a 17 de novembro), ficou aceite que a eleição dos novos "pais da pátria" seria feita segundo o critério que determinou a escolha dos constituintes de Cádis: a representação nacional legitimada a partir do voto do

---

[55] Ver Araújo (1985a, 1992:254-256).
[56] Ver Catroga (1985).

indivíduo-cidadão. Compreende-se, assim, que, de acordo com a terminologia usada na fonte inspiradora – as cortes de Cádis e a Constituição ali aprovada em 1812 –, aos sintagmas formados a partir de "pátria" se tenha acrescentado, com maior ênfase, este outro: "constitucional-patriotismo". Isto não que dizer que as conotações mais antigas de pátria e de patriotismo não continuassem a ter curso, em particular as respeitantes à *patria naturae* e à *patria communis*. Todavia, o papel de mediação desta última, em vez de ser só a religião e o rei, foi completado pela prioridade concedida à convocação da soberania nacional materializada na Constituição, lei fundamental que o próprio monarca e as autoridades eclesiásticas teriam de jurar, sob pena de condenação ao exílio por autoexclusão do novo contrato social. E, se as lições da história contemporânea foram levadas em conta na sua elaboração, o magistério da cultura *respublicana* clássica e, sobretudo, romana, exerceu uma influência paradigmática que não pode ser menosprezada pelos estudiosos destas questões.

Perante esta novidade, ter-se-á de procurar saber algo acerca do modo como ela foi adaptada à necessidade de se refundar o reino unido a partir do novo princípio da soberania nacional e da sua interpretação *lusocêntrica*. A ideia de que o rei devia regressar foi propugnada por alguns setores afrancesados e, como se viu, encontra-se subjacente à chamada conspiração de Gomes Freire de Andrade (1817), bem como à revolução de 1820. No entanto, tal finalidade, ao surgir articulada com a luta pela constitucionalização de um novo pacto social, tinha de resolver algo que não se colocou na emancipação das colônias espanholas: os liberais portugueses, na Europa, procuravam "descolonizar" (do Brasil, mas também da Grã-Bretanha) Portugal.[57] Concorda-se, assim, com todos os que têm inserido o "programa" do movimento iniciado no Porto no contexto das divergências acerca do estatuto da metrópole na redefinição não só da política econômica em vigor desde 1808, mas também no seio do Reino Unido de Portugal, Brasil e Algarves liberto do absolutismo.

Repita-se: para os liberais menos conservadores, o primeiro mediador do sentimento de pertença à *patria communis*, nascida do novo pacto social, não podia ser uma pessoa, uma dinastia ou um imperador, mas a autossuficiência da soberania nacional. De onde ela ser caracterizada como una, indivisível e inalienável, o que não só despatrimonializava o território sobre o qual exercia

---

[57] Entre outros, ideia também apontada por Maxwell (1999:188 e segs.).

o seu poder, como potencializava, pelo menos no plano teórico, a transformação dos súditos em cidadãos. Mas, se estes princípios pareciam compaginar-se bem com a continuidade da União, o certo é que a sua aplicação ao caso em estudo também era passível de interpretações distintas.

É um fato que os revolucionários vintistas não queriam romper com o projeto do Reino Unido, mas integrá-lo na nova Lei Fundamental, de modo a dar--lhe uma legitimidade sufragada pelos indivíduos-cidadãos, depois de resolvidas, neste sentido, as divergências acerca das modalidades de convocação das novas cortes e, portanto, da renovação do pacto social da nação portuguesa. Para isso, acreditava-se que, depois da fase provisória, em que se exigiu que os principais corpos da sociedade jurassem as Bases da Constituição, seria suficiente respeitar--se o princípio da representação nacional, incluindo a de deputados ultramarinos (do Brasil foram eleitos 69, mas só 46 participariam nos trabalhos da Assembleia Constituinte). Ora, se este tipo de alargamento ultramarino tinha antecedentes na representação às cortes de Cádis, a Grã-Bretanha nunca o tinha concedido às colônias que deram origem aos Estados Unidos da América.

Ao exprimir a vontade da nação, pensava-se que a nova Lei Fundamental acabaria com o despotismo e que daria origem, finalmente, a uma sociedade de indivíduos que, antes de tudo, se reconheciam como coparticipantes iguais de uma comunidade de cidadãos – o que explica, em boa parte, a ênfase que os liberais peninsulares puseram na identificação do novo patriotismo constitucional com o respeito pela lei e pelo direito decorrente do novo contrato social. E fizeram-no não só com o anelo de integrarem as diversidades sociais e regionais existentes no interior dos respectivos países, mas também com o objetivo de solidificarem os seus impérios à volta de um ideal de *pátria comum* pautado pela Constituição.

Ademais, não se pode olvidar esta outra característica transversal às revoluções liberais da Espanha e de Portugal: ambas ocorreram contra monarquias absolutas, mas com a análoga intenção de os novos pactos sociais salvaguardarem os impérios. De onde o forte peso do debate à volta da chamada *questão ultramarina*, acirrada pelo impacto das incidências coloniais do conflito franco-britânico e pelo simultâneo crescimento das aspirações independentistas que, no processo, iam conquistando a simpatia de muitos setores das elites das colônias americanas dos dois países peninsulares. Deste modo, as tentativas de modernização das sociedades metropolitanas tiveram de caminhar enlaçadas com os seus esforços para não perderem o legado pelos descobrimentos e pela colonização, mediante a concomitante constitucionalização dos respectivos impérios. No entanto, entre o que aconteceu na Espanha e em Portugal existe uma diferença de monta: a não fuga da família real espanhola para qualquer dos seus domínios coloniais não deu azo à inversão da lógica das capitalidades nem à criação de qualquer reino unido que a recobrisse.

Porém, é fato que, em ambas as constituições (a de Cádis, de 1812, e a portuguesa, de 1822), as heranças coloniais se encontram integradas, desde logo, nas descrições, quase preambulares, do *território* e da *população* despatrimonizados e sobre os quais a nova soberania nacional iria exercer o seu poder. Compare-se: se o texto caditiano de 1812 afirmava que "*La Nación española es la reunión de todos los españoles de ambos hemisférios*" (art. 1º), e que os seus territórios compreendiam (art. 10), "*en la Península con sus posesiones e islas adyacentes, Aragón, Astúrias, Castilha la Vieja, Castilla la Nueva, Cataluña, Córdoba, Extremadura, Galicia, Granada, Jaén, León, Molina, Múrcia, Navarra, Províncias Vascongadas, Sevilla y Valência, las islas Baleares y las Canárias com las demás posesiones de África*", bem como as colônias das Américas e da Ásia (Filipinas), a Constituição vintista reflete uma idêntica dimensão imperial, embora lhe introduza especificidade ricas de significado político.

A nação portuguesa, ainda como Reino Unido, declarava-se composta pelos seguintes territórios:

> na Europa, o reino de Portugal, composto pelas províncias do Minho, Trás-os-Montes, Beira, Estremadura, Alentejo e reino do Algarve, e pelas ilhas adjacentes, Madeira, Porto Santo, e Açores; na América, pelo reino do Brasil, que englobava as províncias do Pará e Rio Negro, Maranhão, Rio Grande do Norte, Ceará, Paraíba, Pernambuco, Alagoas, Bahia e Sergipe, Minas Gerais, Espírito Santo, Rio de Janeiro, São Paulo, Santa Catarina, Rio Grande do Sul, Goiás, Mato Grosso, e das ilhas de Fernando Noronha, Trindade, e das mais que eram adjacentes àquele reino; na África ocidental, Bissau e Cacheu; na costa da Mina, o forte e São João Baptista de Ajudá, Angola, Benguela e suas dependências, Cabinda e Molembo, as ilhas de Cabo Verde, e as de S. Tomé e Príncipe e suas dependências; na Costa oriental, Moçambique, Rio de Sena, Sofala, Inhambane, Quelimane e as ilhas de Cabo Delgado; na Ásia, Salsete, Bardez, Goa, Damão, Diu, e os estabelecimentos de Macau e das ilhas de Solor e Timor [Constituição Política Portuguesa de 1822, art. 20, incisos I a IV].

Esta pormenorização – que ultrapassava, em muito, os habituais títulos que glorificavam os reis de Portugal – denota a particular atenção dada à territorialidade por onde se estendia o Reino Unido de Portugal, Brasil e Algarves, como se *nomear*, *simbolizar* e *configurar* fossem atos confirmadores de poder. E o novo conceito de Estado-nação, que estava a ser objetivado em Lei Fundamental, reatualizou esse rito ainda com mais ênfase. Todavia, será erro pensar que se está perante uma simples continuidade dos anteriores projetos de império e de Reino unido, pois foram-lhe introduzidas algumas alterações radicais, nomeadamente uma nova ideia de soberania e de pacto social, postulado que virá a ter grandes consequências no destino imediato do declarado no preâmbulo em análise.

Seguindo a tese que conquistou a maioria nas cortes de Cádis (arts. 2º e 3º), os constituintes portugueses também aprovaram o princípio segundo o qual "a soberania reside essencialmente na nação" e aquele outro que a caracterizou como "livre e independente", pelo que não podia ser "patrimônio de ninguém" (arts. 26 e 27). Recorde-se que a primeira definição prevaleceu, em Cádis e em Lisboa, sobre alternativas como esta: "a soberania reside originariamente na Nação". Entende-se. Os meios mais tradicionalistas e conservadores não se opunham a esta última fórmula porque a achavam compatível com a interpretação que faziam da teoria escolástica sobre a *translatio imperii*: embora o poder viesse de Deus para o povo, este tê-lo-ia irreversivelmente transladado para a instituição monárquica. Ao invés, o termo "essencialmente" compaginava-se com a modernização e secularização daquela herança, já que a soberania seria inalienável e detida permanentemente pela nação, conquanto esta a pudesse delegar. Assim, a sua autossuficiência implicava não só a sua unidade e indivisibilidade, mas também queria dizer que a nação mantinha, incessantemente, o seu poder constituinte. Mas como encaixar estas ideias na prévia existência, numa sociedade escravista, de um reino unido sem contiguidade territorial, de características multicontinentais e multiétnicas, erguido no seio de uma estratégia de fundo imperial e com a Corte sediada no Brasil?

Uma patria communis do Minho a Timor

Se as estruturas institucionais eram decisivas para a implantação desse projeto, não o seria menos a sua interiorização. Para isso, o velho sentimento de *patria communis* tinha de sofrer a renovação exigida pela nova ideia de pacto social e pela aceitação das normas consubstanciadas num ordenamento jurídico-político legitimado pelo sufrágio.[58] Como só teria pátria quem usufruísse de uma liberdade não outorgada, mas legitimada pela soberania nacional e garantida pela igualização de todos os cidadãos perante os ditames da lei, o sentimento patriótico a que se devia dar prioridade tinha de ultrapassar os determinismos de origem e de sangue, e ser sinônimo de adesão a valores político-constitucionais.[59] Neste horizonte, compreende-se que vocábulos de origem clássica, como "pátria" e "patriotismo", e sintagmas como "regeneradores da pátria", "beneméritos da pátria", "pais da pátria", tenham ganho novas reatualizações.[60]

De fato, se algumas destas expressões tinham sido empregadas pelos setores tradicionalistas que repeliram as invasões francesas, outras aplicações denotam, contudo, uma utilização mais moderna, nomeadamente aquela qualificada como "patriotismo constitucional".[61] Foi assim em Cádis, foi assim em Pernambuco em 1817, foi assim na imprensa liberal no exílio, foi assim, logicamente, nos manifestos, discursos e tomadas de posição ocorridos no reino unido após a revolução que se iniciou no Porto em 24 de agosto de 1820. Neste contexto, não deixa de ser revelador que, nas Cortes, amiúde fossem invocados os sentimentos patrióticos como fonte de congregação da nação portuguesa, logo, naquele contexto, do Reino Unido.

Esta também foi a conjuntura em que se assistiu ao regresso da velha distinção ciceroniana entre as *pátrias locais* e a *pátria cívica*. No Brasil, a assunção da diferença também foi sendo assumida[62] e, nos inícios do ano de 1822, um bom exemplo do que se afirma encontra-se em Frei Caneca, ainda que o seu referente fosse o que acontecia em Pernambuco. Profundo conhecedor

---

[58] O peso da ideia de contrato, que cresceu com as expectativas criadas pela Revolução Vintista, bem como com o debate sobre a reorganização do Reino Unido, prolongar-se-á, no Brasil, logo após a independência, através do processo da sua constitucionalização, e encontra-se bem-estudado em Souza (1999:107 e segs.).

[59] Sobre todas as várias definições de pátria, bem como acerca da anterioridade dos sentimentos pátrios face à nação política e ao nacionalismo, ver o que escrevemos em Catroga (2008c:9-40).

[60] Acerca de todo este vocabulário, ver Catroga (2008a:235-2800).

[61] Frise-se que o uso deste sintagma foi frequente na linguagem política dos revolucionários antiabsolutistas das duas primeiras décadas do século XIX. Nos finais do século XX, a expressão, pela pena de Habermas, voltou a ganhar atualidade, conquanto num contexto filosófico e político diferente. Ver Catroga (2008d:27-39).

[62] Para uma síntese da evolução de alguns sentimentos de pertença e de fidelidade, leia-se Iara Lis Schiavinatto (2006:207-240).

da cultura clássica, e tendo como pano de fundo as "actuais circunstâncias de Portugal e Brasil, que têm indisposto de modo os ânimos dos europeus e brasileiros", escreveu, nessa época, uma *Dissertação sobre o que se deve entender por pátria do cidadão e deveres deste para com a mesma pátria*.[63] E fê-lo para provar que, de acordo com a lição dada por Cícero nas *Leis* (II.2.5),[64] todos os munícipes têm duas pátrias – "uma de natureza, outra de direito de cidadão" –, mas também para enaltecer a prioridade que devia ser concedida à *patria civitatis* (Caneca, 2001:69, 75-84), já que, "pelas autoridades mais respeitáveis dos escritores antigos e modernos", há muito se sabia que, "na colisão de nos havermos de decidir por uma delas é a de *direito* que o nosso conceito merece a preferência" (Caneca, 2001:98).

Outros testemunhos podiam ser trazidos à colação, mas, por agora, relembre-se o teor da declaração de apoio às novas cortes, escrita em Portugal por um grupo de cidadãos de Setúbal. Depois de protestarem a sua fidelidade ao rei, especificavam que o faziam "pelo verdadeiro *constitucional patriotismo*, que todos eles unanimemente proferiram e adoram".[65] Nesta ordem de ideias, ser bom patriota implicava um compromisso político e ético com o novo pacto social, logo, com os valores consignados na Constituição. Por sua vez, ao informar o que se passava numa região onde era forte a influência dos adeptos do Antigo Regime, um deputado garantia que "muitos Párocos de Trás-os-Montes são bons patriotas, e têm *espírito constitucional*".[66] E essa qualidade ultrapassava as barreiras de sangue, como acontecia na Grã-Bretanha com o comportamento do duque de Sussex, personalidade que, segundo o deputado Morais Sarmento, estaria a distinguir-se, "tanto ou mais do que os maiores patriotas da sua terra em amor à sua Pátria e à Constituição estabelecida pela sua nação".[67]

O "patriotismo constitucional" seria o cimento, sem mediações e dependências personalizadas, do próprio Reino Unido. E esta profissão de fé também foi explicitada no Brasil, em particular no Norte. Com efeito, é neste contexto que,

---

[63] Caneca (2001:53-100). Sobre o tema em causa, ver Lyra (1998).

[64] Sobre estas duas acepções de pátria, ver: Viroli (2001:23-26); Catroga (2008c:9-15); Lefer (1989:2 e segs.).

[65] *Diario das Cortes Geraes e Extraordinarias da Nação Portugueza*, n. 58, p. 580, 14 abr. 1821. (Daqui por diante, citar-se-á somente *DCGENP*; os grifos são nossos.)

[66] *DCGENP*, n. 60, p. 616, 17 abr. 1821.

[67] Ibid., n. 239, p. 3287, 30 nov. 1821.

entre outros exemplos, terá de ser entendido o fato de os sublevados da Bahia terem declarado, em 10 de fevereiro de 1821, o seu apoio aos "irmãos europeus" que "derrotaram o despotismo em Portugal", assim como a sua disponibilidade para também lutarem no Brasil contra os "ferros da escravidão". A macrocefalia política do Rio, o passado absolutista dos Braganças e o perfil de d. Pedro e dos seus conselheiros apareciam como uma ameaça mais perigosa do que a do centralismo de Lisboa. De onde não aceitarem a "existência de duas constituições dentro do mesmo Estado" e convocarem os habitantes da "pátria comum" a aderirem "à causa de Portugal", por "necessidades comuns" (Lyra, 1994:193).

Uma orientação similar pode ser surpreendida no discurso que foi pronunciado, em 27 de outubro de 1821, na primeira sessão da Junta Governativa de Pernambuco recentemente eleita. Aí se proclamou que, "guiados pelo Patriotismo Constitucional, que nos anima, e à luz da razão, e da experiência do passado não devemos recear os escolhos, que o egoísmo dos áulicos tem sabido espalhar pela estrada da verdade", ao mesmo tempo que se manifestava o objetivo de, "a exemplo dos nossos Irmãos de Portugal, afastar o Despotismo de nossas praias e a instalar um Governo Constitucional". E, fazendo suas as bandeiras dos revolucionários do Porto, concluía: "Viva a Religião, as Cortes e El-Rei" (Bernardes, 2006:405).

Em termos imediatos, a agudização das divergências entre os constituintes portugueses e os grupos políticos brasileiros teve muito mais a ver com o problema da reorganização do Reino Unido, em termos de equidade e reciprocidade entre os dois reinos, do que com o próprio projeto em si. Mostra-o, por exemplo, o que José Bonifácio de Andrada e Silva ainda escreveu nas suas *Lembranças e apontamentos do governo provisório para os senhores deputados da província de São Paulo*, obra que pretendia contribuir "para que os laços indissolúveis, que hão-de prender as diferentes partes da Monarquia em ambos os Hemisférios, sejam eternos como esperamos". Não por acaso, o seu primeiro capítulo incidia sobre os "negócios da União" e, no que respeita à "integridade e indivisibilidade do Reino Unido", não só recordava que a "Regeneração Política e união" seriam o "objeto capital que requer de todo o bom Patriota imparcialidade e boa fé, madureza e crítica apurada", como reafirmava "*que as nossas actuais possessões em ambos os Hemisférios serão mantidas e defendidas contra qualquer força externa, que as pretenda atacar e separar*" (Nogueira, 1973:17-22, grifos nossos). Por aqui se vê como, nos primórdios do processo, as reivindicações brasileiras de autonomia ainda se inscreviam no horizonte do Reino Unido e, consequentemente, num contexto que envolvia Portugal e as restantes colônias. E, neste aspecto particular, chegou-se a propor que, caso as cortes viessem a aceitar a existência de centros legislativos no Rio e em Lisboa, Angola (grande fornecedora de mão de obra escrava) pudesse aderir a uma ou a outra.

Por outro lado, mesmo os que começaram a propugnar, junto a d. Pedro, pela convocação de uma assembleia legislativa brasílica – José Bonifácio só havia proposto a eleição de uma junta de procuradores das províncias – não punham em causa a representatividade das cortes (desde que estas revogassem os seus intuitos "recolonizadores") e pediam – como, invocando o modelo britânico, o fez José Clemente Pereira, presidente do Senado da Câmara do Rio de Janeiro – que se desse

> ao Brasil um centro próximo de união e atividade, [uma] parte do corpo legislativo e um ramo do poder executivo, com poderes competentes, amplos, fortes e liberais, e tão bem ordenados, que, formando um só corpo legislativo e um só poder executivo, só uma corte e só um Rei, possa Portugal e o Brasil fazer sempre uma família irmã, um só povo, uma só nação e um só Império. Não oferecem os governos liberais da Europa exemplos semelhantes? Não é por este sistema divino que a Inglaterra conserva unida a si a sua Irlanda? [Discurso do presidente da Câmara, José Clemente Pereira, proferido em 9 de janeiro de 1822 apud Moraes, 1982:253-254].

E basta dar atenção a este último exemplo para se comprovar que, também então, o modelo britânico não deixava de pairar no espírito de alguns.

Na mesma direção ia, ainda, o conteúdo do decreto que, em 3 de junho de 1822, isto é, na fase da crescente conflitualidade da regência com as cortes vintistas, convocava a eleição de uma Assembleia Geral Constituinte e Legislativa, a ser composta por deputados das províncias do Brasil, distintos dos que tinham sido mandatados para as cortes de Lisboa. No texto, a assembleia é designada "Luso-Brasileira" e é justificada como meio para se garantir a "Integridade da Monarquia Portuguesa, e justo decoro do Brasil", em ordem a constituir-se "as bases sobre que se devam erigir a sua Independência,[68] que

---

[68] Frise-se, porém, que, naquele contexto, "independência" queria dizer "liberdade política" no sentido de "autonomia" (Slemian e Pimenta, 2003:78).

a Natureza marcara, e de que já estava de posse", bem como a sua união com todas as outras partes "integrantes da Grande Família Portuguesa, que cordialmente deseja". E o ministro José Bonifácio, a quem caberia a execução do decreto, era referido pelo regente como sendo "do Meu Conselho de Estado, e do Conselho de Sua Majestade Fidelíssima El-Rei o Senhor D. João VI",[69] "maneira de afirmar que a convocação da Assembleia Constituinte Luso-Brasileira não rompia com a união dos dois Reinos".[70]

Em síntese: esperava-se que a interiorização do cumprimento dos direitos e deveres, consagrados na Lei Fundamental, fosse o novo ponto nodal que, ao fazer dos portugueses seus "discípulos", os transformasse "numa só família". A nação seria, assim, a "pátria comum" que, nas palavras otimistas do deputado Borges Carneiro, iria selar o "indissolúvel vínculo dos Portugueses das quatro partes da terra" numa "perfeita união e reconciliação".[71] Devido a este propósito, compreende-se que a exaltação do patriotismo não se esgotasse na retórica doutrinal e política. A nova Constituição, no seguimento do seu modelo caditiano, queria fazer coincidir o ideal de império com o de nação cívica, por mais que esse objetivo colidisse com a manutenção, fora da Europa, da estrutura social escravista – só os escravos libertos podiam ascender à cidadania – e com o "regresso" a formas de relacionamento com o Brasil anteriores a 1808. E a consciência das dificuldades para se concretizar este objetivo aglutinador levou os deputados vintistas a constitucionalizar o próprio dever de se amar a *patria communis*.

Como assumido momento (re)fundacional da nação, a constituinte retomou, como remate dos "mecanismos da virtude" que previu, e como apoteose do novo "patriotismo constitucional", um tema que já tinha marcado a Constituição de Cádis: a consagração do dever que todo o cidadão teria de amar e defender a sua pátria. Seria tal obrigação matéria para esta sede, ou, tão só, para o âmbito da moral cívica e do foro íntimo das consciências? E isso não colidiria com os valores liberais que se desejava consagrar? Como facilmente se entende, também nesta matéria os constituintes se dividiram.[72]

Respondendo aos que opinavam que o assunto pertencia ao domínio do "catecismo moral", ou da educação, o deputado Anes de Carvalho não tinha

---

[69] O decreto encontra-se transcrito em Nogueira (1973:8), v. 1.
[70] Ver Bernardes, 2006:570-571, nota 337.
[71] *DCGENP*, n. 66, p. 710, 28 abr. 1821.
[72] Sobre o que se segue, ver Catroga (2008b:275-345).

dúvidas: essa tarefa não se esgotava no papel da educação e no plano das opções individuais, pois parecia-lhe "indubitável, que compete ao Congresso inculcar o mais que for possível aos cidadãos os seus deveres". Nessa direção apontariam, em sua opinião, não só as constituições modernas (como a francesa, de 1791, e a espanhola, de 1812), mas, sobretudo, as da velha Grécia, onde "Atenas e Lacedemónia, juntavam às suas leis os princípios da moral. Esta era a prática observada pelos antigos legisladores, combinar a moral com a política".[73]

Quer isto dizer que a Lei Fundamental não devia fazer distinção entre a moral e os direitos políticos, modo indireto de se pressupor, ainda que dentro de uma concepção que invocava a celebração de um novo *pactum* social, algumas das lições do comunitarismo cívico de matriz clássica. Assim, poder-se-á concluir que os defensores desta exigência não perfilhavam, pelo menos nesta matéria, um "liberalismo negativo", logo, radicalmente individualista. Revela-o a posição de Soares Franco, deputado que também recorria ao preceito *historia magistra vitae* para lembrar que "o amor da Pátria era entre os Gregos, e os Romanos", "o primeiro de todos os deveres, e do qual nasceram grandes virtudes",[74] e que foi esse sentimento, conjugado com o apelo à honra, à glória e à fama, que os mobilizou para, voluntariamente, aceitarem a fusão da ideia de virtude cívica com o dever de se "morrer pela pátria".

A compreensão deste diálogo entre o "antigo" e o "moderno" não pode escamotear, porém, o que mudou. Como recordava outro deputado, tanto a natureza humana e as instituições como os homens já não seriam "o que eram nesses tempos famosos", porque "os homens hoje movem-se por outras molas", enquanto "naqueles tempos as relações de família umas com as outras não estavam nas circunstâncias em que estão hoje pelo comércio. A glória é que fazia mover os homens, e assim não admira que pelo amor da pátria perdessem tudo".[75] Em simultâneo, importava sopesar as diferenças provocadas pela natureza do pacto social e respectivas consequências. Como sublinhava Manuel Fernandes Tomás, "bem aviados estávamos nós se fizéssemos constituição como os Gregos e os Romanos. Nós estamos alguma coisa mais adiantados".[76]

---

[73] *DCGENP*, n. 134, p. 1625-1626, 23 jul. 1821.
[74] Ibid., n. 134, p. 1625-1626, 23 jul. 1821.
[75] Ibid., n. 141, p. 1737, 1 ago. 1821.
[76] Ibid., n. 124, p. 1626, 23 jul. 1821.

Isto significava que, por mais enaltecido que fosse o passado, pátrio e clássico, ter-se-ia de pôr a "liberdade dos modernos" a sobredeterminar a dos "antigos".

Numa assembleia povoada de "pais da pátria" e seus "regeneradores", entende-se que as propostas que propugnavam pela separação da moral e do direito não tivessem conseguido convencer a maioria dos constituintes. Com efeito, no seu art. 19º, a nova Lei Fundamental será taxativa, ao prescrever que "Todo o português deve ser justo. Os seus principais deveres são venerar a Religião; amar a Pátria; defendê-la pelas armas quando for chamado pela lei; obedecer à Constituição e às leis; respeitar as autoridades públicas; e contribuir para as despesas do Estado". Diga-se, contudo, que as opiniões vencedoras, nesta matéria, não inventavam nada de novo. Para além da herança antiga, elas acolhiam a doutrina que fez lei em Cádis, ainda que colocassem o valor que aqui mais interessa – "o amor da pátria" – em direta conjugação com os demais deveres cívicos.

Com efeito, o texto espanhol de 1812 – mais do que a sua principal referência (a Constituição francesa de 1791) – já tinha consorciado os direitos do cidadão com os seus deveres, ousando aprovar algo que nem os jacobinos introduziram, diretamente, na sua nunca aplicada Constituição de 1793: a constitucionalização do "amor da pátria". Assim, a par do catálogo dos deveres de cidadania, que entroncavam nas declarações dos direitos do homem – fossem as de origem americana, fossem as elaboradas na França (respeitar a Constituição e as leis, pagar impostos proporcionais) –, na Espanha sublinhou-se, em articulado próprio, o dever de se amar a pátria, bem como o de defendê-la. De fato, no Título II da Constituição de Cádis, escrevia-se: *El amor de la Patria es una de las principales obligaciones de todos los españoles, y asimismo el ser justos y benéficos* (art. 6º). E, a par da exigência de ser fiel à Constituição (art. 7º), o cidadão também estava obrigado a contribuir *en proporción de sus haberes para los gastos del Estado* (art. 8º), bem como *a defender la Patria, con las armas cuando sea llamado por la ley* (art. 9º).

É lógico que a disposição constitucional respeitante ao amor pátrio pressupusesse a *virtù* como o ideal supremo que devia nortear a ação dos indivíduos perante a *coisa pública*. Porém, não é somenos o fato de as duas leis fundamentais ibéricas o terem estipulado como uma "obrigação", sinal de que os legisladores também viam o ordenamento constitucional como meio *instituinte* da realidade que elas mesmas legitimavam, não obstante o "amor da pátria" ser obrigação cujo não cumprimento o Estado teria dificuldades em sancionar.

À sua maneira, eram constituições "dirigentes" (Joaquim Gomes Canotilho), pelo menos no que concerne às "infraestruturas" jurídico-políticas necessárias para a construção e a reprodução do novo elo social que estava a nascer a partir de um átomo que, entregue a si mesmo, penderia para o egoísmo: o indivíduo--cidadão. De onde também se poder afirmar que, a este nível, elas deram guarida a uma espécie de "liberalismo positivo", orientação que confirma a presença de uma maior influência da matriz francesa do que anglo-saxônica, área em que, desde cedo, ganhou relevância a tendência mais sensível a uma maior demarcação, por via *negativa*, entre a sociedade política e a sociedade civil, ou melhor, entre o Estado e o indivíduo, o público e o privado.

Em parte, poder-se-á igualmente defender que a convocação do "amor da pátria" se limitava a dar atualidade ao ancestral dever consignado por Horácio na divisa *pro patria mori*, exigência bem-explicitada no Título VIII do texto espanhol, assim como no art. 19º da Constituição portuguesa de 1822. E, num plano mais conjuntural, não será descabido salientar algo comumente esquecido: aqueles dois documentos visavam legalizar, definitivamente, duas revoluções, direta ou indiretamente nascidas de guerras contra o invasor estrangeiro e feitas, por isso mesmo, em nome do patriotismo. Ideal em que, na sua acepção cívica, ter pátria significava viver em liberdade e sob o império da lei, esta produzida pelos legítimos representantes da soberania nacional.

Note-se que a necessidade de se constitucionalizar aquela virtude também sinaliza a debilidade da sua prática, descontada a sinceridade das proclamações retóricas dos protagonistas da história. É certo que os levantamentos populares contra os franceses, em 1808, e, depois, as justificações da nova ordem liberal se fizeram, tanto em Espanha como em Portugal, em nome da "pátria" e do "patriotismo". Mas não se desconhece que também houve muita colaboração com o invasor, e sabe-se que não existia uma plena coincidência entre as acepções de pátria e patriotismo invocadas pelos sublevados e, depois, pelos protagonistas da derrubada do absolutismo. Por outro lado, não restam dúvidas de que, nos dois textos em análise, o sintagma "amor da pátria" tinha como principal suporte afetivo o "patriotismo constitucional", base, por sua vez, da constitucionalização dos ordenamentos políticos das metrópoles e dos respectivos impérios. Portanto, não espanta que se tenha assistido ao aparecimento de um conjunto de escritos e de práticas tendentes a sacralizar a Lei Fundamental que objetivava o pacto social instituinte da "nação cívica".

O texto caditiano ilustra bem esse propósito ao declarar que todo espanhol estava obrigado *"a ser fiel à la Constitución, obedecer las leys y respetar las autoridades estabelecidas"* (art. 7º); requisitos que os deputados vintistas traduziram deste modo: todo português, de "ambos os hemisférios", devia "obedecer à Constituição e às leis" e "respeitar as autoridades públicas". E, se ligarmos estas expressões àquelas outras que formavam a "gramática" do patriotismo ("altar da pátria", "pátria sagrada", "pais da pátria", "filhos da pátria", "mãe-pátria" etc.), teremos de aceitar que, neste terreno, os liberais portugueses seguiram os seus antecessores de Cádis, e que, como nas demais experiências que impuseram a aprovação de constituições escritas, procuraram transformá-las, igualmente, em objeto de culto popular. Em suma: queriam que a afetividade dos cidadãos, *"se détournant peu à peu de la personne du roi"*, desse prioridade ao *"Code sacré"* (Aymes, 1973:8; Vargues, 1997).

Este era o principal objetivo que a constitucionalização do amor pátrio perseguia: criar sentimentos de pertença que fossem capazes de incluir os de cariz localista na ideia mais abstrata de *patria communis*, entendida como *pátria cívica*, porque polarizada, não por fidelidades ou sujeições, mas pela coparticipação num corpo político que, em termos teóricos, devia pautar-se pela isonomia, legitimada na soberania nacional. Como princípio uno, indivisível e inalienável, esta queria sobrepor-se aos interesses individuais e corporativos, incluindo, logicamente, os do rei e da casa real, e tinha no Estado, uno e indivisível, a sua mais adequada materialização. De fato, este será modelo de organização e de gestão política que, entroncando na matriz francesa, acabará por chocar com todos os projetos dualistas que foram avançados para a institucionalização liberal do Reino Unido de Portugal, Brasil e Algarves.

Para muitos, a escolha pelos liberais espanhóis de uma solução centralista, e a recusa de qualquer alternativa de inspiração federal são compreensíveis, dada a índole mais poliárquica da sua estrutura política de Antigo Regime. Porém, o receio do regresso aos *fueros* e à autonomia dos reinos, conjugado com a forte influência da nobreza tradicional e das autoridades religiosas, impulsionou o setor que ganhou hegemonia nas cortes de Cádis (o que não quer dizer que a tivesse conquistado na sociedade) a criar um polo centrípeto de poder, de forma a ser possível instituir-se, de um modo mais moderno e sólido, um verdadeiro Estado-nação. E, para a concretização desse objetivo, percebeu-se que se tinha de enfatizar os deveres cívicos, com destaque para os que traduziam o novo ideal de "patriotismo constitucional". Na linha da tradição clássica da cultura *respublicana*, acreditava-se que uma monarquia "mista" e "equilibrada" o realizava, e que a sua reatualização teria o poder atrativo suficiente para absorver, superando-as, as fidelidades características da sociedade de Antigo Regime. Daí o seu paradoxo, aliás comum a todas as realidades históricas similares: dizia-se que a Constituição emanava, em última análise, da vontade nacional; mas, em simultâneo, confessava-se que teria de ser ela, ou melhor, um novo Estado, a "fazer" a nação cívica.

Diz-se, não sem alguma razão, que o caso espanhol ilustra mais cabalmente do que o português um percurso de modernização política que caminhou *from State to nation*. Ora, a aceitação de tal tese exige cautelas, já que, a par dos patriotas tradicionalistas e moderados, os liberais mais progressistas de ambos os países também não deixavam de pressupor a preexistência de uma nação histórica.[77] No entanto, ao invés do tradicionalismo, desejavam refundá-la em função dos valores modernos de soberania, de representação e de divisão de poderes. E se, em Portugal, a dimensão poliárquica do poder era menos forte do que a do país vizinho, a verdade é que ela também existia. Por outro lado, como na Espanha, estavam arreigados dois sentimentos de pertença que os liberais teriam de secundarizar: os nutridos para com a *patria naturae* e os expressos em fidelidades mais comuns e amplas, mas encaixadas numa hierarquia em cujo vértice estava a cabeça majestática do monarca, geminada com a religião. Em simultâneo, os problemas internos de Portugal e da Espanha, conjugados com a similar pretensão de constitucionalizar os seus impérios, incentivou ainda mais a ênfase do novo ideal de *pátria comum*.

"Apertar a corda até que estale"

Com a Revolução Vintista de 1820, o Reino Unido de Portugal, Brasil e Algarves (produto do absolutismo) tinha de ser ajustado ao conceito segundo

---

[77] Com isto, são consideradas excessivas as interpretações que parecem sugerir a existência de um dualismo irredutível entre os defensores do "constitucionalismo histórico" e os apóstolos da liberdade à moderna. Se casos houve em que, na Assembleia Constituinte, a primeira tendência aparece com clareza, em outros, porém, a preferência pela via da representação nacional e pela acepção moderna de pacto social não dispensava o recurso a uma releitura do passado que a pudesse legitimar. Sobre a problemática do constitucionalismo histórico, ver Pereira (2010:571-619).

o qual a "soberania reside essencialmente em a nação". Compreende-se, assim, que a tarefa tenha sido comparada, por alguns constituintes lusos, à realidade romana. Por exemplo, fê-lo o deputado Morais Sarmento, ao afirmar que a família portuguesa estava "espalhada por toda a face da terra", e ao aconselhar que ela deveria agir "como os Romanos daqueles tempos, que descreve Salústio: *Alius alio more viventes*. A Nação Portuguesa compõe-se de povos de diferentes costumes; são precisos institutos muito particulares entre estes, para apertar os vínculos da fraternidade".[78]

Para selar tais vínculos, o discurso vintista – tal como o dos seus antecessores de Cádis – recorreu à terminologia do *republicanismo* romano e deu uma nova ênfase ao sentimento de *pátria comum*, agora referida a princípios cívicos consignados num texto escrito: a Constituição. Ora, dificilmente um mediador tão abstrato e, afinal, tão excludente – não se pode esquecer da existência da escravatura e da cesura entre *cidadãos ativos* e *cidadãos passivos* – conseguiria aculturar, ou subsumir, o afeiçoamento a outras pertenças, particularmente às que tinham uma raiz mais concreta e local. Ao invés, aquele continuará a coabitar, nem sempre de um modo pacífico, com os de cariz cívico, conforme se pode comprovar por múltiplas posições de deputados (oriundos de Portugal e do Brasil) que se debateram com o dilema de, em nome de uma representatividade que rejeitava a tradição dos mandatos imperativos, terem de votar contra os interesses das suas pátrias locais. E esta tensão tornar-se-á mais clara a propósito da *questão brasileira*.

Dito de outro modo: na Assembleia Constituinte, a apologia do ideal de *pátria comum*, cimentada pelo "patriotismo constitucional", apareceu claramente conexa com o propósito de se constitucionalizar o Reino Unido. Porém, boa parte dos defensores do ponto de vista português convocava a unidade e indivisibilidade da soberania como argumento para se extinguir, ou minorar, a estrutura dualista que, conquanto num outro contexto de legitimidade, foi criada em 1815. E se, num dado momento, Borges Carneiro – um dos principais representantes do liberalismo avançado – ainda alertava para este fato: "querer em tudo medir o Brasil por aquilo que se resolver para a Europa é incoerente e muito errado; e querendo nós ter aquele longínquo continente na mesma dependência de Lisboa em que dela estão as províncias europeias,

---

[78] *DCGENP*, n. 141, p. 1736, 1 ago. 1821.

não faremos mais que relaxar os vínculos quando o queremos segurar: é apertar a corda até que estale"[79] –, o certo é que a grande maioria dos deputados europeus convocou, explícita ou implicitamente, aquele postulado não só para atacar a possibilidade do funcionamento de duas assembleias legislativas (uma em Lisboa e outra no Rio), mas também para recolocar, em Portugal, a cabeça do império.

Prolongava-se, assim, uma prevenção que, pelo menos, já vinha de 1810 e que foi empunhada por todos aqueles que denunciavam os efeitos objetivos da transferência da Corte para o Brasil e da política econômica que os britânicos impuseram. Como se escrevia nas vésperas do 24 de agosto de 1820, Portugal já não era "o que antes foi, isto é, a cabeça e a sede desse magnífico Império". Ao contrário, teria passado a ser "uma colônia, e até uma misérrima colônia das suas antigas colônias", ou melhor, o "berço da monarquia" tinha sido "posto no humilde e injurioso estado de colônia".[80] Alguns contestavam mesmo "a metafísica unidade dos reinos de Portugal, Brasil e Algarves".[81]

Na conjuntura em que a polêmica acerca do lugar do Brasil no seio da nação portuguesa constitucionalizada subiu de tom, Manuel Fernandes Tomás defendeu que a continuidade do Reino Unido só teria razão de ser "debaixo de princípios de justiça e igualdade".[82] Outros, como Ferreira de Moura, foram mais longe e insinuavam que as reivindicações autonomistas dos brasileiros, articuladas com a desobediência de d. Pedro, faziam parte de um plano para fixar, definitivamente, a sede da monarquia no Rio de Janeiro. Por palavras suas:

> senhores, falemos claro, os de São Paulo querem que o Príncipe Real fique provisoriamente no Brasil, para que chegado o doloroso momento da morte de El-Rei seu Pai, fique definitivamente o Príncipe naquele hemisfério; e não vindo sentar-se no trono [...] tenha de mudar-se a sede da monarquia. Se tal é a condição da nossa união com o Brasil, Senhores, eu declaro que não quero tal união [...]. Não foi para passarmos ao estado de colônia, que nós levantamos o grito de liberdade no dia 24 de agosto de 1820.[83]

---

[79] *DCGENP*, n. 34, p. 446, 12 mar. 1822.
[80] *O Campeão Portuguez*, v. 2, n. 24, 16 jun. 1820 e v. 2, 1 fev. 1820 (apud Araújo, 1992:252).
[81] Ibid., v. 1, n. 1, 1 jul. 1819 (apud Araújo, 1992:252).
[82] *DCGENP*, n. 43, p. 613, 23 mar. 1822.
[83] Ibid., n. 49, p. 718, 6 jul. 1822.

De onde esta conclusão: "governem-se então lá como quiserem, que nós cá nos governaremos como nos parecer".

Os contornos das várias vertentes desta conflitualidade – incluindo as divergências no terreno da economia[84] – estão bem-estudados.[85] Todavia, eles devem ser realçados, a fim de se sublinhar melhor o papel ideológico que, no caso em apreço, bem como no horizonte de possibilidades para se confirmar, ou não, a estrutura dual do império, desempenhou o recurso à ideia de *pátria comum*. Como se viu, o novo Estado liberal queria ser filho do novo contrato social, raiz do conceito de nação una e indivisível. Mas, se a passagem do soberano a primeiro cidadão dessacralizou (principalmente junto dos políticos liberais) o seu lugar de centro aglutinador da comunidade política, o "patriotismo constitucional" seria suficiente para fazer radicar elos sem contiguidade territorial e atravessados por conflitos de interesses econômicos cada vez mais fortes, principalmente quando a lógica dos seus fundamentos exigia a autonomia e a emancipação, não raro contra os poderes de matiz imperial e colonial? Por outro lado, estando em causa a celebração de um novo contrato social, não se teria de reconhecer a possibilidade da não adesão, ou a da própria separação, de uma das partes, sobretudo quando o Brasil tinha ganho o estatuto de reino?

A resposta a tais interrogações pode ser ilustrada com a análise de alguns dos aspectos da polêmica. E, quanto à última, sublinhe-se que, para o grupo liderado, no Brasil, por José Bonifácio, a Constituição também era um pacto social que devia expressar as condições pelas quais uma nação se constituía como corpo político. E elas não podiam desrespeitar a equidade. Assim, embora declarasse: "sempre fomos portugueses e queremos ser Irmãos dos da Europa, mas não seus escravos", também frisava que a "igualdade de direitos e de venturas são a única base em que deve assentar o pacto social de toda a nação lusitana: do outro modo abjuraremos todas as relações com Portugal e não entraremos em união alguma que não seja igual, recíproca, justa e decorosa".[86]

Foi a ideia, secularizada, de *translatio imperii* que, pelo menos implicitamente, o mesmo setor utilizou para responder aos ataques contra a autonomia brasileira e a capacidade que o príncipe regente teria para convocar eleições para cortes que iriam legislar para o Brasil (3 de junho de 1822). Sintomaticamente,

---

[84] Ver Pedreira (2006:53-98); Alexandre (1993:767-792).

[85] Ver Alexandre (1993:713-752); Berbel (1999).

[86] Ofício propondo aliança contra as cortes e o governo de Lisboa (apud Silva, 2006:384).

na Assembleia Constituinte lisboeta, um representante brasileiro (Cipriano Barata de Almeida) não hesitou em defender que a iniciativa – a única que, em seu entender, ainda poderia salvar a União – tinha a sua legalidade assegurada devido ao fato de não só estar "conforme o direito natural, público, e das gentes", mas também porque a *potestas* de d. Pedro residia, não na delegação de poderes outorgados pelo pai, mas na "legítima autoridade do povo" transferida para "Sua Alteza pela nova revolução".[87]

Quanto ao esclarecimento das restantes questões formuladas, interessa-nos somente mostrar como, no auge do conflito, os discursos de ambas as partes se posicionaram face ao vocabulário dominante nos debates políticos da época e, em particular, naqueles que ocorreram no decurso das revoluções liberais europeias e dos movimentos independentistas americanos. Referimo-nos ao uso de palavras como "pátria" e aos seus derivados, léxico que, a par do substantivo "nação", logo seguido, mas numa escala menor, pelo termo "Estado", serviu, então, para mobilizar afetividades, adesões e pertenças.

Por exemplo, fiel ao juramento que fez das Bases da Constituição, Manuel Fernandes Tomás reagiu à secessão brasileira em termos que, no seu modo de pensar, pretendiam pôr a nu a contradição das teses em que essa aspiração estaria escorada. Como os deputados rebeldes tinham recebido um mandato das respectivas províncias para elaborarem e aprovarem a constitucionalização do Reino Unido, seria perjúrio o fato de quererem revogá-lo e de defenderem a ruptura política, mesmo que isso obrigasse, como um deles afirmou, a "morrer pela minha Pátria".[88] Ora, para o líder da Revolução Vintista, proclamações de tal jaez supunham que o Brasil já era uma nação, o que, segundo ele, não acontecia. Quando muito, essa pretensão escudava-se, tão só, nos princípios do *jus solis*, ou do *jus sanguini*, argumentos insuficientes por não sopesarem esta outra realidade: o território brasileiro era "da nação inteira" e, uma vez garantida, pela Constituição, a representatividade política dos povos de suas províncias – o que não teria acontecido com as colônias britânicas na América em relação ao parlamento inglês –, não faria sentido lutar-se pela existência de uma "pátria separada".

Como se vê, para que a constitucionalização do ideal de *patria communis* funcionasse, também o de nação teria de ultrapassar os seus significados

---

[87] *DCGENP*, n. 41, p. 492-494, 19 set. 1822.
[88] Ibid., n. 44, p. 649, 1 jul. 1821.

etimológicos mais tradicionais, em ordem a envolver territórios e populações associados por um pacto de cariz jurídico-político. Só com a universalidade das suas normas – que recalcava a base escravista do império luso-brasileiro – os indivíduos poderiam ascender à cidadania.

A controvérsia assinalada é sintoma da debilidade do projeto. Para Manuel Fernandes Tomás, a Constituição consagrava uma ideia homogênea, unitária e indivisível de soberania, mesmo sem contiguidade territorial, perspectiva que vinha ao encontro deste objetivo dos liberais portugueses: constitucionalizar uma mesma nação, do Minho a Timor, tendo como nova fonte legitimadora o indivíduo-cidadão, comitente da representação nacional. Neste ponto de vista, percebe-se que a estratégia estivesse em sintonia com a constitucionalização de um ideal mais integrativo e unitarista de império, e explica-se que a eclosão das divergências que estavam a dividir os deputados europeus e os americanos (que, contudo, não formavam um todo reativo homogêneo) também se refletisse no aparecimento de atitudes distintas perante o entendimento da ideia de "pátria" e, em particular, de "pátria comum".

No início do processo de constitucionalização do Reino Unido, parece evidente que a maioria dos deputados brasileiros chegou a Lisboa imbuída desta herança identitária: reconhecendo-se membros de uma nação portuguesa que englobava dois reinos, a *pátria* seria o lugar de origem e, mais concretamente, as comunidades que os haviam elegido. Logo, o seu significado não se confundia, sem mais, com o de *país*. Sem equívocos, este era o "Brasil". Por sua vez, a *nação* "desloca-se para outra esfera, já que *pátria* e *país* não encontram equivalência na abrangência que lhes corresponda. Bahia e São Paulo são suas pátrias, o Brasil é o seu país, mas a nação à qual pertencem é a portuguesa" (Jancsó e Pimenta, 2000:391). Destarte, também aqui se confirma a existência de diferenciações que têm de ser equacionadas, a fim de se evitarem as frequentes confusões entre os conceitos. E há muito que temos por certo que o sentimento de *pátria(s)* – pelo menos o que aflora da relação mais direta com a filiação familiar e comunitária, bem como com a respectiva *pai-sagem* – é, no plano *cronológico*, *lógico* e *ontológico*, anterior ao de nação política.[89] E o caso brasileiro não fugiu à regra.

Realce-se o teor da réplica que Manuel Fernandes Tomás lançou aos que, não percebendo que a unidade da soberania impunha a existência de um único

---

[89] Ver Catroga (2008c:9); Rosati (2000:102).

centro a representá-la, defendiam um reino unido com duas sedes legislativas: "dizem os brasileiros, o Brasil é nosso, não podeis legislar para cá. Por quê? Pois podemos legislar para a Beira, Minho, Trás-os-Montes, e não podemos legislar para o Brasil?".[90] À luz das motivações políticas e econômicas que desencadearam a revolução de 24 de agosto de 1820, assim como dos princípios que a maioria dos seus adeptos invocará, o raciocínio era coerente com o seu ponto de partida: sendo a nação una e indivisível, também única teria de ser a sede da sua manifestação e universal e ubíqua a lei que expressava a sua soberania.

Os opositores pensavam de uma maneira distinta. Um deles – o baiano Lino de Carvalho – precisou, assim, os equívocos que podiam advir do uso do ideal de *pátria comum* constitucionalizada: seria motivo de

> escândalo para o Sr. Fernandes Tomás [...] julgarem os Brasileiros que a sua Pátria é diferente de Portugal, porque segundo as suas ideias não há senão uma só e única para todos os Portugueses quer europeus, quer americanos: mas pergunto eu ao honrado Membro *onde está essa Pátria comum, e este ponto único em que todos nasceram*! Pergunto eu se ele algum dia disse ou dirá para o diante que a sua Pátria é o Brasil?[91]

Imediatamente se vê que o conceito de patriotismo constitucional se adequava bem ao propósito de inserir o Reino Unido no quadro de uma monarquia "temperada", de sediação europeia e lisboeta, e de uma nação una e indivisível. Mas a reação revela a importância dos *patriotismos de origem* na recusa de uma ideia de pátria comum que estava a ser lançada contra direitos adquiridos e desejos de aprofundamento da autonomia. E uma análoga argumentação se encontra na fala que Antônio Carlos de Andrada fez na constituinte, no contexto em que, sob o impacto da convocação de cortes (3 de junho de 1822) por d. Pedro, alguns deputados brasileiros pressionaram a constituinte para os libertar dos seus mandatos: "É impossível tirar ao coração humano a tendência que cada um tem pela sua pátria, e é incoerente obrigar votantes a votar contra os interesses delas".[92]

À abstrata *pátria comum*, contrapunha-se, não sem dilemas internos, o protesto da afetividade e da fidelidade para com a "pátria natálica" brasileira.

---

[90] *DCGENP*, n. 44, p. 649, 1 jul. 1821.
[91] Ibid., n. 44, p. 653, 1 jul. 1821, grifos nossos.
[92] Ibid., n. 20, p. 243, 26 ago. 1822.

No entanto, este sentimento ainda não subsumia as fortes afeições para com as *pátrias locais*, consequência direta da extensão do território e da maneira como se processou a colonização. É que, e como já foi justamente sublinhado, "quanto ao plano identitário, a continuada expansão territorial e humana da nação portuguesa, até entrado o século XIX, observou rigorosa regularidade: a identidade nacional portuguesa, qual moldura, acomodava, tensa ou conforta-velmente – a depender da situação concreta que se considere –, as identidades de recorte local (paulista, baiana, paraense) correspondentes a muitas *pátrias* criadas pela colonização" (Jancsó, 2005:21).

Por conseguinte, mais de que colocar, a montante, a presença de uma iden-tidade natural e já fixada – isto é, de uma *pátria comum*, ou mesmo de uma nação –, será correto perceber que será nas tensões suscitadas à volta de uma comum fidelidade à majestade monárquica, coadjuvada pela religião, que as relações entre a metrópole e o mosaico dos domínios americanos se desen-rolaram. De qualquer modo, pelo menos no nível dos que se interessavam pelos negócios políticos e econômicos, as discussões acicatadas pelos efeitos da Revolução Vintista foram gerando confluências e identidades, num percurso de construção que, porém, ultrapassará, em muito, o *7 de Setembro* de 1822.

É indiscutível que, nas cortes lisboetas, as disputas sobre a constituciona-lização do Reino Unido se condensaram nas disposições que teriam de ser respeitadas para se garantir, ou não, os direitos adquiridos pelo Brasil a par-tir de 1808. De fato, foi com as mentes voltadas para esta realidade que os constituintes iniciaram os seus trabalhos. E a discrepância entre o tempo da constitucionalização e os outros tempos políticos não impediu que a nova Lei Fundamental, ao ser aprovada em 23 de setembro de 1822, ainda registrasse a fórmula "Reino Unido" (arts. 2º e 113º). Previa, também, a instalação, no Brasil, de uma delegação do Poder Executivo, ao mesmo tempo que, no nível dos órgãos de soberania, determinava a formação de um Conselho de Estado composto por seis conselheiros das províncias da Europa, outros seis das do ultramar, e por um décimo terceiro, tirado à sorte de uma ou de outras, todos escolhidos pelo rei de entre as listas tríplices votadas pelas cortes (arts. 162º e 164º). Por outro lado, a Coroa necessitava da opinião do Conselho para exercer as suas prerrogativas (nomear magistrados e agentes diplomáticos, apresentar bispos, declarar a guerra, fazer a paz, exercer o beneplácito régio, firmar tra-tados, negar sanções às leis, nomear os membros da regência no Brasil e os respectivos secretários). Foi a previsão destes poderes que induziu Marcelo Caetano a escrever que aquele órgão iria funcionar como uma "tímida segunda Câmara, arremedo de Senado federal" (Caetano, 1968:24).

Esta afirmação merece reservas, pois ter-se-á de perguntar onde estavam os Estados autônomos para legitimar tal representatividade e lembrar que boa parte dos constituintes queria o regresso da capital a Lisboa no quadro de um Estado unitário, prova da sua indiferença perante avisos como aquele que Silvestre Pinheiro Ferreira, vindo do Rio, fez assim que chegou a Portugal: "logo que pelo novíssimo Decreto das Cortes cesse de haver uma Capital no Reino do Brasil todo ele se considera desde logo e por esse simples facto esbulhado da Dignidade de Reino que lhe fora reconhecida e sancionada".[93] E para o mesmo sentido apontavam outras decisões, a saber: a subordinação do poder régio ao Poder Legislativo; a desmontagem de instituições que tinham conferido alguma autonomia à governação do Brasil (tribunais superiores do Rio, que incluíam o Conselho Superior Militar, as mesas do Desembargo do Paço e da Consciência e Ordens, e a Casa da Suplicação); a dependência das Forças Armadas e da fazenda pública do poder das cortes; o seu direito de legislar para todo o império; as disposições respeitantes a d. Pedro e à regência (decreto de 29 de setembro de 1821); a desaprovação dos *aditamentos*, que previam o funcionamento de dois congressos, um em Portugal e o outro no Brasil, o que implicaria o reconhecimento de um modelo federativo não muito distinto do já sugerido por d. Rodrigo de Sousa Coutinho.[94] Em síntese: tudo conspirava para a consagração do ideal de Estado uno e indivisível, de cunho centralista, perfilhado pela esmagadora maioria dos deputados da metrópole.

Em função de tudo isso, não será exagerado concluir que, se por um lado desejava-se pôr o legado político anterior de acordo com o novo princípio da soberania nacional, por outro também se introduziam alterações que punham em causa interesses e poderes adquiridos e que feriram a almejada equidade e reciprocidade que teria de existir entre dois reinos, sob pena de se cair em práticas que, no Brasil, uma intensa campanha jornalística apelidava de "recolonizadoras". E esta terá sido fomentada pelos "temores de ordem material localizados e específicos de alguns dos protagonistas das lutas políticas em

---

[93] Informações às Cortes Portuguesas por Silvestre Pinheiro Ferreira, ministro dos Negócios Estrangeiros de Portugal, 1822 (apud Bernardes, 2006: 564).

[94] Ver Lyra (1994:210).

curso", e difundida "a partir da sua deliberada utilização como arma política por esses protagonistas".[95]

Também nas Cortes Gerais e Extraordinárias da Nação Portuguesa, a posição dos deputados brasileiros não foi homogênea, embora dentro de atuações que, sobretudo após a chegada da delegação paulista, se tornaram mais confluentes no apoio a uma espécie de programa mínimo comum. Todavia, se alguns se radicalizarão, outros manterão a esperança, até quase ao limite, de ver a Constituição completada com os célebres *aditamentos* respeitantes aos direitos do reino americano.

Como se sabe, isso não aconteceu. Com o 7 de Setembro definhavam, de fato, as "quimeras de um façanhoso império" e, de certo modo, também morria o sonho de subordinar o *princípio monárquico* ao *princípio da representação da soberania nacional,* base da nova pátria comum e fundamento de um ideal de cidadania não tutelada. Contra déspotas e servis, este tinha sido o primevo projeto do "vintismo". Todavia, ele rapidamente desvaneceu-se, pois a relação será invertida, sob a influência das regras ditadas pela Santa Aliança e pela sua política de *juste milieu* (Benjamin Constant, restauração na França). Logo em 1823 foi assim, tanto no Brasil como em Portugal, com a entrada na era do *constitucionalismo outorgado.*

Por outro lado, no Brasil, foi ao ideal de império que os meios eclesiásticos e conservadores recorreram para bloquear o avanço dos liberais e das tendências republicanas e federalistas que vinham dos exemplos da descolonização das Américas. Que razões poderão ser aduzidas para que se compreenda a imediata atribuição do título de imperador a d. Pedro? Ora, entre elas não será despropositado sugerir que o ato constituiu uma espécie de deslocamento e apropriação do papel que, até ali, a dinastia da Casa de Bragança tinha desempenhado como instância mediadora da heterogeneidade dos patriotismos locais. Dir-se-ia que houve a consciência, e o interesse, de que só assim o novo país independente podia objetivar-se como Estado e como nação, consumando a ruptura com a metrópole e evitando fragmentações que podiam pôr em causa a ordem social herdada e que, no essencial, se pretendia preservar.

De fato, a memória da revolta dos escravos, que conduziu à independência do Haiti (1804), sempre pairou como uma nuvem ameaçadora sobre a cabeça da sociedade política brasileira, antes e depois da independência. Isto se en-

---

[95] Ver Slemian e Pimenta (2003:77).

tende, porque se queria manter quer a sociedade escravocrata, quer a unidade territorial da colônia, desideratos que impeliam para a renovação do polo centrípeto monárquico, a que se pensava dar a força coativa e simbólica bastante para se fazer irradiar o processo de "interiorização da metrópole" a que a vinda da Corte para o Brasil tinha dado alento.

Em síntese: a dimensão territorial, a natureza da economia e as características dos grupos sociais dominantes cedo fizeram perceber, aos mais conservadores, que só um poder carismático, centralizado e autoritário poderia impulsionar a unidade política. Dir-se-ia que, um pouco à Napoleão, o objeto do sonho imperial do Brasil passou a ser ele mesmo, isto é, *continentalizou-se*.[96] E muitos dos que anteriormente tinham participado nos negócios, econômicos ou burocráticos, do vasto império passaram a pressionar para fazer da regência o "centro comum de união" brasílica, embora, num primeiro momento, a ideia quisesse evitar, antes de tudo, a irrupção de autonomismos regionais que ou desaguariam no separatismo ou em soluções federativas (como a Federação do Equador) por detrás das quais – pensavam os conservadores – espreitava o radicalismo republicano.[97] Sugere-se assim que, a par da memória imperial da Casa de Bragança e dos exemplos europeus coevos (em primeiro lugar, o de Napoleão e de Francisco II), no horizonte de soluções também não pode ser negligenciado o eco da proclamação do Império Mexicano, liderado pelo general Iturbide (maio de 1822),[98] ou melhor, por Agostinho I, e avançada, com o apoio dos meios eclesiásticos e conservadores, como arma de arremesso contra as tendências republicanas de muitos independentistas.

De tudo o que ficou escrito se infere que concordamos com aqueles que se recusam a interpretar a história como se de uma espécie de previsão ao contrário se tratasse, colocando o efeito – o 7 de Setembro – como a causa final de um percurso que não foi unívoco quanto ao seu horizonte de alternativas.[99] Na verdade, sabe-se que, subjacente às distintas motivações político-ideológicas que ditaram as várias representações e manifestos de apoio ao "*Fico*" de d. Pedro, é possível

---

[96] Em 26 de agosto de 1822, a Junta de Governo de Pernambuco rompeu com o juramento de fidelidade às cortes de Lisboa para apoiar, finalmente, uma constituinte brasileira. E, para justificar a sua nova opção, qualificou assim a sua mudança de orientação: "União e mais União! *Sistema Continental* é só o que nos convém: adesão e firmeza para com o nosso constitucional e amável Príncipe é só o que nos pode salvar" (apud Bernardes, 2006:605, grifos nossos).

[97] Acerca desta vertente do processo, ver Mello (2004).

[98] Ver Alancastro (1980:301-310).

[99] No mesmo sentido, ver Slemian e Pimenta (2003:8).

detectar a existência de muitas dúvidas que, em certos aspectos, parecem contraditar aquele desfecho.[100] Talvez por isso, a par da afirmação da independência política, a gênese do novo Estado também tenha sido inseparável do fantasma da fragmentação, perigo que se esperava bloquear através do peso carismático da instituição monárquico-imperial, em ordem a consolidar-se uma hierarquia de fidelidades com poder (físico e simbólico) para integrar os patriotismos locais e controlar todas as correntes centrífugas que pudessem pôr em causa a estratégia vencedora.[101] A construção de uma consciência

> propriamente "nacional" viria pela integração das diversas províncias e seria uma imposição da nova Corte no Rio de Janeiro (1840-1850) conseguida a duras penas por meio da luta pela centralização do poder e da 'vontade de ser brasileiros', que foi talvez uma das principais forças políticas modeladoras do Império; a vontade de se constituir e de sobreviver como nação civilizada europeia nos trópicos, apesar da sociedade escravocrata e mestiça da colônia, manifestada pelos portugueses enraizados no Centro-Sul e que tomaram a si a missão de reorganizar um novo império português. A dispersão e a fragmentação do poder, somadas à fraqueza das classes dominantes, requeriam a imagem de um Estado forte que a nova Corte parecia oferecer [Dias, 2005:17].[102]

Imagem que seria mais convincente se fosse configurada como império. Não admira. É que "o Brasil fez-se Império antes de se fazer nação" (Mello, 2002:24).

Fontes

ALLEGAÇÃO de facto, e de direito feita por Filippe Arnaud de Madeiros, advogado da Casa da Supplicação, no processo, em que por accordam do Juizo da Inconfidencia, e commissão especialmente constituída, foi nomeado para defender os pronunciados, como reos da conspiração, denunciada em Maio de *1817*. Lisboa: Na Imprensa Régia, 1820.

---

[100] Ver Bernardes (2006:527).
[101] Sobre as consequências imediatas desta gênese na estruturação e consolidação do Estado e da nação brasileira, ver: Malerba (2006: passim); Carvalho (2007).
[102] Ver Slemian (2006:33-50).

ANDRADE, Gomes Freire de. *Ensaio sobre o methodo de organizar em Portugal o exercito relativo á população, agricultura, e defeza do Paiz*. Lisboa: Na Nova Officina de João Rodrigues Neves, 1806.

CANECA, frei Joaquim do Amor Divino. *Dissertação sobre o que se deve entender por pátria do cidadão e deveres deste para com a mesma pátria*. In: MELLO, Evaldo Cabral de (Org.). *Frei Joaquim do Amor Divino Caneca*. São Paulo: Editora 34, 2001.

CAPELA, José Viriato; MATOS, Henrique; BORRALHEIRO, Rogério. *O heroico patriotismo das províncias do Norte*: os concelhos na restauração de Portugal de 1808. Braga: Casa Museu/Universidade do Minho, 2008.

CARTA régia de 4 de Outubro de 1798. *Revista do Instituto Historico-Geografico do Rio de Janeiro*, t. LIX, 1896.

CARVALHO, Joaquim Martins de. Miscellanea. DCCCLXIV. Rodrigo Pinto Pizarro. *O Conimbricense*, ano XXVIII, n. 2852, 24 nov. 1874.

CONFUTAÇÃO do celebre plano, que dizem fora feito por alguns afrancezados e suplicado a Bonaparte, quando Junot mandou se pedisse novo Rey para Portugal. Biblioteca Geral da Universidade de Coimbra, ms. 1.664.

CONSTANT, Benjamin. "D'Esprit de conquête et de l'usurpation. *De la liberté chez les modernes*. Paris: Librairie Générale Française, 1980.

CONSTITUCIÓN política de la Monarquía Española promulgada en Cádiz a 19 de Marzo de 1812. Disponível em: <www.scribd.com/doc/296201/Constitucion-de-Cadiz-de-1812>. Acesso em: jul. 2011.

CONSTITUIÇÃO política portuguesa de 1822. Disponível em: <www.arqnet.pt/portal/portugal/liberalismo/c1822p.html>. Acesso em: jul. 2011.

CONSTITUTION française du 3 septembre 1791. Disponível em: <www.insecula.com article/F0010562.html>. Acesso em: jul. 2011.

DE PRADT, M. *Les Derniers mois de l'Amérique Méridionale et du Brésil*. Paris: F. Bechet Libraire, 1817.

DCGENP (*Diario das Cortes Geraes e Extraordinarias da Nação Portugueza*) – 1821-1822.

DISCURSO do presidente da Câmara, José Clemente Pereira. In: MORAES, Alexandre José de Mello. *História do Brasil reino unido e do Brasil império*. Belo Horizonte: Itatiaia; São Paulo: USP, 1982. v. 1.

FREITAS, Joaquim José Salustiano Fereira. *Memoria sobre a conspiração de 1817 vulgarmente chamada a Conspiração de Gomes Freire de Andrade e publicada por um portuguez amigo da justiça e da verdade*. Londres: Ricardo e Arthur Taylor, 1822.

JUNOT, Jean-Andoche. *Diário da invasão francesa*. Lisboa: Livros Horizonte, 2008.

LISBOA, José da Silva. *Historia dos principaes sucessos politicos do Imperio do Brasil*. Dedicado ao Sr. D. Pedro I. Rio de Janeiro: Imprensa Nacional, 1829.

NOGUEIRA, Octaviano (Org.). *Obra política da José Bonifácio*. Brasília, DF: Senado Federal, 1973. (Edição comemorativa do sesquicentenário da Independência.)

O Campeão Portuguez. Lisboa, v. 1 e 2, 1819-1820.

OFÍCIO propondo aliança contra as Cortes e o governo de Lisboa. São Paulo, 24 de dezembro de 1821. Col. José Bonifácio, doc. 174. In: SILVA, Ana Rosa Cloclet da. *Inventando a nação*: intelectuais ilustrados e estadistas luso-brasileiros na crise do antigo regime, 1750-1822. São Paulo: Hucitec/Fapesp, 2006.

PAULA, Sérgio Goes de. *Hipólito José da Costa*. Editora 34, 2001.

PROJETO para a Constituição para Portugal, 1808. In: ARAÚJO, Ana Cristina. Revoltas e ideologias em conflito durante as invasões francesas. Separata da *Revista de História das Ideias*, v. 7, t. II, p. 75-76, 1985.

RESENDE, Marquês de. *Breves reflexoens sobre um escripto recem-publicado em que se offende a chamada Deputação Portugueza que foi a França em 1808*. Lisboa: [s.n.], 1871. (Biblioteca Nacional de Portugal, H. G. 9.645/4 p.)

SÃO LUÍS, Francisco de. *Manifesto de Portugal aos soberanos e povos da Europa*. Lisboa, 15 de dezembro de 1820. Disponível em: <www.auqunet.pt/.../.../manifesto>. Acesso em: 22 mar. 2011.

SOBRINHO, Barbosa Lima (Org.). *Antologia do Correio Braziliense*. Rio de Janeiro: Cátedra, 1977.

Bibliografia

AAVV. Actas do Colóquio Casa Editorial do Arco do Cego. *Anais. Série História*. Lisboa: Universidade Autónoma de Lisboa, 2000-2001.

ALANCASTRO, Luiz Filipe de. L'Empire du Brésil. In: DUVERGER, Maurice. *Le Concept d'empire*. Paris: PUF, 1980.

ALEXANDRE, Valentim. *Os sentidos do império*: questão nacional e questão colonial na crise do antigo regime português. Porto: Afrontamento, 1993.

ARAÚJO, Ana Cristina; Afrancesados e unionistas ibéricos em Portugal (1808-1820). *Estudios de Historia Social*, n. 36-37, 1985a.

_____. Revoltas e ideologias em conflito durante as invasões francesas. Separata da *Revista de História das Ideias*, v. 7, t. II, 1985b.

_____. O Reino Unido de Portugal, Brasil e Algarves (1815-1822). *Revista de História das Ideias*, v. 14, 1992.

ARRUDA, José Jobson de Andrade. *Uma colônia entre dois impérios*: a abertura dos portos brasileiros (1800-1808). Bauru: Cátedra Jaime Cortesão/Edusc, 2008.

AYMES, J-R. *La Guerre de l'indépendance espagnole (1808-1814)*. Paris: Bordas, 1973.

AZEVEDO, Francisca L. Nogueira de. *Carlota Joaquina no Brasil*. Rio de Janeiro: Civilização Brasileira, 2003.

_____. *Carlota Joaquina*: cartas inéditas. Rio de Janeiro: Casa da Palavra, 2007.

BERBEL, Márcia R. *A nação como artefato*: deputados do Brasil nas cortes portuguesas. São Paulo: Hucitec/Fapesp, 1999.

BERNARDES, Denis Antônio de Mendonça. *O patriotismo constitucional*: Pernambuco, 1820-1822. São Paulo: Aderaldo & Rothschild, 2006.

CABANIS, José. *Le Sacre de Napoléon*. Paris: Gallimard, 2007.

CAETANO, Marcelo. *História breve das constituições portuguesas*. Lisboa: Verbo, 1968.

CARVALHO, José Murillo de (Org.). *Nação e cidadania*. Rio de Janeiro: Civilização Brasileira, 2007.

CATROGA, Fernando. *Nacionalismo e ecumenismo*: a questão ibérica na segunda metade do século XIX. Separata da revista *Cultura-História e Filosofia*, Lisboa, UNL, 1985.

_____. O culto cívico de d. Pedro IV e a construção da memória liberal. *Revista de História das Ideias*, v. 12, 1990.

_____. Os pais da pátria liberal. *Revista de História da Sociedade e da Cultura*, n. 8, 2008a.

_____. A constitucionalização da virtude cívica (os seus ecos nas cortes vintistas). *Revista de História das Ideias*, v. 29, 2008b.

_____. Pátria, nação e nacionalismo. In: TORGAL, Luís Reis et al. *Comunidades imaginadas*: nação e nacionalismo em África. Coimbra: Imprensa da Universidade, 2008c.

_____. Os dilemas do patriotismo constitucional de Habermas. *Revista Brasileira de Direito Comparado*, n. 34, 1. sem. 2008d.

_____. Em nome da nação. In: _____; TAVARES, Pedro de Almeida (Coord.). *Res publica*: cidadania e representação política em Portugal (1820-1926). Lisboa: Assembleia da República/ Biblioteca Nacional de Portugal, 2010.

DIAS, Graça; SILVA, J. Sebastião da. *Os primórdios da Maçonaria em Portugal*. Lisboa: Instituto Nacional de Investigação Científica, 1980. v. 1, t. II.

DIAS, Maria Odila Leite da Silva. *A interiorização da metrópole e outros estudos*. São Paulo: Alameda, 2005.

DUVERGER, Maurice (Dir.). *Le Concept d'empire*. Paris: PUF, 1980.

GALLI, C. *Spazi politici, l'età moderna e l'età globale*. Bologna: Il Molino, 2001.

GODOY, Maria Teresa. *Las cortes de Cádiz y America*: el primer vocabulário liberal español y mejicano (1810-1814). Sevilha: Diputación de Sevilha, 1998.

GRIMAL, Henri. L'Évolution du concept d'empire en Grande-Bretagne. In: DUVERGER, Maurice (Dir.). *Le Concept d'empire*. Paris: PUF, 1980.

HERMANN, Jacqueline. O rei da América: notas sobre a aclamação tardia de d. João VI no Brasil. *Topoi*, v. 8, n. 15, jul./dez. 2007.

HESPANHA, António Manuel. Sob o signo de Napoleão: a súplica constitucional de 1808. *Revista Brasileira de Direito Comparado*, n. 34, 1. sem. 2008.

JANCSÓ, István. Independência, independências. In: _____ (Org.). *Independência*: história e historiografia. São Paulo: Hucitec, 2005.

_____; PIMENTA, João Paulo. Peças de um mosaico, ou apontamentos para o estudo da emergência da identidade nacional brasileira. *Revista de História das Ideias*, v. 21, 2000.

JOUANNET, Emmanuelle. *La Disparation du* concept *d'empire*. Disponível em: <www.cerdin.uni--paris1.fr/.../La_disparation_du_concept_d'EmpireOct2008.pdf>. Acesso em: 20 ago. 2011.

KURY, Lorelai. *Iluminismo e império no Brasil: O Patriota* (1813-1814). Rio de Janeiro: Fiocruz, 2007.

LEFER, Celso. O significado de república. *Estudos Históricos*, v. 2, n. 4, 1989.

LEITE, Glacyra Lazzari. *Pernambuco em 1817*: estrutura e comportamentos. Recife: Fundação Joaquim Nabuco/Massangana, 1988.

LIMA, Manuel de Oliveira. *D. João VI no Brasil*. Rio de Janeiro: José Olympio, 1945. 3 v.

LYRA, Maria de Lourdes Viana. *A utopia do poderoso império*: Portugal e Brasil – bastidores da política. Rio de Janeiro: 7Letras, 1994.

_____. Pátria e cidadão: a concepção de pátria/nação em Frei Caneca. *Revista Brasileira de História*, v. 18, n. 36, 1998.

MALERBA, Jurandir. *A Corte no exílio*: civilização e poder no Brasil às vésperas da independência (1808-1821). São Paulo: Companhia das Letras, 2000.

_____. *A independência brasileira*: novas dimensões. Rio de Janeiro: FGV, 2006.

MAXWELL, Kenneth. Por que o Brasil foi diferente? O contexto da independência. In: MOTA, Carlos Guilherme da (Org.). *Viagem incompleta*: a experiência brasileira (1500-2000). Formação: histórias. 2. ed. São Paulo: Senac, 1999.

MELLO, Evaldo Cabral de. *Um imenso Portugal*: história e historiografia. São Paulo: Editora 34, 2002.

_____. *A outra independência*: o federalismo pernambucano de 1817 a 1824. São Paulo: Editora 34, 2004.

MÉNISSIER, Thierry (Ed.). *L'Idée d'empire dans la pensée politique, juridique et philosophique*. Paris: L'Harmatann, 2006.

MONNIER, Raymonde. Patrie, patriotisme des lumières à la révolution. Sentiment de patrie et culte des héros. In: _____; GUILHAUMOU, Jacques. *Dictionnaire des usages socio-politiques*: patrie, patriotisme. Paris: Champion, 2006. p. 36-40, fascicule 8.

MORAES, Alexandre José de Mello. *História do Brasil reino unido e do Brasil Império*. Belo Horizonte: Itatiaia; São Paulo: USP, 1982. v. 1.

MOTA, Carlos Guilherme da (Org.). *Viagem incompleta*: a experiência brasileira (1500-2000). Formação: histórias. 2. ed. São Paulo: Senac, 1999.

NOVAIS, Fernando A. *Portugal e o Brasil na crise do antigo sistema colonial (1777-1808)*. 4. ed. São Paulo: Hucitec, 1986.

PEDREIRA, Jorge. Economia e política na explicação da independência do Brasil. In: MALERBA, Jurandir (Org.). *A independência brasileira*: novas dimensões. Rio de Janeiro: FGV, 2006.

_____; COSTA, Fernando Dores. *D. João VI*. Lisboa: Temas e Debates, 2009.

PEREIRA, Ângelo. *D. João VI, príncipe e rei*: a retirada da família real para o Brasil em 1807. Lisboa: Empresa Nacional de Publicidade, 1953. v. 1.

PEREIRA, António da Silva. O vintismo: história de uma corrente doutrinal. *Revista de História das Ideias*, v. 31, 2010.

PEREIRA, Sara Marques. *D. Carlota Joaquina e os espelhos de Clio*: atuação política e figurações historiográficas. Lisboa: Livros Horizonte, 1999.

PIMENTA, João Paulo G. *Estado e nação no fim dos impérios ibéricos no Prata (1808-1828)*. 2. ed. São Paulo: Hucitec, 2006.

ROMANELLI, Raffaele. *Duplo movimento*. Lisboa: Livros Horizonte, 2008.

ROSATI, Massimo. *Il patriotismo italiano*: culture politiche e identità nazionale. Roma: Laterza, 2000.

SCHIAVINATTO, Iara Lis. Questões e poder na fundação do Brasil. O governo dos homens e de si (c. 1780-1830). In: MALERBA, Jurandir. *A independência brasileira*: novas dimensões. Rio de Janeiro: FGV, 2006.

SCHULTZ, Kristen. *Versalhes tropical*: império, monarquia e a corte portuguesa no Rio de Janeiro, 1808-1821. Rio de Janeiro: Civilização Brasileira, 2008.

SEOANE, Maria Cruz. *El primer linguage constitucional español (Las cortes de Cádiz)*. Madrid: Moneda y Credito, 1968.

SILVA, Ana Rosa Cloclet da. *Inventando a nação*: intelectuais ilustrados e estadistas luso-brasileiros na crise do Antigo Regime (1750-1822). São Paulo: Hucitec/Fapesp, 2006.

SILVA, Andrée Mansuy Diniz. *Portrait d'un homme d'État*: d. Rodrigo de Souza Coutinho, comte de Linhares (1755-1812). Paris: Fundação Calouste Gulbenkian, 2006 (v. II: L'homme d'État 1796-1812).

SILVA, Nuno J. Espinosa Gomes da. Refexões sobre a génese do chamado "projecto" de Constituição de 1808, a outorgar, por Napoleão, a Portugal. *Direito e Justiça*, v. 18, 2004.

SLEMIAN, Andréa. *Vida política em tempo de crise*: Rio de Janeiro (1808-1824). São Paulo: Hucitec, 2006.

_____; PIMENTA, João Paulo G. *O nascimento político do Brasil*: as origens do Estado e da nação (1808-1825). Rio de Janeiro: DP&A, 2003.

SOREL, Albert. *L'Europe et la Révolution Française*. Paris: Asin, 2003. t. V.

SOUZA, Iara Lis Carvalho. *Pátria coroada*: o Brasil como corpo político autônomo (1780-1831). São Paulo: Unesp, 1999.

TULARD, Jean. *Le Bonapartisme*. Munique: Se, 1977.

_____. L'Empire napoléonien. In: DUVERGER, Maurice (Dir.). *Le Concept d'empire*. Paris: PUF, 1980.

_____ *Le Sacre de l'empereur Napoléon*: histoire et légende. Paris: Fayard, 2004.

VARGUES, Isabel Nobre. *A aprendizagem da cidadania em Portugal*. Coimbra: Minerva, 1997.

VERDELHO, Telmo dos Santos. *As palavras e as ideias na revolução liberal de 1820*. Coimbra: Inic, 1981.

VIROLI, Maurizio. *Per amore della pátria*: patriotismo e nazionalismo nella storia. Roma: Laterza, 2001.

WERNER, Karl Ferdinand. "L'Empire carolingien et la saint empire. In: DUVERGER, Maurice (Dir.). *Le Concept d'empire*. Paris: PUF, 1980.

WILCKEN, Patrick. *Império à deriva*: a corte portuguesa no Rio de Janeiro (1808-1821). Porto: Civilização, 2004.

ZARKA, Yves Charles. La Question de l'empire aujourd'hui. In: MENISSIER, Thierry (Ed.). *L'Idée d'empire dans la pensée politique, historique, juridique et philosophique*. Paris: L'Harmattan, 2006.

Sobre os autores

Fernando Catroga
Professor catedrático da Universidade de Coimbra e diretor da *Revista de História das Ideias*. Da sua vasta bibliografia, destacam-se os livros mais recentes: *O céu da memória: cemitério romântico e culto cívico dos mortos* (1999), *Os passos do homem como restolho do tempo: memória e fim do fim da história* (2009), *O republicanismo em Portugal: da formação ao 5 de Outubro de 1910* (terceira edição em 2010) e *Entre deuses e césares: secularização, laicidade e religião civil* (segunda edição em 2010).

Francisca L. Nogueira de Azevedo
Professora associada do Instituto de História e do Programa de Pós-graduação em História Social da Universidade Federal do Rio de Janeiro (PPGHIS--UFRJ). Autora, entre outros trabalhos, de *Carlota Joaquina na Corte do Brasil* (2003) e *Carlota Joaquina: cartas inéditas* (2007).

Jacqueline Hermann
Professora associada do Instituto de História e do Programa de Pós-graduação em História Social da Universidade Federal do Rio de Janeiro (PPGHIS--UFRJ). Autora, entre outros trabalhos, de *No Reino do desejado: a construção do sebastianismo em Portugal – sécs. XVI-XVII* (São Paulo: Companhia das Letras, 1998); e dos artigos "O rei da América: notas sobre a aclamação tar-

dia de d. João VI no Brasil" (*Topoi*, Rio de Janeiro, 7Letras, 2008); "Um rei indesejado: notas sobre a trajetória política de d. Antônio, prior do Crato" (*Revista Brasileira de História*, São Paulo, 2010); "O sebastianismo nas Guerras Peninsulares: a Guerra Sebástica contra as tropas napoleônicas" (in: CARDOSO, José Luís; MONTEIRO, Nuno Gonçalo; SERRÃO, José Vicente [Orgs.]. *Portugal, Brasil e a Europa napoleônica*. Lisboa: Imprensa de Ciências Sociais, 2011).

Joana Duarte Bernardes
Mestre em Teoria e Análise da Narrativa e investigadora do Centro de Estudos Interdisciplinares do Século XX da Universidade de Coimbra (CEIS20), na qual é doutoranda em Teoria da História. Autora, entre outros trabalhos, de *Eça de Queirós: riso, memória, morte* (Coimbra: Imprensa da Universidade de Coimbra, 2011); "Habiter la mémoire à la frontière de l'oubli: la maison comme seuil" (*Conserveries Mémorielles*, 7, 2010); "A História como sagesse" (*Revista de Teoria da História*, ano 1, n. 3, 2010); "O ocaso do eurocentrismo" (*Estudos do Século XX*, n. 9, 2010); "Limit and utopia: revisiting the beach as a threshold" (*Journal of Visual Art Practice*, v. 9, n. 3).

Joel Carlos de Souza Andrade
Professor do Departamento de História da Universidade Federal do Rio Grande do Norte (UFRN). Mestre em História pela Universidade Federal do Ceará (UFC) e doutorando do Programa em Altos Estudos Contemporâneos (História Contemporânea e Estudos Internacionais Comparativos) da Faculdade de Letras da Universidade de Coimbra.

Manoel Luiz Salgado Guimarães
Professor do Programa de Pós-graduação em História Social da Universidade Federal do Rio de Janeiro (PPGHIS-UFRJ) e do Departamento de História da Universidade do Estado do Rio de Janeiro (Uerj). Autor de diversos trabalhos, entre os quais a organização da coletânea *Estudos sobre a escrita da história* (2006). Autor de *Livro de fontes de historiografia brasileira* (2010) e "A disputa pelo passado na cultura histórica oitocentista no Brasil" (em *Nação e cidadania no império: novos horizontes*).

Maria Manuela Tavares Ribeiro

Professora catedrática da Faculdade de Letras da Universidade de Coimbra e coordenadora científica do Centro de Estudos Interdisciplinares do Século XX da Universidade de Coimbra (CEIS20). É diretora da *Revista Estudos do Século XX* (CEIS20) e autora, entre outros, de *Portugal e a Revolução de 1848* (Coimbra: Minerva, 1990); "Os Estados Unidos da Europa e os Congressos Universais da Paz" (*Revista de História das Ideias*, Coimbra, v. 30, 2009); "Europe of cultural unity and diversity" (*Eurolime*, Oradea, Univ. de Oradea, 9, 2010).

Maria Rita Lino Garnel

Doutora em História Contemporânea pela Universidade de Coimbra, é membro integrado do Centro de Estudos de Sociologia (Cesnova) da Universidade Nova de Lisboa. Publicou os seguintes títulos: *Vítimas e violências na Lisboa da I República* (Coimbra: IUC, 2007); "Morte e memória da pneumónica de 1918"; *A pandemia esquecida: olhares comparados sobre a pneumónica* (SOBRAL, José Manuel; VICENTE, Luísa et al. [Coords.]. Lisboa: ICS, 2009); "Portugal e as Conferências Sanitárias Internacionais (em torno das epidemias oitocentistas de cholera-morbus)" (*Revista de História da Sociedade e da Cultura*, 9, 2009); *Corpo. Estado, medicina e sociedade* ([Coord.] Lisboa: CNCCR/INCM, 2010); "Médicos e saúde pública no parlamento republicano" (in: CATROGA, Fernando; ALMEIDA, Pedro Tavares de [Coords.]. *Res publica: cidadania e representação política em Portugal – 1820-1926*. Lisboa: A. R./BNP, 2010).

Monica Grin

Professora de História Contemporânea do Instituto de História da Universidade Federal do Rio de Janeiro (UFRJ), professora do Programa de Pós-graduação em História Social da UFRJ (PPGHIS) e coordenadora do Núcleo Interdisciplinar de Estudos Judaicos da UFRJ (Niej). Pesquisadora de produtividade do CNPq. Autora, entre outros trabalhos, de *Raça: debate público no Brasil* (2010).

Rui Cunha Martins

Professor do Programa de Doutoramento em Altos Estudos Contemporâneos da Universidade de Coimbra e do Programa Interuniversitário Master in Contemporary Studies "Roads to Democracy". É autor, entre outros trabalhos, de *O método da fronteira: radiografia histórica de um dispositivo contemporâneo – matrizes ibéricas e americanas* (2008), *O ponto cego do direito: the Brazilian lessons* (2010) e coordenador de *Portugal 1974: transição política em perspectiva histórica* (2011).

Taíse Tatiana Quadros da Silva
Doutora em História pelo Programa de Pós-graduação em História Social da Universidade Federal do Rio de Janeiro (PPGHIS-UFRJ). Autora de *Erudição ilustrada de Francisco Adolfo de Varnhagen (1816-77)* e "Passagem da historiografia das belas letras à história nacional: breve análise" (in: GUIMARÃES, Manoel Luiz Salgado [Org.]. *Estudos sobre a escrita da História*. Rio de Janeiro: 7Letras, 2006).

Temístocles Cezar
Professor do Departamento de História e do Programa de Pós-graduação em História da Universidade Federal do Rio Grande do Sul (PPGH-UFRGS). Pesquisador do CNPq e autor, entre outros trabalhos, de "Varnhagen em movimento: breve antologia de uma existência" (*Topoi*, v. 8, n. 15, p. 159-207, 2007 ["Varnhagen in movement: a brief anthology of an existence", *Topoi*, v. 3, *Scielo Social Science*, 2007); "O poeta e o historiador: Southey e Varnhagen e a experiência historiográfica no Brasil do século XIX" (*História Unisinos*, 11, 3, 2007); "Anciens, modernes et sauvages, et l'écriture de l'histoire au Brésil au XIXe siècle: le cas de l'origine des tupis" (*Anabases: traditions et réception de l'Antiquité*, 8, 2008). Tradutor de *A origem turaniana dos americanos tupis--caraíbas e dos antigos egípcios. Indicado pela filologia comparada: traços de uma antiga migração na América, invasão do Brasil pelos tupis etc.* (1876), de Francisco Adolfo de Varnhagen (*L'Origine touranienne des américains tupis-caribes et des anciens egyptiens. Indiquée principalement par la philologie comparée: traces d'une ancienne migration en Amérique, invasion du Brésil par les tupis, etc.* Vienne: Librairie I. et R. de Faesy & Frick, 1876. Col. Memórias do Saber-CNPq/ Biblioteca Nacional/Fundação Miguel de Cervantes de Apoio à Pesquisa e Leitura, coordenado por Raquel Glazer e Lúcia Guimarães, 2010-2011).